우리를 속인 세기의 철학가들

Fools, Frauds and Firebrands: Thinkers of the New Left

Copyright © Roger Scruton 2015
All rights reserved.
Korean Translation Copyright © 2019 by Doum Books
This Korean edition is published by arrangement with Bloomsbury Publishing Plc.

이 책의 한국어판 저작권은 Bloomsbury Publishing Plc.와 독점 계약한 도움북스에 있습니다.
저작권법에 의하여 한국 내에서 보호를 받는 저작물이므로 무단 전재와 복제를 금합니다.

우리를 속인 세기의 철학가들

FOOLS, FRAUDS AND FIREBRANDS: THINKERS OF THE NEW LEFT

이 시대 최고의 지성들은
어떻게 현학과 허세로
세계를 사로잡았는가

로저 스크루턴 지음 | 박연수 옮김

도움북스

일러두기

- 본문의 각주 중 일련번호(i, ii, iii…)로 표시된 것은 읽는이의 이해를 돕기 위해 옮긴이가 추가한 부분이다.
- 본문의 각주 중 일련번호(1, 2, 3…)로 표시된 것은 저자의 주다.
- 이 책에 등장하는 외국 인명과 지명은 확인 가능한 고유명사에 한해 현행 외래어 표기법을 따르되 원어 발음을 고려하였다.
- 단행본, 신문, 잡지 등은 『 』로, 글, 미술품, 희곡 등은 「 」로 묶었다.

차 례

서문 8

1장 | 뉴레프트가 뭐길래 11

왜 좌파인가 13 | 뉴레프트의 대의명분 16 | 유토피아의 모순 20 | 신어가 지배하는 디스토피아 23 | 분노를 부추기는 이론 30

2장 | 원한 서린 영국의 역사가 37
:홉스봄과 톰슨

공산주의가 휩쓸고 간 전후 영국 39 | 홉스봄, 마르크스를 통째로 삼키다 45 | 계급이라는 색안경 49 | 전통을 의심하다 54 | 이상하게 생긴 '해방' 57 | '투쟁'이라는 덫에 걸린 톰슨 59

3장 | 미국을 경멸하는 미국인 69
:갤브레이스와 드워킨

유럽과는 다른 미국의 레프트 71 | 시장경제의 몰락을 주장한 갤브레이스 75 | '통념을 허물자' 79 | 갈팡질팡하는 법조인 드워킨 86 | 법 이전의 법 92 | '권리와 평등'이라는 판도라의 상자 97 | 철학자의 가면을 쓴 변호사 108

4장 | **'타자'라는 지옥으로 내려간 프랑스** 113
:사르트르와 푸코

정체성을 찾아 헤매는 프랑스, 헤겔을 마시다 115 | 세상도 싫고 자기도 싫은 사르트르 123 | 사르트르와 마르크스 137 | '완전한 자유'라는 허상 151 | 세련된 지식인의 표상, 푸코 159 | 비이성 예찬론 161 | 숨은 권력 사냥하기 169

5장 | **독일산 수면제를 제조하다** 181
:하버마스와 독일 좌파의 권태로움

나치에 대한 해독제를 찾아나선 독일 183 | 증오심 가득한 '마르크스주의 휴머니스트' 루카치 186 | 마르크스주의 경제학의 미혹 191 | 우상숭배를 금하는 마르크스라는 우상 196 | 전후세계에 맞게 조율된 마르크스주의 204 | 아도르노와 프랑크푸르트학파 213 | 계몽주의에 등을 돌리다 218 | 1960-70년대의 혁명정신 222 | 하버마스의 고루한 혁명기획 227 | 자국의 유산을 유기하다 239

6장 | **파리에서 넌센스공장을 가동하다** 245
:알튀세르, 라캉, 들뢰즈

실험실에서 양산된 혁명 247 | 마르크스를 신성화한 알튀세르 248 | 알튀세르가 남기고 간 것 264 | 정신분석학을 '수학화'한 라캉 270 | 근대사상의 뿌리를 건드린 들뢰즈 276 | 이분법이 없는 세상 286 | 넌센스 기계의 매력 291

7장 | 이제는 문화전쟁이다 299
:그람시에서 사이드까지

혁명적 영웅이라는 패러독스 301 | 공산주의 vs. 파시즘 305 | 그람시의 '헤게모니' 이론 308 | 파시즘이라는 문제 314 | 영국 좌파의 노스탤지어와 윌리엄스 318 | 들끓는 분개 325 | '뉴레프트리뷰'와 페리 앤더슨 333 | 마르크스주의적 역사쓰기를 바꾸다 343 | 로티, 객관성을 거절하다 351 | 사이드, 문화적 자살행위의 물꼬를 트다 353

8장 | 심해에서 올라온 괴물 361
:바디우와 지젝

괴물이 말하다 363 | 라캉을 계승한 바디우 365 | 혁명을 위해 집합론을 징집하다 368 | 사이비 수학 374 | 혁명이라는 블랙홀 380 | 끊임없는 요설 391 | 헤겔, 라캉, 마르크스의 난장 지젝 395 | 두 가지 혁명 405

9장 | 라이트란 무엇인가 411

뉴레프트의 약속 413 | 언어의 구제 416 | 가치 vs. 가격 421 | 진정한 대안 424

부록 437

주석과 출처 | 용어 찾아보기 | 인명 찾아보기 | 참고문헌

서문

『솔즈베리 리뷰The Salisbury Reivew』에 실은 나의 글 몇 편을 모아 1985년, 『신좌파의 사상가들Thinkers of the New Left』이라는 책으로 엮어 출판했다. 이 책은 원래의 글들을 재작업하여 오늘날 우리에게 더 이상 유의미하지 않은 로널드 랭R.D. Laing이나 루돌프 바로Rudolf Bahro와 같은 작가들은 빼고, '넌센스 기계'를 직조한 라캉Jacques Lacan, 들뢰즈Gilles Deleuze, 가타리Felix Guattari, 또 우리의 유산을 '제국주의'의 산물이라며 초토작전을 펼치는 에드워드 사이드Edward Said, 그리고 최근 '공산주의 가설'을 내세우는 바디우Alain Badiou와 지젝Slavoj Žižek을 포함했다.

이전 책은 마가렛 대처Margaret Thatcher의 공포 정치가 극에 달했을 시기에 출판되었었다. 당시 나는 대학에서 가르치고 있었고 영국의 좌파 지식인들 사이에서는 그들의 대의(괜찮은 사람이면 모두 동의하는 그런 대의였다)를 방해하는 대표적 인물로 지목되었었다. 따라서 그 책에 대한 반응은 조롱과 분노였고 평론가마다 앞다투어 죽은 시체에 침을 뱉듯 책을 비난했다. 『신좌파의 사상가들』의 출간은 곧 나의 대학 커리어의 종말이었다. 평론가들은 나의 지적 권한뿐 아니라 나의 도덕적 품성에 대해서도 심각한 의문을 제기했다. 이러한 갑작스러운 자격 박탈로 인해 정치 문제를 다룬 글이든 아니든 내가 쓴 글이라면 모두 비난의 대상이 되어버렸다.

한 철학자는 내 책을 출판한 롱맨Longman 출판사에 이렇게 편지를 썼다. "여기 옥스퍼드 대학에서 가르치고 있는 많은 동료 학자들은 롱맨 출판사—매우 훌륭한 출판사라고 생각한다—가 스크루턴과 엮이면서 평판이 훼손된 것에 유감을 표한다." 나머지 내용도 위협적인 어조로 썼는데, "이번 출판 건으로 야기된 부정적인 반응을 계기로 롱맨이 향후 정책을 조금 더 신중히 생각하기를 바란다"라고 말했다. 롱맨의 교육 분야 베스트셀러 작가 한 명은 내 책을 롱맨이 계속 인쇄할 경우 자기 원고는 다른 출판사로 옮기겠다고 협박했다. 아니나 다를까 곧바로 서점마다 『신좌파의 사상가들』의 남아 있는 재고를 정리했고 모두 내 헛간에 쌓아두게 되었다.

이런 참사 후 사건의 현장으로 돌아가는 것은 당연히 꺼림칙했다. 그런데 1989년의 사건 이후 좌파적 세계관이 삐거덕거리기 시작했다. 사회주의라는 이름으로 말해지고, 사유되고, 시행된 것들이 다 지적으로 온건하거나 도덕적으로 옳은 것은 아니라는 점은 이제 널리 인정되는 사실이다. 공산권 유럽의 지하 네트워크와의 교류를 통해 나는 아마 이 사실에 대해 조금 더 민감한 경각심을 가졌던 것이다. 그런 교류는 나로 하여금 사회주의 이름으로 자행된 파괴 현장을 직면하도록 했고, 그 파괴의 진상을 조금이라도 알려고 하는 사람들에게는 좌파적 사고가 근본 원인이라는 사실은 너무도 자명했다. 『신좌파의 사상가들』은 폴란드와 체코의 사미즈다트samizdat판으로 출간되었고 곧이어 중국어, 한국어, 포르투갈어로 번역되었다. 점차적으로, 특별히 1989년 이후로 나의 비전을 개진하는 것이 쉬워졌고 이윽고 블룸즈베리Bloomsbury의 출판인 로빈 베어드 스미스Robin Baird-Smith는 내게 새로운 책을 출간하도록 독려했다. 들뢰즈의 질긴 문체를 씹어야 하고 지젝의 광기 가득한 주술을 심오한 것으로 받아들여야 하며 하버마스Jürgen Habermas의 의사소통행위이론이 하버마스 자신의 의사소통불능밖에는 표출하지 않는다는 것을 애써 외면해야 하는 학생들을 구제해 줄 책이 필요하다는 것이었다.

   이미 위에서 파악한 바, 독자들은 이 책이 기탄없이 저술되었다는 점을 알 것이다. 오히려 도발적인 책이라고 하는게 더 적합할 것이다. 하지만 나는 내가 다루는 작가마다 그들의 해악은 물론 그들의 좋은 점 또한 설명하려고 최선을 다했다. 독자의 정치적 신념이 어떠하든 상관없이 이 책을 읽는 모든 이들에게 유익한 경험이 되길 바라는 마음이다.

   책의 출간을 준비하면서 마크 둘리Mark Dooley, 세바스찬 가드너Sebastian Gardner, 로버트 그랜트Robert Grant, 그리고 윌프리드 호지스Wilfrid Hodges의 논평이 큰 도움이 되었다. 이들은 모두 이 책에서 언급되는 범행과 무관한 사람들이다.

2015년 1월

스크루토피아에서

뉴레프트가 뭐길래

1장

왜 좌파인가

오늘날 사용되는 '좌'라는 용어는 1789년 프랑스 삼부회에서 유래한다. 왕의 오른쪽에는 귀족들이, 왕의 왼쪽에는 '제삼 계급', 즉 평민들이 앉았었다. 얼마든지 그 반대로 앉을 수도 있는 상황이었다(사실 왕 이외 모든 사람들에게는 반대였다). 이로써 '좌'와 '우'라는 용어가 오늘날까지 지속되고, 모든 정치 질서, 또 각종 파벌과 의견에 적용되고 있다. 그 결과로 정치적 양상은 단일한 차원으로 퍼지게 되는데, 이 모습은 국지적으로 봐야만 정확하게 이해할 수 있고, 서로 경쟁적이고 대립적인 정치 세력이 있는 곳에서만 이해가 가능하다. 더욱이 정치과정의 윤곽을 나타낼 때도 이 양상은 정치과정을 결정하는 이론을 공정하게 보여주지 못한다.

그렇다면 왜 이 책에서 내가 다루는 저자들을 '좌익'이라고 묘사하는지 물을 수도 있을 것이다. 왜 이 한 용어로 푸코Michel Foucault와 같은 무정부주의자, 알튀세르Louis Althusser와 같은 마르크스주의적 독단론자, 지젝Slavoj Žižek과 같은 과시적 허무주의자, 드워킨Ronald Dworkin이나 로티Richard Rorty와 같은 미국식 자유주의자를 다 한데 포괄하려는지 물을 수 있을 것이다.

이유는 두 가지다. 우선, 내가 다루는 사상가들 자신이 그 용어로 스스로를 지칭하기 때문이다. 둘째, 그들은 세계에 대한 어떤 영속적인 입장을 제시하기 때문이다. 이런 입장은 이 책에서도 다루게 될 정교한 사회 정치적 이론들의 힘을 받아 적어도 계몽주의 이후 서구 문명의 영구적 특징으로 자리잡기도 했다. 내가 다루는 인물들 중에는 1960년대와 1970년대에 걸쳐 번성하게 된 신좌파New Left와 관련된 사람들이 많다. 또 다른 이들은 사회는 국가가 책임지고 관리해야 하며 사회의 재화를 분배할 권한 또한 국가에게 있다고 말하는 전후 정치 사상의 광범위한 토대를 구성하고 있다.

『신좌파의 사상가들Thinkers of the New Left』은 소련이 붕괴되기 전, 유럽연합European Union, EU이 제국적 권력으로 출현하기 전, 그리고 중국이 암흑가형 자본주의의 열렬한 주창자가 되기 전에 출간되었었다. 좌익 사상가들은 할 수 없이 이러한 변화에 순응해야 했다. 동유럽의 공산주의가 붕괴되고 세계 곳곳에서 사회주의 경제 체제의 취약성이 드러나자 '뉴라이트new right'의 경제 정책이 한시적으로 신뢰를 얻기 시작했다. 심지어 영국노동당British Labour Party에서도 시류에 편승하며 자기네 헌법의 제4조항(국유제에 대한 책무)까지 빼버렸다. 산업이란 더 이상 정부의 책임이 아니라는 것이었다.

한동안은 중화 '인민 공화국'과 베트남을 칭찬하며 소련에 대해선 눈 가리는데 자기들의 지적, 정치적 노력을 쏟아부은 사람들에게서 사과문이 나올듯한 분위기였다. 하지만 그러한 기대도 오래가지 못하고 10년 안에 좌익 기득권층은 다시 지배적 위치를 차지했다. 노암 촘스키Noam Chomsky와 하워드 진Howard Zinn은 미국에 대한 그들의 맹렬한 비난을 한층 더 업그레이드 했고, 유럽의 좌익은 마치 '신자유주의'가 모든 문제의 근본적인 원인인 양 전열을 가다듬었다. 드워킨과 하버마스는 읽기가 거의 불가능한, 하지만 속속들이 수구적인 저서들로 권위 있는 상을 쓸어 모으고 있었다. 능숙한 공산주의자인 에릭 홉스봄Eric Hobsbawm은 일평생 소련에 대한 변함없는 충성을 보이고도 결국엔 여왕으로부터 컴패니언 명예훈장Order of the Companion of Honour을 수여받았다.

물론 이들이 적으로 세운 대상에는 이전과는 다른 이름이 붙여졌다. 새로운 환경에 적응하기에는 마르크스주의적 틀은 적합하지 않았고 노동자들이 대거 실직하는 상황에서 노동 계급을 표방하기에는 조금 어리석어 보였던 것이다. 그런데 곧이어 찾아온 재정난으로 많은 사람들이 상대적 빈곤에 빠지는 동안 정작 범인이라 여겨지는 사람들(은행가, 자본가, 투기자 등)은 보너스까지 받으며 달아나는 것이었다. 그 결과 시장경제를 비판하는 책들이 새로운 인기를 누리기 시작했다. 진정한 재산은 교환이 불가능하다고 하거나(마이클 샌델Michael Sandel의 『돈으로 살 수 없는 것들What Money Can't Buy』), 현 상태의 시장은 엄청난 재화를 극빈층에서 극부층으로 옮긴다고 주장하는 책들(조지프 스티글리츠Joseph Stiglitz의 『불평등의 대가The Price of Inequality』 토마 피케티Thomas Piketty의 『21세기 자본 Capital in the Twenty-First Century』)이었다. 그리고 자유로운 교환이라는 환경 조건에 놓인 인류의 도덕적, 정신적 몰락을 설명하기 위해 사상가들은 마르지 않는 마르크스주의 휴머니즘이라는 원천(질 리포베츠키Gilles Lipovetsky와 장 세루아Jean Serroy의 『세계의 미화L'esthétisation du monde: vivre à l'âge du capitalisme artiste』, 나오미 클라인Naomi Klein의 『노 로고No Logo』, 필립 로스코Philip Roscoe의 『차가운 계산기I Spend, Therefore I Am』 등)에서 새로운 이론들을 추출했다.

이렇게 좌익 사상가들과 작가들은 빠르게 평정을 되찾았고, 겉으로는 공산주의 선전선동에는 한 번도 속아 넘어간 적이 없었다고 발뺌했다. 세계화된 세상에서 인류에게 가장 큰 위협은 서구 문명이고 인류의 주적은 '신자유주의' 경제라며 비난을 재개했다. '우익'이라는 용어는 베를린 장벽이 무너지기 전이나 지금이나 오용되기는 마찬가지다. 이 책에서 다루게 될 사상들은 그들의 저항적 열성은 절제하지 않은 채 이런 새로운 조건에 적응했다. 이 특이한 사실은 내가 다룰 많은 수수께끼들 중 하나다.

뉴레프트의 대의명분

좌익의 위치는 좌와 우의 구별이 날조된 시점부터 이미 확실하게 정의되어 있었다. 좌파들은 프랑스 혁명의 자코뱅당Jacobins이 믿었던 것처럼, 세상의 재화는 불평등하게 분배되어 있으며 그것은 인간 본성의 문제에서 비롯된 것이 아니라 지배계급의 강탈로 야기된 것이라고 믿는다. 그들은 자신들을 기득권층과의 대척점에 위치시키며 억압받는 자들의 오래된 원한을 풀어줄, 새로운 질서의 투사로서 자신들을 규정한다.

 이 새로운 질서의 추구를 정당화하는 두 가지 속성이 있으니, 곧 해방과 사회 정의다. 이 둘은 프랑스 혁명에서 주창된 자유와 평등에 대응하지만 어디까지나 대략적인 대응관계다. 오늘날의 좌파 운동이 내세우는 해방은 단순히 정치적 탄압으로부터의 자유도 아니고 개인이 자기 삶을 방해를 받지 않고 영위할 수 있는 자유도 아니다. 좌파에서 의미하는 해방은 '구조'로부터의 자유를 지칭한다. 사실은 서구 사회의 핵심 규범과 가치의 공공 체계를 확립한 제도, 소위 '부르주아' 질서를 형성한 관습으로부터의 해방이다. 1960년대판 자유지상주의를 피하는 좌파들도 자유란 사회적 제약으로부터의 석방이라고 이해한다. 그들의 문헌은 대부분 서구 문명의 대물림을 가능하게 한 가족, 학교, 또 법치국가와 같은 제도를 해체하는데 심혈을 기울이고 있다. 이러한 문헌, 특히 푸코에서 그 생식력이 극에 달하는 글들은 우리는 시민 질서를 위한 도구라고 인식하는 것들을 '지배를 위한 구조'라고 표현한다.

 희생자를 해방한다는 것은 쉼이 없는 대의명분이다. 방금 해방된 희생자가 운산무소雲散霧消하자마자 언제나 새로운 희생자가 나타나기 때문이다. 여성이 남성의 억압으로부터 해방되는 것, 동물이 인간의 학대로부터 해방되는 것, 동성애자 혹은 트랜스젠더가 '호모포비아homophobia'로부터 해방되는 것, 심지어 무슬림이 '이슬람포비아'로부터 해방되는 것 등 이 모든 것들은 특정 관료집단의 검열과 감시하에 법률 및 각종 위원회 안에 안착시키기 위해 최근 좌파 의제로 흡수되었다. 사회질서를 위한 옛 규범은 점점 더 하찮은 것으로 치부되며 급기야 '인권침해'라는 명목으로 처벌되고 있는 실정이다. 결국 '해방'이라는 미명 아래 제정된 법률은 해방을 억압하기 위해 제정된 법률과는 비교할 수 없이 급증하고 있다. 오늘날 '차별 금지'라는 명목으로 어떤 것들이 입법화되는지만 봐도 알 수 있다.

마찬가지로 '사회 정의'의 목표는 계몽주의가 주창한 것처럼 법 앞에서의 평등 혹은 시민권에 대한 평등한 권리를 주장하는 것과는 거리가 멀어졌다. 그것의 목표는 특권과 위계, 그리고 부의 불평등한 분배까지 극복하거나 저항하기 위해 사회를 총체적으로 재배치시키는 것이다. 사유재산 폐지를 추구한 19세기형 마르크스주의자나 무정부주의자가 주창하는 더 극단적인 평등주의로는 더 이상 폭 넓은 지지를 확보하기가 어려웠는지. 하지만 '사회 정의'가 내세우는 목표 이면에는 더 끈덕진 평등주의적 사고방식이 행군하고 있다. 즉, 어떤 영역에서 나타나건—재산, 여가, 법적 특권, 사회적 지위, 교육 기회, 또는 우리 자신과 자녀들을 위해 바랄 수 있는 여타 모든 것—불평등은 다른 정당한 해명이 있기 전에는 무조건 부당하다는 것이다. 개인 간의 사회적 위치가 비교될 수 있는 영역이라면 평등이 기본값으로 간주된다.

이러한 전제는 존 롤스John Rawls의 온화한 문체 안에서 명확하게 드러나지 않는다. 드워킨Ronald Dworkin의 좀 더 격앙된 어조를 살펴보아도 '동등한 존중' 대신 '동등한 존재로서의 존중'을 요구하는 주장의 방향이 정확히 무엇인지 감이 안 잡힐 수도 있다. 중요한 것은 이들이 개진하는 주장이 어떤 것으로도 저지될 수 없는 주장이라는 것이다. 독립적인 증거를 제시하지 않는 한 그 어떤 관습도, 제도도, 법률 혹은 서열도, 어떤 전통, 차이, 규율 혹은 도리도 평등을 능가할 수 없다는 신념이다. 평등주의적 목표에 순응하지 않는 모든 것은 허물어 버리고 다시 건설해야 하며, 단순히 물려받았다는 이유로 남겨둘 수는 없다는 것이다. 이렇게 해서 '사회 정의'라는 것은 혁명가들이 언제나 시도해왔던, 역사의 '전면적 청산'이라는 요구를 대변하는 또 다른 슬로건이 된다.

프랑스 혁명 내내 주창되었던 자유와 평등이 양립할 수 없었듯이 해방과 사회 정의의 목표도 서로 양립이 불가능하다. 해방이 개인의 잠재력의 해방을 의미한다면 야심적이고 정력적이고 똑똑하고 잘 생기고 힘 센 사람들이 앞서가는 것을 어떻게 저지한단 말인가? 또 그들을 저지함으로써 우리에게 돌아오는 이득은 무엇인가? 이런 불가능한 질문은 다루지 않는게 낫다는 것이다. 축적된 분노를 표출하는 것이 어떤 결과를 초래할 수 있는지 검토하기 보다는 그 분노를 부추기자는 입장이다. 해방과 사회 정의의 이름으로 전통적 위계질서와 제도에 선전포고함으로써 좌익은 해방과 사회 정의 사이의 대립을 모호하게 만든다. 더욱이 '사회 정의'는 그것을 가로막는 어떤 목표보다 압도적으로 중차대하고 우월한 목표라 여겨진다. 따라서 '사회 정의'라는 슬로건 아래 일어나는 모든 행위는 자동적으로 결백한 게 되어버린다.

이런 잠재적 정화력에 주목해야 할 필요가 있다. 좌익에 속한 많은 사람들은 유토피아를 향한 충동에 대해 회의적이다. 그러나 동시에 권선징악적 간판 아래 대동단결한 이들은 가장 열성적인 좌익 멤버들의 영향을 불가피하게 받는다. 좌익 정치는 곧 목표가 있는 정치다. 좌익 진영 안에서 한 개인의 위치는 '사회 정의'라는 명분을 위해 어디까지 헌신할 수 있느냐에 따라 판단된다. '사회 정의'를 어떻게 정의하든 상관없이 말이다. 보수주의(최소한 영국 전통의 보수주의)는 관습, 타협, 그리고 합의된 미결정성의 정치다. 보수주의자에게 정치적 유대란 교우 관계와도 같다. 더 우선시 되는 상위의 목적이 없으며 대화의 예측불허 논리에 입각하여 때에 따라 그 관계도 유동적으로 변화한다. 따라서 보수 연대 안에서 극단주의자들은 고립되어 있고 괴벽하기도 하고 심지어 위험하기까지 하다. 공동의 기획에 함께하는 헌신된 파트너가 되기는커녕, 극단주의자들은 목표의식 때문에 그들이 이끌고자 하는 사람들로부터 격리되어 버린다.[1]

마르크스Karl Marx는 그 당시 다양한 종류의 사회주의를 '유토피아'적이라고 비판하며 이와는 대조되는 '완전한 공산주의'를 약속하는, 자기식의 '과학적 사회주의'를 내세웠다. 마르크스는 '역사적 필연성'을 내세움으로써 그것을 설명할 필요를 없애버린다. 여기서 '과학'이란 『자본론Das Kapital』을 포함해 마르크스의 다른 저서에서도 언급되는 '역사적 운동의 법칙'에 기인한다. 이 법칙에 의하면 경제적 발전은 사회의 경제적 인프라에 연이은 변화를 가져오며, 사유재산은 곧 사라질 것이라 예측한다. 사회주의의 후견('프롤레타리아의 독재')하에 국가는 저물어가고 법의 필요도 없는, 모든 것이 공동으로 소유되는 날이 온다는 것이다. 노동의 분업도 필요 없고 각자의 필요와 욕구를 완전히 충족시키며 산다는 것이다. 이러한 모습을 『독일 이데올로기The German Ideology』에서는 '아침에는 사냥을 하고 오후에는 낚시를 하며 저녁에는 소 떼를 지키고 저녁 후에는 문학 비평에 관여하는 것'으로 묘사한다.

유토피아의 모순

위와 같은 상황을 유토피아적이라 하지 않고 '과학적'이라고 하는 것은 우스갯소리 같다. 사냥, 낚시, 주말농장, 문학비평에 관한 언급은 사유재산이 없는 삶이 어떠할지에 대한 마르크스의 유일한 묘사다. 총과 낚싯대는 누가 제공하고, 사냥개 무리는 어떻게 훈련할 것이며, 덤불과 수로는 누가 관리하며, 소젖과 송아지는 누가 지킬 것이고, 비평할 문학 작품은 누가 출판할 것인지 등 이러한 질문은 '핵심에서 벗어난 것', 즉 지금 우리와는 상관없는 미래가 알아서 책임질 사안이라며 떨쳐버린다. 그리고 법도 없고 사유재산도 없는, 따라서 명령 계통도 없는 상태에서 보편적 상류계급이 즐길 여가 활동에 필요한 어마어마한 체계성이 과연 가능할지에 대한 문제는 신경 쓸 필요도 없는 사사로운 것이라고 말한다.

사실은 너무 중차대한 문제라 알아차리지 못하는 것이다. 아주 조금만 비판적으로 사고해보더라도 마르크스의 '완전한 공산주의' 안에 하나의 모순이 깃들어 있다는 것을 포착할 수 있다. 즉 법은 없지만 법적 질서의 혜택이 있는 세상, 생산을 위한 유일한 동기가 되는 재산권을 아무도 누리지 못하는데도 사회적 공조의 모든 생산물이 존재하는 세상이라는 모순이다.

사회주의 유토피아가 지닌 모순적 본질은 곧 그런 유토피아를 실현하려고 할 때 동원되는 폭력성의 원인이 된다. 즉 사람들에게 불가능한 것을 하도록 강요하려면 무한한 힘이 요구된다. 이러한 유토피아의 기억은 1960년대의 신좌파 사상가들과, 그들의 기획을 도입한 미국의 좌파 자유주의자들을 무겁게 짓눌렀다. 더 이상 마르크스를 만족시켰던 공허한 추측을 도피처로 삼는 것이 불가능해진 실정이었다. 역사가 사회주의로 향한다는 것 혹은 향해야 한다는 것을 믿기 위해서는 현실적 사고가 필요하다고 느낀 것이다. 그 결과 사회주의의 이름으로 행해진 잔학 행위를 체계적으로 경시하며 그런 참사의 책임을 오히려 사회주의의 진보를 방해하는 '반동reactionary' 세력에 전가하는 사회주의 역사가들이 등장했다.

신좌파 사상가들은 해방과 평등의 목표를 명확히 설명하지도 않은 채, 전쟁과 대량 학살이라는 만행을 '사회 정의를 위한 의로운 투쟁'에 반대한 사람들의 책임으로 돌려버림으로써 근대 세계에 대한 근시안적인 서사를 만들어냈다. 역사는 선과 악, 빛과 어두움의 대치로 다시 쓰였다. 이러한 이원론적 세계관은 이것을 신봉하는 주창자들이 아무리 미묘하게 윤색해도 여전히 우리 사회에 남아있고 학교 교과과정과 미디어에 고이 새겨져있다.

좌파에게는 도덕적 독점권을 부여하고 '우파'라는 용어는 언제나 비하적으로 사용하는 이런 도덕적 비대칭성은 논리적 비대칭성을 동반한다. 즉 거증책임onus of proof이 언제나 다른 쪽에 있다는 전제다. 이 책임은 없어지지도 않는다. 이 때문에 1970년대와 1980년대 초반 '자본주의' 체제하에 고통당하는 인류에 대한 진실된 설명으로서 마르크스의 이론이 재활용되며, 바로 전 세기만 해도 비판을 받았던 마르크스의 저술들이 더 이상 좌파 저널에서는 비판의 대상이 되지 않았다. 마르크스의 역사론은 메이틀랜드F.W. Maitland, 베버Max Weber, 좀바르트Werner Sombart[2] 등의 학자들에 의해 문제시되었고, 마르크스의 가치론은 뵘 바베르크Eugen von Böhm-Bawek, 미제스Ludwig von Mises 외 수많은 학자들이 비판했다.[3] 허위의식, 소외, 계급투쟁 등에 관한 이론들도 맬록W.H. Mallock, 좀바르트, 포퍼Karl Popper, 하이에크Friedrich Hayek, 아롱Raymond Aron에 이르기까지 폭넓은 사상가들에 의해 비판을 받았다.[4] 그렇다고 이들 모두가 정치 스펙트럼의 우측에 있는 사람들도 아니고 모두가 '사회 정의'라는 개념에 적대적인 것도 아니다. 하지만 이들이 제기한 문제에 대해 신좌파는 단순한 비웃음 이상의 답을 준 적이 없다.

여기서 우리가 알아야 할 것은 마르크스주의의 취지는 더 이상 노골적인 모습을 띠지 않는다는 점이다. 왜 그렇게 변했는지, 누가 이런 변화를 추진한 것인지 말하기는 힘들다. 이유야 어찌 되었든 오늘날의 좌파 정치는 신좌파가 주창했던 혁명적 패러다임을 버리고 그 대신 관료주의적 틀과 복지 문화의 제도화를 채택했다. 해방과 사회 정의라는 두 가지 목표는 그 자리에 그대로 있지만 이제는 차별의 근원을 뿌리뽑겠다는 입법기관과 정부 위원회를 통해 촉진되고 있다. 해방과 사회 정의가 이제는 관료화된 것이다. 따라서 나는 이 책에서 소련이 붕괴되기 전 수십 년 동안 활동한 좌파 지식인들을 살펴보며, 이제는 학문의 보루 안에서만 생존하고 있는 문화를 논하고자 한다. 즉 대학교가 반反자본주의 '투쟁'의 일부였던 시대에 대학 도서관에서 축적된 모호한 전문용어가 들끓는 문체를 먹이 삼아 생존하고 있는 문화를 살펴보고자 한다.

'투쟁'이라는 단어에 주목해보자. 폐쇄된 어휘에 속한 용어이며 마르크스주의와 함께 언어에 도입되었고 사회주의자들이 지성의 고지를 차지하고 있던 시기 동안 점차 단순화되고 엄격해진 단어다. 공산주의 운동은 처음부터 언어를 두고 다투어왔다. 마르크스 이론들이 그렇게 신봉을 받았던 이유 중에도 적군과 아군, 그리고 둘 사이의 대립을 과장시킬 수 있는 편리한 언어를 제공했다는 점이 있다. 이런 언어의 버릇은 전염성이 있어서 마르크스 이후 모든 좌파 운동들은 어느 정도까지는 다 이 버릇에 오염되었다. 정치 언어를 바꾸는 작업이야말로 좌파의 주된 유산이며 이 책의 목표 중 하나도 그 언어를 사회주의 신어新語로부터 건져 내는 것이다.

신어가 지배하는 디스토피아

'신어'라는 용어는 허구적 전체주의 국가에 대한 조지 오웰George Orwell의 섬뜩한 묘사에서 비롯된다. 하지만 좌파가 언어를 점유하는 활동은 이미 오래전 프랑스 대혁명과 그 구호들에서부터 시작되었다. 이것이 오웰의 관심을 끌기 시작한 것은 사회주의인터내셔널[ii]이 창설되고 러시아 지식층이 적극적으로 참여하기 시작하면서부터다. 1889년 제2인터내셔널[iii]에서 승자로 부상한 사람들에게는 변혁된 세계에 대한 이상理想이 주어졌다. 이같은 그노시스적[iv] 계시는 너무나 명백한 것이어서 그 타당성은 자명한 것이요, 증명할 필요도, 증명할 수도 없는 것이었다. 중요한 것은 이 이상을 공유하는 사람들과 반대하는 사람들을 구별하는 것이었다. 이들이 가장 위험하다고 여긴 부류는 애매하게 경계선에 서서 반대 진영에 간신히 걸터앉은 사람들, 그래서 실천의 순수성을 오염시키는 그런 사람들이었다.

내부에 있는 적에 오명을 씌우고 그들의 축출을 정당화할 꼬리표가 처음

---

[i] Newspeak, 新語: 조지 오웰George Orwell의 소설 『1984』에 등장하는 언어로, 당이 주민들의 자유로운 생각을 억제하고 당에 대해 불순한 사고 자체를 불가능하게 만드는 것을 목표로 기존 언어를 대체하기 위해 고안한 어휘다. (이하 모든 각주는 옮긴이의 주다.)

[ii] Socialist International: 1951년 7월 독일 프랑크푸르트에서 결성된 사회민주주의 정당들의 국제적인 조직체. 소련 중심의 국제공산주의 운동에 대항하기 위해 설립되었다.

[iii] The Second International: 마르크스가 중심인물이었던 제1인터내셔널 해산 후 엥겔스의 제창으로 13년 만에 프랑스혁명 100주년을 기념하여 1889년 7월 파리에서 결성되었다.

[iv] Gnostic: 우리말로 영지주의靈知主義라고도 번역되는 그노시스주의는 고대에 존재하였던 혼합주의적 종교 운동 중 하나다. '그노시스Gnosis'라는 낱말은 그리스어로 '신비적이고 계시적이며 밀교적인 지식 또는 깨달음'을 뜻한다. 영지주의자들과 정통 기독교인들과의 가장 큰 차이점은 믿음이 아니라 앎(그노시스)을 구원의 수단으로 여긴 점이다.

부터 필요했던 것이다. 수정론자, 이탈자, 철없는 좌파, 유토피아적 사회주의자, 사회 파시스트 등이 그런 꼬리표들이다. 이런 축출 과정의 전형은 1904년 제2회 러시아 사회민주노동당 대회 후 멘셰비키^{Menshevik}와 볼셰비키^{Bolshevik}라는 각각의 당 이름에서 찾아볼 수 있다. 멘셰비키(소수파)는 사실 다수이었기 때문에 두 당의 명명 자체가 거짓말로서 고착되었는데, 기이하게 날조된 이 용어들은 그후 정치 언어와 공산당 엘리트의 중심 사상 안에 새겨지게 된다.

이런 꼬리표의 활용을 통해 상대방을 열외로 밀어놓고 규탄하는 것에 성공을 거두자 말을 바꾸면 현실을 바꿀 수 있다는 공산주의적 신념은 더욱 강화되었다. '프롤레컬트^{proletcult}'라는 용어를 만들어내기만 해도 프롤레타리아 문화를 만들어낼 수 있고, '자본주의의 위기'를 때마다 외치기만 해도 자유경제를 무너뜨릴 수 있다는 신념이었다. 공산주의 체제를 '민주집중제$^{\text{democratic centralism}}$'라 공표하고 이것이 시행되는 나라를 '인민민주주의'라 말하기만 하면 공산당의 절대 권력과 국민의 자유로운 동의라는 두 개념을 결합할 수 있는 것이었다. 신어는 곧 정치 지형을 재구성한다. 즉, 낯선 방법으로 구역을 나눠놓고, 마치 해부학자가 인체를 설명하듯이 피상적인 통일성 아래 어떤 숨겨진 틀을 드러내는 듯한 인상을 준다. 이런 방법을 동원하면 우리가 살고 있는 현실이 환상이라고 일축해버리는 게 쉬워지는 것이다.

신어는 언어의 일차적 목적(현실을 기술하는 목적)을 파기하고 이에 경쟁하는 또 다른 목적, 즉 현실에 대해 힘을 행사하는 목적으로 대체한다. 주장적$^{\text{as-sertoric}}$ 문법^{v}으로는 근본적인 언어행위$^{\text{speech act}}$를 피상적으로밖에 설명해주

---

v   Assertoric, 主張的: 실제로 발생한 사실에 관한 것을 주장적이라 한다. 가능성을 이야기하거나 가치를 판단하는 것과 대조된다.

지 못한다. 신어적 문장은 주장^{assertion}처럼 들리지만 그것의 근본적인 논리는 주술^{呪術}의 논리다. 현실의 우위에 있는 언어, 합리적 주장의 무의미함, 그리고 저항의 위험성까지 불러내는 주술이다. 그 결과 신어는 자기만의 독특한 통사론을 개발했다. 일상 언어와 밀접한 관련성은 있지만 정작 현실과 합리적 논쟁이라는 논리는 조심스럽게 피해가는 통사론이다. 이 부분에 대해서 프랑수아즈 톰$^{Francoise\ Thom}$은 그의 탁월한 연구가 담긴 『이중언어$^{La\ Langue\ de\ Bois}$』에서 피력한 바 있다.[5] 톰의 반어적 표현에 의하면 공산주의 신어의 목적은 "실제적인 것들의 간악한 공격으로부터 이데올로기를 보호하는 것"이다.

그런 실제적인 것들 중 핵심은 인간 개개인이다. 모든 혁명적 체계가 극복해야 할, 모든 이데올로기가 파괴해야 할 장애물이다. 개별적인 것과 우연적인 것에 대한 애착, 개인의 발전을 위해 고안된 것을 거절하는 기질, 선택의 자유와 그것을 시행할 권리 및 의무 등 이 모든 것은 계획경제를 시행하고자 하는 성실한 혁명가에게는 장애가 된다. 때문에 개인이 정치적인 것에 관여하지 못하도록 정치적 선택을 다르게 표현할 필요가 생긴 것이다. 신어는 힘, 계급, 역사의 행군 등에 대하여 말하기를 좋아하고 위인들을 다루기 좋아한다. 위인들이 신어적 논의에 적합한 주제가 되는 이유는 나폴레옹$^{Napoleon\ Bonaparte}$, 레닌, 히틀러와 같은 인물이 제국주의, 혁명적 사회주의, 파시즘과 같은 추상적 힘의 구현으로 간주되기 때문이다.[6] 정치적 변화를 야기하는 '이즘^{isms}'들은 사람을 통해서 작용하는 것이지 사람으로부터 말미암은 것은 아니라는 것이다.

이런 끈질긴 추상화 작업과 밀접하게 연결되어 있는 속성이 또 하나 있는

데, 톰은 이것을 '범汎다이너미즘'[vi]이라고 한다. 신어의 세계는 추상적 힘의 세계이고 이곳에서 개인은 이즘들의 구현일 뿐이다. 따라서 이 세계는 행동이 없는 세계가 된다. 하지만 운동이 없는 세계는 아니다. 사실 모든 것이 지속적으로 움직이고 있다. 진보의 힘에 의해서 앞으로 쓸려가든지, 반동의 힘으로 저지되든지 말이다. 평형 상태도, 정체도, 휴식도 없는 세계가 신어의 세계, 언제든 터질 수 있는 휴화산처럼 고요함은 속임수일 뿐이라고 믿는 세계다. 신어에서 평화는 절대로 휴식이나 정상 상태로 나타나지 않는다. 신어에서의 평화란 언제나 싸워서 쟁취해야 할 대상이다. 이렇게 '평화를 위해 싸워라!' '평화를 위해 투쟁하라!'와 같은 구호는 공산당의 공식 구호로 자리잡는다.

이와 똑같은 사상에서 '돌이킬 수 없는' 변화에 대한 애착이 태동한다. 모든 것이 운동 중에 있고 진보의 힘과 반동의 힘 사이의 '투쟁'이 모든 곳에 언제나 존재하기 때문에 실제 세계(현실)를 극복한 이데올로기의 승리를 지속적으로 기록하고 지지하는 것이 중요해진다. 따라서 진보 세력은 언제나 '돌이킬 수 없는 변화'를 성취하는 진영임에 반해, 반동 세력은 모순적이고 그저 노스탤직한 시도로 운이 다한 사회 질서를 변호하다 결국 곤경에 빠진 진영이라는 인식이 성행하게 되었다.

그 어원이 꽤 괜찮은 말인데도 관찰 가능한 현실 세계는 무시한 채 비난과 규탄을 목적으로 사용되는 신어로 전락해 버리는 경우가 많다. 가장 대표적인 용어가 바로 '자본주의'다. 자유경제를 노예와 착취의 형태라고 비난할 때 동원되는 용어로서 '자본주의'도 신어가 되어버린다. 우리는 마르크스가 『자본론』에서 피력하는 중심 논의와 동의하지 않아도 경제적 자본

---

vi Pan-dynamism: 물질을 포함한 모든 것이 움직이고 있다고 믿고 세계를 진보, 반동, 혁명, 위기, 청산 등의 렌즈를 통해 해석하는 발상이다.

이라는 것이 존재한다는 것은 인정할 수 있다. 그리고 상당한 자본이 개인의 소유가 되어있는 경제를 자본주의라고 지칭할 수 있는데 여기서 자본주의는 때에 따라 어떤 설명적 이론의 부분을 형성할 수도, 그렇지 않을 수도 있는 중립적인 기술記述로서 사용된다. 하지만 '자본주의의 위기', '자본주의적 착취', '자본주의 이데올로기' 등의 표현에서는 그렇게 사용되지 않으며 다시 한번 주술로서 기능한다. 유엔 단상에서 흐루시초프Nikita Krushchev가 "우리가 너희를 묻어버리겠다!(We will bury you!)"라고 외친 고함이 경제 이론 안에서 수행하는 기능과 동등하다. 여기서 자유경제의 실제 모습은 단순한 기술 뒤로 사라져 버리고, 계속 폐허로 무너져 내리는 기이한 바로크 양식의 건축물로 대체된다.

평범한 대화 중에 나타나는 개념들은 타협과 합의에 도달하기 위해 생겨난다. 우리를 좋아하지도 않고 우리 사업에 지분도 없지만 우리만큼이나 설자리가 필요한 사람들과 평화적인 협상을 위해 사용된다. 이런 개념들은 혁명적 좌파의 계획 및 기획과는 거의 무관하다. 왜냐하면 이 개념들은 사용하는 사람이 필요에 따라 경로를 변경하도록 하고, 상황에 따라 목표를 바꾸도록 하며, 오류를 수정하고 평화를 지속하기 위해서는 언제나 전제되어야 하는 융통성 또한 허락하기 때문이다.

따라서 자신의 다락방에서 지식인으로서 만족스럽고 양심에 거리낌 없이 '부르주아 청산'이라는 개념을 사유할 수 있지만 아래층에 있는 가게에 들어갈 때는 다른 언어를 사용해야 한다. 계산대 뒤에 서 있는 아주머니는 아주 동떨어진 의미에서만 부르주아라고 할 수 있다. 그럼에도 불구하고 가게 아주머니를 부르주아 계급으로 보겠다고 결정하는 이유는 '부르주아'라는 말로 주문을 외우고 있기 때문이다. 다시 말해 딱지를 붙임으로써 아주머니에 대한 권력을 잡으려고 하는 것이다. 가게 아주머니를 한 인간으로 마주하기 위해서는 권력을 잡으려는 주제넘은 노력은 단념해야 하고 아주머니에게 고유한 목소리를 부여해야 한다. 나의 언어는 아주머니가 목소리를 낼 공간을 만들어야 하고, 이것은 곧 갈등의 해소, 합의의 타결(견해의 차이를 인정하기로 한 합의이어도)이 가능하도록 형성되어야 한다. 날씨에 대해 말하고 정치에 대해 불평하는 내용 등의 대화로 간단한 인사를 나눌 때 나의 언어는 현실을 실용적인 것으로 연화軟化하는 효과를 발휘한다. 현실을 부정하는 신어는 현실을 낯설고 저항적인 것으로 만들어 투쟁의 대상이요, 극복해야 할 장애물로 취급하게 된다.

지식인은 마르크스 교과서에서 배운 부르주아 청산이라는 계획을 수행하기 위해 다락방에서 내려올 수는 있겠지만 내가 지목한 희생자와 몇 마디만 나누면 이 계획은 금세 무산된다. 마르크스의 세계관을 강요하거나 그 세계관을 주창하는 언어를 사용하는 것은 이솝 우화에서 행인의 겉옷을 누가 벗길 수 있는지 해와 경쟁한 바람의 꼴이 나기 마련이다. 일상 언어는 대화를 따뜻하게 하고 부드럽게 한다. 반면 신어는 대화를 얼어붙게 하고 딱딱하게 한다. 일상 언어는 그 자체로 보유하는 자원을 활용하여 신어가 금기시하는 개념들을 생성해낸다. 공평/불공평, 정의/불의, 권리/의무, 정직/부정직, 합법/불법, 네 것/내 것 등이다. 이와 같은 구분은 감정과 의견, 재화의 자유로운 교환에서부터 야기되고, 여기서 계획된 질서가 아닌 자발적 질서, '보이지 않는 손'에 의해 재산의 불균등한 분배가 일어나는 사회가 창출된다.

신어는 단순히 계획을 시행하는데 그치지 않는다. 신어에서 강요된 계획 없이도 생활을 가능하게 하는 담론을 제거해버린다. 신어에서 정의正義가 언급되었다면 그것은 개인과 개인 사이의 정의가 아닌 '사회 정의,' 즉 계획에 따라 강요된 정의다. 이러한 정의는 개인이 시장경제에서 정당하게 획득한 것을 불가피하게 박탈하게 된다. 이 책에서 다루게 될 사상가들 대부분은 통치government란 모든 시민이 동등하게 누릴 권리가 있다는 가정 하에 재화 및 자원을 몰수하고 재분배하는 기술이라고 간주한다. 서로 간의 자유로운 합의와 서로에 대해 책임을 다하려는 자연스러운 경향으로 형성된 그런 선재하는 사회질서를 구현하는 것이 아니라는 뜻이다. 이들이 생각하는 정부 및 통치는 '사회 정의'라는 관념에 의거하여 사회 질서의 틀을 직조하고 관리하며, 이 질서를 상의하달식으로 사람들에게 강요하는 기관이다.

지식인들은 계획된 사회에 큰 매력을 느낀다. 이 사회에서는 자기들이 총책을 맡을 것이라는 신념이 있기 때문이다. 그래서 이들은 진정한 사회 담론이란 하루하루 발생하는 문제를 해결하고 합의점을 세심하게 찾아가는 작업이라는 것을 잊어버린다. 진정한 사회 담론은 모든 합의를 조정 가능한 것으로 여기고, 동의를 받아내야 할 사람들에게 발언권을 부여한다. 즉, '돌이킬 수 없는 변화'와는 거리가 멀다. 영국 국민의 주권의 표현인 영국 보통법과 의회제도도 동일한 사상에서 비롯된다.

앞으로 살펴볼 내용에서도 좌파 사상가들의 신어를 마주하게 될 것이다. 보수주의자와 구식 자유주의자들이 권위, 정부, 제도를 말할 때 좌익에 있는 사람들은 권력과 지배를 말한다. 좌파들이 그리는 정치적 삶 안에서 법과 공직公職은 큰 관심의 대상이 되지 않는다. 반면 계급, 권력, 지배 구조 등은 시민 질서라는 현상의 뿌리로서 언급되며, 모두 '이데올로기'라는 말 뒤에 숨어 모호한 채로 비난을 회피한다. 신어의 세계에서 정치 과정이란 합법성과 충성이라는 허구로 가려진 지속적인 투쟁으로 표현된다. 이데올로기를 벗겨내면 정치의 '진실'이 드러난다는 것이다. 여기서 진실이란 바로 권력, 그리고 그것을 퇴출시키고자 하는 희망 밖에는 되지 않는다.

분노를 부추기는 이론

이 책에서 다룰 사람들의 사유체계 안에는 우리가 알고 있는 정치적 삶의 모습은 거의 찾아볼 수 없다. 개인과 개인이 관계하는 방법, 서로와의 합의 하에 이루어진 의회제도나 보통법, 영적인 소명과 관련된 교회, 예배당, 회당, 모스크, 또 학교와 전문인 단체, 민간 자선 단체, 클럽 및 사회, 스카우트 조직, 마을 대회, 축구팀, 브라스밴드, 오케스트라, 합창단, 연극단, 우표수집동호회 등, 에드먼드 버크Edmund Burke와 토크빌Alexis de Tocqueville이 말하는 '소집단'vii은 좌파 세계관에서는 부재한다. 혹 존재하더라도(그람시Antonio Gramsci와 E.P. 톰슨E.P. Thompson에서 존재하는 것처럼) 결국 감상적으로 묘사되거나 정치화되어 노동계급의 '투쟁'의 일부가 되어버린다.

공산주의가 동유럽을 장악했을때 소집단들부터 말살시킨 것은 놀랄 일이 아니다. 카다르János Kádár가 1948년 헝가리 정부의 내무부 장관이었을 때 한 해에만 5,000개의 소집단들을 괴멸시켰다. 세계를 권력과 투쟁의 안경으로 보는 신어의 세계에서는 '의로운 지도자'의 치하 밖에 있는 모든 연대는 국가에 대한 위험으로 간주된다. 그런데 이러한 세계관을 따라 행동하면 그 세계관을 곧 진실한 것으로 만들어 버린다. 세미나나 합창단이 당의 허락이 있어야만 만날 수 있다면 당은 자동적으로 그들의 적이 되어버린다.

때문에 좌파적 사고 방식이 득세하는 곳에 전체주의 정권이 들어서는 것은 우연이 아니다. 추상적인 사회 정의를 추구하는 것은 권력 투쟁과 지배

---

vii Little platoons: '작은 소대' 혹은 '소집단'. '보수주의의 아버지'로 알려져 있는 영국의 정치 철학자 에드먼드 버크는 사회가 번영하기 위해서는 결사가 핵심적이라고 여겼다. 버크에 의하면 가장 이상적인 삶은 '소집단'에서 시작된다. 가족, 교회 및 지역공동체 등이 이에 속한다. 버크는 정의로운 삶은 지역적이고 구체적인 영역에서 구현된다고 믿었다.

관계가 우리의 사회적 상태의 진실을 설명해준다는 관점과 밀접한 관련이 있다. 대물려 받은 관습, 제도, 법체계는 그저 권력의 위장이라고 보는 관점과 동일하다. 이들의 목표는 그 권력을 쟁취하여 억압받는 자들을 해방시키고 사회의 모든 자산을 계획된 공정한 요구에 따라 재분배하는 것이다.

이렇게 사고하는 지식인들은 이미 타협의 가능성을 배제해버렸다. 그들의 전체주의적 언어는 협상의 길로를 꽉 막아버리고, 대신 인간을 무죄와 유죄 그룹으로 나눈다. 『공산당선언The Communist Manifesto』의 열정적인 수사학, 마르크스의 노동가치설의 사이비 과학, 그리고 인류 역사의 계급적 분석 뒤에는 딱 한 가지 정동情動이 동일하게 도사리고 있다. 즉, 책임을 맡은 자들에 대한 분노다. 이 분노는 지주들이 '계급'을 형성한다는 사실에 근거하여 합리화되고 확장된다. 이 이론에 의하면 '부르주아' 계급은 공유된 도덕적 정체성이 있고, 권력 수단에 대한 공유된 조직적인 접근이 있으며, 공유된 특권이 있다는 것이다. 더욱이 이 모든 혜택은 노동 외에는 가진 것이 없기 때문에 언제나 속아서 자기 것을 빼앗기는 프롤레타리아를 '착취'함으로써 획득된다는 것이다.

이 이론의 효과는 단순히 분노를 증폭시키고 정당화하는 데에서 그치지 않으며, 반대사상은 '한갓 이데올로기일 뿐'이라고 폭로하는데 그 진정한 효과를 발휘한다. 이것이 마르크스주의의 가장 교활한 특징이다. 즉, 자신은 과학인 양 행세를 하는 것이다. 이데올로기와 과학을 구분함으로써 마르크스는 자신의 이데올로기가 **그 자체로** 과학이라는 것을 증명하기로 작정했다. 더 중요한 것은 마르크스의 이른바 과학은 반대사상의 신념을 약화시켜버렸다. 몽테스키외Charles Montesquieu와 헤겔G.W.F. Hegel과 같은 '부르주아' 사상가들에 의해 주창된 법치주의, 삼권분립, 재산권 등은 마르크스의 계급 분석을 통해 진리를 추구하는 장치가 아닌 권력을 추구하는 장치가 되어버렸다. 부르주아 질서에 의해 부여된 특권을 계속 붙잡고 있기 위해 고안된 방법이라는 것이다. 이런 이데올로기를 자기 잇속만 차리는 가식이라고 폭로함으로써 계급이론은 자기의 과학적 정당성을 입증하려고 했다.

이런 마르크스의 사유세계에는 푸코의 에피스테메[viii]의 개념(마르크스의 이데올로기 이론을 업데이트한 버전)에서와 같이 일종의 신학적 교활함이 도사리고 있다. 계급이론은 진정한 과학이기에 부르주아 정치 사상은 이데올로기라는 것이다. 그리고 계급이론은 부르주아 사상이 이데올로기라는 것을 폭로하기 때문에 계급이론은 필연적으로 과학이라는 것이다. 이렇게 해서 우리는 창조 신화의 마술 동그라미[ix] 안에 갇히게 된다. 계급이론을 과학적 언어로 장식함으로써 마르크스는 그것을 일종의 가입 조건으로 만들었다. 모든 사람들이 이 언어를 사용할 수 있는 것은 아니라는 것이다. 과학 이론을 이해하고 적용할 수 있는 엘리트가 따로 있다는 것. 과학 이론은 엘리트층의 계몽된 지식에 대한 증거가 되기도 하고, 따라서 그 엘리트층에게 통치할 수 있는 직위도 제공하게 된다. 에릭 보에겔렌Eric Voegelin, 알랭 브장송Alain Besançon 등의 학자들이 지적한 바, 마르크스주의는 일종의 그노시스주의라는 것, 즉 '지식을 통한 통치'를 정당화한다는 점이 바로 여기에서 나타난다.[7]

니체Friedrich Nietzsche의 거만한 초인의 관점에서 보면 분노는 '노예 근성'의 쓰라린 지스러기 같아 보일 수 있다. 자기 자신을 고양하기보다 남을 끌어내리는 데 더 큰 만족감을 느낄 때 야기되는 영혼의 빈곤함이다. 하지만 그렇게 보는 것도 틀리다. 분노의 대상이건 분노를 품는 주체이건, 분노는 기

---

viii Episteme : 지식 또는 과학으로 번역되는 그리스어. 푸코의 철학에서는 시대마다 특정한 방식으로 사물들에 질서를 부여하는 저류를 의미한다.

ix 마법사가 땅에 그리는 원. 그 안의 사람은 마술에 걸린다고 믿는다.

분 좋은 것이 아니다. 그런데 사회의 기능은 우리의 사회 생활에서 분노가 일어나지 않게 하는 것이다. 획일화되고 누구도 거슬리지 않게 그저 그렇게 살아가는 것이 아니라, 개인의 작은 성공을 위해 타인의 협력을 얻고자 상호협력과 유대를 도모하며 사는 것이다. 이렇게 살면 우리의 분노가 저절로 약화될 수 있는 경로가 형성된다. 관습, 선물, 환대, 공동체 예배, 참회, 용서, 보통법 등이 그런 경로에 해당하는데, 전체주의자들이 권력을 장악하는 순간 이 경로는 막혀버린다. 분노와 국가의 관계는 통증과 신체의 관계와 같다. 분노/통증을 느끼는 것은 불쾌하지만 느낄 수 있다는 사실은 좋은 것이다. 느낄 수 있는 기능이 없다면 생존 자체가 불가능하기 때문이다. 따라서 우리가 분노한다는 사실에 대해 분노해서는 안 된다. 인간으로서 처한 상황이라 여기고 받아들이며 다른 모든 희열과 고통과 더불어 잘 다뤄야 할 것이다. 그런데 분노는 통치를 위한 감정 그리고 사회적 대의로 변모될 수 있는 위험이 있다. 그런 분노는 평소 그것을 통제하던 제약 조건으로부터 일탈하게 된다. 분노가 구체적인 대상을 상실하고 사회 전체를 겨냥할 때 일탈이 일어난다. 좌파 운동이 장악하는 곳에서 흔히 보게 되는 일이다. 이런 경우에 분노는 받을 자격 없는 성공에 대한 반응이길 멈추고 실존적 태세로 전환된다. 세상에게 배신당한 사람의 자세다. 이런 사람은 기존 구조 안에서 협상하기를 거부하고 오히려 그 구조를 폐지하기 위해 총체적 권력을 취하기 원한다. 모든 형태의 중재, 타협, 토론을 거부하고 또 반대자에게도 발언권을 주고 평범한 시민에게 주권을 부여하는 법적, 도덕적 규범에 대항한다. 반대세력을 괴멸시키는 것에 열중하는데, 이 반대세력이란 집단이요 계급이자 무리이고 인종이다. 지금까지 세계를 지배해왔으나 이제는 지배를 받아야 할 대상으로 여긴다. 이 계급을 비호하거나 정치적 발언권을 허락하는 모든 형태의 제도는 파괴적 분노의 타겟이 된다.

이러한 태도는 심각한 사회 혼돈의 핵심이 된다. 우리 문명은 이런 혼돈을 한 두 번 겪은 것이 아니다. 종교개혁 이후 수차례 겪었다. 이 책에서 다루는 사상가들을 살펴볼 때, 이 혼돈에 대한 새로운 이해가 전개될 것으로 믿는다. 어떤 사람들은 이 혼돈을 단순히 왜곡된 종교 혹은 그노시스주의의 한 형태로 보지만 사실은 그 이상이다. 그것은 서구 문명을 물려받은 우리의 역사적 유산에 대한 거절이다. 괴테$^{\text{Johann Wolfgang von Goethe}}$의 메피스토펠레스^{x}가 자기 자신을 설명할 때 한 말을 떠올려 본다. "나는 언제나 부정하는 정신이다. 유를 무로 만들며, 따라서 창조의 일을 무효로 만들어 버리는 정신이다."

이 본질적 부정성은 이 책에서 다루는 사상가들 안에 만연해 있다. 그들의 목소리는 불가지^{不可知}의 것을 대변하기 위해 실제의 것을 배척하는 저항적 목소리다. 1960년대의 세대는 사회 정의와 해방이 어떻게 접목될 수 있는지에 대한 근본적인 질문은 하지 않았다. 아무리 불분명하고 모호해도 기존 질서에 대한 그들의 저항을 정당화할 이론만을 선호했다.[8] 지식층과 노동 계급 사이의 허구적 연합을 통해 자기들의 지적 생활에 대한 보상을 포착했고, '부르주아' 질서를 유지하는 '권력'을 폭로하고 그 정당성을 폐지하기 위한 언어를 강구했다. 신어는 그들의 계획 실천에 필수적인 기능을 담당하며 권위, 적법성, 합법성으로 인식되는 것들을 권력, 투쟁, 지배로 환원시켜버렸다. 라캉$^{\text{Jacques Lacan}}$, 들뢰즈$^{\text{Gilles Deleuze}}$, 알튀세르$^{\text{Louis Althusser}}$ 등의 저술에서처럼 넌센스 공장이 '자본주의'가 표적이라는 점을 제외하고는 아무것도 이해할 수 없는 난측한 문장들을 빠르게 생산해내기 시작했을 바로 그때 무^{無}는 자기 목소리를 찾게 되었다. 곧이어 부르주아 질서는 안개 속

---

x   Mephistopheles : 괴테의 『파우스트』에 등장하는 악마인 메피스토펠레스는 '빛을 증오하는 자'를 뜻하며, '교활한 파괴자'라는 별명도 있다.

으로 사라지며 인류는 공허$^{\text{the Void}}$를 향해 자신만만한 행군을 시작하게 된 것이다.

원한 서린
영국의 역사가

홉스봄과 톰슨

2장

공산주의가 휩쓸고 간 전후 영국

역사가를 선뜻 사상 세계의 리더로 여기는 것은 영국 독서계의 두드러진 특징이다. 20세기 초반 새로이 창설된 영국 노동당이 정치적 세력으로 형성될 당시, H.G. 웰스$^{H.G. Wells}$, 시드니 웹$^{Sidney Webb}$, 베아트리스 웹$^{Beatrice Webb}$과 같은 페이비언[i]들은 사회주의를 '진보'의 동의어로 만들었다. 토니$^{R.H. Tawney}$의 1926년작 『종교와 자본주의의 발흥$^{Religion and the Rise of Capitalism}$』이 영국의 지식층 한 세대 전체에 중대한 영향을 끼친 것을 기점으로 사회주의 메시지를 깊이 새기며 역사를 다시 쓰는 행위는 정통 좌파적 관행으로 자리잡게 되었다. 토니는 이전 저서에서 비판한 바 있는 '획득사회'[ii]에 대항하여 노동 운동이 개신교 교회와 함께 대항한다고 생각했다.

노동자교육협회$^{Workers' Educational Association, WEA}$의 본거지가 된 토인비 홀$^{Toynbee Hall}$은 잘 알려진 역사학자 아널드 토인비$^{Arnold Toynbee}$의 이름을 따서 세워졌다. 그곳에서 토니는 이후 복지 국가의 설계자가 될 친구 윌리엄 베버리지

---

i   Fabianism, 페이비언주의: 영국에서 결성된 페이비언협회의 주장을 말한다. 토지와 산업자본의 공유화, 사회주의로의 이행을 주장했다.

ii   Acquisitive Society: 토니는 자본주의사회를 부의 획득과 소유를 제 1원리로 하는 경제적 이기주의와 부의 숭배가 전도된 사회라고 비판하고 이것을 획득사회라고 불렀다.

William Beveridge와 함께 지냈다. 그 후 노동 역사와 노동자교육협회는 불가분한 관계를 맺게 되었고, 노동자들에게 역사를 가르침으로써 그들과 힘을 합칠 수 있다는 것은 영국 좌파 지식인의 신조로 자리잡았다.

영국에서 신좌파의 토대를 마련해 준 대표적인 역사학자로 에릭 홉스봄 Eric Hobsbawm(1917-2012)과 E.P. 톰슨 E.P. Thompson(1924-1993)을 들 수 있다. 둘의 탁월한 글쓰기와 활동의 영향력을 고려할 때 그렇다. 이들은 2차세계대전 전후로 수많은 사람들을 휩쓸고 간 공산주의 운동에 의해 양성되었다. 소련이 핵심 외교정책으로 평화 운동을 내세웠을 때 이를 적극 지지하기도 했다. 홉스봄이 학계 기득권층에서 정평있는 인물이었다면 톰슨은 학계에서 편안한 곳을 찾지 못하고 1971년, 워릭대학교 University of Warwick의 상업화에 반대하여 대학을 등진 인물이었다. 자기는 마르크스와 같은 프리랜스 지성인이라는 자부심을 갖고 있었다. 톰슨의 글은 논평란이나 소평론에 실렸으며 그의 대표작 『영국노동계급의 형성 The Making of the English Working Class』은 1963년에 출판되었다. 학계에서 사회사라는 것이 그때야 생겼으니 톰슨의 저서는 당시 학계의 영역 밖에 놓일 수밖에 없었다.

홉스봄이 비난을 받는 이유는 공산주의에 동조했다는 점보다도 공산당이 저지른 범행이 폭로되고 나서도 당에 대한 완강한 충성을 굽히지 않았다는 요인이 크다. 1990년 영국의 공산당이 수치스럽게 해산되고 나서야 홉스봄은 할 수 없이 당에서 나오게 된다. 소련이 헝가리를 침략한 것에 대해 영국 공산당과 더불어 홉스봄은 이를 규탄하기를 거부하고 오히려—비록 '무거운 마음'이 있지만—헝가리에서 일어나는 일에 찬성한다고 말했다(Daily Worker, 9 November 1956). 반면 헝가리 사건에 대한 톰슨의 반응은 공산당을 탈퇴하는 것이었다. 과거 공산주의 활동에 가담했던 자들도 분개함으로 규탄하기 시작한 잔학 행위들을 홉스봄은 2012년 생애를 마감할 때까지 '무거운 마음'으로 찬성했다. 그야말로 홉스봄의 평판에 암영을 드리우게 한 요인이었다. 좌익에 서 있을 때 어느 정도까지 범죄와 결탁할 수 있는지를 보여주는 대표적인 사례가 바로 홉스봄이다. 우익의 편에서 저지른 범죄에 대해서는 그런 너그러운 사면은 없다. 여기서 우리는 중요한 사실 하나를 발견한다. 좌파 운동은 종교에서나 찾아볼 수 있는 역할을 한다는 것이다. 즉, 범죄를 정당화하기도 하고 범죄를 묵과하는 사람들의 양심도 씻어주는 역할이다.

따라서 양차 대전 사이에 일어난 젊은 지식인 세대를 매료시킨 공산주의는 종교적 관점에서 보아야 맞을 것이다. 케임브리지의 스파이들(킴 필비Kim Philby, 가이 버지스Guy Burgess, 도널드 맥린Donald Maclean, 앤서니 블런트Anthony Blunt)[iii]은 많은 사람을 죽음으로 넘기는 배신 행위를 자행했다. 동유럽의 애국운동가들이 공산주의 체제보다는 민주주의 체제를 세우기 위해 나치에 저항할 때, 케임브리지 스파이들은 그들의 정체를 폭로함으로써 동유럽을 침공해 들어오는 스탈린을 막아서는 가장 골치 아픈 장애물을 '청산'하는데 기여했다.

자국과 그에 속한 모든 제도에 대한 강박적 부정을 에너지원으로 삼는 스파이들에게 자책감이란 없었다. 이들은 물려받은 특권에 대한 자신감을 상실한 엘리트층에 속해 있었다. 자기가 태어난 사회가 고취시키는 가치를 부정하는 태도를 종교로 만들어버린 사람들이다. 이들의 이런 파괴적 집착에 정당성을 부여해 줄 철학에 굶주려있던 와중에 공산당이 그 배고픔을 해소해준 것이다. 공산당은 교리와 헌신적인 지지뿐 아니라 소속감, 권위, 그리고 복종까지 제공해 주었다. 계승되지 않았다는 차이만 있을 뿐 스파

---

iii The Cambridge Spies: 소련에 포섭되어 2차 세계 대전부터 1950년대 초반까지 기밀 정보를 유출한 영국의 간첩들이다. 이들이 1930년대 케임브리지 대학교 재학 시절에 포섭되었기 때문에 이런 이름이 붙었다.

이들이 뱉어내고자 했던 그것을 공산당이 다시 먹여준 것이다.

비밀 단체는 평범한 사람들 사이를 거닐며 자기들끼리만 알아보는 무리들이다. 선택받은 자들 간의 유대만이 공산당이 선사하는 매력은 아니었다. 공산당 교리는 찬란한 미래와 그곳으로 향하는 영웅적 '투쟁'의 길을 약속했다. 1차세계대전을 겪고 총체적으로 파괴된 유럽 사회를 사는 일반인에게는 어떤 보상도 없이 손실만 남아있는 상태였다. 뒤따라 전개되는 현실에 대해 환멸을 느낀 젊은 지식인 세대에게 유토피아는 귀중한 자산이 되었고 유일하게 신뢰할 수 있는 것이 되었다. 그 이유는 유토피아는 실제적인 어떤 것도 선사하지 않았기 때문이다. 유토피아는 희생과 헌신을 요구했고, 모든 부정적인 것을 긍정적인 것으로 고쳐 쓰고 파괴적인 행위를 가리켜 창조적 행위라고 말하는 공식을 고안하여 삶에 의미를 부여했다. 유토피아는 절대 바꿀 수 없는 지침을 발부했는데, 은밀하고도 권위주의적인 이 지침은 유토피아의 길을 가로막는 모든 것과 모든 사람들을 배신하도록 명령했다. 곧 세상 모든 것과 모든 사람들을 배신하라는 강령이다. 세상을 있는 그대로 받아들이기를 거부하고 세상에 대한 복수심에 불타고 있는 사람들에게 이 메시지는 억누를 수 없는 황홀감을 선사해주었다.

공산당이라는 악성 종양이 영국에서만 퍼진 것이 아니다. 체슬라프 미우오슈Czeszlaw Milosz의 저서에서는 폴란드 지식층을 완전히 장악한 공산주의를 악마적Satanic 세력으로 묘사하는데, 생생하고도 충격적인 모습이다. 공산주의가 장악한 곳에서는 반대 의견이 묵살당하고 시민사회를 가능하게 하는 가족, 교회, 국가, 법질서에 대한 충성이 하나씩 절멸된다.[1]

프랑스와 독일의 작가, 예술인, 음악인들도 모두 같은 마법에 걸려버렸다. 공산당이 매력적인 이유는 어떤 구체적인 정책이나 기존 질서 안에서 납득이 될 행동 계획이 있어서가 아니다. 어떤 실제적인 것도 믿을 수 없는 세상에서 지식층의 '내부' 혼란을 지적한 것이 공산당의 매력이었다.

부정적인 것을 긍정적인 것으로 바꾸고, 거절을 속죄로^{repudiation to redemption} 바꿀 수 있는 공산당의 능력은 종교적 신앙과 시민으로서의 충성을 상실한 사람들의 심령을 분명하게 치료해 주었다. 그들의 비관적 상태는 앙드레 브르통^{Andre Breton}과 같은 프랑스 지식인들에 의해 효과적으로 표현되었다. 다음은 1930년 브르통이 쓴 『초현실주의 제2선언^{Surrealist Manifest}』에서 발췌한 글이다.

> 가족이라는, 조국이라는, 종교라는 관념을 깨뜨리기 위해서는, 어떤 일이라도 해야 하며, 어떤 수단이라도 이용하는 것이 마땅하다. … [초현실주의자들]은 자신들에게서 떠나지 않는 욕구를, 프랑스 국기 앞에서 야만인들처럼 키득거리고 싶은, '제1의무'에 매달린 족속들에게 사정거리가 긴 성적 외설의 무기를 겨누고 싶은 욕구를… 비열하게 기다리는 부르주아 대중 속으로, 맞아들이는 저 그럴듯하게 연출된 개탄을 한껏 즐길 작정이다.

지금 돌이켜보면 유치해보이는 글이지만 동시에 이것은 도움을 요청하는 투명한 호소이기도 하다. 브르통은 새로운 질서와 새로운 형태의 소속감^{membership}을 제공할 신념 체계를 요구한 것이다. 그 모든 부정성을 돌려놓고 자아확인의 언어로 다시 쓰인 체계를 요구한다.

홉스봄은 공산당의 다른 신규 멤버들보다 변명할 거리가 더 많았다. 이집트의 알렉산드리아에서 유대계 부모에게 태어나 일찍이 고아가 되어 베를린에서 친척의 부양을 받은 홉스봄은 가장 정서적으로 연약할 때 히틀러 집권의 타격을 크게 입었다. 친척과 함께 가까스로 영국으로 피신했지만 익숙한 것에서 근절되고 정신적 충격에 시달린 홉스봄에게 과거의 충성심은 완전히 불식되었다. 지식인의 삶에 완벽하게 들어맞았고 때문에 파시즘과의 싸움에도 동원된 홉스봄은 이런 삶에 적합한 의미를 부여해줄 무엇인가에 대한 갈망이 있었다. 그는 공산주의 이상에 초지일관 자기의 충성을 바쳤고 이 대의를 증진시키기 위해 학계에서 어떤 일을 할 수 있을지 지속적으로 연구했다.

우리가 지금 와서 필비, 버지스, 맥린과 연관된 체제 전복 활동에 홉스봄 세대 지식인들이 얼마큼 연루되었는지 아는 것은 불가능하기도 하고, 질문하는 것 자체가 현명하지는 않을 수 있다. 스탈린이 동유럽 점령을 위해 런던에 파견된 스파이들에 의존했던 시기, 즉 전쟁의 결정적인 막바지 2년 동안 영국 외무부 공무원으로 일하던 영국 내전 역사학자 크리스토퍼 힐Christopher Hill에 대한 의혹이 제기 되었다. 이어서 힐은 옥스퍼드 대학Oxford University의 베일리얼Balliol 칼리지 학장을 역임하게 되었는데 전쟁 후 홉스봄, 톰슨, 라파엘 새뮤얼Raphael Samuel과 함께 옥스퍼드 대학의 공산당 역사가 모임을 형성했다. 1952년 새뮤얼과 힐은 마르크스주의적 역사해석으로 큰 영향력을 행사하던 저널 『과거와 현재Past and Present』를 창간했다. 이 일과 연관된 사람으로는 1940년 벨기에를 떠나 난민으로 영국에 들어온 급진적 사회학자 랄프 밀리밴드Ralph Miliband가 있다. 밀리밴드의 폴란드 출신 아버지는 소련군에 가담하며 1920년 폴란드-소련 전쟁에서 자국의 반대편에서 싸웠다. 이 전쟁에서 레닌은 러시아와 독일의 공산주의 운동을 통합하려고 시도했지만 실패했다.

밀리밴드는 톰슨 외 몇몇 사람들이 1958년에 창간한 『신이성인New Reasoner』의 활발한 기고가로 활동했다. 『신이성인New Reasoner』은 『대학과 좌파평론

Universities and Left Review』과 합쳐져 1960년에 『뉴레프트리뷰』[iv]가 되었다(7장 참조). 밀리밴드는 국제사회주의 운동을 지지했고, '사회주의로 향하는 길'에 대해서는 의회적 방법보다는 혁명적 방법을 선호했음에도 불구하고 한 번도 공산당에 가입한 적이 없었다. 1951년에 노동당에 가입했지만 곧바로 경험한 실망감은 1982년에 집필한 『영국의 자본주의적 민주주의Capitalist Democracy in Britain』에서 독설적으로 표현된다. 이 저서에서 밀리밴드는 노동당이 영국 정치의 제도권에 합류하면서 노동 계급의 목소리를 묵살시키고, 다른 지역에서는 혁명으로 폭발해버린 '아래에서부터 올라오는 압력'을 억누르는데 일조했다고 주장한다. 그런데 동시에 그는 17세기 이후 영국인들이 전례 없는 평화를 누릴 수 있던 이유는 아래에서 올라오는 봉기를 억제할 능력이 있기 때문이라는 점을 마지못해 인정하기도 한다. 여기서 우익 진영은 '억제하다'라는 말을 '대응하다'라는 말로 대체하면서 밀리밴드의 왜곡된 영국 역사에 대한 우익의 첫 번째 반격을 개시하게 된다.

홉스봄, 마르크스를 통째로 삼키다

공산주의 정치에 어느 정도로 연루되었든지 이들 저술가들이 케임브리지 스파이 부류와 분명하게 구별되는 점이 있다. 바로 지적 진지함이다. 그들이 보기에 공산주의란 곧 카를 마르크스Karl Marx의 철학을 실천으로 옮기는 작업이었고 역사 연구를 하나의 과학으로 승격시키기 위한 첫째이며 유일

[iv] The New Left Review: 1960년 영국에서 창간되어 격월로 발행되는 좌파잡지다. 대표되는 논객으로는 스튜어트 홀, E.P. 톰슨, 레이먼드 윌리엄스 등이 있다. 좌파 이론 및 정치를 다루는 독립 저널로서 국제적인 명성을 얻었으며, 2009년부터 한국어판이 출간되고 있다.

한 시도가 바로 마르크시즘이라고 파악했다. 그들이 마르크스주의적 관점에서 역사를 다시 쓰고 그럼으로써 역사 이해를 사회 정책의 도구로 사용하고자 했던 점이 오늘날 우리에게도 중요한 관심의 대상이 되는 이유다.

홉스봄의 역사학을 읽어본 사람 중에 그의 글에 매료되지 않을 사람이 없다. 이들 역사가들의 방대한 지식은 특유의 우아한 문체 안에 담긴다. 홉스봄이 영국학술원British Academy과 왕립 문학 협회Royal Society for Literature 양쪽에서 특별회원으로 선출된 것은 학자로서 그리고 문인으로서 그의 역량을 대변하고 있는 것이다. 근대 세계의 출현을 다룬 네 권의 '시대 시리즈' —『혁명의 시대The Age of Revolution』,『자본의 시대The Age of Capital』,『제국의 시대The Age of Empire』,『극단의 시대The Age of Extremes』—는 놀랄 만한 업적이다. 네 번째『극단의 시대』만 심각한 오류가 있는데, 여기서 홉스봄은 공산주의 실험을 은폐하고 그 폐단을 '자본주의'의 탓으로 돌리려고 한다. 산업 혁명과 제국주의적 활동을 다룬『산업과 제국Industry and Empire: From 1750 to the Present Day』은 교과서로서 입지를 굳혔고 또 그럴만한 요건도 충분히 갖추고 있다. 1968년 초판 이후 거의 매년 재판을 찍어내고 있다. 홉스봄은 위 저서들에서 자신이 사용한 방법을 되돌아보며 이렇게 말했다. "마르크스를 준거점으로 삼지 않으면 역사에 대한 진지한 논의는 불가능하다. 정확히 말하자면 마르크스가 시작한 지점에서 시작하지 않으면 안된다. 이 지점은 곧… 역사에 대한 유물론적 관점이다."[2] 홉스봄이 지식활동에 미친 영향을 평가하려면 이 주장을 출발점으로 삼아야 할 것이다.

마르크스의 '유물론적' 역사론은 헤겔에 대한 반응이었다. 헤겔은 인간 사회의 진화는 사회구성원의 의식에 의해 진행된다고 보았다. 여기서 의식이란 곧 종교, 도덕, 법과 문화 등으로 표현되는 의식이다. 잘 알려진 바, 마르크스는 그렇지 않다고 생각했다. "의식이 삶을 결정하는 것이 아니라 삶이 의식을 결정한다"라는 것이다(『독일 이데올로기』The German Ideology). 삶이란 관념의 영역에서 일어나는 의식적인 과정이 아니라, 유기체의 필요에 뿌리를 내린 '물질적' 현실이라는 것이다. 사회적 삶의 기반 역시 생산, 분배, 물물교환을 포함하는 물질적 활동이라는 것이다. 경제 활동이라는 '토대' 위에 사회의 '상부구조'가 얹혀진다. '정신적' 요소들—종교 운동, 법의 쇄신, 지역 사회의 자기 이해와 문화, 국가 정체성을 규정하는 제도 등—은 종종 역사 변화의 동인으로서 지목되는데, 사실 이것은 모두 물질 생산의 부산물로 여겨져야 한다는 것이다. 인간 사회는 생산력이 증폭됨으로써 진화하고 이에 따라 재산 관계도 지속적인 혁명, 즉 노예제에서 봉건제로, 자본주의에서 그 이후 세계로의 혁명을 요구한다. 동물의 종이 환경의 압력에 따라 진화하는 것과 유사하게 사회의 상부구조도 생산의 필요와 기회에 따라 바뀐다. 종교, 문화, 법 등에 깃든 한 사회의 의식은 궁극적으로 경제 성장의 법칙에 따라 가동되는 과정의 결과다. 이것이 유물사관의 골자다.

이것을 어떻게 이해해야 하는지도 흥미로운 문제다. 이 문제에 그럴듯한 답변을 제공하는 현대 사상가는 『칼 마르크스의 역사론에 대한 변호Karl Marx's Theory of History: A Defence』[3]를 저술한 G.A. 코언G.A. Cohen 한 사람 밖에는 없는 것 같다. 하지만 몇 가지 사례만 봐도 개괄적인 이해는 가능하다. 19세기 영국의 토지법이 어떻게 변했는지 살펴보자. 새로운 토지법을 통해 종신 부동산 소유자들은 지출부담 없이 광업 및 산업 생산을 위해 자기 토지를 자율적으로 팔 수 있게 되었다. 이것은 경제적 힘이 재산 관계에 거대한 변화를 야기시킨, 그리고 권력과 자주성을 토지귀족에게서 신흥 중산층에게로 이양시킨 대표적인 사례다.

18세기 후반, 소설이 하나의 예술 형식으로서 등장한 점을 살펴보자. 소설은 신흥 사회의 자아상을 다루며 자유, 개인의 책임과 같은 관념들을 재산소유자들이 영위하는 삶에 견고하게 심었다. 즉, 경제 질서의 근본적인 변화에 발 맞추어 새로운 예술 형식이 등장한 것이다. 또 하나 예는 19세기에 일어난 다양한 선거법 개정이다. 이는 신흥 재산 소유 계층의 세력을 강화했고, 입법활동도 그들의 이익을 지켜줄 수 있도록 기여했다. 이 역시 경제적 필요에 따라 정치 제도가 바뀐다는 점을 시사한다.

위 사례들에서 우리는 생산 세력의 확장을 위해서는 특정 제도와 문화가 요구되는 모습을 볼 수 있다. 생산 세력의 확장이 토대^{basic}가 된다. 달리 말해, 생산 세력은 그것에 맞춰 일어난 모든 사회 변화에 대한 총체적 설명이 된다는 것이다. 집의 지붕이 그것이 얹혀 있는 벽을 지탱하듯 제도와 문화 형태는 경제 관계를 지원하기 때문에 존재한다. 그리고 경제 관계는 생산 세력이 기술과 인구의 변화에 발맞추어 확장하도록 하기 때문에 존재한다.

그런데 순기능 때문에 제도가 생성된다고 말하는 것과 역기능 때문에 제도가 소멸된다고 말하는 것은 별개다. 영국의 상속법은 천연자원 개발에 방해가 되어서 경제적으로 역기능을 낳았다. 따라서 법을 바꿔야 한다는 압박이 가해지기 시작했다. 그렇다고 원래의 법이 경제적으로 순기능적이어서 생성되었다고 도출할 수는 없다. 가문 혹은 왕조의 요구에 부응한 것일 수도 있고, 또 사실 그랬다. 게다가 사회 제도는 경제적으로 역기능적이어도 다른 기능에 충실하기 때문에, 또는 '우리의 것'이라는 애착이 부여된 까닭에 지속되기도 한다. 일본 에도막부江戶幕府의 정책은 1641년과 1853년 사이 일본을 세계로부터 격리시키며 후일 일본에 막대한 부를 가져다 줄 국제 무역의 폭발적 증진을 저해하였고 경제적으로 역기능적인 면모를 보였다. 그러나 다른 영역에서 순기능을 담당했는데, 인류 역사상 어떤 나라에서도 찾아보기 힘든 오랜 태평성대의 기간을 누리며 신도神道 문화의 길을 열어주기도 했다.

그렇다면 마르크스주의 역사론의 의의는 정확히 무엇인가? 사회적 삶과 경제적 삶이 서로 복잡다단하게 얽혀있다는 것은 논쟁의 여지가 없다. 하지만 무엇이 원인이고 무엇이 결과인지 밝히는 것은 그것을 검증할 실험이 없으므로 불가능하다. 따라서 실제적인 차원에서 마르크스주의는 해석의 강조점이 다른 것이지 기존 해석 전체를 대체하는 것은 아니라고 봐야 할 것이다. 어떤 사람들이 법, 종교, 예술, 가정 문화 등을 연구한다면 마르크스주의자는 '물질적' 현실, 즉 식량, 주거지, 기계, 가구, 교통수단 등의 생산 활동에 집중하는 것이다.

아주 선별적으로 논증을 구축한다면 사회 변혁의 진정한 동력은 물적 재화$^{material\ goods}$라는 인상을 줄 수 있다. 물적 재화 없이 다른 형태의 재화는 있을 수 없기 때문이다. 이런 논증은 핵심 사실을 찾는 데 유용한 자극제가 될 수 있겠지만 인과 관계를 설명하기에는 턱 없이 부족하다. 법적, 정치적 혁신이 경제적 변화의 결과임과 동시에 그것의 원인으로도 작용한 근대사를 해석하기에는 더욱 부적합하다.

계급이라는 색안경

홉스봄 세대의 마르크스주의 역사가들에게 더 흥미로운 개념은 계급이다. 7장에서 페리 앤더슨$^{Perry\ Anderson}$을 살펴볼 때 또 논의하겠지만, 이 역사가들은 '계급투쟁'이 사회 정치적 혼란의 불씨라는 점을 증명하기 위해 유독 격변과 저항의 시기를 강조한다. 이러한 연결 작업 안에서 마르크스는 '즉자적 계급class-in-itself'과 '대자적 계급class-for-itself'을 구분한다.[v] 자본주의 체계 안에서 무산 계급(프롤레타리아)은 노동 외에는 교환할 것이 없는 계급이다. 객관적으로 말해 무산 계급의 구성원들은 공통의 경제적 이익이 있기 때문에 계급을 형성하는 것이다. 특히 '임금의 노예'된 상태에서 해방되고 생산 수단의 통제권을 획득하는 이익 때문이다. 유산 계급(부르주아) 역시 같은 이유로 계급을 형성한다. 즉 생산수단의 통제권을 유지하기 위해서다. 이렇게 상충되는 두 이익 사이에서 '계급투쟁'이 발생하는데, 이 투쟁은 참여자들도 정확히 인지하지 못하고 있는 물질적 힘들 간의 경쟁이라는 것이다.

우리는 경제적 관심을 단순히 '갖고' 있는 게 아니다. 때로는 우리가 갖고 있는 경제적 관심을 '의식'할 때가 있다. 이를 의식하는 순간 사람들은 자기가 누려야 할 권리, 또 자기 형편의 공평성 혹은 불공평성에 대해 정교한 이야기를 만들어내기 시작한다. 여기에 더하여 공유된 경제적 관심에 대한 의식 또한 공유되면, 비로소 '대자적 계급'이 나타난다. 마르크스에게 이것은 혁명을 향한 첫걸음이다.

이는 모두 시적이고 마음을 들뜨게 하는 말들이다. 그런데 이것은 사실인가? 사실이라면, 이것은 역사를 인식하는 새로운 방법을 제시하는가? 홉스봄, 톰슨, 힐, 사무엘 그리고 밀리밴드는 이 두 질문에 모두 '그렇다'고 답했다. 따라서 이들은 영국인의 역사를 '계급투쟁'의 역사로 다시 쓰기 시작했다. 결국 물적 재화, 신흥 중산층 그리고 노동자들의 빈곤과 수모 등을 지속적으로 강조하게 되었다.

다음은 홉스봄의 전형적인 태도가 담긴 조지 6세George IV의 통치에 관한

---

[v] 즉자적 계급, 대자적 계급: 프롤레타리아트의 자각의 성장 단계를 가리키기 위해 마르크스와 엥겔스가 사용한 용어. 즉자적 계급은 계급의식을 자각하지 않는 계급, 대자적 계급은 계급의식에 눈을 뜬 계급이다.

글이다. 사냥과 사립학교 등으로 특징지어진 귀족층을 끈질기게 비웃는다.

> 시골 귀족사회의 수많은 빌붙이들의 생활 또한 평온하고 호화스러웠는데 이들은 귀족과 젠트리들의 관리인 또는 공급자로 구성된 지방과 소도시의 한 집단으로서, 전통적이고 퇴폐적인 직업이었으며 산업화가 진전됨에 따라 점차 반동적인 직업이 되었다. 교회와 대학은 그들의 수입, 남용적 특권 그리고 고위귀족과의 관계 등을 이용하여 무위도식하고 있었으며 그들의 부패는 실제라기보다 이론으로서만 끊임없이 비판되고 있었다. 법률가들은 공무원으로 간주되었는데 개혁되지도 쇄신되지도 않았다.[4]

여기에 일편의 진리는 존재하지만 이 또한 계급투쟁의 언어로 표현된다. 다시 말해 홉스봄의 글에 등장하는 사람들이나 체계는 변호될 수 있는 여지가 전혀 없다. 그가 말하는 '빌붙이'는 상인이라 바꿔 부를 수 있고, '반동분자'들은 교사, 의사, 중개사와 같은 사람들이다. 모두 결함이 있지만 이들은 19세기에 걸쳐 사회 자본을 잘 전수하고 개선하는데 기여한 사람들이다. 시대마다 그런 것처럼 이들 중에는 부정부패에 맞선 선량한 사람들도 분명 있었다. 교회의 부정부패에 대해 적극적인 비판이 있었다는 점은 홉스봄도 인정한다. 하지만 '이론으로만 존재할 뿐 실천으로는 나타나지 않는' 비판이라고 말한다. 법조인과 공무원들에게는 해명할 기회조차 주지 않는다. 더욱이 로버트 필 경Sir Robert Peel(필 수상의 아버지)과 같이 자작농 신분에서 대실업가로의 이동을 가능케 한 19세기 영국의 놀라운 사회 유동성까지도 앙심 가득한 독설의 대상이 된다. 바꿔 말하면, 홉스봄은 계급 제도 '탓'에 자수성가하여 신분의 이동이 가능하게 된 것이 불만인 셈이다.

반면 새로이 등장한 노동 계급에 대한 묘사는 완전히 다르다. 톰슨에 의하면 노동계급의 전통과 예전의 '도덕경제'는 산업혁명에 의해 짓밟혔다. 노동계급은 무분별한 도시 확산 속에 감금되어 매 순간 "사회에서 소외된" 자기 상태를 마주해야 하며, 자유경제학자들이 규정해 놓은 시장 시세(노동의 최저 환시세)에 따라 노동해야 하는 숙명을 벗어날 수 없다고 주장한다. 또 노동자들이 실직해도 굶지 않도록 제정된 빈민구제법은 "노동자들을 돕는 법이라기보다는 스스로 사회의 낙오자라고 고백하는 사람들을 지탄하는 법"이라고 말한다.[5]

이 시기는 때마침 공제조합과 건축조합의 시기였다. 즉, 노동자층이 자기 집을 소유하고 신흥 중산층의 구성원이 되는 기회가 창출되는 시기였다는 말이다. 또 중산층의 자선가들이 정규직 직원들에게 교육을 제공해 주고자 하여 설립한 '기계학교 Mechanics Institutes'의 시기이기도 했다. 노동자들을 위한 도서관이 세워지고 광부들이 모여 브라스 악단 colliery band을 구성하기도 하며 산업화 과정에서 발생한 가장 극심한 악폐를 하나 둘 씩 허물어버린 공장법이 제정된 시기이기도 하다. 하지만 홉스봄은 이 모든 것은 선행이 아니라 단순히 착취를 연장시키는 방법이라고 묵살해버린다.

이런 식으로 홉스봄은 산업 혁명이 우리의 사회, 정치 제도 안으로 도입된 과정을 '계급투쟁'으로 설명하게 된다. 마르크스주의적 각본과 완전히 상반되는 사실들이 나올 때마다 홉스봄은 이를 노골적으로 회피한다. 마르크스의 유명한 예측에 의하면 자본주의 안에서 노동자들은 '임금 노예'로 살 수 밖에 없는데, 이 상태를 지속하기 위해 노동자들은 갈수록 불공정해지는 임금에 만족해야 하며 이에 따라 임금은 지속적으로 하락하게 된다는 것이다. 이미 많은 연구들이 이 예측은 어긋났음을 보여주었다. 약간의 문제를 제외하고는 산업 혁명 동안 임금과 생활 수준이 지속적으로 상승했다는 사실을 알 수 있다.[6] 이것을 받아들이고 이에 따라 역사를 수정하는 대신 홉스봄은 마치 자기 신념이 오염될까 염려하듯 이 모든 현상을 괄호 속에 집어넣어 버린다.

> 그들의 [물질적 빈곤]이 실제로 증가했는지 여부는 역사학자들 사이에서도 논쟁이 많다. 하지만 이 질문을 하는 것 자체가 음울한 대답을 야기한다. 즉 1950년대처럼 상황이 전혀 쇠퇴하고 있지 않은데 굳이 쇠퇴한다고 주장하는 사람은 없다.[7]

이야긴즉슨 역사가들은 단순히 다양한 논의를 다루는 선에서 멈춰도 충분하다는 것이다. 구태여 한 단계 더 나아가 진실을 찾을 필요는 없다는 것이 홉스봄의 입장이다.

사실들(팩트)은 드라마의 일부일 때 훨씬 흥미롭다. 역사가 정치적 역할을 하기 위해서는 현대의 삶을 그리는 드라마이어야 한다. 그런데 이 드라마가 국가적 성과와 제도 개혁과 달리 새롭고, 과학적이고, 이론에 기반을 두었다는 주장은 정당하지 않다. 마르크스주의적 역사는 계급을 최우선순위로 두고 역사를 다시 쓰는 것을 의미한다. 유산 계급을 악마로 묘사하고 무산 계급을 낭만화하는 작업이다.

마르크스주의적 틀에 맞춘 홉스봄의 역사 쓰기 작업은 (마르크스주의 교리가 요구하는 바) 일반 시민이 자신이 속한 계급이 아닌 국가와 그 전통에 대해 보이는 충성의 뿌리 자체가 틀렸음을 드러내고자 한다. 좌익 역사가들에게 계급이란 매우 매력적인 개념이다. 우리를 갈라놓는 것을 지칭하는 개념이기 때문이다. 사회를 계급 단위로 보기 시작하면 우리는 모든 제도에 대한 적대심을 품도록 프로그래밍되어 버린다. 사실은 사회 적대심을 완화시키기 위해 생성된 제도임에도 말이다. 반면 국가, 법, 신앙, 전통, 주권 등은 우리를 결속시키는 개념들이다. 바로 이 개념들을 갖고 우리는 사회의 반목—그것이 계급에 관한 반목이든 신분이나 경제적 역할에 관한 반목이든 간에—을 완화시키는 근본적인 단란함togetherness을 설명하게 된다. 이런 개념들은 사실 어떤 지속가능하고 근본적인 사회질서를 지칭하는 것이 아닌 단순한 환상에 불과하다고 부각시키는 것이 좌익의 필수 프로젝트가 되었다. 홉스봄도 이 프로젝트에 크게 기여한 것이다. 마르크스주의적 언어로 말하자면 계급이라는 개념은 과학에 의거한 것이고 국가라는 개념은 그저 이데올로기일 뿐이다. 국가, 전통과 같은 개념은 그것을 반드시 오인해야 존속이 가능한 부르주아 계급이 사회 전반에 씌운 가면이라는 것이다.

전통을 의심하다

『1780년 이후의 민족과 민족주의Nations and Nationalism since 1780』에서 홉스봄은 국가는 자연스러운 것이 아닌, 이러저러한 정치 체계에 대한 충성을 받아내기 위해 인위적으로 발명된 것이라고 주장한다. 홉스봄과 테렌스 랜저Terence Ranger가 함께 엮은 『만들어진 전통The Invention of Tradition』에서는 다양한 사상가들이 동일하게 사회적 전통, 의식, 민족 정체성은 근래의 창조물이라고 주장한다. 그런 창조물은 사람들로 하여금 아득한 과거로부터 유래하는 사회소속감에 대한 환상을 갖게 하고 허울만 그럴 듯한 영구성을 부여한다는 것이다.[8] 위 두 책은 '과거의 발명'에 집착하는 일련의 저서들의 일부다. 베네딕트 앤더슨Benedict Anderson의 『상상된 공동체Imagined Communities』와 어네스트 겔너Ernest Gellner의 『민족과 민족주의Nations and Nationalism』는 이미 이 분야의 고전이 되었다.

　이런 문헌은, 사람들이 자기의 과거에 대한 의식이 생기고 그것에 대한 집단적 소유권을 주장하게 되면 더 이상 실증적 역사가나 사회 통계학자와 같이 사고하지 않고 예언자, 시인, 신화창조자처럼 사고한다는 점을 의문의 여지 없이 확실시했다. 현재 자기의 정체성을 과거에 투영함으로써 과거를 자기 것으로 전유하는 법을 배우게 된다는 것이다. 홉스봄, 톰슨, 사무엘의 역사서술에서도 똑같이 발견되는 패턴인데, 문제는 과거로 투영되는 것이 현재의 국민 신분에 대한 의식이 아닌 현재의 계급에 대한 의식이라는 것이다.

　국가와 국가 정체성을 공격하는 신좌파는 정작 자기들의 지적 유산을 진지하게 받아들이지 못한다. 마르크스가 계급의식을 즉자적 계급과 대자적 계급으로 분류한 이유는 사람들이 인식하기 훨씬 전부터 근대 사회의 계급 구조가 존재해왔다고 믿었기 때문이다. 홉스봄은 산업혁명을 설명하는 과정에서 근대의 '계급의식'을 근대에 선행하는 시대에까지 소급하여 투영하는데, 이로써 '투쟁'의 오랜 전통에 대한 소속감을 만들어낸다. 그렇게 오늘의 대학 교수를 첩첩이 쌓인 산업 혁명의 망인들과 연결시키고 그렇게 대학 교수의 노동을 미화한다.

　우리도 즉자적 국가와 대자적 국가를 구분할 필요가 있다. 물론 후자는 근래의 발명이다. 시간이 지나며 심화되는 의식의 표현, 그리고 현재의 비상사태에 대한 반응이다. 그렇다고 해서 국가에 대한 충성이라는 것이 홉스봄과 같은 저자들에게 특별한 매력을 선사하는 계급연대와 같은 수준의 허구라고 할 수는 없다. 셰익스피어의 사극을 보면 나폴레옹 전쟁 시기에 번성할, 그리고 나치 독일에 대항하여 영국 국민을 결속시킬, 그런 국민 의식의 초기 버전을 찾아볼 수 있다.[9] 나치즘의 위협 앞에서 바로 이런 '대자적 국가'는 결국 한낱 지식층의 망상에 불과한 것으로 드러난 프롤레타리아의 국제적 연대보다 훨씬 효과적이었다.

홉스봄과 렌저가 선별한 작가들이 다루는 사례들만 보면 전통은 발명된 것이라고 치부하기 쉽다. 스코틀랜드의 민속춤과 하이랜드 킬트, 나인 레슨과 캐럴 페스티벌, 보병연대의 군복 및 관습 등은 물론 상상의 산물이다. 그런데 이 상상력은 심오하고 영속적인 현실을 상징하기도 한다. 그리고 이런 '대자적 전통'의 사례는 보수주의자들이 증진시키고 보존하고자 하는 '즉자적 전통'과 비교하면 별로 중요하지 않다.

올바르게 이해하면 마르크스 이론을 한 방에 무효로 만드는 사례가 있다. 영미권의 보통법[vi]을 살펴보자. 수 천년 동안 존재해오며 12세기에서부터 축적된 선례들이 오늘날의 법원에서도 유효한 권위를 지닌다. 그뿐만 아니라 영미권의 보통법은 그것의 내적 논리에 의거하여 발전해 왔다. 변화무쌍한 환경에서도 연속성을 유지해왔고 모든 국가적, 국제적 비상사태 속에서도 영국 사회의 결속을 다져 줬다. 역사의 모터, 경제 변화의 점화 장치로 기능해 온 보통법을 마르크스주의자들이 생각하는, 자율적인 인과적 힘이 결여된 부수적 '상부구조'라 치부할 수가 없다. 코크$^{Edward\ Coke}$, 다이시$^{Albert\ Venn\ Dicey}$, 메이틀랜드$^{Frederic\ William\ Maitland}$의 위대한 저서들을 보면 더욱 확실히 알 수 있다. 마르크스가 세워놓은 구조를 가리는 것이라면 모조리 치워버리는 좌파 문헌에서는 물론 다뤄지지 않는 내용이다.[10]

그것이 대자적인지 상관 없이 즉자적으로 지속되는 전통은 보통법 외에도 많다. 가톨릭 교회의 성찬 의례, 음악의 온음계 조성, 교향악단, 브라스

---

vi Common law: 영미법은 'common law'로 불리는데, 일반적으로 판례법 및 관습법을 근간으로 삼는다. 대륙법인 'civil law'와 대비되는 법체계로서, 불문법, 즉 문서로 만들어지지 않은 법, 관습법 또는 'case law'로 불려지기도 한다. 본 역서에서는 '보통법'으로 옮긴다.

악단, 발레의 파 드 바스크,[vii] 투피스 정장,[11] 의회, 왕위[the crown], 포크와 나이프, 베어네이즈 소스,[viii] 그뤼스 고트,[ix] 사바흐 안 누르[x]와 같은 인사, 식전 기도, 예의범절, 전시나 평시를 막론하고 경의를 표하는 것 등이 그렇다. 이중 어떤 전통은 사소하기도 하고, 또 어떤 전통은 해당공동체의 뿌리가 되기도 한다. 하지만 모두가 역동적이며 시간이 지남에 따라, 상황이 변함에 따라 함께 변화한다. 이는 곧 내부적, 외부적 위협 앞에서 공동체를 더욱 결속시키기 위함이다. 이 전통들을 잘 들여다 보라. 좌파 역사가들의 저서에서 이 전통들이 얼마나 누락되어 있고 또 폄하되고 있는지 볼 수 있을 것이다. 우리가 역사를 이해하는 데 마르크스주의는 과연 무엇을 기여했는지 물을 수 밖에 없다.

이상하게 생긴 '해방'

홉스봄에 대한 논의를 접기 전에 러시아 혁명에 대한 그의 설명을 살펴보고 갈 필요가 있다.[12] 홉스봄은 레닌의 정책을 구체적으로 언급하지 않고 마르크스주의적 신어로 축약해버린다. 홉스봄이 기술하길 레닌은 '부르주아 계급'의 무자비한 반대에 맞서서 '대중'을 대신하여 행동했다. "레닌을 쿠데타를 조직하는 인물로 묘사한 냉전의 신화와는 대조적으로, 레닌과 볼

---

vii Pas de basque: 발레리나가 한 발을 옆으로 흔들면서 도약하고, 다른 한쪽 발을 그에 맞추어 대는 스텝.

viii Bearnaise Sauce: 달걀과 허브로 만든 프랑스 전통 소스.

ix Grüß Gott: 독일어 인사말.

x Sabah an-noor: 아랍어 아침인사.

셰비키가 지녔던 유일한 자산은 바로 대중이 원하는 바를 알아차렸다는 것이다…"(p.61), "그 시대와 대중이 요구했을 때 혁명당이 권력을 쟁취하지 않는다면 그것이 비혁명가들과 다를 게 무엇이겠는가?"(p.63) 홉스봄은 '대중'이 누구인지, 또 혁명당이 곧 가할 폭력을 '대중'이 정말 요구했는지와 같은 질문은 제쳐버린다. 이어서 그는 레닌의 불길한 신어를 승인하며 또 직접 인용하기까지 한다. "레닌이 자주 말했듯이, '러시아 및 유럽의 부르주아 계급의 총체적 파괴가 없이 그 누가 사회주의의 승리를 그리겠는가?'" 그 '총체적 파괴'가 어느 정도인지 생각할 겨를도 없이 홉스봄은 마치 레닌의 방법에 어떤 의문도 제기된 적이 없었다는 듯이 모든 반대의견을 묵살해버린다.

> 지금 당장 내려야할 결정들이 있는데 이것의 장기적인 영향을 고려할 여유가 어디 있었겠는가? 그러면 혁명도 없고 더 이상 고려할 결과도 없을 것이다. 하나둘씩 필요한 조치를 취했을 뿐이다.

볼셰비키가 저지른 행위는 "필연적으로 무자비하고 엄정한 인간해방 군대"(p.72)로 성취되었다고 말하면서 홉스봄은 레닌이 부르주아 계급의 '총체적 파괴'를 감행하기 위해 실제로 무엇을 했는지는 덮어버린다.

그런데 이 '해방'이란 것도 참 이상하게 전개되었다. 마르크스주의적 역사는 법이나 재판절차 따위는 신경 쓰지 않기 때문에 홉스봄도 레닌이 1917년 11월 21일에 공표한 바를 언급할 필요를 못 느낀 것이다. 이날 공표한 지령은 전횡적인 위협과 체포로부터 유일하게 국민을 보호하는 법원, 사법고시, 법조계 등을 철폐했다. 사법부가 있어봤자 법률에 호소할 사람은 어차피 '총체적 파괴'의 기로에 들어선 부르주아 계급 밖에 없다고 여긴 것이다.

레닌이 소련 비밀경찰 KGB의 전신인 체카^{Cheka}를 만들어 '대중'의 의지를 받들기 위해 일반 국민을 희생시키며 온갖 테러 활동을 일삼은 사실도 물론 언급하지 않는다. 1921년의 기근도 언급하지 않는다. 레닌은 자기들의 '진정한' 정체성을 받아들이지 못하는 그 고집스러운 우크라이나 서민들에게 '대중'의 의지를 강요하기 위해 인위적으로 기근을 조장하는데, 이것은 소련 초기 고의로 조장된 세 기근 중 첫 번째가 된다.

나는 『극단의 시대』를 읽으면서 경악을 금치 못했다. 홉스봄의 저서가 홀로코스트를 전격 부인하며 세계의 비난을 받은 데이비드 어빙$^{David\ Irving}$과 같은 운명을 맞지 않은 것이 놀라울 따름이었다. 그러면서 나는 다시 기억할 수밖에 없었다. 좌편에 서서 저지른 범행은 사실 범행이 아니란 것을. 그리고 그 범행을 덮어주고 비호해주는 사람들은 언제나 최고의 동기가 있다는 것을.

'투쟁'이라는 덫에 걸린 톰슨

이렇게 해서 우리는 톰슨에 도착하게 된다. 오늘날 톰슨이 중요한 이유는 마르크스주의의 계급이론의 문제점이 무엇인지, 또 '즉자적'이니 '대자적'이니 하는 것들이 얼마나 뒤범벅이 되어 사용되는지 통절히 인식했던 인물이었기 때문이다. 톰슨에게는 대자적 계급만이 중요했다. 본래의 마르크스주의 이론에 의하면 계급은 생산관계에서의 위치를 통해, 그리고 그 위치에 있는 모든 사람들을 결속시키는 경제적 기능을 통해 규정된다. 이 논리대로라면 영국의 노동 계급은 자본주의 생산이 처음으로 등장한 중세 영국에서부터 존재해왔어야 한다.[13] 그런데 톰슨은 19세기 노동계급과 유용한 비교대상이 될만한 것은 중세시대에 존재하지 않았다고 확언한다. 동시에 다른 저서에서는 『공산당 선언The Communist Manifesto』의 도식적 역사관에 신빙성을 부여하려고 안달을 내며 프랑스 (부르주아) 혁명 이전 프랑스의 경제가 봉건적이었다고 주장하는 마르크스주의적 역사가들을 혹평한다. 톰슨이 보기에 이러한 주장은 단순한 범주들에 집착한 나머지 역사 현상의 복합성을 훼손하는 태도였다.

톰슨과 동의하지 않기는 힘들다. 하지만 톰슨 역시 마르크스 계급이론이 계몽적이라 믿었고 마르크스를 수정하면 영국 역사에 적용할 수 있다고 보았다. 『영국노동계급의 형성The Making of the English Working Class』에서 톰슨은 단순한 '유물론적' 개념으로 계급을 이해하는 것은 불충분하다고 말한다. "계급이란 인간이 자기 고유의 역사를 삶으로써 규정된다. 그리고 결국 이것이 계급의 유일한 정의다." 다시 말해 즉자적 계급은 대자적 계급과 함께 생성된다는 것이며, 계급이 계급의식에 앞선다는 구 마르크스주의 이해는 설득력을 잃어버린다. 계급 간에 항시 '투쟁'이 있다는 발상을 이해할 방법이 달리 없다는 것이다. 로베르트 미헬스Robert Michels가 요점을 정확히 파악했다. "역사의 추이를 보면 계급투쟁의 주요 원인으로 작용한 것은 억압적 상태 자체가 아닌, 피억압자가 그 상태를 알아차리는 것이다."[14] 여기서 신좌파가 매우 중요시했던 문제가 하나 제기될 수 있다. 억압의 상태를 인지하지 못하는데도 억압받는다고 말할 수 있는가의 문제다.

톰슨이 보기에 영국의 노동 계급은 단순히 당시 산업의 경제적 조건의 산물이 아니었다. 그들의 새로운 유대를 표현할 수 있는 언어를 제공해준 비국교파 종교, 의회 및 선거법 개정 운동, 공업도시들 간의 연대, 또 산업 노동자들의 필요와 고충을 제대로 표현해줄 정체성과 결의를 형성하는데 일조한 수천 개의 세부 요소들의 산물이다. 계급은 '물질적' 환경과 그것에 대한 의식 사이의 상호작용으로 생성된 것이라는 이해는 홉스봄이 이해한 계급개념보다는 분명 더 설득력이 있다. 톰슨은 딱히 반박의 여지가 없는 그런 모습의 노동계급을 그린다. 이 노동계급은 밥벌이를 위한 임금 노동제로 구별되기는 하지만 동료 시민과 공유하는 국가적 전통 아래 결속하게 하는 기존 사회 관습, 정치 제도, 종교적 신념, 도덕적 가치 등에도 연루된 사람들의 집합으로 묘사되었다.

그렇기 때문에 이것으로 마르크스주의적 사회 분석, 즉 지역적 유대나 민족성도 없고 기존 정치 질서를 보존하는 데는 관심이 없는, 새롭고 국제적인 힘으로서의 프롤레타리아가 부상한다는 분석을 진전시키기는 어렵다. 영국 역사를 다루는 톰슨의 '수정주의' 해석을 보면, 우리의 정치적 전통이 얼마나 변화에 잘 적응하는지, 또 불만을 달래고 극복할 수 있는 제도적 해법을 얼마나 잘 마련하는지 볼 수 있다. 관행과는 다른 가치들로 형성되어, 17세기 의회 의원들과 버니언Bunyan의 저서의 영향을 받으며 대의권을 얻기를 열망하는 노동계급이 권부權府에 정당성을 부여하는 모든 기존 질서와 제도의 철천지원수인 마르크스주의의 '계급투쟁'의 일면이라고는 말할 수 없는 노릇이다. 그러나 톰슨은 자신의 해석이 노동자 계급에게 (좌익 신화가 그동안 부여해왔던) 역사적인 역할을 부여한다고 기어이 주장한다. "이 사람들은 일상에서 공리주의를 대면했다. 하지만 무턱대고 싸우지 않고 지능과 도덕적 열정을 갖고 싸웠다. 그들은 기계와 싸운 것이 아니라 산업 자본주의에 내재된 착취와 억압의 관계들에 대항하여 싸운 것이다."[15]

여기서 톰슨이 말하는 사람들이란 영국의 노동 계급 구성원들이다. 그런데 톰슨의 해석은 묘하게 막연하다. 구체적인 현실에서 시작하지만 어느 새 마르크스주의적 신어로 변모해버린다. 이들이 싸우는 대상이 정확히 무엇이란 말인가? 공리주의라는 단순한 이즘^{ism}인가? 그렇다면 철학적 이즘과는 어떻게 싸우는 것이며, 산업 노동 계급은 어떤 무기를 사용해야 하는가? 그게 아니라면 착취와 싸우는 것인가? 그렇다면 착취란 정확히 어떻게 정의되는가? 노동자들은 억압적 관계들이 산업 자본주의에 '내재한다'고 정말 믿었는가? '산업'과 '자본주의'라는 말이 의미하는 바가 무엇인가? 그렇다면 '산업 공산주의'도 그만큼 나쁜 것이 되는가?

이에 대해 톰슨은 명료한 답을 내놓지 않는다. 노동계급이 자본주의에 저항함으로써 결속한다는 함의는 교묘하게 날조된 것이다. 노동자들이 공장 환경에 불만을 품었던 것은 사실이다. 하지만 공장들이 사유재산이라는 점(이 맥락에서 '자본주의'는 사유제에 지나지 않는다)은 그들이 더 심각하게 우려했던 것과는 상관없는 부분이었다. 노동자들을 근심하게 했던 것은 그들이 임금을 벌기 위해 일해야 하는 조건이었다. 공장이 국유재산이든 협동조합 소유이든, 그 외 어느 누구의 소유이든 상관없이 그들의 근심은 사라지지 않았을 것이다. 노동자들이 진정으로 원했던 것은 더 좋은 거래 조건이었다. 그리고 더 좋은 조건을 받아내기 위해서는 노동자들 자신이 교섭력을 더 키우는 수 밖에는 없다는 것을 점차 알게 되었다. 해답은 공장의 공유제가 아니라 노동력의 조합에 있었다. 이후 전개되는 역사에서도 명확히 볼 수 있듯이 노동조합이 구성원의 이익을 증진시키는 것은 임금이 노동의 시가일 때만 가능하다. 즉, 자유('자본주의')경제에서만 가능하다.

이 지점에서 홉스봄과 마르크스의 계급이론으로 돌아가자. 톰슨은 영국 노동계급을 집단적 동인^{agent}으로 묘사함으로써 그의 분석을 마무리한다. 이들은 이러저러한 행동을 하고, 저항하고, 싸우고, 성공하기도 하고 실패하기도 한다. 『이론의 빈곤$^{The\ Poverty\ of\ Theory}$』과 같은 저서에서 톰슨은 마르크스

이론의 핵심 요소인 '역사적 진보'에 대한 의심을 표출하기도 한다. '역사적 진보'라는 개념이 그 자체로 주체성을 가진 것처럼 취급되어 이제는 마르크스 '계급투쟁' 이론의 전반을 이루게 된 것에 회의적이었다. 이런 '은유'(톰슨 자신이 은유라 지칭한다)를 사용함으로써 사실이 아닌 것들까지도 넌지시 사실로 나타낸다는 것이 톰슨의 비판이었다. 역사가 공통의 목적 의식을 지닌 집단적 동인, 즉 '우리'라는 단위로 움직인다는 것은 사실이다. 하지만 계급은 그런 집단의 일부가 아니라는 것이 보수주의의 중요한 명제다.

그렇다면 사람들을 '우리'로 가장 효과적으로 결속시킬 수 있는 것, 공통의 운명과 이익을 위해 힘을 모으게 하는 것은 무엇일까? 톰슨이 명백히 밝히듯, 가장 중요한 요소들은 '물질적' 조건에 포함되지 않는 것들이다. 서로 경쟁하는 개인들을 국가(혹은 민족)라는 정체성 안으로 흡수시키는 힘, 예컨대 언어, 종교, 관습, 정치 질서의 연대 및 전통 등이다. 아무리 은유적인 묘사일지라도 노동 계급을 하나의 동인으로 규정하는 것은 변화의 진정한 동인인 국가 의식 national consciousness의 의의를 간과해 버리는 결과를 초래한다.

프롤레타리아를 감상적으로 다루는 것은 노동에 대한 역사서술에 필수적인 작업이 되어왔다. 톰슨도 이것을 피해가지 못한다. 그는 자기 자신을 노동자들과 (서로에 대한 고마움으로) 연대하게 하는, 해방이라는 거대한 프로젝트의 일부로 보았다. 초기에 톰슨이 공산당에 매력을 느낀 이유도 바로 이 해방 프로젝트 때문이다. 또한 후일 노동계급의 동지라면 소련의 동지는 될 수 없다고 인지한 후에도 굳이 국제 자본주의를 반대한 이유도 동일하다. 『이론의 빈곤』에서 다음과 같이 말한다.

> [마르크스는] 완전무결한 본성을 제안하기보다는 특정 제도 및 문화 안에서 '내' 혹은 '저들의'라는 말보다는 '우리의'라는 말로 사고할 수

있는 사람들을 구상한다. 나는 1947년, 혁명적 과도기, 또 그에 따른 태도 변화의 희열 가득한 여파를 목격했다. 유고슬라비아의 젊은 농민들, 학생들, 노동자들은 사기가 충천하여 각자의 철로를 구축하며 '나샤^{nasha}('우리')라는 긍정적 개념을 의심의 여지 없이 갖고 있었다. 이 '나샤'가—유고슬라비아에게는 다행히도—부분적으로는 사회주의 의식의 '나샤'요, 또 부분적으로는 국가의 '나샤'이었음에도 불구하고 말이다.[16]

외세의 점령에서 해방되었을 때 국민이 서로 함께 일하게 되는 자연스러운 현상을 사회주의 양심으로서의 '나샤^{nasha}'로 노련하게 바꿔치기하는 것은 곧 톰슨의 정서적 욕구의 증거가 된다.

"특정 제도 및 문화 안에서" 사람들이 '나' 혹은 '저들'이라는 개념보다는 '우리'라는 단위로 사고한다는 점에 쉽게 동의할 수 있다. 사실 이것을 알아차리는 지점에서 보수주의자들과 민족주의자들은 연대하여 당시 유고슬라브인들에게 주입되고 있던 '사회주의 의식'에 대항하게 된다. 지금에서야 모두 알게 된 것이지만, 유고슬라비아 국민은 기만당한 것이다. 재건 과정은 크로아티아 출신의 티토^{Tito}가 전적으로 조정했다. 그는 영국 외무부의 필비와 블런트에게서 유고슬라비아 독립운동가들의 신상명세를 받아 그들을 확실히 제거한 후 스탈린의 지령을 받아 움직였다.

티토가 조립한 나라는 사회주의식 '우리'의 개념—만약 그렇게 있다면—도 아니요, 국가의 개념도 아니었다. 세르비아, 크로아티아, 슬로베니아, 몬테네그로 사람들의 진정한 '나샤'는 결국 서로를 겨냥하게 되었다. 스탈린과 티토가 이들에게 강요한 괴물스러운 질서에 맞서기 위해 발버둥친 것이다. '사회주의 의식의 나샤'가 지칭하는 것은 그저 감상적 부추김에 불과하다. 벽에 붙어 있는 야단스러운 포스터에 그려져 있는, 미래를 근엄하게 응시하는 영웅적 노동자의 모습을 연상케 하는 감상화 작업이다. 오늘날 슬라브어를 모국어로 말하는 사람 중 나샤라는 말을 듣고 애써 쓴웃음 참지 않을 사람은 없을 것이다.

톰슨의 역사서술이 단순히 선전선동에 불과하다고 말하는 것이 아니다. 사실 이와는 거리가 멀다. 홉스봄과 마찬가지로 톰슨도 놀랍도록 명석한 수사력을 지닌 사람이었다. 실증적 사실을 정확히 파악하고 그것을 조합하는 장인다운 능력이 있었다. 역사학자가 자기의 깔끔한 이론이 실제 세계와 상충할 때는 이론을 폐기할 의무가 있다는 점도 톰슨은 역력한 호소력으로 주장했다. 또한 빠르게 증가하는 신좌파의 허풍선(6장에서 살펴보게 될 알튀세르에서 그것의 가장 괴괴망측한 모습을 볼 수 있다)을 맹렬히 비난했다. 페리 앤더슨이 『신좌파 평론』에서 톰슨을 내쫓은 이유도 부분적으로 여기에 있다. 세력을 확장하는 '거대 이론grand theory'들이 누리는 그런 혜택을 박탈당한 채 이제 톰슨은 빈약한 정보 몇 조각으로 간신히 연명한다는 '실증주의자'들이 모여 있는 저 캄캄한 구석으로 쫓겨난 것이다. 『이론의 빈곤』을 읽고 있으면 상식과 지적 정직성이라는 영역 안에서 사유하겠다는 좌파 학자가 존재한다는 사실에 고마운 마음이 든다.

그런데 동시에 이 책의 지면에는 모든 것을 단순화하는 자기기만이 도사리고 있다. 이 자기기만은 '제도와 문화' 따위로 유대감을 형성하는 노동자들을 한탄하는 모습에서 가장 분명하게 드러난다.

> 마페킹의 포위를 기리는 장식이 없는 배는 정비하지 않겠다고 선언한 빅토리아 및 알버트의 부두 노동자들—이들의 지지를 기반으로 톰 만Tom Mann이 프롤레타리아 국제주의를 구축하고자 했다—의 행위

안에서 우리는 이미 거대한 패배를 예상할 수 있다.[17]

다시 말해 국제주의 프롤레타리아라는 대의 안에서 자신들의 본성을 표상해야 하는 노동자들이 도리어 구식 애국주의라는 부르주아 이데올로기의 손아귀에 넘어갔다는 것이다. 소량의 나샤를 조금 뿌려주면 치료될 수 있었을까?

콜라코브스키[Leszek Kolakowski]에게 쓴 공개서한을 봐도 이 자기기만은 명백하다. 이 서한에서 톰슨은 동유럽에서 시행된 마르크스주의 교리를 굳게 믿었었고 그 적용된 실체도 경험한 베테랑 공산주의자 콜라코브스키를 '배도자'로 비난한다.

> 내 감정은 좀 더 개인적인 것입니다. '인카운터'지에 기고한 당신의 글을 읽고 있으면 개인적인 상해와 배신감을 느낍니다. 내 감정은 당신이 상관할 바 아니라는 것도 압니다. 당신은 자신이 옳다고 생각하는 것을 해야만 할 뿐이죠. 하지만 그러한 감정 때문에 나는 논고나 기사가 아닌, 이러한 공개 서한을 쓰는 것입니다.[18]

많은 것을 내 건 사람 혹은 사람들의 충성을 받아낼 충분한 근거가 없는 교리에 헌신한 사람이 아니고선 이렇게 기분 상한 어조로 말하기 힘들다. 이 서한을 포함해 후일 군비 축소에 대해 쓴 글[19]을 보면 톰슨의 저술활동에 동력을 공급해준 어떤 당위성을 발견하게 된다. 사회주의가 프롤레타리아의 철학으로서 옳다고 믿을 당위성, 그리고 프롤레타리아가 무고한 피동작주임과 동시에 근대 역사의 영웅적 동작주라고 믿을 당위성이 포착된다.

이 믿어야 할 당위성은 예기치 않은 형태로 나타났다. 그중 가장 놀라운 것은 콜라코브스키와 같은 작가들이 우리 앞에 제시한 증거를 톰슨은 부인한다는 점이다. 즉 노동자들을 감상적으로 대하는 가식, 그리고 '자본주의'와 그것이 함의하는 모든 것을 환원적으로 폄하하는 태도가 곧 공산주의적 압제를 가능하게 했다는 지적을 받아들이지 못한다. 톰슨의 글쓰기에 영감을 불어넣은 것들이 틀리다는 말이기 때문이다. 톰슨은 사상의 힘을 믿었다. 그런데 자기가 가장 소중하게 여긴 사상들이 초래한 결과는 외면했다.

자기 자신의 설교식 태도는 물론이거니와 마르크스주의에 대해서도 톰슨은 철저히 무비판적이다. 결국 과거를 발명할 수 있도록 해준 것은 마르크스주의이기 때문이다. 마르크스주의 역사에서 인간은 단순히 '힘', '계급' 그리고 '이즘'으로만 등장한다. 법적, 도덕적, 정신적 제도는 주변부에서 맴돌거나, 어쩌다 논의의 대상이 될 때는 추상적 언어로만 나타난다. 살아있는 역사에 죽은 범주를 강요하면 모든 것은 정형화된 공식으로 환원될 수 밖에 없다. 톰슨이 말하는 과거는 톰슨 자신의 감정의 망^{grid}을 덮어씌운 과거다.

마르크스주의에서 제도, 법, 그리고 도덕적 삶을 묵과하는 태도는 영국의 신좌파 역사학자들에게만 나타난 것이 아니다. 거대담론보다는 사회통계를 선호한 프랑스 아날학파$^{Annales\ School}$ 역사가들, 푸코의 '지배'이론, 그람시의 혁명적 실천^{praxis}, 사회의 '도구화'를 비판한 프랑크푸르트학파 등 모두 제도를 강등시키고 그 자리에 허구적 기제들을 가져다 놓았다. 세계 단 한 곳에서만 좌파 사상가들이 법의 작동 및 개혁을 정치의 주요 소재로 삼았는데, 바로 미국이다. 미국 헌법과 그것을 토대로 오랫동안 축적된 비판적 사고라는 전통 덕분에 미국의 좌파 담론은 많은 경우 법적, 헌법적 논증이 주를 이룬다. 그 안에는 유럽 좌파의 작업에서 다뤄지는 계급 분노와는 다행히도 거리가 있는 정의 개념에 대한 사고도 섞여 있다. 그래서 미국의 좌파는 국가가 일반인의 삶에 더 많이 개입하기를 요구하면서도 마치 평등보다는 자유를 중시하는 듯 사회주의자라는 명칭보다는 자유주의자^{liberals}라는 명칭으로 묘사된다. 다음 장에서 이것이 근래에 와서는 어디까지 이르렀는지 살펴보도록 하겠다.

미국을 경멸하는 미국인

갤브레이스와 드워킨

3장

유럽과는 다른 미국의 레프트

미국 헌법의 대성공은 사유재산, 개인의 자유, 법치주의 등을 미국의 정치 지형뿐 아니라 정치학 지형 안에 영구적 속성으로 고정시키는 계기가 되었다. 최근 미국 좌파 철학의 상당 부분은 이와 같은 고전 자유주의적 선입견으로 빚어졌다. 그리고 마르크스주의자들이 말하는 소위 부르주아 사회의 근본 제도에 대해선 거의 의문을 제기하지 않았다. 그 대신 미국 좌파의 관심은 자유 사회의 병리에 모아져 있다. '소비주의'에서 시작하여 '과시적 소비주의', '대중 사회', '대량 광고'에 이르는 병리들을 다룬다. 베블런Thorstein B. Veblen에서부터 갤브레이스John K. Galbraith까지 아우르는 사상가들이 자유경제에 대해 품은 불만은 사유재산에 관한 것이 아니다(사유재산은 이들 사상가들의 독립성을 보장해주는 주춧돌이니 말이다). 문제는 **타인**의 사유재산이다. 최근 미국의 자본주의를 비난하는 사람들을 불편하게 하는 것은 지극히 평범하고, 저속하고, 배운 것 없는 사람들이 재산을 소유하고 있는 꼴을 보고 있어야 한다는 것이다.

이들이 지칭하는 '소비주의'란 민주주의에 따르는 필연적인 결과라기 보다는 진정한 민주주의의 병리적 형태다. 미국의 좌파들이 볼 때 미국에서의 재산은 너무 현연하고, 부인할 여지 없이 실재한다. 평민들의 마음과 정신이 어떠한지에 대해선 얼마든지 자신을 속일 수 있지만 그들이 자기들 뒷마당에 함부로 버려 놓은 쓰레기에 대해선 누구도 기만할 수 없다. 미국 동부권 사람들에게 텍사스 주의 제멋대로 뻗어나간 교외 지역은 인류 문명에 대한 모욕이다. 재산과 광고와 미디어를 통해 평범한 미국인은 자기를 스스로 진열대에 전시해 놓음으로써 평등이라는 환상을 깨버린다. 그를 대변해준다는 자유주의자와 아예 종種이 다르다는 점이 자유주의자에게는 힘들지만 인정해야 하는 명백한 사실이었다.

이 딜레마에 대한 해답은 1960년대 폴 배런Paul Baran, 폴 스위지Paul Sweezy, 존 케네스 갤브레이스와 같은 사상가들을 통해 제시되었다. 이들은 현대 미국의 추잡함을 기존 권력 체계의 산물로 보는 방법을 채택했다.[1] 소비주의 문화라는 것은 대중의 수요가 아니라 정치적 목적에 따라 조성된다는 것이 이들의 골자다. 즉, 자본가들과 정치인들은 대중의 욕구가 억제되어야 한다는 논거가 있음에도 불구하고 몰염치하게 그들의 욕구를 부추긴다는 것이다. 자유주의자들은 평범한 미국인들을 폄하하는 대신, 소비주의 문화에 맞서 싸움으로써 그들을 억압하는 권력에 저항하게 된다.

영국의 초기 산업혁명의 불행을 되돌아보는 유럽의 마르크스주의자에게는 사회 격변 속에서 '계급투쟁'을 발견한 홉스봄과 톰슨의 시각이 매우 매력적일 수 있다. 하지만 미국의 좌파에게는 대공황이라는 짧은 시기를 제외하고는 마르크스주의적 이상이 폭넓게 수용된 적이 없다. 유럽에서 사회적 출세를 저해하는 다양한 장애물들이 미국에는 없다. 공간도 풍부하고, 자원도 풍부하고, 의지와 기회도 풍부한 곳이 미국이다. 그리고 오래 지속될 세습 엘리트가 생성되기에는 불리한 정치적 구조를 갖고 있는 나라다. 그 결과, '계급'은 유동적이고 한시적이며, 어떤 뚜렷한 도덕적 속성을 지니지 않는다.[2]

'계급투쟁'의 담론 안에는 일종의 신학이 작동하고 있다. 이 담론을 따라 가보면 영국의 거대한 산업 도시의 일터와 길거리에 우주적 힘들의 충돌이 있고, 이 힘들은 밀턴$^{John\ Milton}$의 『실낙원$^{Paradise\ Lost}$』에 등장하는 천사군과 같이 단결된 대형으로 모아져야 한다. 이를 위해 노동자는 그의 상사를 적수로 봐야한다. 즉, 상사는 모든 방면에서 노동자의 이익에 반대하는 자로 인식되어야 하는 것이다. 이로써 지식인은 노동자와 나란히 서서 공통으로 추구하는 정의를 위해 투쟁하게 된다.

이런 서술은 미국에서 발붙일 곳이 없다. 고용주나 고용인이나 똑같이 출세가도를 달리고 있고, 차이점이 있다면 승진의 속도가 상대적으로 다르다는 것뿐이다. 따라서 근면과 상향 이동이라는 미국의 문화를 비난하는 지식인들은 유럽의 사회주의 형성에 크게 기여한 '지식인과 노동자의 연대'를 그다지 즐기지 않는다. 반反기득권$^{counter-establishment}$세력을 형성함으로써 자본 계급의 재산 따위와는 비교할 수 없는 사회적 권위로 기득권층에 직접 대항하겠다는 것이다. 예를 들어 미국의 문화적 황무지를 경멸조로 개관한 『뉴욕 리뷰 오브 북스』[i]는 1960년대 대학교수와 저널리스트들안에 저항적인 태도를 형성하는데 강력하게 기여하였다. 메시지는 분명했다. "그들에게는 돈이 있지만 우리에게는 지력이 있다."

동일한 정신으로 미국은 인상적인 전통의 냉소적인 경제학자들을 배출해 냈다. 박식하고 재치있는 이 지식인들은 그들이 경멸하는 미국이라는 거대한 생산의 중심지의 후한 대우를 받으며 활동한다. 소스타인 베블런$^{Thorstein\ B.\ Veblen}$은 그의 저서 『유한계급론$^{The\ Theory\ of\ the\ Leisure\ Class}$』(1899)이라는 고전적인 연구로 이 전통에 시동을 걸었다. 여기서 그는 상류층에게 독특하게 나

---

i The New York Review of Books: 미국의 격주간 서평지. 북 가이드라고 하기보다는 평자의 논의에 중점을 두고있다.

타나는 악덕의 효용을 치켜세운다. 베블런의 반어법은 버나드 맨더빌Bernard Mandeville의『꿀벌의 우화The Fable of the Bees』와 맥락은 같지만 참신한 전환이 가미되어있다. 베블런이 말하는 '유한계급'의 '과시적 소비'는, 타인의 노동으로부터 주워 모은 이익을 재활용함으로써 유한계급 자신을 보전한다는 점에서 유용한 것으로 간주된다. 그렇다고 베블런이 대안세계 혹은 무계급사회를 그린 것은 아니다. 그런 해답을 채택하기에는 너무 회의적인 사람이었고, 또 마르크스주의의 지적 사기에 대해선 가차없는 혹평을 쏟아냈다. 베블런은 미국 현실에 초연한 태도를 유지하며 완벽한 공생을 통해 한 유기체로서 지탱되고 있는 미국을 보고 조용히 냉소하며 비웃었다.

갤브레이스도 본령을 발휘할 때면 베블런만큼이나 재치 있고 매력적이었다. 사회학적 통찰이 부족하면 담대함으로 만회했고, 베블런처럼 의도적으로 논란거리를 좇음으로써 자신의 시각을 지속적으로 확장했다. 그의 이론은 스미스Adam Smith, 리카도David Ricardo, 그리고 밀J.S. Mill이 시도한 '정치경제학political economy'이라는 광범위한 방식으로 전개되는 전체적global 이론이었다. 베블런과 마찬가지로 갤브레이스도 정통 좌파는 아니었다. 그럼에도 그가 도출한 결론과 그것을 뒷받침해줄 논증은 1960년대 좌파적 지대를 형성하는 데 매우 중요한 요인으로 작용했다. 그때 갤브레이스는 (캐나다에서 태어나 자랐지만) 케네디 대통령의 임명으로 인도 주재 미국 대사로 활동하고 있었다. 그후 인도, 파키스탄, 스리랑카 정부의 경제 고문으로 활동했다. 1966년에는 BBC 리스 강연Reith Lecture 시리즈를 맡게 되었으며, 2006년 98세로 사망했을 때는 이미 전 세계 50개 대학에서 명예학위를 받은 상태였다. 다시 말해 기득권층을 비판하는 학자들 중 가장 정평있는 인물로 평가된다고 해야 할 것이다. 에드워드 사이드Edward Said나 로널드 드워킨Ronald Dworkin 외에는 누구도 범접할 수 없는 명성을 지닌 인물이다.

시장경제의 몰락을 주장한 갤브레이스

갤브레이스는 경쟁 시장을 강조하는 전통 경제 이론이 '새로운 산업 국가'(그가 서구의 '자본주의 경제'와 소련의 '사회주의 경제'를 통틀어 지칭하기 위해 사용한 표현)의 역학관계에는 적절하지 않다고 여겼다. 더욱이 그는 생산을 사회적, 경제적, 정치적 성공의 잣대로서 강조하는 전통 이론은 이데올로기보다 나을 게 없다고 주장했다. 새로운 국가에 윤활유를 치고 자족의 근원은 오염시키는 편리한 신념에 불과하다는 것이다.

갤브레이스는 산업 생산의 총체적인 사회 경제적 체계를 분석했다. 기존에는 간과되었다고 본 '소수독점oligopoly', '길항력countervailing power', 중앙집권적 의사결정centralized decision making, 그리고 이윤 추구 동기profit motive 및 경쟁의 효과 감소 등의 개념을 참작했다. 갤브레이스는 산업 사회란 특정 개인이 아닌 생산의 기득권을 갖고 있는 테크노스트럭처[ii]가 지배한다고 인식한다(그의 여러 저서에 걸쳐 나타나는 분석이다). 이 체계의 정당성은 정치적 미신의 선전을 통해 유지되는데, 특히 '냉전'이라는 미신을 통해 군비 경쟁과 그 결과 나타나는 기술의 과잉 생산, 그리고 그것이 다른 모든 생산 영역에 미치는 부수적인 효과는 정치 과정 안에 깊숙이 박히게 된다. 이런 미신은 그 자체로 '자본주의' 세계 기저에 깔려 있는 경제의 중요한 구조적 변화들의 부산물이다.[3] 이 세계는 마르크스, 마셜Alfred Marshall, 뵘 바베르크Eugen von Böhm-Bawerk, 사무엘슨Paul Anthony Samuelson 등이 추정했던 기업가적 패러다임에서는 점점 멀어진 자본주의의 모습이다. 갤브레이스는 가격과 생산을 결정하는 근본 요

---

ii Technostructure: 여러 가지 지식, 경험, 재능 등을 갖춘 사람들로 조직되는 기업 내의 관리 및 의사결정 기구. 기업에서 의사결정 권한을 실제로 장악하고 있는 사람들을 일컫는 개념으로 갤브레이스가 사용한 신조어다.

소로서의 '시장'이 점점 대체되고 있다고 주장한다. 수요를 통제, 조정할 능력이 확장됨에 따라 산업은 수요의 제한을 뛰어넘게 된다. 소비자는 군群에서 신臣으로 강등되며, 기업들은 산업 체계 전역에 퍼지는 자기 생산적 절차, 즉 스스로의 확장 외에는 다른 어떤 목적도 없는 절차를 따르게 된다.

갤브레이스가 보기에 근대 경제의 소유권과 통제권은 거의 완전히 분리된 개념이다. 회사를 위해 의사 결정을 하는 사람들은 회사의 이윤을 누리는 사람들과는 점점 더 거리가 멀어지고, 전자는 자기들의 행동에 대한 법적 책임도 없다는 것이다. 고용 조건은 회사 내에 작동하고 있는 비인격적 힘들에 의해 결정되며 이것은 직원에서 경영진, 임원에까지 이르는 회사 구성원들에 대한 보상 또한 결정한다. 임원보다 직원이 더 많은 보상을 받을 수 있는 상황은 원칙적으로는 가능하다. 여기서 자본주의적 '착취'라는 오래 보존된 개념과 마르크스주의의 계급 개념은 강적을 만난다. 근대 자유경제에도 두 가지 계급이 있다. 즉, 고용인과 실직인이다. 정치 과정 특성상 각 계급은 강압에 맞설 능력이 부여되므로, 둘 중 어느 하나도 상대에 대한 권력 독점을 행사할 수 없다. 그리고 두 계급 사이에는 최대한의 사회 이동성이 존재한다.

그 결과로 나타나는 경제 모습은 갤브레이스가 '길항력 counhtervailing power'이라고 부르는 것을 보여준다. 갤브레이스에 의하면, 이윤과 보상의 구조를 이해하기 위해서 우리는 소유권이나 통제권이 아닌, 상품에 대한 권리를 주장하며 자기의 지분을 협상하는 '길항력'을 가진 생산자들의 권력의 상호작용을 봐야 한다. 이 권력은 시장력 market forces과 다를 뿐 아니라 시장의 환경을 본질적으로 변조시키는 힘이다. 이 중 두 가지 힘이 특별히 정치적으로 중요하다. 즉 임금을 협상하는 노동조합과 상품의 가격을 협상하는 과점적 oligopolic 바이어들이다. 이 둘이 각각 행사하는 힘이 동등하지 않아도 이들은 강압이 아닌 협의에 의해 가격을 설정한다. 그것의 결과가 '정당한 보상'의 체계인지 여부는 추상적으로 결정될 수 없으며, 자본주의 사회의 모든 관계는 은폐된 강압의 관계라고 상정하는 마르크스주의 이론으로는 더욱이 결정될 수 없다.

진지한 사회주의자들이 갤브레이스의 논증을 접하면 자기들이 자본주의에 대한 대안으로 내놓은 바를 재검토할 수밖에 없다. 자본가의 통제로부터 이미 해방된 체계를 다시 중앙집권적으로 통제하는 것이 과연 노동자의 위치를 진정으로 바꾸는지 심각하게 묻게 된다는 것이다. 사회주의 계획은 통제력 행사에 대한 익명성과 모호성만 증가시킬 뿐이지 이미 자리잡은 통제 체계를 지속시킨다. 따라서 갤브레이스는 "사회주의는 '고대의 의미의 사회주의는 비현실적'이라고 결론을 내린 사회주의자들의 통치"라고 말한다.[4] 더욱이 사회주의적 이상은 더 이상 존재하지도 않는 형태의 자본주의를 비판함으로써 그 타당성을 구축한다. 즉 이익 창출에만 목을 매며 자기가 주는 임금이 아니면 생존이 불가능한 사람들만 고용하는 무자비한 기업가가 존재하는 그런 버전의 자본주의를 들먹이는 것이다. 사회주의는 그런 유효하지 않는 버전의 자본주의를 대척점으로 삼으며 규정되었다. 때문에 "민주 사회주의의 불행은 곧 자본가의 불행이다. 후자가 더 이상 통제할 힘이 없으면 민주 사회주의도 더 이상 대안으로서 설 자리가 없다."[5]

물론 이러한 논증은 지나치게 단순하다. 그럼에도 갤브레이스가 말하는 근대 자본주의 경제가 부분적으로라도 맞다면 자본주의를 비판하는 사회주의적 입지는 그 타당성을 상실해버린다. 갤브레이스의 이상은 기본적으로 막스 베버$^{Max\ Weber}$의 그것과 같이 때문에 사회주의적 입장이 무관해지지는 사실 오래된 것이다.[6] 그런데 여기에 갤브레이스는 자기만의 논평을 더하는데, 이에 동원되는 그의 수사학은 전통 사회주의의 힘에 필적할 능력을 발휘한다. 갤브레이스는 자본주의 경제가 '시장력'에 의해 형성된 자기 평형적 기제라는 인식을 파괴하는 작업에 착수한다.

갤브레이스에 의하면 기업 내 노동조합, 소수독점, 그리고 새로운 '테크노스트럭처'로 대변되는 길항력이 자기발생적$^{self-generating}$인데 비해 경쟁력은 그렇지 않다. 그래서 장기적인 차원에서 '자본주의적' 경제는 성장하는 기질이 내재되어 있는 권력들에 의해 대체될 것이며, 공익을 따라 그 권력들을 규제할 경쟁은 사라지게 된다.[7] 계획이 상호작용에 앞서게 되고 계획은 더 이상 시장의 단기 반응에 만족하지 못하게 된다. 근대 기업을 지탱하는 '테크노스트럭처'는 갈수록 포부를 넓히며 다른 기업, 정부, 그리고 힘을 확장하는데 도움이 될 만한 여타 모든 기관과 손을 잡는다. 다양한 기제를 통해 기업은 임원과 주주들에 대한 책임을 회피할 수 있게 되며[8] 스스로의 확장을 위한 자율 주행에 착수한다. 사업의 이윤도, 경영진의 금전적 인센티브도 의사결정의 방향에 그리 큰 영향을 미치지 못한다는 것이다.

> 경영간부의 현재 수준의 소득은 (기업의 목표와의) 동일시와 (기업의 목표를 자기 것으로) 적절히 바꾸는 것을 감안한다는 것이 현실이다. 이것이야말로 유효한 동기가 된다. 이것은 또한 개인의 평판에도 도움이 되는 유일한 것이다. 즉 경영간부는 기업의 목표에 대한 자기의 헌신이 온전하지 않다고 여겨지거나 그런 목표를 형성하기 위해 자기에게 주어진 기회에 무관심하다는 인식을 허락할 여유가 없다. 이런 동기들이 급여에 따라 바뀔 수 있다고 암시하는 것은 자신이 열등한 경영인이라고 말하는 셈이 되기 때문이다.[9]

위 인용문은 갤브레이스의 전형적인 지적 장치다. 거대한 영향력이 있는 경제 이론을 뒷받침하기 위해 반어적 어조로 심리적 관찰을 동원한다. 이 논증이 맞다면, 기업이 이윤을 극대화한다는 표준적 추정은 틀린 것이며 일반적으로 인정되는 시장 경제 이론은 효력이 없다는 결론이 나온다. 갤브레이스에 의하면 기업은 이윤이 아닌 권력을 극대화하려고 한다. 또 이것은 다른 기업과 경쟁구도를 이루며 추구하는 것이 아니라 함께 작당해서 이룬다는 것이다. 왜냐하면 이 권력은 개인 사업의 것이 아닌, 해당 기업 모두에게 공통으로 퍼져 있는 '테크노스트럭처'의 권력이기 때문이다.

'통념을 허물자'

경제계 여론이 갤브레이스의 주장에 끝내 손을 들어주지 않았다고 봐야 될 것이다.[10] 그런데 갤브레이스가 내린 결론의 진리치보다 훨씬 중요한 것은 그 결론을 뒷받침하기 위해 갤브레이스가 제시한 근거들의 질적 문제다. 어떤 통계도 없고, 근대 기업에 대한 상세한 분석이나 사례도 없으며, 의사 결정 구조를 검토하거나 사기업과 국가 독점을 제대로 비교하지도 않았고, 근대 국가 내 기업들의 법인격에 대한 어떤 종류의 이론도 없다. 독자가 얻는 것은 베블런의 반어적 작풍을 모방하며 경멸적으로 기업인의 공허한 삶을 표현한 사회심리학에 불과하다.

  이와 유사한 태도로 갤브레이스는 '통념conventional wisdom'이라는 것을 다루는데, 이 개념 역시 희화화하거나 막연하게 방치해둔다. 갤브레이스의 가장 잘 알려진 저서 『풍요한 사회The Affluent Society』(1958, 개정판 1969)에서 바로 이 '통념'을 질책한다. 통념은 자유 경쟁, 시장 개방, 또 '균형예산'이라는 반박의 여지 없는 가치들을 강조한다는 점에서 비판의 대상이 된다. 갤브레이스의 글 안에서 통념은 공산주의 국가의 공식 이데올로기에 맞먹는 그런 사회통제 기구로 묘사되고 있다.

> 공산주의 국가에서는 공인된 원칙을 형식적으로 지키면서 관념과 사회적 안정이 유지되고 있다. 그 사회에서 탈선은 곧 '잘못된 것'으로 비난받는다. 자본주의 국가에서는 훨씬 더 암묵적인 형태로 통념에 의해 사회의 안정이 강요된다.[11]

갤브레이스가 얼마큼의 진지함으로 이렇게 선언하는지 잘 모르겠다. 하지만 여기서 주목해야 할 한 가지 특성이 있는데, 갤브레이스의 후기 저술의 주요 취지가 될 사항이다. 즉 공산주의 이데올로기는 탈선을 '잘못된 것'으로 낙인을 찍는 반면 우리 시대의 '통념'은 안정을 강요^{enforce}한다고 말하는 지점이다.

이렇게 갤브레이스는 능란하게 '자본주의 체계'를 공산주의만큼이나 억압적인 것으로 만들어버린다. 공산권에서는 수백만 명의 사람들이 '탈선'했다는 이유로 죽임을 당하고, 많은 사람들이 투옥되고, 괴롭힘 당하고, 사소한 '실수' 때문에 모든 사회적 혜택을 박탈당한다는 사실은 전혀 관찰되지 않는 듯하다. 동시에 갤브레이스 자신이 즐기고 있는 자유, 즉 비#통념적 견해(사실은 꽤나 통념적인 케인스식 견해다)를 개진하고 그 결과 가장 영향력 있는 지식인의 자리에 오를 수 있는 자유는 '강요'라는 작은 단어 뒤에 숨겨 놓는다.

『풍요한 사회』는 생산의 정신^{ethos}에 대한 갤브레이스의 주된 비판을 담고 있다. 갤브레이스에 의하면 생산의 정신은 "우리 삶의 최우선적인 목표"가 되었지만 우리가 그렇게 "총체적으로, 혹은 심사숙고하여 추구하는 목표는 아니다"라고 말한다.[12] 공공 서비스가 소비재의 과다 생산을 위해 희생되는 근대 자본주의 사회의 혼돈과 추잡함은 몰지각하게 생산을 추구하는 데서 비롯된다는 것이다. 더 심각한 문제는 이러한 추구가 수요의 지속적인 증가를 보장하려는 위험한 시도를 초래하고 있다는 것이다. 공급을 맞추기 위해 수요는 언제나 증가할 것이라는 생각은 한계효용체감의 법칙에 의해 반박되어 이미 신임을 잃은 고전 경제학 교리다. 하지만 한계효용이 감소할 것이라는 '위협' 앞에 '통념'은 우수한 기략을 제공해준다. 즉, "욕구wants의 절박성 체감은 수용되지 않았다"[13]라는 것이다. 대신 재화를 제공하는 것은 중요할 뿐 아니라 시급한 일로 간주되었고 **반드시** 생산해야 할 것이 되어버린 것이다. 이에 따라 절감하는 욕구를 도덕적 책무로 이어가게 된다. 결과적으로 소비재에 의해 공급되는 욕구는 한계효용체감의 법칙이 더 이상 적용되지 않는 상위 범주로 격상된다. 와인, 물, 휘발유는 충분히 있어도 명예와 성과는 언제나 공급이 딸리는 것이다.

이제 갤브레이스는 소비자 사회에 대한 그의 유명한 분석에 이르게 된다. 즉, 생산을 지배하는 주요 동력은 더 이상 인간의 욕구가 아니라 제조된 상품이라는 것이다. 재화의 끊임없는 이동은 의도적인 욕구 창출에 의해 유지된다. 광고, 상품의 다양화, 그리고 소비하기를 실패하는 것은 굴욕적이라고 말하는 거대한 선전 도구를 통해 욕구는 창출된다.

> 사회가 점점 부유해지면서 욕구는 점점 그것을 충족시키는 과정에서 다시 만들어진다. … 이 경우 욕구는 생산에 의존하게 된다. 생산수준의 차이는 복지에 크게 영향을 미치지 않기 때문에 전반적으로 생산수준이 낮은 경우보다 높은 경우에 복지가 더 늘어난다는 가정은 더 이상 성립하지 않는다. 생산수준이 높으면 욕구를 만들어내는 수

준과 욕구의 충족수준이 높아질 뿐이다.[14]

이것은 구약성서로까지 거슬러 올라가는 테제를 업데이트한 것이다. 타락한 인간은 욕구의 압제적 지배를 받는데, 그 이유는 욕구가 자기의 것이 아닌, 타자로부터 강요당한 것이기 때문이다. 특별히 시장의 우상과 주물呪物의 주술에 걸린 것이다.

이 이야기는 우리가 누리는 자유의 증거(원하는 것을 가질 수 있다는 점)를 우리의 노예된 상태의 증거로 뒤집어 놓는다. 왜냐하면 우리의 욕구가 사실은 우리의 것이 아니라고 하기 때문이다. 이와 유사한 메시지가 '과시적 소비'에 대한 베블런의 풍자 안에서 포착되며, 광고를 비판한 밴스 패커드Vance Packard의 매우 영향력 있는 『은폐된 설득자들The Hidden Persuaders』에서도 발견된다.[15] 마르크스의 소외 및 상품물신주의 이론에서도 떠나지 않는 이야기이기도 하다. 5장에서는 이것의 또 다른 버전, 즉 상당한 파급력을 지닌 프랑크푸르트학파와 그들이 비판한 문화 자본주의를 살펴볼 것이다. 포스트모던 소비자를 위해 이 메시지는 최근 질 리포베츠키Gilles Lipovetsky와 장 세루아Jean Serroy가 공저한 탁월한 저서에서 새롭게 손질되고 한층 더 업그레이드 되었다.[16] 하지만 이 이야기의 고대성antiquity은 곧 현대의 불만을 해소하기에는 무용지물이라는 것을 의미하기도 한다. 원죄를 극복하기 위한 정책을 모색하는 정치 기획은 일관성을 유지할 수 없다. 우리가 직면한 문제가 인간은 쉽게 조종될 수 있고 또 그렇게 조종되기를 원한다는 것이라면 한 가지 조종 방법을 또 다른 조종 방법으로 대체하는 것이 무슨 의미가 있겠는가?

갤브레이스는 공공 오물public squalor에 맞서기 위해서는 공공 서비스와 교육, 복지와 중앙집권적 계획에 더 많이 지출해야 한다고 주장한다. 오늘날의 폐단을 야기한 욕구를 제어하고 그것의 해결책인 공공 서비스에 자금을 대기 위해 생산에 과세해야 한다는 것이다.[17] 하지만 생산량이 높아야만 생산 과세가 공공 서비스를 위한 자금이 될 수 있다. 갤브레이스가 내놓은 해결책의 나머지 부분은 상세한 비교 분석만으로 정당성이 부여될 수 있는데, 갤브레이스는 그러한 분석에는 관심이 없다. 그의 '해결책'이 그저 환상이 불과하다는 것이 드러나 버리기 때문이다.

이것이 갤브레이스의 전형적인 접근 방법이다. 갤브레이스의 사유세계 중심에는 냉소적 심리학이 자리잡고 있는데, 갤브레이스는 이것을 포기하지 못한다. 동시에 그는 단순한 심리학자의 이야기 따위를 정치가가 들을 리 없다는 것 또한 잘 알고 있다. 그가 비판하는 체계에 대해서는 경제학자만이 진정한 권한을 행사할 수 있는데, 경제학자만이 사회의 질병을 진단할만한 지식을 지니고 있다고 여겨지기 때문이다. 그래서 갤브레이스는 마르크스와 똑같이 심리학을 경제학으로 둔갑시키고 마치 하이에크[Friedrich Hayek]나 케인스[John Maynard Keynes]와 같은 권위를 가진 마냥 터무니없는 정치적 조언을 남발한다.

이로써 정작 사회주의를 멸시하는 갤브레이스는 사회주의 고유의 영역 안으로 뛰어 들어간다. 그는 미국의 정치적 유기체 전체를 경제적 관점으로 보고 팔, 다리, 힘줄이 모두 상업의 요구로 움직이는 '체계'로 보게 된다. 마르크스주의의 중심을 이루는 치명적인 미신이 갤브레이스의 상상력을 거머쥐고 상당히 적대적인 태도의 기저를 이루게 된다. 법, 정치, 문화, 제도 등은 조잡하게 설명된 '경제 체계' 하위에 놓이고, 이 경제 체계의 비인격적 요구사항은 이른바 모든 사회 생활을 지배한다는 미신이 그의 생각을 사로잡는다. 이런 관점은 미국 신좌파에게 가장 중요한 신념의 이론적 뿌리를 제공해 주었다. 즉, 자본주의 국가는 기업의 노예라는 점에서, 그리고 독점적 기업의 테크노스트럭처에서 비롯된 계획 과정의 필연적인 완성 단계라는 점에서 공산주의 국가 만큼이나 통제적인 체제라는 이론이다.[18]

테크노스트럭처는 국가와 자신을 동일시한다.[19] 따라서 국가와 마찬가지로 총체적이고 포괄적인 계획을 지향하는 중앙집권적이고 비인격적 운동에 관여하게 된다. 이로써 미국에서의 생산은 '군산 복합체industrial-military complex'(아이젠하워Dwight D. Eisenhower 대통령이 소련 선전선동에 대항하여 선언한 말이다)를 양산하게 되고, 이와 함께 막대한 국방 예산을 정당화할 수 있는 '무기 문화weapons culture'를 형성한다. 이 정당화 과정에서 중요한 도구가 된 것은 '냉전의 미신'으로서, 지속적인 경제 확장은 군사적 요구에 따라 정당화된다. 이런 "싸움 없는 전쟁은 싸움이 멈출 것이라는 위험을 깔끔하게 배제시키게 되고",[20] 이로써 끊임없는 기술 발전과 생산의 다양화, 소비를 향한 욕구를 지속적으로 갱신하는 것이 정당화된다.

갤브레이스는 미국을 '냉전의 미신'으로 유지된 '체제'로 묘사함으로써 당시 소련을 비판한 똑같은 방식으로 미국을 비판할 수 있게 된다. 갤브레이스는 "(미국의) 헌법 수정 제1조의 영향력은 그 누구도 축소할 수 없다"라고 인정한다.[21] 하지만 곧바로 미국과 소련의 경제 관리 체제는 엄밀히 말해 서로 비슷하다고 덧붙인다. 즉, 둘 다 '계획의 요구'의 지배를 받는다는 것이다. 두 경우 모두 "가격 및 개인의 경제 행위를 통제하기 위해 시장 메커니즘을 제쳐둔다"라는 것이다.[22] 헌법 수정 제1조를 피상적으로만 언급하는 이유는 헌법이 시사하는 미국과 소련 사이의 정치적 차이는 경시하고 둘 사이의 경제적 유사성에 시선을 돌리기 위함이다. 갤브레이스에게 이 경제적 유사성이야말로 미국과 라이벌 소련에 대한 **심오한** 진실이다. 그런데 갤브레이스가 이런 환상을 상술하는 과정에서 명확해지는 것은, 그가 소련과 미국 사이에 심오하다고 여기는 유사성은 사실은 가장 피상적인 부분이라는 점이다. 오히려 그가 너무 얕아서 눈에 띄지도 않는다고 여기는 것, 즉 언론의 자유, 입헌 정치, 법치주의야말로 두 체제를 구별하는 가장 심오한 부분이다.

갤브레이스는 미국의 체제를 비판함으로써 오히려 미국 안에서 자신의 위상을 공고히 했다. 하지만 1961년 인도 주재 미국 대사로 임명되며 그도 어느 정도의 현실주의를 받아들여야 했다. 갤브레이스는 한시적으로나마 마르크스주의적 사고가 한 세기 동안이나 부정해왔던 현실과 조우하게 된 것이다. 즉, 국가의 성격을 규정하는 것은 경제적 체제가 아닌 정치 제도라는 현실이다. 체제를 비판하는 사람들에게 영예를 주는 국가는 그들을 강제노동수용소에서 죽이는 국가와는 근본적으로 다르다는 것 또한 보았다.

인도 주재로 재임 중 갤브레이스는 제3세계 경제가 '이륙take-off'하기 위해서는 대외 원조가 필수적이라는 신빙성 잃은 주장을 내세우며, 경제 개발이라는 주제로 인도 여러 대학에서 강연을 했다. 동시에 그는 이제는 널리 인정되는 사실(피터 바우어Peter T. Bauer, 엘리 케두리Elie Kedourie, 담비사 모요Dambisa Moyo 등과 같은 작가들의 저술 활동 덕분이기도 하다),[23] 즉 대외원조는 해외 기관, 더 구체적으로는 법치주의, 계약의 보증, 의회 절차 등 유럽 제국주의자들이 제3세계로 들여온 요소들이 아니고선 효력이 없다는 사실도 인정했다.[24]

이 강연들은 갤브레이스의 '경제' 담론 안에 창궐하는 미신, 즉 기업은 비인격적 목적으로 우리의 삶과 욕구충족을 지배하는 사악하고 팽창적이고 걷잡을 수 없는 괴물이라는 미신이 결국 거짓임을 보여준다. 갤브레이스는 자본주의 경제에서의 기업과 소련의 집산주의 사이의 현저한 차이를 인정한다. 전자는 진정한 법인法人, person in law, 그리고 후자는 억압적인 허구와도 같다는 것이다.[25] 공산권에서의 집산주의(그것이 공장이든, 농장이든, 조합이든 당의 부서든)는 그것의 행위가 초래한 명백한 결과에 대해 책임을 지지 않았다.

아무도 법적 보상을 요구할 수도 없고 책임을 추궁할 수도 없는, 광범위하고 암묵적인 면책 특권을 누렸다.

이것은 유럽 문명이 남긴 업적의 한 부분, 그리고 유럽문명의 근간이 된 로마법의 업적을 상기시킨다. 서구 입헌국의 권력은 가능하면 언제나 법인juridical person으로서, 즉 법치주의에 종속된 존재로 규정된다. 법인체personal corporation는 무례하게 행동했을 경우 그것으로 인해 고소당할 수도 있고 그 결과 파산할 수도 있다. 이러한 이유에서 갤브레이스가 법인체를 보호해야 한다고 주장한 것은 맞다.[26] 공산주의는 바로 공산주의의 비인격성impersonality 때문에 책임을 회피할 수 있게 되었다. 강요 외에는 공산 제도를 통제하거나 규제할 방법이 없음을 보장한 것이다. 또한 이 강요는 외부로부터 가해져야 한다. 이것이 바로 냉전의 진상이다. 즉, 인격적 정부가 팽창적인 동시에 철저히 비인격적인 권력에 맞서 자기를 보호할 수 있는 방법은 협상이나 외교가 아닌 억제 전략strategy of deterrence 밖에는 없다는 사실이다.

갤브레이스는 자기는 재계가 필요로 하는 비평가라 합리화했다. 그는 "편안하게 사는 자들을 괴롭히는 자는 괴롭힘 당하는 자들을 위로하는 자와 동일하게 일한다"라고 말한 적이 있다.[27] 그런데 미국 기득권층에서 정말 편안하게 사는 사람들은 과연 누구인가? 기업인가 아니면 그를 비판하는 학자인가? 체제의 중심부에 있는 생산자들인가 아니면 그들의 노동에 기생하는 자들인가?

갈팡질팡하는 법조인 드워킨

미국의 기득권층을 비난하는 사람들 중 이 질문을 가장 적절하게 던지는 사람은 로널드 드워킨Ronald Dworkin이다. 1931년 매사추세츠 주에서 태어난 드워킨은 법조인으로 일하다가 1962년 학계로 옮겨가, 1968년에는 예일 로스쿨 교수가 되었다. 1969년에는 영국 옥스퍼드 대학의 법학 교수로 임명되었고, 1970년대 말부터 2012년 사망하기 전까지 뉴욕 대학교에서 철학과 교수이자 로스쿨 교수로 재직했다. 갤브레이스와 마찬가지로 드워킨도 수많은 명예 학위와 좌파 기득권층이 자기 구성원들에게 수여하는 권위 있는 상을 쓸어모았다. 『뉴욕 리뷰 오브 북스』에 기고한 그의 논쟁적인 글들은 미국인이 자국의 법적 유산을 이해하는 방식에 지대한 영향을 끼쳤으며, 이로써 미국 정치의 방향에도 막대한 영향을 끼치게 되었다.

드워킨은 갤브레이스처럼 재치있는 풍자가는 아니었다. 그가 세운 보수적 적수가 진짜이든 허구이든 그는 비웃음보다는 지속적인 경멸로 적수를 포위했다. 그는 자체적인 지적 논증이 결여된 보수주의의 법적 유산을 공격하는, 생산적이고 치명적인 비평가로서 자부심을 가졌다. 그런데 드워킨의 가장 탁월한 저술(그의 학계 생활 초기에 등장한다)은 드워킨 자신이 의도했던 결론과는 반대되는 결론으로 나아간다. 이 작업에서 드워킨이 제안하는 사법절차 이론은 보수주의 법학의 기반을 약화시키기는커녕 오히려 그것을 더 굳건히 확립할 참신한 기략을 제공해준다.

벤담Jeremy Bentham에서 오스틴John Austin, 켈젠Hans Kelsen에서 하트H.L.A. Hart에 이르기까지 법학은 일종의 법실증주의legal positivism가 지배적이었다.[28] 법실증주의의 주요 신조를 드워킨은 다음과 같이 열거한다. 첫째, 법은 어떤 '기본 규칙master rule'에 상응하는 것으로서, 사회적 기준과는 분리된 것으로 간주된다. 예컨대 의회에서 여왕이 정한 규칙이 곧 법이 되는 것처럼 말이다. 둘째, 법률상의 모든 어려움과 불확실성은 독립적인 법적 문제에 대한 순수한 해답으로 해결되는 것이 아니라 사법적 자유재량권을 통해 해결된다.

마지막으로 법적 의무는 오로지 확립된 법치가 그 의무를 부과할 때만 존재한다.

이 세 가지 신조는 법을 하나의 명령 체계로 규정하게 된다. 즉, 일관성이라는 제약 이외에 어떤 내적 제약의 구속을 받지 않는 체계이며, 사회 행동을 규제하기 위해 최고 통치 주권이 발부하는 체계다. 또 판결이란 먼저 법을, 두 번째로 사실을, 그리고 세 번째로 법과 사실 사이의 적용 관계를 밝히는 작업이다. 그런데 드워킨은 판결을 그렇게 이해하는 것, 또 그런 이해의 근간이 되는 위 세 가지 신조에는 오류가 있다고 주장한다. '기본 규칙'은 법체계의 필요조건도 충분조건도 되지 못한다는 것이다. 필요조건이 되지 못하는 이유는 보통법의 경우처럼 법은 주로 판례와 '중력적 효과$^{gravitational\ force}$'를 고려하는 법적 추론$^{legal\ reasoning}$으로부터 전적으로 발생할 수 있기 때문이다. 충분조건도 되지 못하는 이유는 최고 입법 기관은 법을 적용할 수 있는 법원이 있을 때만 법을 제정할 수 있으며, 법관들은 기본 규칙에서는 도출될 수 없는 '원리들^{principles}'을 사용해야 하기 때문이다.

드워킨이 볼 때 원리는 규칙보다 덜 변동적이고 법체계에 있어서는 규칙보다 더 핵심적이다. 원리가 없다면 판결은 불가능하거나 용납될 수 없는 흠결들로 가득찰 것이다. 이런 원리들은 하드 케이스$^{hard\ case}$(판결하기 어려운 사안)를 통해 입증된다. 여기서 판사는 법규에 명시된 바 없는, 당사자들의 권리와 책무를 밝혀내야 한다. 이런 사안을 판결하는 것은 '자유재량권'을 행사하는 문제가 아니라 당사자의 실재적이고 독립적인 권리와 책무를 식별해내는 시도다. 적어도 판사들이 자기의 사법권을 행사하기 위해서는 그렇다고 간주해야 한다는 것이다. 판사는 그가 규정하는 권리와 책무를 자기가 만들어낸다고 생각할 수 없다. 정상적인 임무 수행 중에는 필요하지 않았던 그런 필요 없는 '자유재량권'을 행사한다고 생각해서도 안된다. 판사는 입법기관이 발부한 규칙과는 별개의 권위가 부여된 원리들에 기대게 된다. 이런 원리들(예컨대 아무도 자신의 범행으로부터 이익을 얻지 못한다는 원리)은 사법 절차의 영구적인 속성이 되며, 중심 사안이나 문제가 되지 않는 사안에 법을 적용할 때도 작동한다.

드워킨이 보기에 이런 고려사항은 곧 '기본 규칙'과 '사법적 자유재량권'이 단순히 미신에 불과함을 드러내준다. 더욱이 하드 케이스라는 피할 수 없는 사실 앞에서 법실증주의의 세 번째 신조, 즉 모든 법적 의무는 이미 존재하는 법 규칙에 따라 생성된다는 신조는 무너지고 만다는 것이다. 하드 케이스의 경우 법은 적용된다기보다 발견된다고 봐야 한다는 것이다. 그리고 이런 발견의 과정에서 보통법 및 형평성의 구조가 형성되고, 이는 영미법 체계의 토대가 되는 것이다.

혹자는 어떤 칙령도 공정한 법정에서 공인된 판결 절차에 따라 적용되기 전에는 법적 효력을 발휘할 수 없다고 말할 수 있을 것이다. 따라서 판결 행위(양측의 말을 듣고, 공정한 관점을 유지하며, 평결에 대한 공적 책임을 지는 것 등을 포함한다)와 분리될 수 없는 추론 과정은 영국 행정법의 경우처럼 '자연적 정의natural justice의 법리'로서 포함되든 안 되든, 모든 진정한 법체계에 필수적인 요소가 될 것이다.

드워킨의 주장은 공정성에 대한 절차적 접근을 대변하는 것으로 비춰질 수 있다. 이 접근에 의하면 법은 판단adjudication을 요하며, 판단은 해당 사안에 대해 원리에 입각한 태도를 요하고, 원리에 입각한 태도는 판결을 결정decision이 아닌 발견discovery으로 간주한다. 마지막으로 발견은 곧 외부의 합의를 요청하게 되고 다른 판결의 '중력gravitation'에 응하며 그것과의 조화를 노린다. 이런 매력적인 그림(정치 질서에 대한 많은 보수주의 기획의 구성 요소가 된다)에 의하면 법이란 '진정한 판결을 향한 공공의 추구'이며, 이로써 사람들 사이의 반복적인 분쟁이 그것을 공정하게 대하는 자들의 마음 속에서 자연스럽고 필연적으로 발생하는 원리들로 인해 해소된다.

  드워킨이 이와 같은 결론을 내리지 않는 중요한 이유가 있다. 그는 자신이 '자연적 정의'의 대변인으로 규정되기를 원치 않고, 보수주의자들이 왜곡한 미국 헌법을 바르게 해석하는 사람으로 여겨지기를 원한다. 그래서 다음과 같이 말한다.

> 우리의 헌법체계는 특정한 도덕이론, 즉 사람들은 국가에 대한 도덕적 권리들을 갖는다는 이론에 의존한다. 적법절차조항과 평등보호조항 같은 권리장전의 어려운 조항들은 도덕에 대한 특정한 견해를 제시하는 것이라기보다는 도덕적 개념에 호소하는 것으로 이해되어야 한다. 그렇기 때문에 이 조항들을 충실하게 법으로 적용해야 하는 부담을 떠맡은 법원은 적극주의 법정이 되어야 한다. 그것은 법원이 정치도덕의 문제들을 구성하고 또 대답하기 위해서 준비해야 한다는 의미에서이다.[29]

  다시 말해 드워킨은 미국 헌법이 대법원의 '적극주의적' 접근을 허락한다고 본다. 이것이 의미하는 바는 대법관들의 '정치적 도덕성'과 상응하지 않는 법률은 자유롭게 거부할 수 있다는 것이다. 드워킨에게 미합중국 전역에 낙태를 합법화한(각 주의 선출된 입법 기관을 거슬러 합법화하였다) 1973년의 로 대 웨이드 Roe v. Wade 사건은 위헌 판결이 아니다. 미국 헌법 안에서 '사생활의 권리 right of privacy'를 찾아내는 것에 의존한 블랙먼 Harry Blackmun 대법관의 왜곡된 판결문을 세부적으로 검토할 필요도 없었던 것이다. 헌법에는 '사생활의 권리'가 언급되지도 않지만 블랙먼의 판결문은 헌법에서 그러한 권리를 발견하는 것에 의존하며, 태아에게는 기본권이 없다고 자의적으로 선언해 버렸다. 법정의 '정치적 도덕성'에 입각하여 볼 때 낙태는 문제가 되지 않고 오히려 낙태를 금지하는 것이 문제라고 간주된 것만으로 충분하다고 본 것이다.

이런 사법적극주의에 호소하는 모습은 드워킨의 저술활동 전반에 걸쳐 나타나는데, 이것은 적극주의자들이 정치적으로는 자유주의자들이라는 가정 하에 이루어진다. 보편적 법이론을 제공한다고 자칭하지만 드워킨의 진짜 관심은 변호advocacy에 있다. 법이 기껏해야 중립적이거나, 어떤 면에서는 상당히 적대적인 특정 정치적 입장을 변호하는 일에 관심이 있는 것이다. 드워킨은 마치 사법 판결의 결정적인 근거가 헌법인 것처럼 언제나 헌법으로 돌아간다. 이렇게 할 수 있는 이유는 미국 헌법이 야기한 판례법만 해도 400권이 넘는 두꺼운 책에 담길 정도이고, 또 헌법은 마치 수천 명의 신학자들이 동원되어 해석되는 성서처럼 여겨지기 때문이다.

하지만 드워킨이 자칭 '헌법의 사제'라고 하는 것도 얄팍한 가면에 불과했다. 그가 초기 저술에서 사용한 사례들은 대부분 (Spartan Steel and Alloys Ltd. v. Martin[30]과 같은) 영국 민사 사건이거나 (Henningsen v. Bloomfield Motors Inc.[31]과 같이) 영국의 선례에서 파생한 원리를 적용한 미국의 사건이다. 따라서 드워킨이 주장하듯 사법 절차가 미국 헌법의 파생물이라는 결론은 타당치 않다. 사실 드워킨의 주장은 보통법 정의正義에 대한 보수적 변호의 기저를 이루는 입장, 즉 '절차적 자연주의procedural naturalism'라 부를 수 있는 입장에서 파생된다. 이 입장에 의하면 법은, 한 당사자가 다른 당사자에게 잘못을 저지른 사안을 두고 공정한 판사들이 합의에 도달하려는 과정 안에서 자연 발생적으로 생성된다. 지침이 될만한 법리가 없어도, 독립적이고 공평한 판사는 판결을 무턱대고 날조할 수는 없다. 그들은 기존 선례들을 고려하여 해당 사안에 적용할 것인지, 혹은 구별해 놓을 것인지 결정할 수 있는 실천적 논리를 따르게 된다.

그 결과로 나타나는 보통법은 갈등을 해소하는 장치로서 혹은 정령의 체계로서의 제정법에 의존하지 않는다. 성문법에도 의존하지 않으며 드워킨이 미국 헌법에서 식별하는 '정치적 도덕성'과는 더욱이 거리가 멀다. 보통법은, 우리가 한 사회 안에서 서로 공존하기 위해 애쓰는 중에 일어나는 갈등을 해소하는 과정에서 발생된 것이다. 이것은 피해자에게 해결책을 제공해주는 동시에 사회 질서의 균형을 유지하는데 기여한다. 돌려서 말하면, 보통법은 수정주의적 '정치적 도덕성'의 표현이 아니며, 그렇다고 헌법 안에 새겨져 있는 원리를 적용하는 것 또한 아니다. 그것은 공평한 정의impartial justice라는 개념 안에 내재된 원리들을 적용하는 것인데, 이 원리들은 모든 합의된 거래 안에 암묵적으로 전제되어 있다.

법 이전의 법

법에 관한 이런 보수적 시각은 법학에 관한 애덤 스미스의 강연에서도 제창된다.[32] 우리 시대에서는 (드워킨이 통째로 간과한) 하이에크와 같은 학자에 의해 흥미롭게 소생되고 있다. 하이에크는 보통법 정의를 『법 · 입법 · 자유 Law, Legislation and Liberty』 제1권에서 지배적으로 다룬다. 여기서 하이에크는 이렇게 말한다. "법의 지배를 받는 인간 행동은 곧 입법의 산물이라는 신념은 근대의 인간에게 너무나 자명한 것으로서, 법이 입법 활동에 선행한다는 주장은 패러독스같이 보일 정도다. 인간이 법을 제정하거나 개정할 수 있다고 알아차리기 훨씬 이전부터 법은 오랫동안 존재해왔다."[33] 루소가 생각한 것과는 달리, 법은 사람들이 모여 사회를 형성한 후에 제정될 수 없다. 사회를 형성한다는 과업 자체에 법의 존재가 전제되어 있다. 최소한 서로 모르는 사람들이 모여 형성하는 사회는 그렇다. 법은 그것이 문자로 표현되기 전부터 암묵적으로, 하지만 다분히 실재하는 것으로서 존재해왔고, 판사는 사회 분쟁을 검토하며, 해결책의 실마리, 즉 서로 합의한 전제를 드러냄으로써 법을 발견하는 일을 수행하는 것이다. 따라서 법의 자연스러운 상태는 의회의 입법권에 선행한 영국 보통법을 거울삼아 이해되어야 한다. 수 세기 동안 의회는 입법 기관이기에 앞서 선례를 검토해도 해결되지 않는 갈등을 해결하는 기능을 담당하는 하나의 재판소로 간주되었다.

하이에크는 성문법과 주권적 제정법은 인간사회에 뒤늦게 등장했다고 지적한다. 자기 수정적인 보통법에 반해 이 둘은 남용의 여지가 있다.[34] 법과 제정법의 차이는 유럽의 언어들 안에서 암묵적으로 인정되고 있다. 예컨대 이탈리아어에서는 diritto(권리)와 legge(법), 프랑스어에서는 droit(권리)와 loi(법), 독일어에서는 Recht(권리)와 Gesetz(법), 러시아어에서는 právo(권리)와 zákon(법)을 구분한다. 그런데 재밌게도 영국법이 보통법 절차를 보존한다는 점에서 유일무이함에도 불구하고 영어에는 이러한 명확한 구분이 없다. 입법자는 법을 특정 목적을 위해 가공된 인공물로서 보는데, 그는 단순히 불의를 바로잡기 위해 법을 사용할 뿐 아니라 특정 '정치적 도덕성'을 따르는 새로운 사회 질서를 구축하기 위해서도 사용할 수 있다. 드워킨은 미국 헌법을 그렇게 이해한다. 그에게 법이란 보통법의 지배 안에 함축되어 있는 권리, 의무 그리고 절차의 요약본이 아닌, 새로운 자유주의적 사회의 청사진으로 본다.

과격한 입법자가 특전을 부여하고, 재산을 몰수하고, 공과功過를 논하기를 그치고, 자신의 개인적 혹은 정치적 목적에 따라 정의에 위배되는 법안을 통과시키는 것을 막을 방법이 없다. 이것의 한 가지 징후는, 자연적 정의를 절차적 제약으로서 채택하기보다는 '사회 정의'를 법의 목표로 삼는 현상이다. 반대로 하이에크에게 보통법의 목표는 사회 공학social engineering이 아닌, 엄밀한 의미의 정의다. 즉, 불의한 행동에 대한 징벌 혹은 교정이다. 판사는 구체적인 사안을 해소할 규칙을 모색한다. 하이에크에 의하면 이런 규칙은 규칙들의 네트워크의 일부인데, 자유로운 거래에 관여하는 모든 사람들이 암묵적으로 동의하는 규칙들이다. 당사자들의 행위 안에 함축되어 있는 법이 없다면 판결할 사건도 없다는 점에서 판사들이 자신들은 법을 발견하는 사람들이라 여기는 것도 맞는 말이다.

 판사가 법을 만들어낸다invent는 것보다 법을 발견한다고 하는 것은 영국의 경우 더욱이 맞다.[35] 법이 규칙의 형태로 표현되었다는 점도 사실이다. 예컨대, 라일랜즈 대 플레처Rylands v. Fletcher 사건에서 언급된 규칙에 따르면, "자신의 구내에 본인의 목적을 위해 위험물을 소장할 경우, 위험 사태에 대한 책임을 질 각오로 소장해야 하며, 그렇지 않을 경우 일단의 증거에 따라 해당 위험물로 인해 발생하는 모든 피해에 대한 책임을 져야 한다."[36] 하지만 동시에 판사는 한쪽에 유리한 판결을 내릴 수도 있다. 그 판결을 정당화하는 규칙을 명시적으로 수립하지 않은 채 말이다. 모두가 타당하다고 여긴 판결에 대해서도 판결 이유ratio decidendi가 논란이 될 수 있다는 것이다. 이 흥미로운 사실은 법은 그것의 사법적 결정에 선행하여 존재한다는 주장을 더욱 뒷받침해주며 이것이 곧 판사를 안내해주기도, 또 그의 야망을 제어해주기도 한다는 이해 또한 뒷받침해준다. 보통법의 절차로 사회의 본성을 바꾸거나, 사기나 강요없이 정당하게 획득한 재산을 재분배하거나, 상식을 거스르거나, 오랜 기대와 신뢰를 기반으로 한 자연스러운 관계를 뒤엎어버릴 수 없다. 보통법은 이미 내재되어있는 규칙들을 알아내는 역할을 담당하기 때문이다. 즉, 보이지 않는 손에 의해 짜인 네트워크다.

따라서 진정한 법(하이에크는 이것을 '추상적 규칙'이라 부른다)은 행동 계획의 일부가 아닌, 사회 협력이라는 활동이 축적되면서 발생한다. 진지한 법은 낯선 사람들이 서로의 이익을 위해 협력하는 것이 가능한 구역을 설정해준다. 시장이 그런 것처럼 법(추상적 규칙)이 제공하는 유익은 부분적으로는 지식적^{epistemic}이다. 즉, 이 규칙들을 따름으로써 우리는 예측불허의 상황을 모험할 때 유용하게 사용할 수 있는 실제적인 지식을 습득하게 된다. 자신의 목적을 진전시키는 데 필요한 타인의 협력을 얻어내기 위해서 어떻게 행동해야 하는지에 대한 지식이다.

현대 사회 전역에 분산돼 있는 정보가 시장 가격 안에 응축되어 있는 것처럼 법에도 특정 사회의 과거 도처에 분산돼 있는 정보가 응축되어 있다.[37] 여기서부터 유명한 버크$^{Edmund Burke}$의 변호, 즉 관습과 전통, 그리고 프랑스 혁명가들의 '합리주의'에 대한 '편견'을 옹호한 그의 과업을 복원하는 데 좀 더 근접하게 된다. 버크의 요점을 현대 언어로 바꾸자면 이렇다. 인간 삶에 존재하는 예측불허의 상황을 직면하는 데 필요한 지식은 단 한 사람의 경험에서 비롯될 수도, 또 그 안에 포함될 수도 없으며, 보편적 법으로부터 선험적$^{a priori}$으로 연역될 수도 없다. 이 지식은 세대를 걸쳐 그 지식을 획득하려고 했던 수많은 사람들의 시행착오로 형성된 관습과 제도 그리고 사고의 습관을 통해 우리에게 전해진 것이다. 보통법 안에 담겨 있는 것이 바로 이 지식이다. 이러한 보통법은 어떤 교리나 계획 또 개인의 권리라는 이상으로 제아무리 단단히 자리 잡은 헌법으로도 알맞게 대체될 수 없는 사회적 유산이다.

스미스와 하이에크가 믿는 것처럼 법을 제정법보다 훨씬 심층의 정신$^{psy-che}$ 안에 놓여있는 것이라고 본다면, 그리고 법을 그 절차를 좌우하는 자연적 정의와는 별개의 계획이나 '정치적 도덕성'을 강요하는 것과는 상관없는 것으로 본다면, 우리는 왜 사회주의 혁명이 먼저 법치주의를 폐기함으로써 시작되는지, 왜 시민 사회를 하향식 계획에 징집하려는 국가 안에서는 사법적 독립성을 찾아보기 힘든지 비로소 이해할 수 있게 된다. 드워킨은 보통법에 담겨있는 깊은 진실을 활용하기를 원하지만 그도 이데올로기적 목적으로 움직이다. 그래서 그는 이 이데올로기적 목적에 본질적으로 저항하는 법 체계에 그 목적을 접목시키려고 안간힘을 쓴다. 보통법은 개별 사례에서 정의를 구현하는데 목적이 있다. 해당 공동체 전체의 관습, 도덕 혹은 습관을 광범위하게 개혁하려는 포부 따위와는 관련이 없다. 일반 시민들의 삶 속에 조용하게 불침번을 서는 존재다. 자기를 들먹이는 것을 원치 않고 틀린 것을 수정하라는 명을 받았을 때도 마지못해 나선다. 여기까지의 내용은 모두 드워킨의 사유세계에서 읽어낸 것이다. 그래서 드워킨이 법에 대한 관념을 구축하기를 원했다면 오히려 다른 곳을 살펴야 했던 것이 아닌가하는 생각이 든다. 어쨌든 드워킨은 철학자보다는 변호사처럼 논증을 펼친다. 즉, 자신의 목표에 더 가까이 갈 수 있는 한, 상대가 발을 헛딛게 할 수 있는 논증이라면 무엇이든 사용하겠다는 입장이다.

그 목표는 명확하다. 당대의 자유주의적 대의명분의 오명을 씻어주는 것이다. 드워킨의 가장 중요한 저서인 『법과 권리』Taking Rights Seriously가 출간되었을 당시 자유주의적 명분은 주로 민권운동과 베트남 전쟁 반전운동에서 발생했다. 따라서 시민 불복종civil disobedience과 역차별reverse discrimination을 포함했다. 성 해방sexual liberation도 중요한 사안이었다. 자유주의적 명분이 전개될수록 드워킨은 자신의 기획 안에 페미니즘과 '낙태권' 옹호 그리고 포르노그래피까지도 추가했다(이를 많은 페미니스트들이 한탄했다). 드워킨은 잠시 동안은 보수주의자들이 반대하는 것이라면 지지하자는 식이었다. 지적 폭죽을 터뜨려 주기도 하고, 엘리트주의적 경멸과 세련된 조롱을 거창한 장식체 안에 방대하게 담아냈다. 그리고 언제나 증명의 책임은 상대방에 있다고 상정했다. 구체적으로 드워킨에게, 그리고 일반적으로는 『뉴욕 리뷰 오브 북스』의 작가들에게 좌파적 자유주의 입장의 타당성은 너무 자명한 것이어서 이것을 반박할 몫은 보수주의자들에게 있다는 것이었다. 포르노그래피에 반대하는 도덕적 합의가 있다는 것, 동성애 권리(현재 이것이 어떤 형식으로 홍보되든지)에 대한 반대입장이 단순한 '편견'이 아니라는 것, 차등 정책이 헌법 정신에 기인한다는 것, 그리고 국가에 대한 경례를 거부하거나 병역을 거부하는 것은 헌법 정신에 위배된다는 것 등 모두 보수주의자들이 증명해야 할 부분이라는 것이다.[38]

'권리와 평등'이라는 판도라의 상자

이처럼 보수적 양심을 몽둥이로 패는 것은 극단적 형태를 취하게 된다. 드워킨이 말하길, "권리가 달려 있는 사안이기 때문에… 문제는 관용이 공동체를 파괴하거나 아니면 크게 훼손시킬 위협이 있다는 것인데, 지금 갖고 있는 증거를 갖고 그런 상황이 일어날 가능성이 있다고 여기는 것, 그런 상황을 상상이라도 할 수 있다고 생각하는 것은 그야말로 어리석다."[39] 지속적인 자유주의화liberalization와, 뉴욕에서나 가능한 엘리트주의적 생활방식에 따라 법을 계속 개정하는 것이 결국에는 공동체를 해한다는 것은 보수주의자에게 상식이다. 그런데 드워킨은 이 점을 통째로 누락시킨다. 드워킨은 증거를 보고 가능성을 파악하는 것은 어리석은 발상이라고, 가능성을 상상할 수 있다고 하는 것조차도 터무니 없는 발상이라고 말하는데, 참 대담한 주장이다. 인류학자들은 도시적 생활 방식을 사하라 사막 이남 지역에 도입하면 그 지역의 응집력을 저해한다는 점을 수없이 증명해왔다. 그런데 드워킨은 뉴욕의 생활 방식을 조지아^{Georgia} 시골에 도입함으로써 그 비슷한 결과를 초래할 수 있다고 생각하는 것조차 멍청한 짓이라고 하는 것이다.

『법과 권리』는 드워킨의 핵심 사유세계를 담고 있다. 여기에서 유명한 '시카고 7$^{Chicago\ Seven}$ 재판'을 다룬다. 이 재판에서는 일부 좌익 무장 세력이 폭동을 일으킬 의도를 가지고 주(州) 경계를 넘어왔다는 혐의로 기소되었다. 일곱 명의 피고인이 언론의 자유라는 헌법상의 권리의 보호를 받는 것은 드워킨에게 당연했다. 드워킨은 자기와 동의하지 않는 사람들에 대해 다음과 같이 말했다.

> 혹자는 이들이 소란법 아래 도발적이지 않은 방법으로 자기들의 신념을 표현할 수 있다고 주장할 수 있다. 하지만 그런 견해는 표현과 존엄성 사이의 연관성을 인지하지 못한 데서 발생한다. 자신의 격분을 그에 상응하는 수사학에 담지 못하면 그는 자유로운 표현을 한다고 할 수 없다. 또는 일말의 관심도 없는 가치를 보호하느라 정작 입증하고 싶은 바를 제쳐두어야 한다면 그것 역시 자유로운 표현이 될 수 없다. 정치적 이견을 말하는 사람들이 종종 다수에게 충격을 준다는 것은 사실이다. 하지만 그렇다고 표준화된 표현 방법만이 옳은 표현 방법이라고 여기는 것은 다수의 오만함을 드러낼 뿐이다. 평등한 배려와 존중에 위배되기 때문이다. 만약 권리의 관건이 반대자들의 존엄성을 보호하는 것이라면, 우리는 반대자들의 형질을 고려한 후 발언의 적절성을 논의해야 한다. 소란법이 전혀 적용되지 않은 '말없

는' 다수의 형질을 고려할 게 아니라는 말이다.[40]

드워킨의 주장이 함의하는 바는 언론의 자유라는 권리는 곧 반대의 목소리를 내는 자들의 존엄성을 '보호'하기 위해 존재한다는 것이다. 이런 주장에 주목할 만한 이유는 여기에 은밀히 내포된 결론 때문이다. 즉, 우리가 우리의 활동을 '침묵'시킬수록, 법을 준수할수록, 우리의 가치관은 안중에도 없는 사람들의 도발적인 발언에 항의할 수 없다는 결론이다. 반대자의 목소리가 곧 영웅의 목소리요, 바로 이 사람을 위해 헌법이 설계되었다는 것이다. 드워킨의 글은 "시민불복종이나, 소리 높여 항의하는 시위를 가혹하게 대하는 정부는 곧 스스로의 진정성에 흠을 내는 것"이라는 결론으로 향한다. 달리 말해, 법을 상정한 후 그것을 위반하는 자들에게 관대해야만 진정성을 지닌 정부일 수 있다는 말이다.

물론 드워킨이 이것을 정말로 믿는 것은 아니다. 시카고 7이 드워킨이 혐오하는 명분, 예컨대 반낙태 혹은 반이민이라는 명분으로 활동하는 우익 무장 세력이라고 가정해보자. 이들이 과연 그들의 분노에 상응하는 권리를 부여받았을까 하는 의문이 있다. 그들의 '존엄성'은 투옥으로만 응수되었을 것이다. '시민불복종'에 대한 에세이에서 드워킨은 위법행위를 부추기는 사람들은 징계를 받아야 한다고 주장하는 보수주의자들에게 위압적인 메시지를 전한다. "징병을 피하도록 조언하는 사람들이 기소당하지 않는다면 징병에 저항하는 사람들이 증가할 것이라는 인식이 있다. 하지만 내 생각엔 저항하는 사람들의 수는 상황에 크게 영향 받지 않을 것 같다."[41] 베트남전에 대해 말하고 있는 것인데, "양심이 깊게 얽혀있는 문제"이고, "징병에 저항하도록 도와준 사람들이 양심의 문제가 아닌 다른 이유로 그렇게 행동했다고 믿기는 어렵다"라고 주장한다. 여기에 함축된 내용은 양심은 법의 보호를 받아야 한다는 것이다. 이 양심은 좌파 명분에 가담한 양심이기 때문이다. 얼마나 절대적으로, 혹은 경솔하게 가담했든지 말이다. 게다가 이 양심은 법에 대항할 수도 있다. 왜냐하면 "근본적인 개인의 권리 혹은 정치적 권리가 쟁점이라면, 그리고 대법원이 실수를 했다고 주장할 수 있다면, 해당 판결을 최종적인 것으로 인정하기를 거절하는 것은 사람의 사회권"이기 때문이라는 것이다.[42]

다시 말해 자유주의적 양심은 법이 의미했을 법한 것 혹은 의미했어야 했던 것에 대한 단순한 견해 따위만으로도 흡족해 할 수 있다는 것이다. 반면 보수주의적 양심은 이같은 사치를 누릴 특권이 주어지지 않는다. 아무리 노력해도 없어지지 않는 증명의 책임이 언제나 보수주의자 앞에 버티고 있다. 분리segregation를 명분으로 삼은 시민불복종은 기본적으로 자유주의 명분 하의 시민불복종과 같은 자격을 가질 수 없다. "만일 학교 출입문을 막는 사람을 규탄하지 않는다면, 우리는 그 사람이 가로막는 여학생이 갖고 있는, 법에 의해서 확인된 도덕적 권리를 침범하게 된다. 관대함의 책임은 그렇게까지 멀리 갈 수 없다."[43] 여기서 드워킨을 반대하는 사람은 이 사례에서 법이 잘못 해석됐을 수 있다는 점에 안심할 수 없는 상황이다. 드워킨에 의하면 흑인에게는 '개인으로서' 차별받지 않을 도덕적 권리가 있다는 것만으로도 논거는 충분하다. 같은 논리로, 징집병에게도 한 개인으로서 동료들이 진중에서 자기 옆에 함께 할 것을 요구할 권리가 있다. 그런데 드워킨에 의하면 그러한 권리는 '덜 근본적'이다. 게다가 분리주의자의 권리를 옹호하는 인격을 진정으로 존경할 사람은 아무도 없다는 것이다. 왜냐하면 "아주 드문 경우가 아니고선 백인 학생이 다른 백인들과 어울리는 것을 선호하는 것은 그에게 인종차별주의적인 사회정치적 신념이 있거나 흑인을 집단적으로 경멸하기 때문"이다.[44]

그 자체로 충분히 인종차별주의적이라고 할 수 있는 근거로 미국의 한 집단 전체를 묵살해 버리는 이 마지막 발언은 역차별 논의를 위한 전제가 된다. 그 당시 역차별은 주된 자유주의 명분으로 대두되었는데, 드워킨은 이것을 특별히 더 교활한 방법으로 옹호한다.

역사적으로 '불리한 집단'에 속한 개인이 자격을 훨씬 더 잘 갖춘 사람들이 누리지 못하는 혜택을 받는 것은 모든 개인에게 보편적 인권이 있다는 관념에 대한 정면 도전이다. "인종은 법학대학에 누구를 받아들일 것인지에 대한 적합한 기준이 되지 못한다"라는 점[45]을 드워킨도 인정한다. 인종차별주의가 불쾌한 사람들에게도 이 상황에서 인종적 기준이 **필연적으로** 적합한 기준이 되지 않는다는 말은 위안이 된다. 하지만 드워킨의 문장 구조에서 이미 그의 주장(혹은 변론 취지서)의 방향이 드러난다. 그는 다음과 같이 논의를 진행한다.

> 그러나 지적인 기준 또한 필연적으로 옳은 기준이 아니며, 참으로 다른 집합의 기준들 또한 필연적으로 옳은 기준이 아니다. 모든 입학 프로그램의 공정성—그리고 합헌성—은 동일한 방식으로 검토되어야 한다. 그것이 평등한 자로서 대우받을 공동체 모든 구성원의 권리를 존중하는 적절한 정책에 기여할 때, 그것이 정당화되지만 그렇지 않고서는 정당화되지 못한다.[46]

이것이 어떻게 가능한 것인가? 드워킨은 두 가지 근거를 댄다. 첫 번째 근거는 드워킨이 설정한 '평등한 대우 equal treatment'와 '평등한 사람으로서의 대우 treatment as an equal' 사이의 일반적인 구분에 기인한다. 드워킨은 헌법이 후자를 보장한다고 믿는다. 존과 매리라는 두 채용 후보자를 예로 들어보자.

각자의 자격과 맡은 일을 잘 수행해낼 가능성 외 다른 것을 고려하지 않을 때 비로소 둘은 '평등한 대우'를 받았다고 할 수 있다. 하지만 둘을 '평등한 사람으로서' 대우할 경우 상황은 달라진다. 이런 더 까다로운 기준에 부합하기 위해서 나는 여성이 얼마나 차별 대우를 받았는지까지 고려해야 하며, 이에 따라 매리가 지금의 위치에 오기까지 존보다 얼마나 더 많은 노력을 기해야 했는지 고려해야 한다. 이런 경우 둘을 서로 평등한 사람들로서 대우하기 위해서는 매리가 당한 불이익을 감안 및 보완해야 하는데, 즉 존보다 매리에게 우선권을 주는 것이다.

일단 이것이 첫 번째 논증이다. 이 논증에 따르면 권리의 개념은 개인 단위에서 집단 단위로 옮겨진다. 이로써 개인은 더 이상 개인으로 간주되지 않고 한 집단의 소속원으로 간주된다. 이중에는 제거될 수 없는 핸디캡이 있는 집단도 생길 수 있는데, 대표적인 예로 백인 남성이라는 집단이 그렇다. 그런데 드워킨은 또 하나의 논증을 펼친다. 법학대학 입학의 경우를 볼 때 드워킨은 유의미한 권리는 아예 없다고 주장한다. 지적 능력을 근거로 법학대학에 적합한 학생으로서 고려될 권리라는 것은 없다는 얘기다. 따라서 권리를 우리의 지도 방침으로 계속 삼을 것이라면 우리는 개별 사례를 제쳐두고 총괄적인 정책에 주목해야 한다는 것이다. 해당 정책이 권리라는 명분을 **지지**하는지 혹은 **방해**하는지를 봐야한다는 것이다.

반대자들의 논박에 다양하게 적용되고 적절하게 개조되기도 하는 이 두 가지 논증을 통해 드워킨은 개인의 권리라는 성가신 장애물을 제거하게 된다. 그 외 나머지는 모두 헌법 어디엔가 어떤 형태로 존재하는 '도덕 이론'에 돌려보낸다. 이 이론에서 최우선시되는 한 가지 권리가 있는데, 즉 평등한 사람으로서 대우받을 권리다. 이 권리는 곧 핸디캡과 특권으로 구성된 체계로 확장된다. 이 체계는 한 국가의 시민권이나 인류의 구성원 단위가 아닌, 집단의 구성원을 기준으로 핸디캡 및 특권을 부과, 부여하는 체계다.

물론 특정 교육의 혜택을 누리기 위해 자신의 실력에 따라 평가받을 권리가 개인에게 없다는 견해에는 일편의 타당성이 있다. 하지만 드워킨이 제공하는 이유와는 사뭇 다른 근거에 기인한 타당성이다. 혜택이란 거저 받는 것이다. 즉, 혜택의 기증자는 자기 뜻대로 수여할 권리를 지니고 있다. 이것이 드워킨이 주장하는 바라면 그는 미국 자유주의의 위대한 전통에 부합하는 주장을 펼치는 것이 되고, 특정 정책을 도모하기 위해 개인을 강압하는 노선에는 반대하는 입장을 취하게 된다. 그런데 드워킨은 이런 강압을 행사하는 것에는 주저함이 전혀 없다. 드워킨에 의하면 법학대학은 정책의 요구에 따라 학생을 뽑을 수밖에 없다(예를 들어 백인이나 남성만 합격시킬 수 없다는 말이다). 헌법의 평등보호조항Equal Protection Clause이 함축하는 일반적인 실력중심적 정책이 아니다. 드워킨에 의하면 그런 정책은 오히려 사회적 불평등을 조성하기 때문에 우리는 "평등보호조항을 우리의 평등을 빼앗기는 방법으로 사용하지 않도록 주의해야" 한다. 개인의 권리에 집착한 나머지 (최소한 드워킨이 볼 때) 더 큰 평등과 더 효과적인 권리를 장려할 수 있는 정책을 방해해서는 안된다는 것이다.

위 사례는 상당히 흥미롭다. 자유주의자가 반대편이 갖고 있는 유일한 변론을 얼마나 쉽게 빼앗아가는지 보여주기 때문이다. 사실상 자유주의가 주장하는 바는 다음과 같다. "나는 개인의 권리 외에는 어떤 주장도 받아들이지 않는다. 그리고 정책은 그 권리를 보장해줘야 한다." 그런데 보수주의자가 자기의 권리를 변호하려고 할 때면 "그것은 네 권리가 아니야"라고 말하며 방금 지지하던 것을 금세 철회해버린다. 특권이 부여될 때 그것은 기증자가 자기 뜻대로 분배할 수 있는 선물이거나, 아니면 하나의 권리라고 주장하는 것이 보수주의자의 입장이다. 권리일 경우 헌법이 기본적으로 상정하는 것은 '평등한 대우'를 받을 권리다. 물론 평등한 대우가 특정 경우에 어디까지 이르는지는 또 다른 사법적 문제이다. 하지만 '평등한 대우'의 기본 전제는 헌법이 보장하는 권리를 각 사람에게 부여하는 것이며, 더도 덜도 아니다.

드워킨의 다른 저서에서는 개인에게 부여하는 이권과 개인의 권리가 때로는 사회적, 정치적 안정을 보장하기 위한 정책에 의해 무시될 수 있다는 염려를 조롱한다. 일종의 표준적 공리주의적 입장에 반대하여 드워킨은 단순히 정책의 문제로 정당한 대우를 받을 개인의 권리가 무효화될 수는 없다고 주장한다. "전략과 정의를 혼동하면 안되고 정치적 삶의 사실과 정치적 도덕성의 원칙을 혼동해서는 안된다"라고 말한다.[47] 물론 이 주장은 조건부다. 예컨대 전통적 성(性)도덕의 요소들이 법 안에 구현되는 것을 지지한 데블린 경Lord Devlin의 주장을 비판할 때, 혹은 '대중의 분개, 비관용, 혐오'('도덕적 신념'과 혼동하지 말라는 것이다)에 경멸을 쏟아부을 때만 혼동하지 말라는 것이다. '약자'를 지지하는 전략 앞에서 보수주의자는 권리에 대해서 찍소리도 못한다. 보수주의가 말하는 권리는 권리가 아니라는 것이다. 또 보수주의자가 무엇을 저지하려고 한다면 그것은 도덕적 신념에 의해서가 아니라—도덕적 신념은 마치 자유주의자의 전유물로 간주된다—'분개, 불관용, 혐오' 때문이라는 것이다.

물론 여기에는 심층적이고 난해한 정치 철학의 문제들이 있다. 보수주의자가 옹호하고 싶어하는 혜택이 진정한 권리가 아니라고 하는 드워킨의 가정이 맞을 수도 있다. 그렇다면 무엇이 진정한 권리이며 어떤 근거로 내세울 수 있는가? 미국 헌법이 어떤 '도덕 이론'의 기반 위에 형성되었다는 근거 없는 주장을 모호하게 참조하는 것은 적절한 답변이 될 수 없다. 특히 드워킨이 언급하는 사례가 영국 법정에서 판결된 사건이라는 점을 고려하면 더욱이 그렇다. 드워킨은 자신의 주장은 철회될 수 있는 법이 아닌 원리들에 의거한다고 우기지만, 논의가 더 고차원적인 철학의 영역으로 옮겨갔을 때 우리는 그 원리의 정당성이 어떻게 구축되는지 물어야 한다. 드워킨은 바로 이 문제를 기피한다.

후에 나온 『법의 제국Law's Empire』에서 드워킨은 논쟁에서 이길 새로운 전략을 상술한다. 법을 해석학적으로hermeneautically 봐야한다는 전략이다. 드워킨은 개별 사건에 해석의 여지가 있다고 말하는데, 이 또한 자유주의자에게나 유리한 해석의 여지다.[48] 드워킨이 말하는 해석이란 인간의 창조물에 대해 가장 정확한 해석을 제시하고자 하는 시도다. 즉, 창조물의 최종 목표에 가장 잘 들어맞는 해석이다. 따라서 한 예술 작품에 대한 비판적 해석은 그 예술작품에 가장 큰 미적 가치를 부여해줄 해석을 도모해야 한다는 것이다. 그러니까 '가장 좋은' 해석은 해석하는 대상에 따라 달라진다는 말이다. 물론 법의 목적은 미적 가치가 아니다. 그렇다면 무엇인가? 혹자는 정의라고 말할 수도 있겠지만 이는 드워킨이 제시하는 답이 아니다. 여기서 드워킨은 실토할 수 있는 기회를 다시 한번 거절하고 어두운 샛길로 숨어버린다. 어디서는 법은 "정부의 권력을 인도하고 제어하는" 기능을 갖고 있다고 한다. 달리 말해 개인의 권리를 보호하는 기능이다. 또 다른 데서는 민법의 경우처럼 분쟁을 해소하는 법의 기능을 기술한다. 좀 더 이론적인 글에서는 법은 정합성[iii]이라는 가치의 제어를 받는 것이라고 말하는데, 애매한 이론이긴 해도 결국 드워킨은 이 이론을 가장 선호한 듯하다.

법의 '가장 좋은' 해석을 모색하는 것은 여러 단계에 걸쳐 나타난다. 법정에서(법관이 법을 해석할 때, 난해한 사건에 대한 판결을 내릴 때, 그리고 연관 판례와 자신의

---

iii Integrity: 순일성純一性, 통합성統合性 등으로 번역되는 용어로 드워킨의 법이론에서 가장 핵심적인 개념이기도 하다.

3장 미국을 경멸하는 미국인: 갤브레이스와 드워킨

판결을 조화시킬 때), 법학자들의 숙의 중에(법정에서의 판결을 정당화하거나 비판할 때), 또 법철학자들의 논증에서(제1원리를 모색할 때) 나타난다.

드워킨에게 법은 명령도 관습도 예측도 아니며 단순한 정책 도구도 아니다. 법은, (드워킨의 기분에 따라) 시민의 권리, 도덕적 권리, 헌법상의 권리의 표현이다. 정치적 도덕성의 실현이며, 법이 관여하는 공동체의 '연대적 의무associative obligation'의 구현이다. 드워킨이 이런 다양한 표현들 사이를 그렇게 급하고 자신 있게 옮겨다닐 수 있는 이유는, 그런 법의 기능들과 부합하는 (그의 문체적 막연함 안에서 드넓게, 어렴풋이 존재하는) 이론을 설정해놓았기 때문이다.

여기저기서 그는 그런 이론을 준準종교적 언어로 표현한다. 드워킨은 '우리'의 법은 '청교도적' 활동이라고 주장한다. 그런데 보통법이 가톨릭교의 전성기 때부터 존재해왔고 교회법의 명시적인 승인을 받았다는 점은 언급하지 않는다. 그는 『법과 권리』에서 이미 내세운 명분을 이어나가는 데 관심이 있는데, 즉 법은 반대자들의 손에 들린 무기라는 점을 공고히 하는 것이다. 드워킨이 주장하길 '우리'는 '우리 고유'의 법전통에 속함으로써 매우 개인주의적인 도덕성을 따르게 되는데, 이 도덕성은 주권에 맞서는 개인의 권리를 강조하며, 그 힘과 적용에 있어서 속속들이 '정치적'이다. 이러한 '정치적 도덕성'의 조건은 '우리'가 속해있다고 전제하는 공동체를 정의하게 된다. '우리' 안에는 『뉴욕 리뷰 오브 북스』를 읽지 않는 사람들도 있다는 반박에 대해 드워킨은 (앞서 보았듯이) 개인의 권리가 이미 설치돼 있는 자유주의적 정책들보다 우선시될 수도 있다는 점을 인정하지 못한다. 그럼에도 드워킨은 여전히 '공동체' 안에서 인정된 권리와 책임을 보호하고, 이로써 시간이 지나도 그 공동체의 정체성을 보존하는 것이 법이라는 점을 주장하고 싶어한다. 한 개인이 자신의 과거와 미래의 행동에 대한 책임을 짐으로써 자신의 정체성을 유지하는 것처럼 말이다.

드워킨은 오도의 여지가 큰 비유를 사용하는데, 법을 연작소설에 비유한다. 연작소설은 다양한 작가들이 공통의 목적을 갖고 만들어내는 통합적인 단일 작품이다. 판례를 따름으로써 법관은 이전에 발생한 일을 해석하며, 동시에 해석의 맥락을 바꾸는 행위에 참여한다. 여기서 작동하는 제어장치는 법의 '정합성'을 구현하고 유지시키는데 심혈을 기울여야 한다는 것이다. 다시 말해 공동체에 의해 법 안에 고이 안치된 권리와 책무를 보존해야 한다는 것이다. 법의 '정합성'이란 결국 그것이 적용되는 공동체의 인격과 동일한 현상이 된다.

여기까지는 내가 이해한 이론을 요약했으니 이제는 내 언어로 다시 말해보겠다. '우리'가 이해하는 법은 일련의 규칙이 아닌 전통이며, 그것의 중요성은 결과에 있지 않고 그것의 '의미'에 기인하는데, 의미는 해석을 통해 찾을 수 있다. 또 법은 법인격을 표현하는데, 이것은 곧 공동체의 정치적인 면을 표현하는 것이다. 법은 권리와 책임 그리고 (드워킨은 고질적으로 배제하지만 나는 여기서 덧붙이는) 의무를 고이 간직하여 세대에 걸쳐 물려준다.

판결 절차는 특정 제도를 요구한다. 예컨대, 사법적 독립성과, 판례들에 대한 권위 있는 기록 따위가 요구된다. 그런데 판결 절차는 특정 '공공심public spirit'에 더욱 의존적인데, 이것은 사람들 사이에 공유된 충성심에 의해 생성된다. 이 충성심은 계약상의 것도 아니고 보편적인 것도 아닌, 국민국가 단위로 사람들을 결속시키는 공통의 운명에 대한 인식이다.

법에 대한 이런 이론이 정치적 보수주의라는 이름으로 이미 옹호된 바 있다고 언급한다면 그것은 드워킨의 독창성을 폄하하기 위해서가 아니다. 자신의 결론을 도출하는 드워킨의 방법은 모든 과정에서 독특하고 생동감 넘치는 지성이 깃들어 있다. 문제는 드워킨이 영미권 법률학과 분석철학 이외의 사상적 전통과 격리되어 있다는 것이다. 드워킨이 자신이 도출한 결론이 이미 스미스, 버크, 헤겔G.W.F. Hegel, 그리고 메스트르Joseph de Maistre에 의해 예견되었다는 점을 인지했더라면 독자들도 수고를 덜었을 것이다. 만약 그렇게 인지했더라면 드워킨은 자신이 제일 선호하는 자세, 즉 아직 지적 보수주의라는 것을 납득하지 못한 계몽된 자유주의자의 자세를 단념해야 한다. 그가 대변하는 '우리'의 법전통과, 현재 그것을 해치고 있는 (역차별과 같은) 명분에 대한 거의 전투적인 변호 사이의 거대한 괴리를 직면할 수밖에 없는 것이다.

철학자의 가면을 쓴 변호사

드워킨의 '우리'는 영어권 자유주의자들을 모두 포함하지만 아마 미국 해안 도시들 외 다른 지역에 사는 미국인들은 포함하지 않을 것이다. 위에 언급된 사례들은 드워킨이 영국법과 미국법에서 인용한 것이고 판례와 선례구속주의[iv]라는 보통법의 원리에 착안하여 논의된다(비록 보통법과 형평법 사이의 중요한 차이를 언급하지 않았음에도 말이다). 대부분의 나라는 최소한 명시적으로는 그러한 원리를 따르지 않는 법체계의 지배를 받는다. 많은 유럽국가들은 공식적으로 판례주의doctrine of precedent를 거부하는 나폴레옹 법전에 기인한 법체계를 갖고 있다(최소한 영국 법정에서 도입한 형태의 판례주의를 거부한다). 그럼에도 이들 나라에서는 여전히 법의 지배가 있고, (보통법 안에 있는 권리와는 다를 수 있는) 개인의 권리를 보호하기 위해 고안된 상소 제도의 지배를 받는다.

---

iv Stare decisis: 하나의 판결이 정립된 후에 동일 또는 유사한 사건에서 선례로서 판단을 구속하는 원리.

바로 이 지점에서 우리는 드워킨의 논증 방식의 결정적 허점을 발견하게 된다. 드워킨의 방법은 쓸모있는 수법이라면 가리지 않고 사용하는 변호사의 묘책이며, 보편적 진리에 대한 안목을 가진 철학자의 방법은 아니다. 드워킨은 한 번도 나폴레옹 법전이나 그것을 본 뜬 다른 유사한 성문법 체계를 언급하지 않는다. 근본적인 원리들을 통해 난해한 사건을 해결할 수 있는 기제를 포함한 로마법도 언급하지 않는다. 유럽의 형사사법제도의 기반이 되는 교회법이나 '법이 말하는 바'와 마호메트가 말하는 바가 동일시됨에도 불구하고 진정한 해석과 사법적 독립성이 존재하는 이슬람법도 간과한다. 가장 중요하게는 드워킨이 공산주의에서의 법을 총체적으로 생략한다는 것이다. 즉, 어떤 권위적인 판례도, 제대로 보존된 법적 기록도, 사법적 독립성도 없던 스탈린의 '사회주의적 합법성socialist legality' 체계를 언급하지 않는다. 논란이 가장 격렬한 국제법은 왜 다루지 않는지도 의문이다. 드워킨은 이것을 다 일탈적 사례도 보는 것인가?

드워킨이 경쟁이 될 만한 다른 법체계를 몇 개라도 고려했다면 그는 '우리'라는 범위가 그가 상상하는 것보다 작은 단위라는 것을 인정해야 했을 것이다. 그리고 그가 내세운 이론보다는 더욱 광범위하고, 개념적으로도 풍부하며, 한쪽으로 치우친 사례에만 의존하지 않는 이론이 요구된다는 것 또한 인정해야 했을 것이다. '해석'에 대한 드워킨의 이론은 법철학이라기보다는 미국 헌법을 헌신적인 보수주의적 추종자들에게서 몰수할 수 있는 변호 활동의 도구로 봐야할 것이다. 그가 평생 심혈을 기울인 변호사용 변론이라는 맥락을 배제하면 그의 이론이 어떻게 적용되어야 하며 어디까지 이르는지 아는 것은 불가능하다.

단순한 변론 이상의 법 이론을 구축해야 할 부담을 진 보수주의자에게 특정 역사적 맥락과 얽혀 있는, 그리고 드워킨의 '정치적 도덕성'을 입증하기 위해 고안된 이런 해석 개념은 달갑지 않다. 보수주의자는 자신의 이론을 드워킨의 설명과는 전혀 상관 없는 개념, 즉 주권^{sovereignty}이라는 개념에서부터 시작할 것이다. 주권이란 순종을 명령할 합법적 권력이다. 심연을 들여다 본 홉스$^{Thomas\ Hobbes}$, 헤겔, 메스트르 등과 같은 사람들에게 주권은 법질서에 있어서 필수불가결$^{sine\ qua\ non}$한 것이며, 평화롭고 상호 합의가 기반이 된 관계가 시작되는 조건이다. 테러리즘의 그림자도, 또 그것이 제도화된 전체주의 정권의 그림자도 드워킨의 제국에는 드리워져 있지 않다. 드워킨적 인간은 이미 법의 지배를 견고히 받고 있는 존재이며 법의 좀 더 불편한 요구가 있을 때는 한 영리한 법학자의 안전한 보호를 받고 있는 존재다. 드워킨의 '정치적 도덕성'은 거의 완전히 권리와 주장으로만 이루어져 있으며 의무와 순종이라는 개념이 설 자리는 없다. 나라를 위해 싸울 때가 되면 언제든 시민불복종이라는 면책조항에 호소할 수 있게 설정해 놓은 '도덕성'이다. 보수주의자들이 성, 결혼 그리고 낙태의 문제에 소위 '억압적인' 도덕성을 부여하려 할 때면 드워킨은 자기가 원하는 권리를 쉽게 발견해 내며, 자유주의 법관들은 그 권리를 헌법 안에 '해석'해 넣는다.

그렇다면 '해석'의 범위는 어디까지인가? 특정 활동을 해석하는 목적이 그것의 '가장 좋은' 형태를 제공하는 것이라고 말하는 것은 무의미하다. 축구가 무엇인지 설명하기 위해 축구의 목적은 축구를 잘하는 것이라고 말하지 않는다. '가장 좋다'가 무엇인지에 대한 더 구체적이고 동시에 더 섬세한 이론이 요구된다. (드워킨이 중요한 대목에서 언급하는) 한스 게오르그 가다머$^{Hans-Georg\ Gadamer}$와 마찬가지로 드워킨은 언어의 예를 많이 사용한다.[49] 물론 언어가 해석에 대한 중심적인 예시가 된다는 것은 맞다. 하지만 타인의 발화행위^{utterance}의 '가장 좋은' 해석은 정확히 무엇인가? 발언의 진실성이나 실용성을 입증해주는 해석은 아닐 터이고 그렇다고 발화자의 다른 발언이나 신념과 일관된 것으로서 설명하는 해석도 아닐 것이다. 가장 좋은 해석은 발언의 의미가 무엇인지 설명해주는 해석이다.

문학 평론가들은 '텍스트가 의미하는 바'가 '작가가 의미한다고 말하는 바'와 동일하지 않다는 점에 익숙하다. 의도주의의 오류intentional fallacy와 '작가의 죽음'을 둘러싼 모든 논의를 드워킨은 그냥 지나쳐 버린다. 그 결과 드워킨은 '가장 좋은' 해석에 대한 개념을 그가 원하는 결론에 따라 임시변통으로 만들어 버린다. 예컨대 법관이 불공정하고 억압적인 법을 피하기 위해 형평원칙에 기대는 경우를 설명할 일말의 이론도 드워킨의 논증에서는 도출할 수가 없다. 형평법 법원court of Chancery안에 구현된 전통 전체가 드워킨의 논의에서는 빠져있다. 또한 법관이 법을 적용하는 이유가 법체계의 다른 영역과 조화하기 때문이 아니라 법을 반드시 적용해야만 해서라면—사회입법을 위해 계약상의 협의를 어쩔 수 없이 무효화해야 하는 경우처럼—이 경우에는 어떤 일이 벌어지는지에 대한 설명도 없다.

해석이라는 문제에 시달리는 진정한 학자라면 그가 주창하는 명분은 잠시 제쳐두고 이슬람법의 이즈티하드ijitihad를 한 번 들여다 볼 것이다. 아샤리파Ash'arite 신학자들이 10세기에 세를 얻기 전, 그리고 '이즈티하드의 문은 닫혔다'고 말하는 파괴적인 교리가 힘을 얻기 전, 4대 법학파의 법학자들은 함께 모여 다음과 같이 동의했다. 즉, 특정 사례를 판결하는 법은, 무함마드의 발언을 통해 공표된 명시적 진술과 일관된 판결을 내릴 수 있게 하는 원리에 기인하여 코란Koran과 하디스hadith를 해석함으로써 유추되어야 한다는 것이다. 이슬람의 초기 법학자들이 어떤 과정을 거쳤는지에 대한 많은 학문적 연구가 있는데, 드워킨이 이에 대해, 그리고 충동적인 장식체로 포장한 그의 자유주의 변론 이외의 것들에 대해 어떤 입장을 취했을지 읽어 보는 것도 참 흥미로웠을 것이다. 애석하게도 그런 흔적은 존재하지 않는다. 논의의 끝까지 가도 '해석'이 무엇인지, 또 그의 글에 만연한 '우리'라는 1인칭 복수 대명사도 정확히 누구를 지칭하는지 불분명한 상태로 남아있다. 그리고 다음과 같이 논의의 끝을 맺는다. "우리에게 법이란 바로 이런 것이다. 우리가 되고 싶어하는 사람들과 우리가 원하는 공동체를 위한 것이다." 여기에 대한 논리적인 답변은 "우리? 당신은 그런지 몰라도 나는 안 그래." 밖에는 없다.

갤브레이스와 드워킨 안에서 우리는 공격적인 자유주의 기득권층의 부상을 포착할 수 있다. 둘 다 정황적 추론에 능숙한 매우 뛰어난 인물들이었다. 둘 다 진지한 학술 활동에 대해선 경박스러운 태도를 보였으며, 미국 사회의 통념에 대해서 경멸적인 태도를 보이며 저항의 문을 열었다. 이 와중에도 그들은 가족, 기업, 신 그리고 국기[flag]와 같은 오랜 전통을 전복하는 사람들에게만 주는 막대한 상급을 누렸다. 하지만 그들의 주장을 자세히 살펴보면 지름길과 수사학이 산재해 있고, 반대 의견에 대한 경멸로 가득하다. 이들은 보기 드문 영리함에도 불구하고 정작 실질적인 지적 문제는 해결하지 못한 채 그 문제를 처음 발견한 곳에 그대로 놔둔다.

'타자'라는 지옥으로 내려간 프랑스

사르트르와 푸코

4장

정체성을 찾아 헤매는 프랑스, 헤겔을 마시다

조작된 간첩 혐의로 프랑스 군의 유대계 사관이 유배된 드레퓌스 사건^{Dreyfus Affair}은 19세기 막바지 십년 동안 프랑스인으로 살아가는 것이 무엇인가에 대한 질문을 제기했다. 한 나라가 자국을 보호하기 위해서는 어떤 충성이 요구되는가? 이 질문은 프랑스가 비스마르크^{Otto von Bismarck} 군에게 굴욕을 당한 것을 계기로 제기되었는데, 애국심을 유발한 문제의식이긴 했지만 사건을 수습하기에는 이미 때가 늦은 시점이었다. 게다가 1914년에 또 다시 일어날 비상사태에 대처하기에는 아직 설익은 애국심이었다.

『로로르^{L'Aurore}』지에 실린 졸라^{Emile Zola}의 유명한 공개서한 「나는 고발한다!^{J'accuse!}」는 프랑스 정부와 정치계급 그리고 이들의 반유대주의를 비난했다. 졸라에 의하면 애국심이란 인종과 무관하며 오로지 시민권과 유관하다. 졸라의 글은 정통 가톨릭 세력과 유대인 시민들 사이에 존재하던 갈등을 막다른 골목에 몰아넣었다. 또 그는 프랑스라는 나라 자체의 본성에 대해, 그리고 정말 필요할 때 동원되지 못하는 나라에 대한 충성심의 본성에 의문을 제기했다.[1]

프루스트^{Marcel Proust}는 『잃어버린 시간을 찾아서^{À la recherche du temps perdu}』에서 강박적이다 싶을 정도로 드레퓌스 사건으로 돌아간다. 마치 프루스트의 지

4장 '타자'라는 지옥으로 내려간 프랑스: 사르트르와 푸코   **115**

배적인 집착이었던 격렬한 감정과 무절제한 성욕이 영위하는 내면의 영역으로 침입한 유일한 공적인 사건인 것처럼 말이다. 프루스트는 상류 사회에서 외부자로 존재하는 유대인을 가톨릭 문화에서 은밀히 사는 동성애자와 연관시킨다. 주요 테마가 동성애인 제4권 「소돔과 고모라$^{Sodome\ et\ Gomorrhe}$」에서만큼 드레퓌스 사건이 중요하게 다뤄지는 곳도 없다. 동시에 이 부분은 내면의 정체성이 사회 나머지 구성원들에게는 은폐되어 의식적으로 아슬아슬한 삶을 사는 사람들에 대한 관용을 미묘하게 간청하는 부분이기도 하다.

프루스트와 졸라는 도시적 애국주의자들이었다. 이들에게는 시민권이 종교나 문화보다 우선시되었다. 드레퓌스파 중에는 더 뿌리가 깊고 덜 율법주의적인 애국심을 모색하던 가톨릭 작가들도 있었다. 그들은 프랑스를 전원적인 모습과 서민적 삶의 방식, 안정적인 경제 그리고 프랑스 토착의 가톨릭 경건함과 연관시켰다. 이들은 진실한 가톨릭 신자들이긴 했으나 자기들의 헌신에 지역성을 좀 더 가미하기를 원했다. 영국 빅토리아 시대의 소설가와 시인들이 성공회 신앙을 영국의 풍광에 꿰맨 것처럼, 이들도 자기들의 가톨릭 신앙을 프랑스의 풍광에 접목시키기를 원했다. 프랑스 대혁명이 일어나기 3세기 반 전에 일어난 아름다운 이야기의 주인공인 여전사 잔 다르크$^{Jeanne\ d'Arc}$는 이들의 새로운 형태의 애국심을 상징하게 되었다. 즉, 영토와 국민을 성별$^{聖別, consecration}$하고 그리스도에 대한 헌신을 분명히 하는 애국심이었다.

이 운동의 주요 인물은 다름 아닌 샤를 페기$^{Charles\ Peguy}$였다. 그는 20세기 초 10년 동안 프랑스의 가장 중요한 문학작품들—로맹 롤랑$^{Romain\ Rolland}$의 『장 크리스토프$^{Jean\ Christophe}$』, 아나톨 프랑스$^{Anatole\ France}$와 쥘리앵 방다$^{Julien\ Benda}$의 작품 등—이 등장한 유명한 잡지 『카예 드 라 캥젠$^{Cahiers\ de\ la\ quinzaine}$』의

창립자이며 편집인이었다. 페기의 시집 『잔 다르크의 희생의 전설Mystère de la charité de Jeanne d'Arc』은 그가 1914년 전쟁에서 목숨을 잃기 3년 전인 1911년에 발행되었다. 1920년 교회가 잔 다르크를 성인으로 공표할 수 있었던 것은 다분히 페기의 영향력과 활동 덕분이다. 가톨릭과 애국심을 접목한 페기의 활동은 철학자 자크 마리탱Jacques Maritain과 그의 아내 라이사 마리탱Raissa Maritain에게 큰 영향을 끼쳤고, 이들 주변에는 1918년 이후 1차세계대전의 무의미한 학살의 재해를 극복하려고 애쓰던 영향력 있는 작가들과 사상가들의 모임이 형성되었다.[2]

이러한 전후 가톨릭 부흥 운동renouveau catholique에는 화가들(조르주 루오Georges Rouault), 작곡가들(샤를 투르느미르Charles Tournemire, 프랑시스 풀랑크Francis Poulenc), 그리고 폴 클로델Paul Claudel, 장 콕토Jean Cocteau, 프랑시스 잠Francis Jammes, 샤를 뒤보스Charles du Bos, 가브리엘 마르셀Gabriel Marcel, 프랑수아 모리아크Francois Mauriac와 같은 작가들이 포함되어 있었다.[3] 이들의 노력은 『연대기Chronique』라는 놀라운 출판물에 응축되어 있는데, 1925년 클로델, 콕토, 마리탱, (그리고 이상하지만) 체스터턴G.K. Chesterton의 편집 하에 제1권이 출간되었다. 당시 모두 독실한 가톨릭 신자들이었다.

이들보다는 좀 더 세속적이고 많은 경우 노골적으로 무신론에 경도되었던 경쟁자가 등장하면서 프랑스의 민족주의는 불안정한 시기에 들어서게 되었다. 샤를 모라스Charles Maurras의 공격적인 왕당파 악시옹 프랑세즈Action Francaise(20세기 전반기 20년 동안 힘을 키운 프랑스 반공화주의 단체로, 1898년 같은 이름으로 저널도 창간됐다)가 등장한 것이었다. 모라스는 드레퓌스를 강하게 규탄하는 반유대주의자였으며 매우 폭력적인 구석이 있었다. 핵심 정치인들을 죽이겠다고 협박하여 투옥되기도 하였다.

프랑스 정부의 항복과 비시정권Vichy regime의 수립과 함께 2차세계대전의 위기가 시사하는 바는, 그 이후 나타나는 프랑스 민족주의는 공범죄로 오염되었다는 것이었다. 전후 프랑스 문학 세계 대부분이 이에 대한 반동이기도 했다. 예컨대 모라스는 비시정권과 공조하였고 적군의 활동을 원조하고 조장한 혐의로 종전 후 재판을 받기도 했다. 모라스의 사형 선고는 종신형으로 감형되었지만 같은 무리에 속한 다른 지식인들의 운명은 그만큼 좋지 않았다. 그중 격렬한 반유대주의 소설가였던 로베르 브라지야크Robert Brasillach는 총살되었다. 폴 발레리Paul Valéry와 장 콕토 등 당대 최고의 문인들이 드골Charles de Gaulle 장군에게 브라지야크의 사면 또는 감형을 청원했음에도 말이다. 전후 프랑스 작가들은 무죄와 유죄로 나뉘었고 무죄 쪽에 속한 작가들은 대부분 자칭 무죄로, 자기들이 레지스탕스Resistance 소속이라는 허구를 급하게 대충 꿰맞춰 만들어냈다. 모라스, 브라지야크, 드리외 라 로셸Drieu la Rochelle과 같이 공개적으로 부역한 자들에게 등을 돌린 사람들도 자기 자신들의 무고함을 사실은 소급하여 조작한 사람들이다.[4]

그래서 프랑스의 전쟁 문학이 자기 동료를 구하기 보다는 자기 자신의 안전을 위해 항복하는 모반죄의 복잡성에 집착한 것도 놀라운 일이 아니다. 예컨대, 모파상Maupassant의 『비계 덩어리Boule de Suif』에서 부르주아 사람들이 그들 중에 있던 매춘부―그들 중 유일하게 진정한 애국자인―를 프로이센 장교에게 넘기는 장면에서 읽을 수 있는 집착이다. 또 양차 대전 사이에 출간된 루이페르디낭 셀린Louis-Ferdinand Céline의 『밤의 끝으로의 여행Voyage au bout de la nuit』과 마르셀 에메Marcel Aymé의 『녹색의 암말La Jument verte』도 획기적인 걸작들이다. 전자는 1차세계대전의 도덕적 혼돈을 다뤘고 후자는 1870-71년 프로이센-프랑스 전쟁 중에 나타난 동료들 사이의 배반을 다뤘다. 두 작품에서 공통적으로 발견되는 것은 서로에 대한 의심으로 분열되어 아무리 잡으려고 해도 잡히지 않는 애국심을 찾는 한 나라의 몸부림이다. 1차세계대전

중 영국 문학에 생기를 불어넣은 희생 정신 또한 결여되어 있는 자국의 현실을 그린 작품들이다.

드리외 라 로셸이 바로 이 트라우마의 실례가 된다. 그는 1차세계대전에서 용맹하게 싸우며 세 번이나 중상을 입어 무공십자훈장$^{Croix\ de\ Guerre}$을 받았다. 이런 경험을 토대로 그는 양차 대전 사이에 프랑스 문학의 거물로 부상했다. 하지만 그는 가톨릭 부흥 운동에는 관심이 없었고 그 후 20년 동안 여자들을 유혹하며 여성의 섹슈얼리티^{sexuality}가 중심이 되는 황량한 소설들을 쓰는 등 무질서한 삶을 살았다. 그는 1차세계대전의 원인이라 여긴 민족주의적 관념들은 거부하고, 대신 통합된 유럽과 새로운 국제주의만이 평화로운 장래를 이룰 수 있다고 믿었다.

국제주의적 명분을 지지하는 것에서 알 수 있듯, 드리외는 처음에는 공산주의자들을 지지했다. 많은 동시대인들이 그와 함께 공산당에 가입했다. 하지만 오래지 않아 탈당하고 자신을 파시스트라 자처한 이유는 그가 이전에 믿었던 바를 버려서가 아니다. 드리외가 볼 때 공산당의 매력이었던 국제사회주의가 이제는 독일과 이탈리아에서 부상하는 파시스트 당 안에서 가장 잘 표현되고 있었다. 그가 그렇게 생각하는 것을 비난할 수만 없는 것이, 당시 나치 당원들과 공산당원들이 비밀리에 연대하고 있었기 때문이다. 일종의 죽음에 대한 동경, 혹은 인생에 대한 혐오가 국제주의 정치와 드리외식 인물의 지저분한 경험을 결속키시는 동인으로 작용한다.[5] 드리외는 결국 자살을 선택하며 모반죄로 재판을 받지 않게 되었는데, 그의 자살은 『여자들에게 눌린 남자$^{L'homme\ couvert\ de\ femmes}$』를 가득 채우는 권태감, 그리고 수치와 타락을 향한 욕망$^{nostalgie\ de\ la\ boue}$에서 이미 암시되었다. 제목에서부터 이 소설은 드리외의 삶 자체를 규정한 섹스와 사랑 사이의 단절을 묘사한다. 그의 삶은 그의 예술처럼 영혼의 황폐함을 기록한 것이었고 그는 이에 대한 정치적 치료법을 모색했지만 결국 헛된 노력이었다.

페기, 마리탱, 그리고 이들의 추종자들이 가톨릭과 민족주의를 긴밀하게 연결시키려는 노력은 용납될 수 없는 행위였던 것이다. 드리외 라 로셀과 같은 사람들 뿐 아니라 좌익 성향의 평범한 지식인들도 이를 받아들이지 못했다. 이들 중 많은 수가 불신자였는데, 당시 프랑스의 문화는 이미 상당 부분 오귀스트 콩트$^{Auguste\ Comte}$의 이신론^{deism}, 졸라, 프루동$^{Pierre\text{-}Joseph\ Proudhon}$, 조르주 소렐$^{Georges\ Sorel}$의 무신론에 의해 점령당한 상태였다. 사회 전역에 걸쳐 마르크스주의의 영향을 느낄 수 있었고, 러시아 혁명 직후 프랑스 공산당은 시인 루이 아라공$^{Louis\ Aragon}$, 화가 파블로 피카소$^{Pablo\ Picasso}$, 그리고 당대 가장 중요했던 초현실주의 시인 앙드레 브르통$^{André\ Breton}$ 등을 포함한 주요 지식인들을 대거 모집하며 급속도로 확장하기 시작했다.

프랑스에서 일어난 지식인들의 배반$^{trahison\ des\ clerc}$이 케임브리지 스파이들의 활동보다는 덜 치명적이었다고 주장할 수도 있을 것이다. 프랑스보다는 영국이 전쟁과 그 여파에 더 많은 영향을 끼쳤다는 견해에 기인한 주장이다. 하지만 한때 마오이스트였던 스테판 쿠르투아$^{Stéphane\ Courtois}$가 1997년에 발간한『공산주의 흑서$^{Livre\ noir\ de\ commisme}$』에 대한 프랑스 전후 지식인들의 적대적인 반응 안에서 프랑스 지식인들의 죄의식을 감지할 수 있다. 이 책은 공산주의 집권하에 죽은 사망자 수를 집계하는데, 이를 묵과하고 오히려 공산주의 광포에 영감을 준 지식인들에게 책임을 묻고 있다. 또한 공산주의와 나치즘을 집요하게 비교하는데, 쿠르투아에게 둘은 거의 동일한 것이었다.^{6} 나치즘의 잔혹성을 반대하여 공산당에 의지한 프랑스 지식인들에게 그런 비교는 단순한 모욕 이상의 것이었다. 이것은 반역 행위나 마찬가지였다. 하지만 나치에 대항하여 싸울 의지를 약화시킨 것에 대한 일말의 책임이 공산주의자들에게 있다는 것은 부인할 수 없는 사실이다. 결국 프랑스의 패배로 이어진 전쟁의 결정적인 몇 달 동안 공산주의자들은 히틀러의 지령을 간접적으로 수용하였다. (독소불가침조약이 유효했을 당시 히틀러가 프랑스를 침략했을 때 프랑스의 군수 공장이 파업에 들어간 것은 프랑스 공산당 때문이었다.)

따라서 전후 작가들의 신념, 활동, 자아상은 이러한 고통스러운 배경 안에서 읽어내야 한다. 이중에서 가장 특출난 인물이 있는데, 바로 러시아 망명인 알렉상드르 코제브Alexandre Kojève다. 그는 프랑스의 고등학문연수학교École pratique des Hautes Études에서 헤겔을 강의했는데, 이 세미나에는 바타유Georges Bataille, 라캉Jacques Lacan, 사르트르Jean-Paul Sartre, 보부아르Simone de Beauvoir, 레비나스Emmanuel Levinas, 아롱Raymond Aron, 크노Raymond Queneau, 메를로-퐁티Maurice Merleau-Ponty 등 프랑스 전후 문단의 거장들이 참가했다. 공산당이 산업 시스템을 노조와 사회주의 국가의 손에 넘겨주기 바쁠 때 코제브는 고향 러시아에서 압승을 거둔 마르크스주의라는 종교의 기반이 된 헤겔의 변증법으로 지식층을 유화柔和시키고 있었다(코제브는 프랑스의 고위 공무원이자 유럽연합European Union, EU의 설계자 중 한 명이기도 했다). 프랑스 보안 기관에서는 코제브가 소련의 비밀 요원이라는 의혹을 제기하기도 했지만 이를 입증할 증거는 없다. 사실 코제브는 공공연하게 자기가 스탈린의 추종자라고 선언했는데, 어떤 소련 요원이 그런 선언을 하겠는가?[7]

코제브의 헤겔 강연은 『지하철 소녀 쟈지Zazie dans le métro』의 저자 레몽 크노가 책으로 엮었다. 강연의 목적은 헤겔의 『정신현상학Phenomenology of Spirit』을 해석하는 것이었는데, 특히 타자the Other와의 투쟁을 통해 인간이 자유로운 자기의식自己意識, self-consciousness이 된다는 자유의 변증법에 대한 강술이다. 코제브의 입에서 그의 청중의 뇌리로 침투한 두 가지 개념이 있는데, 이는 전후 문학의 중심 테마가 되기도 하는 개념들이다. 첫 번째는 자유와 자기의식의 동일성^{identity}이고 두 번째는 주체^{subject}와 객체^{object}의 변증법이다.^{i} 뒤따라오는 장에서도 다시 등장할 요소들이기에 이 두 가지 개념과 그것이 헤겔의 철학 안에서 어떤 위치를 차지하는지에 대한 간단한 요약이 필요할 것이다.

헤겔에게는 우리가 주체로서의 우리 자신에 대한 완전한 의식을 갖게 되는 과정, 그리고 우리가 우리의 자유를 '실현^{realize}'하는 과정은 동일한 것이다. 나는 나의 자유로운 행위를 통해 나 자신을 알게 되고, 자유롭게 행동함으로써 내가 아는 자아를 창조하게 된다. 자기인식$^{self-knowledge}$은 혼자서 자기를 성찰하는 행위가 아니다. 이것은 **사회적** 과정이며 이 안에서 나는 '타자'와 조우하며 투쟁한다. '타자'의 의지는 나의 의지와 상충하며 나로 내 안에 있는 '타자'를 인식하도록 한다. 유명한 대목에서 헤겔은 개인의 삶에서나 더 큰 인류 역사에서나, 의지들 사이의 '사활적 충돌'에서 주인과 노예의 관계로의 이행이 있다고 주장한다. 주인/노예 관계에서는 한쪽이 굴복하고 다른 한쪽이 이긴 것인데, 여기서부터 다시 노동의 삶으로의 이행이 진행되고 이제 노예는 스스로 자신을 위한 자유의 조건을 설정하게 된다. 이런 과정은 노예가 그의 내면의 역학을 시민권, 합법성, 상호합의에 굽히는 순간까지 지속된다.^{8}

헤겔은 이런 주장에서 보수주의적인 결론을 도출했고 이 책 마지막 장에서 뒷받침하게 될 우익 관점에 대한 근본적인 개념을 제공해주었다. 그런데 1930년대 영혼이 굶주린 무신론자들에게 깊은 인상을 준 것은 헤겔의 글 안에 잠재되어있는 특정한 비전이다. 즉, 극단적 자유와 자기 창조적 개인$^{self-created\ individual}$이라는 비전이다. 그들은 자기성$^{自己性,\ the\ self}$과 그것의 자유

---

i   Subject/Object는 본문 논의의 맥락에 따라 주체/객체, 주관/객관, 혹은 주관/대상으로 옮겼다.

를 탐구하면 환상이 깨진 세상에 다시 한번 환상을 불어넣을 수 있다는 것을 발견했다. 다시 한번 인간의 자기성을 모든 것의 중심에 놓을 수 있다는 발견이었다. 더욱이 그들에게는 그들의 소외^{alienation}를 설명해줄 수 있는 타락$^{the\ Fall}$에 대한 통찰이 제공되었다. 타락은 곧 타자, 즉 객체로 변환된 주체다. 그런 타자에 맞섬으로써 자유는 자신을 규정하게 되고 또한 타자와 끊임없이 투쟁하게 된다.

자아와 타자, 주체와 객체, 자유와 소외 등의 대립항들이 축적되어 바싹 마른 코제브 추종자들의 머리 안에 들불처럼 삽시간에 퍼졌다. 또 이 대립항들은 자책과 부인의 새로운 파도가 파괴된 고향 땅을 뒤덮었을 시기, 전후 문학 안에서 변형된 모습으로 다시 나타났다. 시몬 드 보부아르에게 자아와 타자의 변증법은 처음으로 여성의 종속을 설명해주었다. 여성은 이미 정해진 방법으로 자신을 묘사함으로써 '이타성^{altérité}'의 운명 안에 갇혀있다는 것이었다. 조르주 바타이유에게는 객체에 매료된 주체가 에로티시즘의 핵심 요소, 즉 사물들의 세상이 우리의 자유에 감염된 상태의 핵심 요소가 된 것이다. 라캉은 헤겔의 변증법을 정신의 '거울 단계$^{mirror\ stage}$' 이야기로 재구성했는데, 이 단계는 주체가 자신을 객체로 바라보는 순간이며 자신이 스스로에게 타자가 되는 순간이다. 이외 많은 작가 및 사상가들은 코제브의 발 밑에 앉아 마르크스에서 헤겔로 후진하는 법을 배웠고, 세상의 잘못된 것이 결국 타자의 책임이라는 것을 배운 것이다.

세상도 싫고 자기도 싫은 사르트르

물론 사르트르와 같이 복잡한 사상가가 한 가지 영향만 받았다고 할 수는 없다. 사르트르는 코제브의 헤겔철학과 더불어 후설^{Edmund Husserl}의 현상학과 그것을 급진적으로 재구성하여 묘하게 마음을 사로잡는 하이데거^{Martin Heidegger}의 '본래성'[ii] 철학에 심취해 있었다. 독일에서 상상력에 관한 논문을 쓰는 과정에서 1년간 후설에게 사사하고, 1930년대에는 주로 강단에서 가르치다 프랑스군에 징집되어 1940년에는 파두^{Padoux}에서 독일군에게 포로로 잡혔으나 시력이 약하다는 건강상의 이유로 풀려났다. 그 후 리세 콩도르세^{Lycée Condorcet}에서 다시 가르치기 시작했다. 사르트르는 레지스탕스 일원으로 적극적으로 활동했지만 위험 인물은 아니었다. 레지스탕스에서의 활동은 그에게 깊은 인상을 남겼으며 종전 직후 공산주의 간부들과의 교류는 그의 반공주의 희곡 「더러운 손^{Les mains sales}」에 큰 영향을 주었다.

사르트르는 점령기 동안 번성기를 누렸다. 1943년에는 그의 대표작인 『존재와 무^{L'être et le néant}』를 어떤 검열도 없이 출간했다. 1945년에는 월간지 『레탕모데른^{Les Temps Modernes}』의 창간으로 성공을 거두고 20년 동안 잡지의 편집장으로 지냈다. 1945년 프랑스 최고 훈장인 레지온 도뇌르^{Legion d'Honneur}를 거절한 후 1964년 노벨문학상까지 거절할 수는 없었다(규정상 허락되지 않았기 때문이다). 대신 사르트르는 스톡홀름에서 열린 노벨상 시상식에 불참하고 상금은 모두 사회주의 운동에 기부했다.

사르트르는 공산당에 가입한 적은 없다. 정당정치나 그외 어떤 제도도 믿지 않았기 때문이다. 하지만 그의 편집 아래 『레탕모데른』은 공산주의 운동

---

ii Authenticity, 本來性: 본래성이란 실존철학에서 스스로의 성격이나 정신, 내면을 향해 진실된 태도를 고수하는 것으로, 어떤 외부적인 영향이나 압력에도 굴하지 않는 것을 말한다. 독일의 철학자 마르틴 하이데거에 의하면, 본래성이란 일상적인 삶의 양태(비본래성)에서 벗어나 양심의 소리를 들어 자기 자신의 모습을 회복하는 것을 말한다. 즉 본래성이란 스스로 본래적인 삶을 살아가려고 하는 결단을 의지적으로 내리는 것이며, 세상에 매몰되어 있는 자신을 고유한 존재로 자각하는 것이다.

에 대한 초지일관된 지지를 보였다. 더욱이 그의 정치적인 비난—한때 동료이자 『레탕모데른』의 공동 편집자였던 카뮈Albert Camus에게 맹렬히 쏟은 비난과 같은—은 속성적으로 지극히 스탈린주의적이었고, 근대 세계에 대한 그의 시각은 유토피아적이고 근시안적이었다. 이같은 사실들을 들여다보고 있으면 사르트르의 정신과 프랑스 공산당 정신은 너무나 유사해 보인다. 사르트르가 스스로 자기는 공산당과 거리가 멀다고 한 선언은 단순한 제스처일 뿐이다. 여기에 더해 사르트르는 공산당의 비위를 맞추느라 「더러운 손」의 공연을 중단시켰다.

사르트르는 『레탕모데른』을 참여문학[iii]을 위한 저널이라고 발표했다. 하지만 그러한 문구는 사르트르의 초기 문학활동과 전혀 어울리지 않는다. 1936년에 발간한 상상력에 대한 짧은 고찰, 그리고 1938년에 출간한 소설 『구토La nausée』는 둘 다 내면의 삶이 행동의 세계와 분리된 상태에 대한 성찰이다. 『구토』가 프랑스 문학의 새로운 서사적 중심이 되었다는 점에서 프랑스 문학의 진로를 바꿨다고 말하는 것은 타당하다. 『구토』의 주인공인 로캉탱Roquentin은 물질 세계the world of things가 역겨워 견딜 수가 없다. 스스로가 자기 육체에 의해 더럽혀진 것 같은 느낌 또한 떨칠 수가 없는데, 이 육체 때문에 자기 외적인 세계와 노골적으로, 불가역적으로 결합된다. 존재가 '추상적 범주가 갖는 그런 거슬리지 않는 태도'를 잃어버리고 '사물들의 물질'로 전락해버릴 때 역겨움이 재발한다. 여기서 우리는 코제브가 의미한 타자 개념에 대한 사르트르의 특이한 변주를 처음으로 보게 된다. 이 타자는 '비-자아not-I'로서, 자유와 자기의식으로서의 '자아'와 견고하게 대립한다.

---

iii La littérature engage: 앙가주망 문학이라고도 하며 사르트르에 의해 주창된 문학사상으로서 자유를 부정하려는 적대적 세력과의 투쟁에 참여하는 것이 문학이 지향해야 할 방향이라고 주장했다.

로캉탱이 느끼는 구역질("일종의 느글거리는 역겨움")은 그가 느끼는 내면의 자유와는 상반된 것이다. 자기 안에는 세상과 의절할 수 있는 능력, 세상의 불가항력을 거절할 수 있는 능력이 존재한다. 따라서 그의 구역질은 훨씬 구체적인 대상을 세우게 되는데 이것은 곧 '다른 사람들'이다. 특히 그가 볼 때 근거 없는 정의감으로 얼굴이 빛나는 '부르주아' 사람들이다. 부르주아 계급은 곧 타자의 화신化身이요 자아의 편재하는 부정negation이다. 로캉탱은 부르주아 계급이 가족과 국가에 얼마나 몰입되어 있는지, 종교와 사교활동, 사회 역할 등에 얼마나 쉽게 위로를 받는지 고찰하면서 이를 철저하게 거부한다. 부르주아 계급은 자기기만bad faith의 완벽한 본보기요 자유를 포기한 모습의 살아있는 기록이며 자아에 대한 증언을 저버린 모습이다. 로캉탱은 무슨 일이 있어도 자기 자신을 저버리지 않겠다고 다짐한다. 로캉탱의 구역질에 대한 이야기를 바꿔 말하면 어디에도 소속되기를 거부하는 그의 이야기다.

의식의 중심에 서서 어디에도 소속되지 않은 채 방관만 하는 문학적 인물의 첫 번째 전형이 로캉탱이다. 카뮈의 『이방인L'Étranger』(1942)에 등장하는 뫼르소Meursault, 모리스 블랑쇼Maurice Blanchot의 『원하던 순간에Au moment voulu』(1951)의 무명의 1인칭 서술자, 그리고 줄거리 없이 모든 감정이 함축적으로만 존재하는 누보로망nouveau roman에 시동을 건 알랭 로브 그리예Alain Robbe Grillet의 『질투La jalousie』(1957)의 '부재'한 서술자도 마찬가지다. 회의적인 영어권 독자층에게 이러한 고뇌에 빠진 방관자들은 자기가 느끼는 혐오감이 마치 신성함인 줄 착각하는 뾰로통한 사춘기 청소년 같아 보인다. 하지만 로캉탱을 완전히 다르게 바라볼 수 있는 시각이 있다는 것을 인정해야 한다. 즉, 교만이라는 대죄cardinal sin, 밀튼의 사탄이 지은 죄, 사르트르 자신의 죄, 일평생 가장 높은 신학적 칭호로 어떻게든 만회해보려고 했던 바로 그 죄가 로캉탱 안에서 구현된다는 것이다.

로캉탱 안에서 사르트르는 자아the self라는 전제로부터 자신의 구원을 창조해내는 과업에 착수하게 된다. 바로 이 과업을 그의 걸작『존재와 무』(1943)와 그의 유명한 1945년 강연「실존주의는 휴머니즘이다」에서 이어간다. 철학적 논증, 심리학적 관찰, 그리고 시적 환기의 놀라운 접목을 통해 사르트르는 한 개인이 자신의 자유를 통해 부여하는 의미 외에는 어떤 의미도 없는 그런 세계 안에 놓인 의식이 겪는 고뇌와 맡은 과제가 무엇인지 상술한다.

중세 철학자들은 '무엇이 존재하는가'라는 물음에 대해 사물의 본질적 속성을 규명함으로써 대답해야 한다는 아리스토텔레스적 세계관을 도입했다. 즉, 어떤 것이 존재한다면 그것은 유의미한 것이다. 그것이 유의미한 것이라면 그것이 의미하는 바가 존재한다. 의미하는 바가 사람이든, 개든, 막대기든, 모래사장이든 그것은 본질에 의해 규명된다. 따라서 '본질은 실존에 앞선다.' 즉, 우리는 본질을 이해하고 그 본질이 구현된 바를 찾음으로써 세상을 이해하게 된다는 것이다. 그런데 사르트르는 그런 식으로 사물을 보는 방식은 불안정한 형이상학에 의존한다고 주장한다. 인간의 본성이라는 것도 없다고 말하는데, 그 이유는 그것을 구상할 신이 애초에 존재하지 않기 때문이다. 본질이란 지적 구조물로서 그것을 구상한 정신이 사라지면 함께 사라진다. 따라서 우리에게 우리의 존재, 즉 자유만이 현실인 개념화되지 않은 개인성이야말로 모든 탐구의 유일한 전제가 되며 아직 의미가 부여되지 않은 세계를 관찰할 수 있는 유일한 관측 지점이 된다. 따라서 철학의 진정한 전제는 '실존이 본질에 앞선다'이다. 나의 존재를 지배할 수 있는 보편적 도덕성이라는 것은 없으며 인간 본성에 대한 논의 안에서나 찾아볼 수 있는 예시豫示된 운명이라는 것도 없다. 인간은 자기 본질을 스스로 만들어내야 한다는 것이다. 또 어떤 면에서는 인간의 존재 자체도 일종의 성취다. 인간은 그가 목적한 바대로 존재할 때만 완전히 존재한다고 할 수 있기 때문이다.

의식은 '지향적intentional'이다. 즉, 의식은 거울을 보듯 자신을 발견할 수 있는 대상을 세워놓는다. 헤겔의 변증법에서처럼 객체와 주체는 본질적인 대립 관계 안에서 함께 일어난다. 사르트르는 이 대립 관계를 마르크스가 헤겔에게서 이미 차용한 언어로 표현한다. 존재의 중심에 자리잡고 있는 대립 관계는 즉자卽自, en soi와 대자對自, pour soi 사이에 있다. 근본적으로 '타자적' 객체에 대하여 자신을 설정함으로써 자아는 자신의 세계 안에서 결렬, 즉 일종의 크레바스crevasse를 만들어낸다. '내'가 이 크레바스를 차지한다. 이곳은 곧 무無, le neant의 영역이며 "지렁이처럼 존재의 핵에 똬리를 틀고 놓여있는 영역이다."

사르트르는 객체의 세계 안의 자기의식에 의해 궁지에 몰린 우리의 모습에 대한 잊을 수 없는 그림을 그려준다. 종교적 세계관에 의하면 세상을 등지고 창조주의 품 안으로 뛰어들어가는 우리에게 자기의식은 기쁨의 원천이요 자연과 구별된 상태의 증거이기도 하며 신과의 특별한 관계와 궁극적 구원의 증거이기도 하다. 사르트르에 의하면 자기의식은 총체적으로 지배적인 무와 같은 것인데, 이것은 곧 불안anxiety의 원천이 된다. 우리의 구별됨의 증거이기도 하지만 고독함의 증거이기도 하다. 우리 내면의 벽에 있는 문들은 모두 우리가 스스로 칠한 문들이며 열리지 않는 문들이기 때문에 이 고독함은 구원의 여지가 없는 고독함이다.

더욱이 대자적 자아는 자기 자신의 의식이 지향하는 객체가 될 수 없다. 자아는 언제나 아는 주체이지 알려진 객체가 아니다. 부지불식간에 대자적 자아를 포착해보려고 하면 금세 내 시선에서 달아나 버린다. 의식을 부지불식간에 포착한다는 것 자체가 불가능하다. 따라서 무를 경험하는 것은 자아만큼이나 손에 잡히지 않는다. 자아는 무이고 무는 곧 자아다. 하지만 가끔가다 (기대감으로든 실망감으로든) 우리는 무의 통치^{sovereignty}를 인식하게 되며 무와 존재 사이의 무서운 상호의존성도 인식하게 된다. 자기의식(대자적 자기의식)만이 무를 세상으로 끌어낼 수 있는 것이다. 단순히 지각이 있는 생물체에게는 주체와 객체 사이의 균열이 생기지 않는다. 그런데 바로 이 균열에서 실존의 도전이 던져지고 다음의 문제가 제기된다. '나와 세계를 분리시키는 이 공허를 어떻게 채울 것인가?' 이 질문 앞에서 자아를 압도하는 불안은 동시에 자유의 증거가 된다. 나의 자유보다 확실한 것은 어떤 것도 없다. 틈이 갈라지고 그 틈 사이로 나의 자유가 드러나기 전까지 나에게는 무(무는 곧 타자다)만이 존재하기 때문이다.

객체들이 서로 제대로 분리되어 있지 않을 때, 또는 불활성 상태이고 분리되지 않은 상태로 분리를 기다리고 있을 때 불안이 드러난다. 이것이 로캉탱의 기이한 형이상학적 구역질의 기원이 되며, 구역질의 일차적 대상은 용해^{dissolution}된 세상이다. 세상은 보이토^{Boïto}의 곤죽$^{fango\ originale}$과 베르디^{Verdi}의 이아고^{Iago}와 같이 끈적한 점액^{slime}이 되어버린다. 『존재와 무』는 여물통에서 올라와 나를 궁극적 부정으로 직면하는 악몽의 여왕을 환기시키는 끈적끈적한 것$^{le\ visqueux}$에 대한 긴 설명으로 마무리된다. 점액은 객체가 녹아버린 것, 즉 "빨아들인다고 하는 부드럽고 미끈미끈한, 여성적인 하나의 작용"이며 "내 손가락 밑에서 애매하게 살아"있으며 "현기증 비슷한 것"이다. 끈적끈적한 것에 대한 사르트르의 설명은 다음과 같이 계속된다.

> 심연의 바닥이 나를 끌어당길 때처럼, 그것은 나를 그 자체 속으로 끌어당긴다. … 어떤 의미에서 이것은 소유되는 것의 최상의 순종이

라고도 할 수 있고, 우리가 이제는 그만 사양하고 싶은데도 '따라오는' 개의 충성심과도 같다. 그러나 다른 의미에서는, 그 순종 뒤에, 소유되는 것이 소유하는 자를 아유화하려고 하는 음흉한 속셈이 있다.[9]

끈적끈적한 것에서 우리는 대자가 즉자 안으로 흡수되는 것을 마주한다. 객체의 세계는 주체에게 융합되며 주체를 끌어내린다.

따라서 점액은 '위험에 처한 자아'의 모습, 타락한 객체의 세계에게 자유를 빼앗긴 모습이다. 이 위험 앞에서(자유 자체가 나를 이 위험 안으로 유인한다) 나는 나 자신으로부터 숨을 수도 있다. 이미 설정된 역할 안으로, 나를 위해 이미 만들어진 복장 안으로 나를 뒤틀어 끼워 맞춘다. 이로써 객체와 나를 분리시키는 깊은 골은 내가 객체가 됨으로써 건너갈 수 있게 된다. 이것은 내가 다른 사람들이 고안한 도덕법, 종교, 사회적 역할 등을 받아들일 때 일어나는데, 모두 나의 본래성을 위한 피신처의 허울만 제공할 뿐이다. 결과는 '자기기만$^{bad\ faith}$'이다. 이것은 로캉탱이 그토록 경멸한 선량한 시민이 저지르는 범행이다. 점액은 역겹기도 한 동시에 매력적인데, 그 이유는 자기기만이라는 달콤하고도 끈적한 약속을 속삭이기 때문이다.

대자가 가짜로 즉자를 흉내내는 것(주체가 객체를 흉내내는 것)은 본래적 개인의 행위와 대조된다. 즉, 개인이 자기를 세계에 내던짐으로써 자기 자신과 자기의 세계를 함께 창조해내는 자유 행위와 대립된다. 이 과정은 설명할 수 없는 것이기에 이것이 정확히 어떻게 일어나는지는 묻지 말라는 것이 사르트르의 입장이다. 중요한 것은 종점인데, 이것을 사르트르는 참여(앙가주망)ⁱᵛ라고 말한다. 그렇다면 무엇에 대한 참여인가?

본래성의 전제를 거스르지 않고 이 질문에 답할 방법은 없다. 객관적 정당성을 상징하는 가치체계를 채택하는 것은 곧 객체의 세계에 나의 자유를 부여하는 시도가 되고, 그로써 자유는 상실된다. 객관적 도덕 질서에 대한 욕구는 자기기만과 자유상실이 표출된 것인데, 자유가 상실되면 그 어떤 도덕성도 가능하지 않다. 따라서 스스로 직조한 도덕성을 정당화하는 사르트르의 주장은 본질적으로 모순적이다. 그럼에도 사르트르는 그런 도덕성을 열정적으로 제창한다.

> 나는 나의 존재를 구성하는 특수하고 첫째되는 기획을 홀로 두려움으로 마주한다. 즉 모든 장애물과 철책이 내 자유의식에 의해 전멸당하여 붕괴된다. 나는 존재의 가치를 유지하는 것은 바로 나라는 사실에 대항할 어떠한 가치에도 의존한 적이 없으며 의존했을 수도 없다. 세상과 내 본질로부터 단절된, 무로서의 나는 스스로 세상과 내 본질의 의미를 구현해야 한다. 내가 정하는 거다. 홀로, 정당성없이, 이유없이.¹⁰

정치적 참여political commitment는 본래성 예찬에서 나오는 기이한 결과다. 이것이 왜 사르트르에게 필요한지 이해하기 위해서는 가치의 '객관적' 원천에 대한 그의 끈질긴 편견(여기에는 자기현시自己顯示적인 면모가 있다)이 작동하는 맥락을 봐야할 것이다. 사르트르는 프랑스가 나치에 항복해버린 사건에 대한

---

iv   Commitment: 사르트르가 사용하는 engagement(앙가주망)의 영문 번역어. 실존적 자유를 토대로 한 '행위', '실천' 등을 의미하는 앙가주망을 본문에서는 '참여', '투신'으로 옮겼으며 맥락에 따라 '앙가주망'이라고도 표기했다.

형이상학적 답을 모색하는데, 압제적인 타자에 대한 저항이라는 내러티브를 찾는 듯하다. 사르트르의 주장은 코제브가 헤겔에서 가져온 언어에 뿌리를 두고 있다. 하지만 존재하는 모든 것을 긍정한 헤겔의 철학과는 달리 사르트르는 위대한 부정자^{denier}였다. 사랑, 우정, 합의, 그리고 정상적인 '부르주아' 질서가 모두 모순으로 가득 찼다고 믿은, 서양 철학의 메피스토펠리스^{v}였던 것이다.

사르트르는 자기의식적인 존재로서의 내가 나 자신을 필연적으로 발견하게 되는 이상한 위치를 설명하기 위해 '대타존재$^{being\ for\ other}$'라는 개념을 도입한다. 나는 내 시선으로 보면 자유로운 주체이고 동시에 타인의 시선으로 보면 결정된 객체다. 자기의식을 가진 다른 사람이 나를 바라볼 때 나는 그가 내 안에서 객체를 찾는 것이 아니라 주체를 찾는 것임을 알고 있다. 따라서 자기의식적 존재의 시선은 관통할 수 있는 특이한 능력이 있으며 요구를 창조해낼 수 있는 능력이 있다. 자유로운 주체로서 나를 세상에 드러내라는 요구다. 동시에 육체적 객체로서의 내 존재는 일종의 불투명성을 만들어내는데, 이것은 나의 자유로운 주체성, 그리고 그것과 연합하기를 원하는 타인 사이에 놓인 뚫지 못하는 장벽이다. 이 불투명성은 외설된 것의 근원이기도 하다. 타인의 몸이 내 앞에 드러난 것처럼 나의 몸이 타인에게 드러난 것을 알아차리는 것이 수치의 근원이 된다.

이러한 사유에서 성욕^{性慾}에 대한 사르트르의 독보적인 서술이 전개된다. 사르트르에 의하면 내가 특정 여성을 원할 때 그것은 단순히 나의 육체적 만족을 위한 정욕의 문제가 아니다. 단순히 정욕의 문제라면 이에 걸맞는 어떤 객체, 예컨대 여성 신체의 모양을 가진 것으로도 문제는 해결된다. 나

---

v Mephistopheles : 괴테의 『파우스트』에 등장하는 악마인 메피스토펠레스는 '빛을 증오하는 자'를 뜻하며, '교활한 파괴자'라는 별명도 있다.

의 욕구는 나를 객체의 세계와 결합시키는데, 이 결합으로 인해 나는 그 끈적한 것에 끌려 내려가게 된다. 외설의 어두운 밤중에 나는 '대자for-itself'의 소멸을 경험하게 될 것이다. 나의 진정한 욕구는 타자, 곧 그녀 자신이다. 그런데 타자로서의 그녀는 자유로울 때만 실재이며 그녀를 객체로서 이해하려는 모든 시도는 그저 그녀에 대한 기만적인 모습만 구축할 따름이다. 따라서 욕구는 곧 타자의 자유를 추구하는 것인데, 이는 타자의 자유를 자기의 것으로 전용轉用하기 위해서다.

따라서 타자 스스로가 몸을 소유하고 있는 바로 그 모습으로만 타자의 몸을 소유하기를 원하는 애인은 한 가지 모순점에 묶이게 된다. 그의 욕구는 타자가 스스로 자기 몸과 동일시하도록 강요할 때만 충족되는 욕구다. 즉 육체라는 즉자in-itself 안에 그녀의 대자for-itself를 잃게 해야만 하는 것이다. 그런데 여기서 소유하게 되는 것은 정확히 타자의 자유가 아니다. 자유의 겉껍질, 즉 포기된 자유다. 아주 놀라운 구절에서 사르트르는 사디즘sadism과 마조히즘masochism을 "욕망이 부딪혀 침몰하게 하는 암초들"[11]이라고 표현했다. 사도마조히즘sado-masochism의 관계에서는 한 사람이 상대방으로 하여금 자기 자신의 고통받는 신체와 동일시하도록 강요한다. 여기서도 마찬가지로 이 과업은 수포로 돌아간다. 자유가 제시된 순간 제시되었다는 바로 그 이유로 그 자유는 유기된다. 사디스트는 자기의 행위로 인해 다른 이의 굴욕을 멀리서 바라보기만 하는 위치로 강등된다. 고문당하는 신체라는 외설적 베일에 의해 자기 자신을 결합시키기를 원하는 자유로부터 분리되어 버리는 것이다.

성욕에 대한 사르트르의 서술은 그의 가장 시급한 견해를 담아내는데, 이에 필적할 철학적 작품은 아마도 없을 것이다. 파우스트Faust가 무고한 그레트헨Gretchen을 파멸로 몰아갈 때 메피스토펠레스가 파우스트의 귓전에 속삭

였을 법한 묘사다. 사르트르의 묘사는 현상학의 전형임과 동시에 실존적 공포에 대한 진정한 표현이기도 하다. 사르트르에게 타자와의 모든 관계는 우리의 자유를 감금시키는 신체(시공간적 즉자)로 오염되어있다. 모든 사랑, 그리고 궁극적으로 모든 인간 관계는 우리가 우리의 존재를 긍정해야 하기도 부정해야 하기도 하는 모순을 기반으로 삼는다. 사르트르는 자기 경험을 토대로 주장한 것이 아니었다. 그는 욕망이라는 것은 이래야 한다는, 자기의식적 주체의 경험을 선험적$^{a\ priori}$으로 주장하고 있는 것이었다.

사르트르는 축 늘어진 몸에 두꺼비와 같은 얼굴로 보기 흉한 용모의 소유자였지만, 여자들과의 관계에서는 꽤나 성공적이었다. 그중 시몬 드 보부아르는 평생의 멘토이자 동반자였다. 이들의 자유로운 계약 관계 안에서 보부아르는 사르트르의 애정 행각을 바라보기도 했고 보부아르 자신도 자기만의 (때로는 동성애적인) 연애를 즐기기도 했다. 이로써 참여자와 관찰자의 역할을 모두 경험하며 즉자가 무엇을 하고 있든, 대자는 절대로 대자와 연합할 수 없다는 것을 경험한 것이다. 보부아르가 발견한 참여(앙가주망)는 다른 사람을 그 대상으로 삼을 수 없고, 오직… 오직 뭐냐 말이다.

이것이야말로 황폐한 사르트르의 세계를 계속 맴돌며 떠나지 않는 무언의 질문이다. 사르트르는 이에 대한 윤리적 답을 구하기 위해 씨름했다. 절대 자유의 겉껍질을 벗기고 그것이 은폐하는 도덕적 질서의 핵심을 훔칠 수 있을 것이라고 믿었던 것이다. 유작『도덕을 위한 노트$^{Cahiers\ pour\ une\ morale}$』(1947-1948)에서 사르트르는 개인의 삶의 절대적 토대로서의 나의 자유를 정당화함으로써 나는 너의 자유도 함께 정당화한다는 발상을 탐구해본다.[12] 하지만 사르트르는 그가 살아있을 당시 출간한 저서들에서는 이러한 타협을 거절하며 본래성에 대한 절대적인 요구만을 내세운다.

어떤 회의론자는 사르트르가 이토록 중시하는 본래성이라는 것이 본래성의 필요를 야기하는 자유와 마찬가지로 환상이라고 주장할 수 있을 것이다. 절대 자유라는 것이 있을까, 또 참여를 향하는 각 개인의 여정의 본능적unconditioned인 출발점이라는 것도 과연 있을까하는 의문이 생길 수 있다는 것이다. 만약 있다면 우리는 이것을 칸트가 본 것처럼 봐야 하지 않을까? 즉, 보편적 존중의 관계 안에 서로를 연결시켜주고 우리로 도덕법에 순응하게 하는 객관적 도덕이라는 초월적 토대로 봐야 한다는 것이다. 그러나 사르트르는 칸트의 입장에 공감하면서도 타인을 지배하는 법에 순응하게 되면, 그 최종 결과는 비본래성 밖에 없다고 보았다. 이것은 자신이 아닌 것과 자신을 동일시하게 함으로써 세계가 우리의 노력을 파괴하는 또 한가지 방법에 불과하다는 것이다.

그렇다면 자기 자신의 인간된 모습에 대한 사르트르의 역겨움, 이제는 외설스러운 느낌으로 드러나고, 성교 후 우울post coitum triste과 같이 오히려 욕구가 충족됨으로써 야기되는 역겨움은 근본적으로 어디로부터 비롯되는가? 지극히 구체적으로 집중돼 있으면서도 '부르주아' 정상성을 묵살해 버리는 로캉탱의 태도 안에서 분출해 버리기도 하는 이 감정은 무엇인가? 심지어 창조계 전체를 덮는 이 형이상학적 역겨움으로도 쏟아져 나오는 이 감정은 무엇이냐 말이다.

이에 대한 사르트르의 답변보다는 성 아우구스티누스St. Augustine의 답변이 더욱 적절해 보인다. 성 아우구스티누스에 의하면 원죄original sin에서 비롯되는 우리의 정서가 곧 세계를 향한 우리의 역겨움의 원인이 된다. 우리는 육체로서의 우리 존재를 맞대어 조우할 때마다 수치스러움을 느끼며, 그때마다 우리의 내적 자유가 육체의 감옥으로 인해 '더럽혀졌다'고 느낀다. 우리는 우리 자신을 세상에 버려진 망명자로 인식하며 언젠가는 죽을 수밖에 없는 육체성이라는 악취에 지속적으로 압도당한다. 더욱이 성 아우구스티누스는 바로 성적 행위에서 우리의 원죄감이 우리를 가장 총체적으로 침범한다고 기술한다. 성적 흥분의 순간 나는 내 몸이 내 의지를 따르지 않을 뿐 아니라, 내 의지에 저항한다는 것을 알아차리기 때문이다. 성적 행위는 육체가 나를 지배하고 조정하며 그것에 외설적으로 굴종하는 나를 수치심으로 에워싼다.[13] 그렇게 인간이 한 생명체로서 생성되는 바로 그 순간 우리는 우리의 죽음을 가장 절실히 감지하게 되는 것이다. 썩어가는 끈적끈적한 육체가 가장 수치스러운 모습으로 우리 의식에 나타나는 지점이다.

사르트르의 가장 강력한 주장들(그리고 자유에 대한 그의 형이상학 안에서 가장 중요한 역할을 담당하는 부분들)을 조합하면 성 아우구스티누스의 정신과 그리 멀지 않다. 즉 세상의 쾌락에 강렬히 저항하지만 자신은 과연 세속과 완전히 의절했는지 여전히 불확실한 기독교 은둔자의 정신이다. 이런 더럽혀짐을 보고 오싹해진 은둔자는 하나님에게로 향하게 되는데, 하나님이 없다고 하는 사르트르는 그의 외로운 내실內室, inner sanctum로 향한다. 이곳에 자기가 세운 헛된 우상의 잡동사니 한 가운데 또 하나의 우상, '자기'를 모셔둔다.

요컨대, 사르트르에게 투신(참여, 앙가주망)은 어떤 종교적 필요를 충족시켜줘야 한다. 사르트르의 어릴 적 친구 레몽 아롱에서부터 시작하여 많은 사람들이 내린 진단은 종교가 떠난 빈 자리는 마르크스주의가 채운다는 것이다.[14] 하지만 사르트르의 후기작에서야 이 진단의 의미가 분명해진다. 『존재와 무』에서 상술된 형이상학대로라면 '나 자신을 어디에 투신시켜야 하는가'라는 물음에 대한 옳은 답변은 '네 자신만을 위한 법으로서 상정이 가능하다면 아무것이든 가능하다'이다. 그런데 사르트르가 제시하는 답은 이것이 아니다. 자신의 철학과 오히려 상충되는 이상ideal에 투신하라는 주장을 펼치는데, 이것은 곧 '사회 정의'를 명분으로 삼은 혁명에 투신하라는 것이다.

사르트르와 마르크스

그래서 사르트르는 이 방향으로 나아간다. 긍정의 경로로 가기보다는 부인denial이라는 어두운 길을 따라 간다. 본래성의 정령genie을 풀어놓았으니 이제는 그의 명령을 비밀리에 따라야 하는데, 이 정령은 파멸을 명한다. 어떤 실제적인 것도 '본래적'일 수 없다. 본래적인 것은 타자의 대척점으로서 자신을 규정한다. 다시 말해 타인이 만들어놓은 세계, 따라서 타인에게는 불편함이 전혀 없는 세계에 맞섬으로써 자신을 규정한다는 것이다. 타인에게 속한 것은 어디까지나 부분적인 것이고 수선된 것이며 타협된 것이다. 본래적 자아는 존재라는 수수께끼에 대한 **총체적** 해답을 추구하는데, 이 해답은 자기가 스스로 만든 것으로서 '저들them'이라는 수용될 수 없는 세계로 오염된 어떤 권위나 합법성도 인정하지 않는다.

바로 이런 부인의 자세를 통해 본래적 자아는 마르크스의 혁명 철학을 수용하게 된다. 이런 선택에는 정당성이 없다는 것이 지극히 자명함에도 불구하고 견딜 수 없는 고통에서 해방될 수 있는 가장 손쉬운 방법이 된다.

사르트르는 마르크스주의의 세 가지 속성에 매료된다. 첫째, 마르크스주의는 '부르주아' 질서에 대한 거의 종교 수준의 경멸로 흠뻑 젖은 저항의 철학이라는 것이다. 둘째, 마르크스주의가 제시하는 해결책은 총체적total이며, 새로운 세계를 약속한다. 단, 이 세계는 마르크스주의에 순응하는 세계다. 달리 말해 마르크스주의는 현실을 폐기하고 관념을 채택한다. 그리고 이 관념은 '대자'의 초월적 자유를 본뜬 것이다. 완전한 공산주의를 약속하는 것은 목적의 나라Kingdom of Ends에서 희미하게 들리는 환청과도 같은 **본체**

적^vi 약속이다. 이 나라에 대해서 우리가 아는 것은 고작 모든 시민은 자유롭고 평등하며 모든 법이 본래적으로 채택되었다는 것뿐이다.

마지막으로 사르트르에게 가장 큰 영감이 된 마르크스의 발상은, 미래의 공동체는 정확히 '대자'가 요구하는 바일 것이라는 약속이다. 스스로의 본래성에 의해 본래적 자아가 끊어져 나간 관계를 허락하며 동시에 본래성은 성하게 두는 그런 공동체다. 목적의 나라에서는 이해할 수 없으면서도 필수적인 결합이 이루어지는데, 이것은 지상의 프롤레타리아와 실존주의적 반反영웅^anti-hero의 초월적 자유의 결합이다. 이렇게 허락된 관계는 관습과 사회 역할, 의식 등 어떤 종류의 '타자성'으로도 더럽혀지지 않았다. 또한 이 관계는 역사에 의해 신성해진 계급과 맺어진 관계이기도 할 것이다. 이 계급은 본래성이라는 어려운 과업이 야기하는 역겨움을 따뜻한 인간적 목적으로 보상해 줄 것이다. 마르크스주의 철학에 도사리는 이 본체적 약속은 곧 구원의 약속이다.

마르크스주의의 감성적 호소력이 너무나 자연스럽게 칸트의 용어로 표현되고 있다는 것은 우연이 아니다. 후술하겠지만, 프랑크푸르트학파와 동시대인 죄르지 루카치^György Lukács의 사상 안에서 마르크스주의 도덕에서 칸트의 정언명령^Categorical Imperative의 두 번째 정식이 매우 중요한 역할을 담당하고 있음을 발견할 수 있다. 이는 인간을 절대로 수단으로만 취급해서는 안 되며 언제나 목적으로 취급할 것을 명령한다. 사르트르의 철학도 칸트의 초월적 자유에 착안하여 시작되는데, 사르트르 역시 본체적 명령이 세상을 지배할 날이 도래한다고 예견하는 철학에 거침없이 빨려 들어간다. '완전한 공산주의'는 칸트의 목적의 나라와 다를 바 없다. 초월적 자아를 경험적

---

vi Noumenon: 칸트철학의 기본개념으로 현상^phenomenon에 대응하는 말이다. 감각의 사용과는 독립적으로 알 수 있는 사물 혹은 사건을 말한다.

실제로 만들어 주겠다는 것이 마르크스의 약속이다. 이 약속은 실존주의적 반영웅에게 믿음을 선사해준다. 이것은 로캉탱의 고뇌에 대한 처음이자 유일한 해답이 된다. 아이리스 머독Iris Murdoch이 말하는 로캉탱은 다음과 같다.

> 모든 가치는 투철한 완전성이라는 도달 불가능한 세계 안에 놓여 있는데, 그는 자기 자신에게 이 세계를 단순한 지적 용어로 설명한다. 이 완전성에 다시 합류하기를 갈망하는 마음에 합당한 형태의 인간 노력이 있을 수 있다는 허상에 속아 넘어가지 않는다.[15]

어떤 형태로든 다른 사람들도 합류할 수 있는 정치 프로젝트에 자신을 투신시키는 실존주의적 반영웅은 얼핏 봤을 때 자기기만적이다. 존재의 핵심부에 감춰 놓여 있는 무, 즉 지극히 거룩한 자아에 대하여 범죄하는 것이기 때문이다. 그런데 속죄는 손쉽게 이루어진다. 반영웅은 자기의 참여가 실제의 파편적 불완전성에 대한 것이 아닌, 추상적 관념의 순수한 총체에 대한 것임을 확인하기만 하면 된다. 칸트가 말하는 '이성의 관념Idea of Reason', 다시 보면 결국 유토피아인 그것에 참여하는 것으로 충분하다는 것이다. 여기에 참여함으로써 우리는 자유를 잃지 않고도 세계를 얻을 수 있게 된다. 실제의 파편성을 거절함으로써 실존주의자는 그가 필요로 하는 구원을 획득하게 된다. 즉, 목적의 나라에서 얻게 되는 '총체적' 관점이 그것이다.

하지만 이 본래성이 심문을 받지 않도록 반영웅은 형식에 특별한 주의를 기울여야 한다. 즉, 타인의 이데올로기에 대한 비굴한 굴종이 반드시 철저한 저항처럼 보여야 한다. 사르트르는 마르크스에 대한 자신의 이슬람Is-lam(절대복종)을 마치 마르크스 교리에 대한 도전인 마냥 포장한다. 그 제목도 당당한 『변증법적 이성비판Critique de la raison dialectique』은 1959년에 제1권이 출판되고 끝내 완성되지 못한 저서인데, 마치 지적 사디즘을 연습하듯 사르트르는 그가 그토록 사랑하는 마르크스 철학을 극심하게 고문한다. 그 철학의 주체적 본질이 주어지는 동시에 그것을 버리기 위함이다.

마르크스가 우리에게 '전체totality'를 주는 것처럼 보이지만, 아직은 그것의 본래적 사용에 적합하지 않은 상태로 주어진다. 사르트르의 야망은 이 '전체'를 소유하고, 정복하고, 조정하며, 사르트르 자신의 본래성을 그 전체에 새겨넣는 것이다. 하지만 이것이 쉽게 성취될 수 있는 야망처럼 보이면 안 된다는 것이 사르트르에게 관건이다. 어쨌든 '타인'들이 보고 있는 상황이고, 중요한 건 이들의 승인을 받아서는 **안된**다는 것이다. 따라서 사르트르는 마르크스적 제단 앞에서 장황하지만 무의미한 기도문을 숙련된 솜씨로 읊으며 예배의식을 준비한다. 비를 기다리다 지쳐 신을 저주하는 부족원처럼 사르트르는 예배 내내 그가 부르는 신을 저주한다. 다음 구절은 전혀 예외적이지 않다.

> 그러나 강제성과 자율성의 상호적 관계 그 자체로 말미암아 이 법칙은 모든 사람들에게서 벗어나고, 또한 그것이 변증법적 이성으로서 나타나는 것은 전체화의 순환운동 속에서이다. 즉, 그것은 각자에게 내재해 있기 때문에 모든 사람들에게 외면적인 것으로 나타나고, 또한 모든 전체화된 전체화와 탈전체화된 전체화의 현재 진행중이지만 전체화하는 주체가 없는 전체화로서 나타나는 것이다.[16]

여기서 토설되지 않은 감정의 무게를 짊어진 단어 하나가 눈에 들어온다. 바로 '전체화totalization'다. 이는 뒷장에서 루카치의 글을 볼 때 다시 다루게 될 개념인데, 『변증법적 이성비판』에서는 핵심 주술incantation로 등장한다. 전례적典禮的, liturgical 용도로 사용되는 단어들이 보통 그런 것처럼 '전체화'라는 단어는 정확히 규정되지 않은 채 그저 반복되기만 한다. 그리고 넋을 빼놓을 정도로 매력적인 무의미성을 앞세우며 이 신앙의 사제가 될 준비가 되어 있는 열렬한 숭배자들을 집단 단위로 끌어들인다. 1960-1970년대를 거쳐 『뉴레프트리뷰』에서 서구 문화를 반복적으로 비판한 부분이 있는데, 서구 문화에는 '전체화'시키는 세계관이 들어올 자리가 없다는 지적이었다.[17] 이데올로그ideologue의 열정적인 신념으로 포장된 이 단어가 위협적으로 보인다면 우리는 속지 말아야 한다. 단순히 그렇게 보이는 것이 아니라 정말로 위협적인 것이기 때문이다. '전체화'시키는 것이 바로 도전 과제이며 그것의 총체성(전체성)이 곧 그것을 강요하는 정당성이 되어준다. 전체화에 저항한다는 것은 지배계급과 그 아첨꾼들의 '부분적'이고 '파편화'된 관점만 나타낼 뿐이다. 그런 저항은 급진적 좌파의 열정적인 전체화 앞에서 모든 권리가 박탈당한다. 단두대에 오르는 일만 남은 쓸쓸하고 고독한, 한갓 권력에 지나지 않는 것이 된다. 그렇게 '전체화'시키는 권력이 부여된 유토피아는 모든 현실을 미리 이겨 놓는다.

  마틴 제이Martin Jay는 신좌파를 옹호하며 전체성이라는 정언定言, category은 마르크스주의 고유의 특징이라고 말했다.[18] 전체성에 관해서는 마르크스보다 베버가 더 독창적일 것이다. 베버는 '예언적 계시'가 중요한 이유는 그것이 세계를 질서지워진 전체로서 표상하기 때문이라 파악했고 또한 사제직은 그런 전체적 접근과, 자연계의 무질서한 파편성 사이를 중재하는 기능을 가졌다고 이해했다.[19] 전체성 정언은 마르크스주의뿐 아니라 전통 종교에도 나타나고, 그보다 더 중요하게는 마르크스주의 최대 적이자 피를 나눈 형제인 파시즘에서도 나타난다. 젠틸레Giovanni Gentile는 파시즘을 '삶에 대한 전체적 계획'이라 예찬한 바 있다.[20]

그런데 또 다른 의미에서 마틴 제이는 중요한 사실 하나를 다룬다. 네오마르크스주의$^{Neo-Marxism}$의 특징은 전체성의 정언이 아니라 그 정언을 둘러싸는 무의미^{nonsense}의 의식儀式이라는 점이다. 그 의식 안에 네오마르크스주의의 전례적 방어기제가 은폐되어 있다. 전체성의 수사학^{rhetoric}은 체계의 비어 있는 핵심부, 즉 신이 있어야 하지만 아무것도 없는 핵심부를 숨긴다. 사르트르에게 전체성이란 어떤 상태도 개념도 아닌, **행동**이다. 전체성은 사물의 본질에 놓여 있지 않고 지식인의 '전체화'시키는 분노에 의해 드러난다. 전체화는 실존주의적으로, 즉 자아의 초월적 행동으로 구현된다. 동시에 전체화는 현실의 틈이 메워지고 세계가 치유되는 기적적인 순간이기도 하다. 이런 신비한 연합은 성찬聖餐과 성배聖杯의 연합처럼 두 동강 난 우주가 애타게 기다리던 연합이다. 위로 뻗친 프롤레타리아의 손을 잡기 위해 지식인이 몸을 아래로 뻗을 때 비로소 '부르주아' 질서의 사악한 마법이 풀리고 세계는 온전해진다는 것이다.

사르트르는 인간의 상태를 부분적이고 기계론적으로 설명하는 마르크스주의를 자신은 배척한다고 주장한다. 하지만 사르트르는 자기의 '전체적' 참여를 마르크스의 범주를 따라 표현한다. 사르트르에게 사회는 여전히 부르주아와 프롤레타리아로 나뉘어 있으며 이 사회는 여전히 '생산관계'에 의존적이다. 때문에 자본주의 안에서 '소외된' 프롤레타리아를 부르주아가 '착취'하여 '잉여가치'를 빼내는 일이 진행되며, 이는 곧 날로 심해질 계급투쟁으로 이어진다는 것이다. 그리고 사르트르는 반복적이고 무비판적으로 이러한 마르크스주의적 범주를 마르크스를 비판하는 이론에 첨부시킨다. 사르트르가 '변증법적 이성'(플레하노프$^{Georgii\ Valentinovich\ Plekhanov}$와 엥겔스에 의해 마르크스주의에 도입된 범주)을 거절하는 제스쳐 안에는 어떠한 지적 실체도 존재하지 않는다. 사르트르의 글은 비굴한 굴종에서 애매한 비판적 형태로 옮겨갈 때마다 허튼소리로 전락해버린다. 그 허튼소리를 요약하자면 이렇다. '전체화시키는 사람'이 비-전체화된 전체성들을 다시 전체화시킴으로써 자기 자신의 '전체화'를 완성시키며 마침내 우리가 예상했던 바로 그 자리에서 모습을 드러내는데, 곧 '전체주의적 실천'의 부끄러운 줄 모르는 뻔뻔한 추종자의 모습이라는 것이 사르트르의 비판이다.[21]

『변증법적 이성비판』을 읽으면 암울해진다. 이런 전체주의적 지하 감옥에는 위안이 될 만한 빛 한 줄기도 안 들어오고, 조금이라도 숨 쉴 수 있는 구석이 있다면 그곳은 초기 사르트르의 정신이 남아 숨쉬고 있는 곳이다. 여전히 서정성을 선사하지만 이제는 실체 없이 숨만 내쉬고 있다. 알 수 없는 말들의 목적은 독자의 관심을 마르크스주의적 세계에 대한 모든 의심으로부터 돌리는 데 있고 허상으로 이루어진 세계 안에서 거짓된 갈등을 만들어내는 데 있다. 사르트르는 마르크스주의가 정말로 주장하는 바를 제대로 다룬 적이 없다. 사회를 '프롤레타리아'와 '부르주아'로 나누는 이 구분법 또한 한 번도 의문시 되지 않는다. '계급투쟁'의 신화도 검토하지 않으며 '착취' 이론에 대한 해명도 없다. 죽은 언어 밖에 되지 않는 마르크스 경제학도 어떤 비판적 관찰의 제약도 받지 않은 채 혼란만 빚는 임무를 수행한다. 이렇게 은밀하게 마르크스주의 도그마를 받아들이는 것은 다음과 같은 현상학적 은유로도 만회되지 않는다.

> 실제로 자본주의적 착취를 이루는 진정한 사기는 계약의 토대 위에 행해진다는 점을 지적해야 할 것이다. 그리고 이 계약이 필연적으로 노동—즉 실천—을 타성태적 상품으로 변형시키는 것이 사실이라면, 계약이 그 형태 자체로 상호적 관계라는 것도 사실이다. 자신들의 자유 속에서 서로를 인정하는 두 사람 사이의 자유로운 교환이 문

제가 되는 것이다. 단지 그들 가운데 한 명이 필요 때문에 물질적 대상으로 자신을 팔아야 하는 상황에 내몰린 사실을 다른 한 명이 모르는 척하는 것이다.[22]

우리가 서로를 물질적 **대상으로** 밖에 서로 이해하지 못하는 것도 당연한 사실이다. 『존재와 무』가 인간 상태에 대한 안내서라면, '사회주의 생산 관계'로의 어떠한 이행도 우리 신체가 가하는 이 장애, 즉 물질적 대상으로 밖에는 서로 알 수 없는 장애를 극복할 수 없다. 여하튼 이제는 이렇게 동어반복으로 자유경제를 비판하는 것도 지겨울 때가 되었다. 위 인용문에서와 같이 사르트르는 노동은 필연적으로 구매될 수 있는 물질이 된다고 상정하면서 노동을 팔아 물질이 된 사람은 더 이상 진정한 인간이 아니라는 식의 비판을 늘어놓고 있는 것이다. 이것이 진짜 의미하는 바는 결국 노예제도 옹호라는 점을 우리는 인지해야 한다. 노예제도를 옹호하는 입장 중에서도 가장 극악한 형태라는 점도 알아차려야 할 것이다. 구매되지 않는 노동이라면 결국 노예의 노동밖에는 없지 않은가? 우리는 증명의 책임이 노동을 들먹이고 시장을 비난하며 이론적 대안만 제시하는 사람에게 있다는 것을 인지해야 한다. 이들이 제시하는 대안적 상황에서는 누가 관리자이고 또 관리는 어떻게 진행되는가? 딱히 자기 노동을 제공할 이유가 없는 사람에게 노동을 어떻게 끌어낼 것인가? 그리고 자기 노동을 선사하는 사람는 사적 보상이 전혀 없는 상황을 어떻게 받아들여야 하는가? 바로 이러한 질문들이 목적의 나라의 관점에서는 답할 수 없는 것들이다. 이 질문들은 인간 본성의 '경험적 상태'로부터 비롯되기 때문에 '초월적' 답이 될 수 없다는 것이다.

마르크스와 실랑이하는 것은 사실 사르트르에게 조금의 관심사도 되지 않는다. 수많은 방법(어휘, 사례, 구조, 그리고 특별히 문체)을 통해 『변증법적 이성비판』은 지적 탐구의 규칙을 전격적으로 어기며 진실로부터 도망가기로 작정한 사르트르의 모습을 보인다. 사르트르가 제목에서 선사하는 약속, 즉 '변증법적 이성비판'을 이행할 것이라는 생각은 지극히 부적절하다. 독자는 사르트르의 '참여'에 속하는 모든 것을 무비판적으로 수용해야 한다. 따라서 질문도 비현실적인 성격을 띨 수밖에 없다.

> 고전 논리학의 주장에 따르면, 하나의 경험적 과정 속에서 필연성도 자유도 포착할 수 없는 것으로 되어 있는데, 어떻게 실천이 그 자체로 필연성과 동시에 자유의 경험이 될 수 있는가?
> 변증법적 합리성이 전체화의 논리라는 것이 사실이라면, 무수한 개인적 운명들의 집합인 역사가 어떻게 전체화 운동으로 나타날 수 있으며, 이 경우에 우리는 전체화하기 위해서는 사전에 이미 통일된 원칙이 있어야 한다는 기이한 논리적 궁지, 달리 말해 활동 중인 전체성만이 스스로 전체화될 수 있다는 논리적 궁지에 빠져들지는 않는가?[23]

위와 같은 것들이 마르크스주의가 대답해야 할 어려운 질문들이라고 말하는 작가는 분명히 꿍꿍이속이 있다. 마르크스주의를 제대로 비판한 이론들—사실상 역사론, 가치이론, 사회 계급이론을 다 무용지물로 만들어버리는—에서 우리의 관심을 돌리려고 할 뿐 아니라, 마르크스주의가 헛된 천년 왕국적 예언과 '탈–정치적' 유토피아의 '전체화'시키는 이상으로 야기한 참상으로부터 우리의 관심을 돌리려고 한다.

사르트르가 정착하는 '참여'는 사실 전혀 개조되지 않은 마르크스주의다.

사르트르의 저술에서 발견되는 것은 엥겔스에서부터 마오쩌둥毛澤東, Mao Zedong에 이르는 마르크스의 모든 추종자들 안에서 동일하게 나타나는 특징들, 즉 파괴적인 환상, 헛된 희망, 불완전한 것과 정상적인 것에 대한 병적인 증오다. 이들이 주창하는 바, 우리 세계는 '노동자의 공통된 실천'에 대항하여 연대한 '부르주아'가 통제하는 세계이며,[24] ('무산계급'인) 노동자들은 생산 수단을 '사회화'하기를 추구한다고 주장한다는 것이다.[25] 시장 관계는 경제적 자유의 표현이 아니라 오히려 타자의 끔찍한 통치 하에 놓인 인간의 철저한 노예상태라고 말하는 세계관이다.[26] 타자성이라는 개념은 '자본주의'가 선사하는 모든 혜택을 오염시킨다. 즉, 우리의 민주주의는 진정한 민주주의가 아닌, 단순히 '부르주아 민주주의'이며, 우리의 정치체계 안에서 투표하는 사람은 언제나 자기가 아닌 타자로서 투표한다는 것이다.[27] 이런 낡아빠진 거짓말을 코제브의 언어로 치장한 사르트르는 마르크스주의로 해석한 근대사를 반사적反射的으로 받아들이도록 우리를 유도한다.

공산주의적 유토피아주의라는 이름으로 진실을 부식시키는 행위는 『변증법적 이성비판』에서보다는 그 후에 등장하는 일련의 에세이들(『상황 VIII』과 『상황 IX』로 출간되고, 영문판으로는 『Between Existentialism and Marxism』으로 출간되었다)에서 가장 극명하게 나타난다.[28] 이 놀라운 작품에서 사르트르는 ('반공세력'의 포위로 불가피해졌다고 주장한) 볼셰비키의 잔혹성에 대한 전형적인 변명을 반복한다. 공산주의의 끈질긴 잔인함을 스탈린 탓으로 돌리며, 또 하나, 공산당이 **제도화**된 것이 문제였다고 둘러댄다. 사르트르에게 제도는 '타자성'(혹은 이제는 악마의 짓이라 여겨지는 '파편성seriality')의 중심점으로서, 계몽된 지성의 '전체화' 프로젝트에 저항한다. 이런 식의 비판은 비판의 대상을 오히려 구제하는 매우 유용한 도구가 된다. 즉, 공산당이 나쁜 이유는 보이 스카우트Boy Scouts나 소르본 대학이나 소방대가 나쁜 이유와 똑같다는 것이다. 제도적 규범에 따라 집단적이고 비본래적인 행위를 요구한다는 차원에서 나쁘다는 것이다. 다시 말하면 공산당의 제도성에 비하면 공산당이 저지른 범행과 파괴는 중요하지 않다는 것이다.

그렇기 때문에 소련이 체코슬로바키아를 침략했을 때 사르트르가 한 말이 전혀 이상하지 않은 것이다. 사르트르에 의하면 "체코 문제의 근본적인 원인은 사회주의 자체가 아니라, 자국산이 아닌 사회주의가 시행된 것이 문제다. 인민이 왜 사회주의를 선택했는지는 비교적 덜 중요하다. 중요한 것은 자기 손으로 직접 구축한 사회주의이어야 하는 것이다."[29] 그러니까 소련의 잘못은 이런 자연발생적 사회주의를 방해한 것이라는 말이다. 현대판 자코뱅Jacobin이 '인민'이라는 말을 쓸 때는 사르트르가 쓴 방식과 같을 수밖에 없다. '인민'은 신어에 속한 어휘로서 자기의 집단적 (혹은 집산화된) 손으로 '사회주의를 선택'하고 구축할 수 있는 추상적 통일체를 지칭한다. 이런 '인민'을 하나의 일치단결된 형태로 봐야 할 당위성 또한 불가피하다. 진정한 대안은 서로 완전하게 합의하지 못해도 공동의 이익을 위해 행동할 수 있는 상태다. 그런데 이 상태는 '제도'와 너무 비슷해 보이기 때문에 사르트르는 이것이 인간으로서 할 수 있는 최선의 해결책이라는 점을 알아차리지 못한다.

그럼에도 체코 문제를 고려하면 사르트르가 휴머니스트 지식인으로서 지극히 중요한 사실에 대해서 눈을 가리는 것이 다소 놀랍다. 즉, 사회주의의 실제 결과를 논하기도 전에, 사회주의가 선사하는 약속만으로도 '인민'이 사회주의를 거절할 충분한 이유가 될 수 있다는 사실이다. '인민'은 '생산 수단의 사회화'를 원하지 않을 수 있고, 또 지금까지 당연시했던 기회와 자유를 빼앗아가는 '평등'을 미심쩍어 할 수 있다. 홉스봄과 마찬가지로 사르트르도 혁명적 사회주의의 잔인성이 '시대의 요구'에서 비롯된다고 본다(그런데 그런 요구는 누가 창출하는 것인가?). 소련의 실수는 '1920년 러시아 농민'에게는 적합하지만 '1950년의 체코 노동자들'[30]에게는 맞지 않는 체계를 체코인들에게 강압한 것이라는 주장이다. 이것은 체코인들을 존중하기는커녕 오히려 러시아 농민들을 모멸하는 이론이다.

체코슬로바키아의 개혁 운동은 사르트르의 사유에서 중요한 부분을 차지한다. 사르트르는 이 운동이 간절히 기다리던 "지식층과 노동계급의 연합"[31]을 성취했다고 주장한다. 그것의 신비한 목표는 "지속적으로 탈-전체화되고, 모순적이고, 문제적이며, 후퇴하지도 않고, 결코 완성되지 않지만 그럼에도 단일한 경험인, 그런 구체적인 전체화"를 창조하는 것이었다고.[32] 또 체코 노동자들은 "부르주아 자유주의로의 회귀를 요구한 것이 아니라, 진리는 혁명적이기 때문에, 진리를 말할 수 있는 혁명적 권리를 주장하는 것이었다."[33] 이렇게 주문을 외우며 사르트르는 그의 신념을 확고히 한다. 모든 진리는 혁명의 전유물이 되고 노동자는 진리의 순간에 다다랐을 때 혁명에 가담하는 것 외에는 선택의 여지가 없다. '부르주아 자유주의자'나 반사회주의자가 될 수 있는 가능성은 완전히 도둑맞은 것이다. 옛 레닌주의의 구호가 이제는 역으로 주창되고 있는 것이다. 즉, 혁명의 선택을 받은 사람은 아무리 혁명의 길을 목숨 걸고 반대하는 사람이어도 결국 혁명의 편에 설 수 밖에 없다는 것이다.

노동자는 지식인과 맺는 관계에서 이득을 얻어야 한다. 그런데 이 관계에서 주로 이득을 얻는 쪽은 일방적으로 조건을 제시하는 지식인이다. 지식인의 (루소가 묘사한) 연민 가득한 열정compassionate zeal의 방대함과 절박함은 그 열정을 포악하게 만들 수밖에 없다. 지식인들이 자신들의 실험 대상인 노동자들을 무자비하게 대한다면 그것은 세계를 목적의 나라의 '전체화'시키는 관점에서 바라본 나머지 피해자들을 실제 존재로 인식하지 못하기 때문이다. 노동자는 단순히 어떤 추상적 개념으로 환원되는데, 그 이유는 자본주의 생산의 고역과는 거리가 멀다. 좌파 지식인의 불같이 격렬한 수사학이 노동자를 추상적인 개념으로 전락시킨다. 노동자는 지식인의 광희狂喜를 위한 수단이 되고, 그 기능을 제대로 수행하지 못할 경우에는 거리낌 없이 폐기될 수 있다. '그저 실제적인' 노동자를 개념적으로 파멸한 것이 '그저 실제적인' 세계에서 노동자의 말살을 가능하게 한 것이다.

사르트르의 후기작에서 놀라운 점을 발견할 수 있는데(최소한 '참여'를 위한 지하드를[vii] 벌이는 부분에서), '전체화'시키는 신어가 엄청나게 쏟아져 나온다는 것이다. 한 주제만이 그의 마음을 진지하게—유의미한 무언가를 쓰게 할 만큼 진지하다는 이야기다—사로잡는 것 같은데, 그것은 프롤레타리아와 사르트르 자신의 내적 동일성이다. 이 동일성은 그가 로캉탱이라는 인물을 통해 부르주아 계급에 대해 선언한 전면전의 최종 결과물이다. 장 주네Jean Genet를 평한 상당히 악덕한 저서에서 사르트르는 선善을 '한낱 환상'에 불과하다고 말했고 "악은 선의 폐허 위에 자신을 생성하는 무néant"라고 덧붙였다.[34] 같은 책에서 그는 악의 도덕성la morale du Mal에 대한 깊은 애착을 보인다. 동등성이라는 모호한 장치로 사르트르는 선이나 악이나 결국 같은 것이며 둘 사이 '본래적' 선택을 하기 위해서는 둘을 동등하게 봐야 한다는 것이다. 그리고 결국 저항의 논리에 따라 부르주아 현실을 산산조각 내는 것이라면 악과 동맹을 맺어야 한다는 것이다.

사르트르는 (그의 또 하나의 집착 대상이며 정신적으로 가장 유사한) 보들레르Charles

---

vii Jihad: 이슬람교를 전파하기 위해 이슬람교도에게 부과된 종교적 의무로서 이슬람 세계의 확대 또는 방위를 위한 전쟁을 말하며, 일반적으로 성전(聖戰)이라고 번역한다. 아랍어의 원래 의미는 '정해진 목적을 위해서 노력한다'이다. 신앙이나 원리를 위하여 투쟁을 벌이는 것을 의미한다는 차원에서 저자는 '앙가주망'을 위한 사르트르의 투쟁을 하나의 지하드로 보는 것이다.

4장 '타자'라는 지옥으로 내려간 프랑스: 사르트르와 푸코 **149**

Baudelaire의 발자취를 따라간다. 보들레르와 같이 사르트르는 선을 갈망하지만 오만함—자기가 만든 것만 선이라고 받아들이는—때문에 언제나 선을 파괴할 수밖에 없는 영혼을 상징하는 인물이다. 그에게 선은 언제나 '타자성'의 때가 묻어 있기 때문에 자기의 본래성을 위협하는 것이 된다. 따라서 그는 악으로 선을 전멸시켜야 한다고 느낀다. 흐릿하게나마 포착되는 프롤레타리아와의 동질감은 사르트르에게 일종의 낙원에 대한 약속과도 같다. 말로 담기에는 너무나 성결한 순결에 대한 이상, 선과 악을 넘어 아주 희귀한 거룩의 순간에만 잠깐 보이는, 예컨대 1968년에 친 바리케이드에서 얼핏 본 그것이다.

하지만 간절히 기다리던 동질감은 실제로는 얻을 수 없는 것이다. 목적의 나라에 들어가기 위해서 노동자는 먼저 그의 경험적 조건들이 벗겨져야 한다. 다 노예에게만 적합한 장신구들이기 때문이다. 그런데 그렇게 다 벗겨지고 나면 그는 더 이상 노동자가 아니다. 따라서 지식인이 그의 신과 만나는 것은 순전히 내적인 사건이 된다. 정작 실제 프롤레타리아는 편안함과 재산, 그리고 세속의 것들에 대한 그의 욕구와 함께 이 사적인 예배에서 철저히 배제된다.

따라서 근대 정치학에 관한 사르트르의 논의가 지식인의 위치, 또 약속의 땅에 들어가는 통과의례를 위해 지식은 어떤 준비를 해야 하는지에 초점이 맞춰져 있는 것은 당연한 것이다. 사르트르에 의하면 지식인은 프롤레타리아와의 성스러운 연합을 이룰 '호혜^{互惠}의 인간 관계'를 위하여 모든 '계급적 감수성'(특히 지식인 자신이 속해 있는 프티 부르주아^{petite bourgeois}에 대한 감수성)을 거절해야 한다.[35] 이러한 정화 과정에서 지식인의 적이 되는 것은 (발언권이 전혀 없는) 실제 프롤레타리아가 아니라 '가짜 지식인', 즉 "정밀한 논리의 철저한 산물이라고 우기는 논증을 통해 자기들의 배타적 이데올로기를 옹호하기 위해 지배계급이 만들어낸 유형"이다.[36] 이렇게 말함으로써 사르트르는 이름을 거론하지는 않지만 레몽 아롱, 알랭 브장송Alain Besançon, 장 프랑수아 르벨Jean-François Revel과 같은 작가들을 지탄한다. 이들은 좌파적 환상에 구멍을 내려고 노력하며, 그 결과 언제나 상대의 분노와 경멸, 그리고 뻔뻔한 무시를 감수한 작가들이다.

'완전한 자유'라는 허상

이로써 '참여'에 대한 사르트르의 탐구는 다시 원점으로 돌아온다. 그는 자아가 자기원인causa sui이며 동시에 원동primum mobile이기도 한 그런 본래성을 갈망한다. 그런데 그는 점차 추상적 개념으로 빚어진 세계, 즉 하나의 '체계'를 믿기 시작한다. 그런 '전체화'된 세계는 그의 초월적 혼인의 낙원적 정자亭子다. 여기서 마침내 그는 꿈에 그리던 프롤레타리아와 연합한다. 하지만 이 낙원은 추상적이고, 실체가 없으며, 모순으로 가득 차 있다. 낙원이 그렇다고 말해주는 사람은 즉시 지식인의 적이 된다. 프롤레타리아에게 손을 뻗는 사르트르는 결국 자기의 오랜 가상의 지적 경쟁자와 맞닥뜨려 살인적이지만 결코 결론이 나지 않는 난투를 벌이게 된다.

> 진정한 지식인은 '급진적' 사상가로서 도덕주의자도 이상주의자도 아니다. 그는 베트남에서의 평화는 피와 눈물이 소요될 것임을 안다. 그는 미국을 패배시켜야만 평화가 온다는 것을 안다. 다시 말해 그의 모순의 속성은 그로 하여금 우리 시대의 모든 갈등에 '참여'하게 한다. 왜냐하면 그 모든 것—계급, 국가 및 인종적 갈등—은 소외계층

을 억압함으로써 야기된 특정 결과이기 때문이다. 그리고 이러한 갈등들에서 그는 자기 자신의 억압을 의식하며 억압받는 자의 편에 서게 되기 때문이다.[37]

르벨은 억압에 대항하여 싸운다고 하면서 어김없이 억압의 편에 서 있게 되는 좌파 지식인들의 패턴에 주목한다.[38] 이 패턴은 사르트르의 글에서도 발견된다. 자신의 '참여'를 온전히 지적인 사안, 즉 그의 주장을 반박하는 거짓 선지자와의 싸움으로 환원함으로써 그는 억압의 피해자를 순전히 추상적인 개념으로 환원시킨다. 그리고 이 추상적 피해자는 사르트르의 영웅적 가식에 대한 **변명**이 되어버린다. 사르트르의 본체적 분투는 실제로 어느 누구의 운명도 개선해주지 않는다.

베트남의 경우는 그중 하나의 예다. 또 1972년 뮌헨 올림픽에서 11명의 이스라엘 대표팀이 살해되었을 때 사르트르는 당당하게 그 범행을 정당화했다. 이 사건 때문에 보통 사르트르의 주장이라면 서둘러 옹호하던 사람들도 주춤했다. 1984년, 사르트르가 죽은 지 4년 후 마르크 앙투안 뷔르니에Marc-Antoine Burnier는 사르트르의 혁명적 치행을 책으로 엮었다.[39] 거기서 우리는 지식인과 프롤레타리아를 '연합'해준다는 끔찍한 체제를 지원하는 사르트르를 발견하게 된다. 믿기 힘들고 마음을 무겁게 하는 사실이다. 이 '연합'은 지식인과 프롤레타리아 둘 다 비참하게 헐떡이며 마지막 숨을 거두는 '재교육'이라는 장소에서만 이루어진다. 사르트르는 "반박의 여지가 없는 문서를 통해 우리는 소련 안에 실제로 강제 수용소가 있었음을 알 수 있다"라고 기술했다. 애써 눈을 가리지 않는다면 누구나 알고 있는 사실인데, 사르트르는 이것을 인정하기까지 20년이나 걸렸다. 그럼에도 그는 여전히 동료들에게 "공산주의를 그것의 행동으로 판단하지 말고 그것의 목적으로 판단하도록" 촉구했다.

소련이 서구 사회를 대항해 벌인 모든 활동이 얼마나 많은 생명과 행복을 앗아갔는지를 막론하고 사르트르는 언제나 소련 편에 섰다. 어쩌다 소련을 비판할 때면 소련이 선호하는 거짓말을 되풀이할 뿐이었다. 1954년 빈에서 열린 세계평화협의회 World Peace Congress 이후 사르트르는 소련의 부추김에 따라 모스크바를 방문했고, 돌아와서는 "소련에는 비판의 목소리를 낼 완전한total 자유가 있다"라고 이야기했다. 이 발언은 사르트르가 '완전한'이라는 단어에 어떤 의미를 부여했는지 고려하면 좀 더 이해하기 쉬울 것이다. 소련이 헝가리를 침략한 사건에 큰 충격을 받은 사르트르는 공산주의를 비판하기는커녕 오히려 다른 나라에서 일어나는 공산주의를 지지하는 것으로 충격을 달랬다. 먼저 쿠바를 옹호하다가, (눈이 뜨인 후에는) 중국을 옹호했다. 당시 중국 공산주의의 좋은 점이라곤 그 정체가 아직 잘 알려지지 않았다는 것 밖에는 없었다. 사르트르는 인생의 끝자락에 가서야 공산 베트남의 난민들에 대한 지지를 표명했고(오랫동안 관계가 단절되었던 레몽 아롱과 공개적으로 악수까지 하게 된 사안이었다), 이로써 투쟁을 포기했다. 하지만 그의 작업은 이미 완료된 상태였다.

사르트르의 반부르주아 수사학은 전후 프랑스 철학의 언어와 기획을 바꿔 놓았고 과거 식민지 국가에서 파리로 온 학생들 안에 혁명적 야망의 불을 지폈다. 이 학생들 중에는 폴 포트 Pol Pot가 있었다. 그는 고향 캄보디아로 돌아가서 부르주아 계급의 '파편성'과 '타자성'을 겨냥하는 '전체화' 교리를 실행에 옮겼다. 폴 포트의 피의 숙청 안에서 사르트르의 악마적 글 전체에 깃든 경멸, 즉 평범한 것과 실제적인 것에 대한 경멸이 발견되는 것은 이상하지 않다. 메피스토펠리스는 또다시 말한다. "나는 언제나 부정하는 정신이다Ich bin der Geist, der stets verneint." 사르트르도 했을 법한 말이다. "지옥, 그것은 타인이다"라는 말은 타인은 곧 지옥이라는 말이다(『닫힌 방Huis clos』). 밀튼의 사탄처럼 사르트르는 자기의 오만으로 변형되는 세계를 보았다. 바로 이 오만함 때문에 노벨상을 거절했다. 그런 찬사는 타자로부터 비롯되는 것이기에 본래적 자아가 상대할 가치가 없다는 것이었다.

그 모든 도덕적 결함에도 불구하고 사상가로서 그리고 작가로서 사르트르의 위상을 부인할 수 없다. 이것을 가장 극명하게 보여주는 작품은 1963년에 출간된 『말Les Mots』이다. 프루스트 예찬론에 대한 응수로서, 말이 유아 및 유년기에 끼치는 영향에 대해 증폭되는 오해를 바로잡기 위해 집필된 책이다. 사르트르에게 유년기는 프루스트가 평생의 피난처로 그려낸 그런 곳이 아니다. 유년기는 많은 실수 중 첫째 되는 실수로서, 뒤따라 오는 모든 실수들에 대한 전조가 이 안에 있다. 냉소적이고 담백한 그의 문체는 그 자체로 프루스트를 향한 질책이 된다. 『말』은 드퀸시Thomas De Quincey의 『어느 아편 중독자의 고백Confessions of an English Opium Eater』이나 에드먼드 고스Edmund Gosse의 『아버지와 아들Father and Son』에 필적할 만한 (초현실주의 작가 미셸 레리스Michel Leiris의 영향을 강하게 받은) 수작의 자서전이다. 『말』은 사르트르가 작가로서 진정한 힘을 발휘한 작품으로, 잠시나마 『변증법적 이성비판』의 어둡고 변말 가득한 문장에서 자기 자신을 해방시킨 곳이다. 웃을 줄 아는 사람(그리고 웃음이 타자의 손에 들린 무기가 아니었다면 웃었을 사람)이 쓴 책이다. 하지만 사르트르에게 인생이란 웃을 일이 아니었다. 추상적이고 '전체화'된 것만을 원한 사르트르는 실제적인 것은 비참하고 노예스러운 것이라고 비난했다. 결국 전체화된 전체성은 처음부터 예상했던 바로 그 모습이었다. 즉, '전체주의적 실천'에 대한 전적인 투신total commitment이다.

사르트르가 제시하는 관점에서 20세기 프랑스를 되돌아보면 우리는 즉각적으로 프랑스 좌파의 두 가지 특징에 주목하게 된다. 즉, 적개심과 혁명적 열정이라는 특징이다. 현실에 대한 깊은 좌절감과, 유토피아라는 이름으로 그것을 해체하고자 하는 욕구는 자코뱅당의 시대로부터 오늘날에 이르기까지 프랑스 좌파의 기본 위치가 되어왔다. 20세기에 들어와서는 이런 환멸 증상에 새로운 차원이 하나 더 가미된다. 즉, 모든 이상^{ideals}과 충성^{loyalties}은 그저 배반으로의 유혹이고, 진정한 구원은 개인 안에 있는 것, 즉 개인이 스스로 자기 자신에게 부여하는 것이라는 신념이 추가되었다.

잇따라 전개되는 본래성을 향한 추구는 영구적인 적을 필요로 하게 된다. 좌파[viii]는 가치가 환상에 불과하다는 것을 알기 때문에 다른 사람들의 삶을 영위하는 싸구려 기만이 제거된 삶 속에서 자기 정체성을 찾는다. 이런 좌파에게는 어떤 가치도 없기 때문에 그의 생각과 행동에는 오로지 소극적 보장$^{negative\ guarantee}$만 부여된다. 다시 말해 다른 사람들의 기만을 들추어냄으로써 자신의 입지를 강화할 수 있다. 이 들추어내는 작업은 단번에 되는 것이 아니다. 존재의 핵심부에 위치한 도덕적 공백을 메우기 위해 지속적으로 갱신되어야 하는 작업이다. 금방 알아차릴 수 있는, 이른 바 갱신 가능한 적이 있을 때만 본래성을 향한 투쟁은 지속될 수 있다. 이 적은 협잡과 기만의 샘이어야 하고, 정교하고 은밀한 권력의 소유자이어야 하며, 이 권력은 적 나름의 가치 토대를 이루는 거짓말의 체계로 유지된다. 따라서 이런 적의 정체는 드러내야 마땅한 것이고, 그의 은밀한 억눌림에서 세계를 해방시키는 그 사람은 일종의 영웅적 미덕을 지니게 된다.

우리는 사르트르의 글에서 이미 이 적을 만나보았다. 그런데 이 적에게

---

viii Gauchiste: '좌파주의자', '좌파'로 번역된다. 저자가 여기서 'left' 대신 프랑스어 'gauchiste'를 사용하는 이유는 아마도 단어의 어원이 '좌'라는 의미의 'gauche'라는 점 때문일 것이다. 영어에서 'gauche'라는 단어는 '어색한', '촌스러운', '투박한' 등의 의미로 사용되는데, 단어의 어원적 의미와 실제 좌파의 진상을 병치시킴으로써 저자는 프랑스 좌파 특유의 모순을 가리키는 듯하다.

붙여진 경멸적인 이름은 프랑스의 루이 14세 시대 귀족주의 덕분에 알게 된다. 이 갱신 가능한 적의 이름은 다름 아닌 '부르주아'다. 공동체의 기둥이 되는 '부르주아'의 위선적 훌륭함과 사회적 무능함은 형형색색의 갱신 가능한 경멸의 원천이 되어줬다. 물론 '부르주아'는 몰리에르^{Molière}가 처음으로 그것의 사회적 허식을 조롱한 이후 상당한 변모를 거쳐왔다. 19세기에 이 적수는 복잡한 이중성을 띠었다. 마르크스는 부르주아를 프랑스 대혁명의 주체$^{principal\ agent}$이자 주요 수혜자로 묘사했고, 그의 촉수를 모든 영향력과 권력에 뻗치는 새로운 억압자^{enslaver}로 표현했다. 그 와중에 지식인들은 카페에 둘러 앉아 좀 더 쓰라린 어투로 귀족층을 통렬히 조롱했다. '부르주아를 놀라게 하자$^{Épater\ le\ bourgeois}$'는 태도는 불만 가득한 예술가의 특징적 태도가 되어버렸다. 이런 태도는 귀족층의 특권를 들춰낼 수 있는 권리, 즉 부상하는 중산층의 '강탈적' 지배에 대한 경멸을 정당화하는 자격과도 같은 것이다.

이 부상하는 중산층은 독어로는 'Bürger'인데 '부르주아'와 같은 의미를 지니지 않는다. '시민사회'라는 영역, 즉 합법적인 법치주의 아래 자유로운 시민권이 작동하는 영역을 지칭하는 계몽주의 개념은 헤겔에 가서 'bürgerliche Gesellschaft(시민사회)'로 다시 등장한다. 때문에 유럽의 좌파들은 언제나 이 단어의 프랑스어 버전, 즉 경멸의 역사가 묻어있는 버전을 선호해 왔다. 마르크스와 플로베르$^{Gustave\ Flaubert}$의 이중 영향 아래 나타난 19세기판 부르주아 계급은 그 태생이 미천하다고는 상상도 못할 괴물로 변모해버렸다. 레닌주의 도그마 안에서는 '계급의 적'이라는 이름이 붙었고 그것의 지배는 역사의 지령에 따라 파괴되어야 할 것이 되어버렸다. 그것은 또한 보헤미안 삶$^{la\ vie\ bohème}$의 자유와 격정을 방해할 모든 도덕, 관습, 행동 수칙의 보고가 되어버렸다.

마르크스주의의 이데올로기 이론은 이런 부르주아 초상화의 두 반쪽을 꿰매어 보려고 했다. 실제 경제적 권력이 사회적으로 둔갑하여 나타난 것이 '편안한' 가치들이라고 설명했다. 하지만 이 이론은 만족을 선사해주고 갱신 가능하기도 한 경멸을 담아내기에는 모호하고 도식적이었다. 그래서 20세기 프랑스 좌파는 이 초상화를 완성하는데 매진했다. 목표는 완벽한 적을 창조하는 것이었다. 이 적을 대항할수록 본래성이 규정되고 더욱 분명해질 수 있었다.

이상적인 부르주아를 구축하는 작업은 『구토』로부터 시작하여 1952년 『성 주네Saint Genet』에서 완성된다. 현대판 사탄주의Satanism의 역작인 『성 주네』에서는 부르주아를 뿌리 깊은 이성애異性愛에서부터 범죄에 대한 반감에까지 아우르는 복잡다단한 감정의 보고로 묘사한다. 마침내 부르주아는 가상의 '정상성normality'을 대표하게 된다. 이 정상성에 도전하고, 또 그렇게 함으로써 부르주아가 은폐하고 있는 사회 정치적 권력에까지 도전하는 사람들을 제어하고 억압하는 세력으로 등장하게 된다.

프랑스 좌파의 사유세계의 뿌리가 되는 반부르주아 정서는 좌파 스스로가 만든 역할과 기능이 아니라면 모조리 다 배척하는 태도의 기저를 이룬다. 이들의 주요 세력 기반은 대학이 아닌 카페다. 부르주아 체계의 '구조'인 대학 안에서 영향력 있는 위치를 차지하는 것은 혁명적 청렴과는 양립할 수 없다는 생각이 오랫동안 유지되었다. 영향력을 행사하고 싶다면 그것은 순전히 좌파 자신의 지적 노동을 통해, 즉 현상태에 도전하는 글과 이미지를 생산하는 노동을 통해 행사해야 한다는 입장이 고수되었다. 그리고 카페가 그의 사회적 위치의 상징이 된다. 좌파 지식인은 카페에 앉아서 길거리에 펼쳐지는 광경은 관찰하지만 참여하지는 않는다. 그 대신 그는 카페를 지나가는 무리 중에 그의 시선에 매료되어 무리로부터 빠져나와 그가 앉아 있는 곳으로 '넘어오는' 사람들을 기다린다.

같은 맥락에서 우리는 좌파와 진정한 중산층 사이에 형성되기 시작한 상호의존성에 주목해야 한다. 사르트르의 기괴망측한 서술이 전개된 후, 좌파는 중산층의 고해 신부로 간주되기 시작했다. 좌파는 중산층의 죄 많은 상태에 대한 이상적인 모습을 제시해준다. 사르트르식 '부르주아'의 초상은 미신이지만 동시에 평범한 도시인과 썩 닮아있다. 평범한 도시인은 그런 왜곡된 초상화 안에서 자기 자신을 발견하고 도덕적 가능성들의 무게에 눌려 괴로워한다. 그는 재산을 소유한다는 것, 결혼을 한다는 것, 어느 정도 충실한 남편, 성실한 아버지가 되려고 노력한다는 것 등을 모두 인정한다. 다시 말해 전적으로 가상적인 범행을 열심히 자백하는 것이다. 그런 후 더러웠던 양심이 이제는 깨끗하다고 선언해주는 좌파를 그는 극구 칭찬한다. 이로써 좌파는 중산 계급의 구원자가 되며 이들의 환상을 벗겨주는 임무를 맡게 된다.

이렇게 해서 일정한 시점이 되면 그의 무례함에도 불구하고(사실 무례함은 그의 직업에 필요한 덕목이다) 좌파는 풍부한 사회적 특혜를 누리기 시작한다. 그는 그가 짓밟았던 부르주아 계급의 어깨를 의기양양하게 타기 시작하고 마침내 귀족의 안락한 위치를 즐기게 된다. 파리 최고의 파티에 그는 몸소 등장한다. 가장 누추한 연회가 열리는 집의 책장도 그의 저술로 가득하다. 좌파와 그의 희생자 사이의 공생관계는 너무나 긴밀해서 절대 깨지지 않을 것 같았던 과거의 귀족과 소작농의 관계와 유사해 보인다. 둘의 주요 차이는 이것이다. 귀족은 말로는 소작농을 칭찬했으며(이상화된 '목자'의 모습을 만들어내며 궁정 내 연극 무대에서는 소작농의 덕목이 끊임없이 전시되었다) 행동으로는 그를 억압했다. 좌파는 아주 신중하게 우선순위를 바꿔놓는다. 이제는 자기를 먹여주는 손을 향해 짖는 듯 야단치기만 한다. 이 안에서 그는 더 교활한 지혜와, 제대로 작동하는 생존본능을 보여준다.

세련된 지식인의 표상, 푸코

좌파의 저술활동은 1968년 5월 학생 운동의 길을 열어주었다. 줄리아 크리스테바^{Julia Kristeva}, 필립 솔레르스^{Philippe Sollers}, 롤랑 바르트^{Roland Barthes}, 마르그리트 뒤라스^{Marguerite Duras}, 알랭 로브그리예, 그리고 누보 로망의 추종자들은 모두 특정 기득권층을 번지르르하게 대표하는 인물들이었다. 이들의 마르크스주의는 구조주의^{structuralism} 언어학으로 치장되었고 거절할 수 없는 문학적 매력을 선사했다. 이중 몇몇은 교육 기관에 속해 있기도 했다. 하지만 이중 어느 누구도 학위를 자랑하는 데는 관심이 없었고 모두 플로베르와 보들레르가 선보인 초연하고 보헤미안적 태도를 유지했다. 이 세대에 속한 세련된 지식인들 중 가장 영향력 있는 사람은 단연 미셸 푸코^{Michel Foucault}였다. 사회 철학자이자 관념의 역사가^{historian of ideas}인 푸코는 사르트르의 반부르주아 수사학을 이어받아 처음에는 프랑스에서, 나중에는 전세계(특히 미국)에 걸쳐 교육과정의 기본요소로 보급했다.

나는 푸코를 신좌파의 선두적인 사상가라고 지명하지만 그의 정치적 입장은 끊임없이 바뀌었고 푸코 자신도 고정된 꼬리표를 마다했다. 푸코는 사르트르와 달리 공산주의를 비판한 사람이다(비록 말년에는 비판의 목소리를 많이 죽였지만 말이다). 그럼에도 불구하고 사르트르의 과업을 이어받은 인물들 중에 가장 강력하고 야심 찬 사상가였다. 푸코는 부르주아 계급을 폭로하는데 전념하였고 시민 사회를 형성하는 모든 요소들이 결국에는 지배를 위한 형태들로 환원될 수 있음을 보여주었다.

사르트르와 마찬가지로 푸코의 업적을 공정하게 평가하는 것은 쉽지 않다. 그의 상상력과 유려한 지성은 수많은 이론, 개념, 통찰로 나타났으며, 그의 시적인 문체는 마치 독수리가 간석지 위를 활공하듯 혼탁한 좌파 글쓰기의 진흙탕을 넘어선다. 고차원적 이상을 현란하게 활용하는 것이야말로 푸코의 매력이다. 그를 반대하는 세력에 대해서는 자신의 지적 에너지의 격동에 못 이겨 언제나 우월한 '이론적' 관점에서 응수하는데, 이 높은 관점에서 반대세력은 그저 자기의 이익을 추구하는 존재로밖에는 보이지 않는다. 이렇게 상대화된 반대세력은 이미 묵살된 세력이나 마찬가지다. 푸코의 관심을 자극하는 것은 무엇을 말했느냐가 아니라 그것을 말했다는 사실이다. '당신 어디 출신이요?D'où parles-tu?'가 푸코가 던지는 질문이다. 어떤 대답도 푸코가 서 있는 자리에 닿질 못한다.

푸코의 초기 작품과 가장 영향력 있는 작품을 꿰는 공통된 과제는 권력의 숨은 구조를 찾아내는 것이다. 모든 활동과 모든 제도 이면에, 심지어 언어 이면에도 권력이 존재하는데, 푸코의 목표는 이 권력을 폭로하고 그럼으로써 그것의 포로들을 해방시켜주는 것이다. 푸코는 이 방법을 처음에는 '지식의 고고학archaeology of knowledge'이라 명명했고 연구의 주제는 진리라고 했다. 여기서 진리란 '담론'을 생성하는 진리가 아닌, '담론'의 산물로서의 진리를 말하는 것이다. 진리가 표현되는 언어의 형식과 내용을 모두 포함하는 진리다. 여기서 즉시 문제가 발생하는데, 이 문제는 비단 용어의 문제만은 아니다. 새로운 경험에 의해 파기될 수 있는 '지식'이란 무엇이고, 담론을 통해서만 표현되고 그 담론 안에서만 존재하는 '진리'란 또한 무엇인가? 푸코의 '진리'는 그것을 자각하는 우리와 독립적으로 존재하는 것이 아닌, 그것이 '알려지는known' 통로인 '담론'을 통해 창조되고 재창조되는 진리다.

따라서 푸코는 『말과 사물Les mots et les choses』(1966)[40]에서 인간은 근래의 발명이라고 말한다. 그야말로 독창적이면서도 골치 아픈 발상이다. 좀 더 검토해보니 푸코가 말하는 것은 인간으로서 존재한다는 것(예컨대, 농부, 군인, 귀족으로 존재하는 것이 아니라)은 르네상스 이후에야 우리가 이해하는 그런 특별한 의미를 지니게 되었다는 것이다. 이 논리에 따르면 공룡도 근래의 발명품이라고 말할 수 있을 테다.

물론 푸코가 그렇게 말하는 데는 그럴만한 이유가 있다. 푸코는 인간을 대상으로 삼은 학문은 최근의 발명이며, 그리고 그런 학문은 이미 또 다른 형태의 '지식$^{knowedge,\ (savoir)}$'에[41] 길을 내주고 있다는 점을 강조하고 싶은 것이다. 인간이라는 개념은 인간의 사유 역사 안에 등장하는 여타 개념만큼이나 무너지기 쉽고 한시적이기 때문에 새로운 에피스테메(지식의 새로운 구조)[ix]의 충동을 따라 아직은 이름을 지을 수 없는 그것에게 길을 내주어야 한다는 것이다. 각 에피스테메는 어떤 부상하는 권력의 종^{servant}이며 에피스테메의 주요 기능은 권력의 이익을 챙겨주는 '진리'를 창조하는 것이다. 따라서 일반적으로 받아들여지는 진리는 사실 특정 누구에게 편리한 진리라는 것이다.

비이성 예찬론

에피스테메 이론은 마르크스주의의 이데올로기 이론의 재방송이다. 이 이론은 각각의 사유 형태, 개념 체계, 이미지와 내러티브 등을 모두 사회 질

---

ix   Episteme: 원래는 지식을 뜻하는 그리스어이나, 어떤 특정한 시대의 문화를 규정하는 심층적인 질서 및 규칙의 체계를 말하기 위해 푸코가 사용한 용어다. 그는 시대마다 다른 에피스테메가 사람들의 사고방식을 다르게 규정한다고 주장했다.

서가 기대고 있는 권력 구조를 강화하고 유지하는 기능으로서 특징짓는다. 이 이론이 문제 삼는 권력은 꼭 지배계급을 지칭하는 것은 아니지만 지배계급도 권력의 필연적인 수혜자가 된다는 점을 상정한다. 권력은 모든 것을 조화롭게 결합하고, 지배적이고 종속적인 위치들을 규정하며, 사회 전 스펙트럼에 걸쳐 불공평하게 특혜를 분배하는 위계질서를 유지한다고 푸코는 말한다.

마르크스는 이데올로기와 과학을 대조시키며, 이데올로기는 그것의 기능을 통해 이해되어야 하며 과학은 그것의 진리(진실성)를 통해 이해되어야 한다고 주장했다. 따라서 과학은 모든 제도가 의존하는 물질적 토대에 속하는 반면 이데올로기는 단순히 특정 체계의 부산물이 되는 것이다. 하지만 푸코는 에피스테메와, 다른 객관적 혹은 설명적 형태의 '지식' 사이를 명확하게 구분하지 않는다. 한 시대의 에피스테메와 별개로 존재하는 특권적 위치가 푸코에게는 없는 것 같다. 그러한 위치가 있더라도 유의미하지 않은 것은, 그것도 결국 그 시대 고유의 에피스테메로 물들어 있기 때문이다. 그렇다면 여기서 푸코가 한번도 대답한 적이 없는 물음이 제기된다. 즉, 그의 발견을 정당화하는 방법론은 무엇이며 푸코 자신이 그런 발견을 주장할 자격을 부여받을 수 있는 공명정대한 입지를 확보했느냐이다.

푸코의 초기 저술들에는 분명히 많은 통찰이 담겨 있다. 하지만 그가 사용하는 상대주의적 방법론, 즉 실재를 곧 그것이 파악되는 방식으로 환원하는 방법론은 그의 통찰이 과연 열심히 수고하여 얻은 통찰인지에 대한 의문을 갖게 한다. 이 방법론을 채택함으로써 푸코는 실증적 연구라는 만만치 않은 트랙을 뛰지도 않고 역사 연구의 결승선으로 비약해버린다. 인간은 인공적 산물(그것도 인간의 미덕을 예찬한 중세나 르네상스 인본주의자들의 시대보다도 나중인 근래의 산물)이라고 믿는 사람이 정말로 증명해야 할 바가 무엇인지 잘 생각해보자. 푸코의 사유 세계를 제대로 평가하려면 그것의 두 가지 구성요소를 구별해야 할 것이다. 즉, 날랜 상대주의적 재주(이것만으로는 푸코를 쉽게 제쳐놓게 된다)와, 권력의 은밀한 작동에 대한 '진단적diagnostic' 분석이다. 흥미로운 것은 후자다. 이런 분석은, 연속되는 '지식'의 형태는 가장 우세한 지배 형식을 받들고 그것을 상징하는 담론을 생성한다는 푸코의 주장 안에서 찾아볼 수 있다.

푸코는 이 주장을 『광기의 역사Histoire de la folie à l'âge classique』(1961)에서 처음으로 선보인다.[42] 여기서 그는 광인을 감금하게 되는 역사의 기원을 17세기까지 거슬러 추적하는데, 이 감금의 역사를 일의 윤리학ethics of work과 부르주아의 부상과 연결시킨다. 푸코는 세련미 없는 인과적 설명은 못 견딘다. 그 대신 일종의 관념론적 형이상학을 동원한다. 즉, 사물은 우리가 생각으로 품는 것과 구별되지 않기 때문에 우리의 사유 방식이 사물을 야기한다고 암시하는 것이다. 따라서 푸코는 사회의 경제적 재편성이 광인을 감금하게 되었다고 하지 않는다. 오히려 "노동에 관한 특정 경험 안에서 감금에 대한 불가피한 경제적, 도덕적 요구가 형성되었다"라고 기술한다.

더 중요한 것은 푸코가 마르크스를 이해하는 방식을 바꿨을 뿐 아니라 코제브가 해석한 헤겔 또한 새로운 관점으로 접근했다. 푸코가 『광기의 역사』와 그 외 저작에서 '고전주의 시대'라 칭하는 시대에서는 광인이 '타자'다. 그가 타자인 이유는 그는 지배적 윤리학의 경계를 건드리며 그것의 요구로부터 자신을 격리시키기 때문이다. '정상적'이길 거부하는 광인의 태도 안에는 도덕적 우월감에서 비롯된 경멸이 깔려있다. 그래서 광인은 제어되어야 한다. 감금을 통해 광기는 선호된 지배 방식의 또 다른 이름인 '이성의 법칙'에 종속된다. 이제 광인은 제정신인 사람들의 관할 아래 살며 그들이 만든 법과 도덕의 제한을 받는다. 여기서 이성이 할 수 있는 것은 광기에게 광기의 '진리'를 보여주는 것 밖에 없다. 이 진리로서만 이성이 광기를 파악할 수 있다. '고전주의적' 사유 방식에 의하면 이성이 결핍된 삶은 곧 짐승의 삶이다. 그래서 광인에게는 짐승의 역할이 주어진다. 그는 철장에 갇혀 짐 나르는 짐승 취급을 받는다. 자기에 대한 이 '진리'를 조우하며 그는 온전해진다.

시대마다 그 시대의 관습을 거역하는 자들을 제어할 유사한 '진리'가 모색된다. 그리고 시대마다 정상성sanity은 지배 권력의 요구에 따라 규정된다. 다시 말해 정상성은 지배의 기존 구조에 순응하는 행동 방식이다. 하지만 푸코는 이제 광기를 가둬놓을 '진리들'이 고갈되었다고 주장한다. 이제 광기는 철장에서 나와 우리로 우리의 진리와 대면하게 한다. 푸코가 전개하는 희곡의 결말에는 전후 프랑스 올림포스Olympus 신들이 무대에 입장하여 무대 맨 앞줄에 앉아있는 부르주아에게 혀를 쭉 내민다. 푸코에게 고야Francisco Goya, 사드Marquis de Sade, 횔덜린Friedrich Hölderlin, 네르발Gérard de Nerval, 고흐Vincent van Gogh, 아르토Antonin Artaud, 그리고 니체Friedrich Nietzsche는 모두 비이성unreason (déraison)이 더 이상 침묵당할 수 없으며, 부르주아 정상성의 지배는 끝났다는 것을 증명해준다.

이같은 비이성 예찬을 어떻게 받아들여야 할까? 푸코에 의하면 18세기에 광기가 자기 자신을 표현하려고 할 때면, 이성이 제공한 언어로밖에는 가능하지 않다는 점이 분명했다. 광기의 유일한 현상학이 정상인의 의식 내에만 존재한다는 것이다. 그렇다면 18세기에는 분명 광기의 본성에 대한 한 가지 확실한 직관이 있었을 것이다. 언어의 영역과 이성의 영역은 동연同延, coextensive의 것이다. 따라서 푸코가 말한 것처럼 광기가 자기 고유의 '진리들'을 갖고 있다면 그것은 본질적으로 표현 불가능하다. 푸코는 비이성의 '언어'가 있다고 주장하며 그것에 우리의 귀를 기울여야 한다고 말한다. 그런데 그런 언어는 자기 지시self-reference가 불가능한 언어다. '아무에게도 속하지 않은 목소리'로 전달되는 혼미한 독백에 불과할 것이다. 우리가 서로 공유하는 세계에 대해 우리에게 직접 말하는 니체의 『우상의 황혼Götzen-Dämmerung』이나 네르발의 『환상시집Les chimères』과는 거리가 먼 목소리다.

 푸코는 19세기에 와서 '고전주의' 시대에서 경험되는 '비이성'은 분열되기 시작했다고 말한다. 광기는 이제 도덕적 직관에 갇히게 되고 이성이 접근할 수 없는 언어로 끊임없는 독백을 이어가는 광기의 공상은 저물었다. 20세기가 되어서야 프로이트의 무의식 이론을 통해 다시 소생된다. 푸코가 보기에 19세기에 광기는 부르주아 삶 전체의 구조를 위협하기에 이르렀고, 따라서 지배적 규범을 따르지 못한 광인은 유죄로 분류되었다. 광기의 가장 중한 범죄는 '부르주아 가정bourgeois family'에 대한 범죄인데, 바로 이 가족이라는 현상이 정신병원의 가부장적 구조를 결정하게 된다. 정신병원 안에서의 판단과 정죄의 에토스ethos는 광기에 대한 새로운 태도를 형성한다. 즉 광기는 이제 관찰의 대상이 된 것이다. 더 이상 광인은 무엇을 말하고 상징하는 존재로 고려되지 않고, 행동의 세계 안에서 발생한 이상 현상으로 간주된다. 광인은 겉으로 드러나는 행동에 대해서만 책임을 지게 된다.

 정신병원에서 이성적 인간은 어른의 역할을 담당하고 광인은 어린아이의 역할을 맡음으로써 광기는 곧 아버지에 대한 쉴 새 없는 공격으로 해석된다. 이런 광인은 자기의 오류를 알아차리도록 제어되어야 하며 죄에 대한 자각심을 아버지에게 보여주어야 한다. 이로써 정신병원의 특징인 '위기 중의 자백confession in crisis'에서 프로이트적 대화로의 자연스러운 이행이 일어난다. 프로이트적 대화에서 분석가는 무의식에서 울리는 비이성의 언어를 듣고 해석하는데, 이 지점에서도 광기는 여전히 자기 자신을 불복종과 위반의 형태로 보도록 강요당한다. 결론적으로 푸코는 다음을 암시한다. 정신분석학에서도 여전히 가족 구조라는 틀 안에서 광기를 파악하려고 하기 때문에 광기와 대화를 시도해도 광인이 무엇을 말하고자 하는지 전혀 이해하지 못한다는 것이다.

일부는 통찰, 일부는 생동감 넘치는 허구인 대단히 흥미로운 분석이다. 그런데 그 기저에는 모든 것을 단순화시키는 집요한 역사적 관점을 포착할 수 있다. 누가 봐도 학식이 있는 푸코는 근대사를 접근할 때 『공산당 선언』에서 제시된 신화창조적 지침을 끝까지 고집한다. 푸코의 역사관 안에서 세계는 '고전주의적' 시대와 '부르주아적' 시대로 깔끔하게 나뉘고 전자는 르네상스 말기에 시작하여 1789년 '부르주아 혁명'으로 끝난다. 그 이후에야 근대적 삶의 특징적 속성들(예컨대 핵가족, 양도 가능한 소유권, 합법적으로 형성된 국가, 영향력과 권력의 근대적 구조 등)이 나타난다는 것이다. 엥겔스는 '부르주아 가족'이라는 개념에 신빙성을 부여하려는 영웅적인 시도를 감행했고, 이것은 지금까지 좌파 귀신론^{demonology}에 유용하게 사용되어왔다.[43] 하지만 엥겔스가 그려놓은 초상은 낡고 케케묵은 것이다. 프랑스 대혁명이 '봉건사회'에서 '자본주의적' 생산양식으로의 이행, '귀족주의' 사회 구조에서 '부르주아적' 사회 구조로의 이행, 상속된 소유권에서 양도 가능한 소유권으로의 이행을 야기했다는 주장만큼이나 설득력이 없다.

더욱 설득력이 떨어지는 주장은 라신$^{Jean\ Racine}$과 라 퐁텐$^{Jean\ de\ La\ Fontaine}$의 '고전주의적' 세계관이 르네상스 이후, 대혁명 이전 프랑스 문화의 주요 지표가 된다는 주장이다. 이런 주장의 바탕에는 역사자료를 (역사가라면) 비난받을 만할 정도로 간소화한 정교한 작업이 있다. 푸코의 수사학의 목적은 독자를 매료시켜 '부르주아', '가족', '가부장제', '권위주의' 사이에 어떤 본질적 연관성이 있다고 믿게 하는 것이다. 소작농 가족의 권위주의적 성격과 귀족층 가족의 가부장적 성격이 이른바 '부르주아' 가족의 그것보다 훨씬 강했다는 것, 그리고 상류층이나 하류층에서는 부재한 역량, 즉 가정생활의 균형을 유지해주는 역량이 중산층에게 있었다는 것 등의 역사적 사실들은 옆으로 제쳐둔다.

독자 안에 혹여나 의구심을 일으킬만한 사례나 반례, 혹은 증거에 대한 논급이나 탐구는 전혀 찾아볼 수 없다. 그것들이 발견되는 순간 없으면 안 되는 성상의 윤곽이 모호해지고 지워지기 때문이다. 성상의 이미지가 희미해지면 관념도 희미해진다. 그렇게 되면 정신병이라는 범주를 설정하여 무고한 환자를 감금하고 그가 '비정상적'이라고 훈계하는 비밀한 권력이 가족, 가정, 그리고 근대적 삶의 규범까지도 만들어낸 권력이라는 것을 독자는 더 이상 믿지 않게 된다. 나아가 이 권력의 본질이 '부르주아'라는 말 한마디로 요약될 수 있다는 것은 더더욱 믿지 못하게 된다.

그럼에도 불구하고 이런 도식적인 역사 편찬은 푸코의 초기작 전역에 걸쳐 나타난다. 푸코는 특히 '고전주의' 시대라는 개념을 최대한 활용한다. 그런데 그의 후기작 안에서 맴도는 적은 이전의 고상한 옷을 잃은 듯하다. 이제는 품격도 위엄도 지위도 다 벗은 노골적인 권력 그 자체로 나타난다. 어쩌다 '부르주아'로 그것을 지칭할 때면 그저 허공에 휘두르는 주먹질에 불과하다. 마치 레슬링 선수가 상대편에게 모욕적인 말만 던지는 것처럼. 이제는 더 이상 적의 정체에 대한 속 시원한 자신감이 존재하지 않는다. 그럼에도 푸코의 방법론과 결과는 여전하다. 1960년대에 걸친 그의 저술활동은 『광기의 역사』 안에 숨겨진 과업을 반복한다.

『병원의 탄생』The Birth of the Clinic (1963)[44]에서 푸코는 '관찰'과 '정상성'의 관념을 확장하는데, 이는 광인의 감금뿐 아니라 병인의 감금도 설명하기 위해서다(그는 금세 그의 분석을 감옥과 처벌에까지 확장시킨다. 학교 및 대학교까지 다루지 않은 이유는 적어도 신념이 부족해서는 아닐 테다). 푸코가 보기에 관찰을 위해 환자들을 불러 모으는 것은 세계를 정상적인 것과 비정상적인 것으로 나누고자 하는 욕구 때문이고, 비정상적인 것을 그것의 '진리'와 직면하게 하는 것이다. 질환의 분류도 필요하다. 즉 각각의 질환을 식별 가능한 것으로 분류할 '신중한 언어measured language'가 필요한 것이다.

이런 발상에는 다소의 진리가 있다. 격리, 관찰, 선택적 치료를 통해 질병에 대한 이해가 깊어졌다는 것을 부인할 사람은 없다. 그런데 그 진리가 너무나 간단하고 그 사실이 너무나 수수해서인지 푸코는 굳이 어떤 탈을 벗겨내려고 한다. 무엇이라도 만연한 부르주아 음모의 일부로서 폭로해야만 하는 것이다. 이로써 푸코는 특유의 문체로 (인간의 업적 중 그래도 무해한) 병원이 어떻게 형성되는지 설명한다.

> 자신의 방법론과 과학적 규범을 정의하려는 임상의학적 사고와 모든 노력 위로 순수한 시선이 순수한 언어가 될 것이라는 신화가 펼쳐졌다. 즉 말하는 시선(a speaking eye)이라는 신화다. 병원에서 생겨나는 개별 사건들을 끌어모으면서 병원이라는 장을 다른 곳과 경계 짓는 구실을 하는 것이 이런 신화이기도 하다. 시선이 사물을 좀더 많이 보고 정확하게 관찰함에 따라 시선은 말을 하며 가르치는 언어가 되는 것이다. 계속 반복되고 수렴되는 사건의 흐름이 자신의 시선 아래서 그려내는 진리는 동일한 사건의 시선과 질서 안에서 알지 못하고 보지 못하는 사람에게 일종의 교육 자료가 된다. 말하는 시선은 사물의 하인이며 진리의 주인이 될 것이다.[45]

여기서 포착되는 뛰어난 수사와 운율감은 단순한 과학적 관찰을 먹이 삼아, 숨어있는 권력에 대해 고통스러워하는 의식을 표출한다.

응시의 개념(타자의 타자성이 가장 강력하게 드러난 상태를 지칭하기 위해 사르트르와 메를로 퐁티는 이것을 '시선le regard'이라 칭했다) 뒤에는 거대한 의구심 하나가 도사리고 있는데, 『존재와 무』 도처에 깔려 있는, 인간다움human decencies에 대한 의구심과 동일한 것이다. 이 의구심은 무엇이 시도되거나 성취되는 것은 전적으로 권력의 이익 때문이기에 속지 말라고 우리에게 호소한다. 그런데 에이즈에 시달리던 푸코가 1984년 6월 살페트리에르La Salpêtrière(과거에 정신병원으로 사용된 병원으로서 『광기의 역사』에서 푸코가 신랄하게 비난한 곳이다)에 입원한 이유는 대중의 시선gaze을 피하기 위해, 그리고 자기가 20년 전 부르주아 권력의 가면이라고 비난했던, 하지만 말년에는 필요하게 된 동정compassion을 얻기 위해서였다.

숨은 권력 사냥하기

가면 뒤에 숨어 있는 권력을 사냥하려는 욕구는 '감옥의 탄생'을 부제로 붙인 푸코의 역작 『감시와 처벌Surveiller et punir』에서 한층 더 진화한다.[46] ('Surveiller'라는 단어는 번역하기가 어렵지만, 그것이 지칭하는 것은 결국 수호자들의 시선Gaze of the guardians이다.) 의심 많은 부르주아 성상연구가 푸코가 감옥 체계, 병원, 그리고 정신병원이 거의 동시다발적으로 발흥한 것을 간과했을 리 만무하다. 사실 르네상스 시대 유럽에서 자행되었던 본보기식 공개처벌이 이후 신체적 감금 체계로 이행한 사건에 대한 푸코의 초기 분석은 설득력이 있다. 하지만 전자를 '고전주의적'이라 부르고 후자를 '부르주아'라고 하는 데서 그 설득력은 힘을 잃는다. 그래도 이전 체계가 범죄에 대한 신체적corporeal 언어를 구현한다는 점은 명쾌한 분석이다. 고문의 목적은 범죄에 범인의 신체를 새겨 넣는 것, 즉 고통이라는 살아있는 언어로 악(惡)을 가시적으로 나타내는 데 있다. 이에 대조되는 개념으로 푸코는 개인 권리의 사법적 이해에 기반을 둔 감옥 시스템을 분석한다. 감옥 시스템에서 처벌은 일종의 박탈적 성격을 지니게 된다. 사회 계약을 맺은 개인주의자는 다른 방법으로는 처벌될 수 없는 합법적인 제약 아래 놓인다. 감옥이라는 새로운 체제 하에서는 사형도 추상적인 사법적 성격을 띤다.

> 단두대는 상대방의 신체에 접촉을 거의 하지 않으면서 생명을 끊어버리는 것으로서 감옥이 자유를 빼앗고, 벌금이 재산을 박탈하는 것과 같은 방식이다. 단두대야말로 고통을 느낄 수 있는 실제의 신체에 대한 법의 적용이라기보다 모든 권리 중에서도 특히 생존권의 보유자인 법적 주체에 대한 법의 적용이라고 간주된다. 그것은 법 그 자체의 추상화된 의미를 확보하는 것이었다.[47]

푸코는 여느 때와 마찬가지로 놀랍지만 동시에 별로 놀랍지 않은 결론을 도출한다. 처벌이 인간 영혼의 계보에 속한 한 요소라고 하는 것은 놀랄만한 주장이다. 여기서 처벌을 당하는 대상은 데카르트적 자아, 즉 고통을 바라보는 자로서의 응시하는 주체가 된다는 말이다. 근대적 영혼이 감옥 시스템의 산물까지는 아니더라도 적어도 주체에 대한 사법적 이해의 산물이라는 점, 즉 법적 권리들의 복합체라 주장하는 것도 놀랍다.

덜 놀라운 것은 형법이 '진리 생산'을 목적으로 가동된다는 주장, 그리고 권력을 표현하고 합법화하기 위해 존재한다는 그런 '지식' 시스템 중 하나라는 주장이다. 처벌의 형태가 의학과 비슷한 이행과정을 통과한다는 것, 즉 상징의 체계에서 감시의 체계로 이행한다는 주장도 별로 놀랍지 않다.

벤담Jeremy Bentham의 '파놉티콘panopticon'(한 위치에서 모든 죄수들을 감시할 수 있는 교정소machine à corriger)을 인상적으로 다룬 푸코는 감옥에서의 훈육을 가시적인 것 위에 군림하는 비가시적인 권력의 부상과 연관시킨다. 달리 말해 이것은 권력이 법으로 표현된 것이다. 법은 바로 그 보이지 않는 '정상화시키는 응시자'인데, 그는 범인을 비정상적인 표본으로 선별하면서 동시에 범인이 정상성의 짐을 다시 질 수 있을 때까지 그의 권리를 몰수해간다.

여기서 무미건조한 것과는 거리가 상당히 먼 푸코의 시적 글쓰기를 손상시키는 억지스럽고 마르크스스러운 설명이 따라온다. 푸코는 우리에게 감옥에서의 훈육은 일종의 '권력의 전술'로서 세 가지 목적을 지닌다고 말한다. 즉, 최소 비용으로 권력을 행사하는 것, 최대한 광범위하고 심층적으로 권력을 확장하는 것, 그리고 권력의 '경제적' 성장과 권력을 실행하는 다양한 장치들(교육, 군사, 산업, 의료)을 연결시키는 것이다.[48] 결국 감옥과 "자본 축적을 가능하게 한 기술들로 시작한 서구의 경제도약" 사이의 연관성을 암시하려는 것이다.[49]

이런 충동적인 관찰은 학문이나 실증적 증거로부터 산출된 것이 아니라 관념들을 연관지음으로써 제시되는데, 그중 핵심적인 관념은 『공산당 선언』의 역사적 형태론morphology이다. 수준 높은 현대 사상가가 왜 이미 신빙성을 잃은 형태론을 여태 붙잡고 있는지 묻는다면, 답은 그 형태로 적의 초상화를 그리기 위한 밑그림이 되어준다는 사실에 있다. 그래서 다음과 같은 구절도 나오는 것이다.

> 박자에 맞추듯이 구분된 시간 구분과 강제 노동, 감시와 평점의 결정기관, 재판관의 역할을 대신하고 그것을 다각적으로 수행하는 규격화한 전문가들, 이러한 여러가지 요소를 갖춘 독방 위주의 감옥이 형

벌제도의 근대적인 도구가 되었다해서 무엇이 놀라운 일이겠는가? 감옥이 공장이나 학교, 병영이나 병원과 흡사하고, 이러한 모든 기관이 감옥과 닮은 것이라 해서 무엇이 놀라운 일이겠는가?[50]

그렇다. 놀랍지 않다. 인간의 제도를 들춰낼 수 있을 때까지 들춰낸다면 푸코를 그토록 분개하게 하고 매료시켰던 권력의 숨겨진 핵을 언제나 찾을 수 있다. 진짜 문제는 이런 들춰내는 작업이 대상에 대한 진리를 드러내주느냐 아니면 반대로 더 정교한, 또 다른 형태의 거짓을 양산하느냐이다. 즉 우리가 물어야 할 질문은 "감옥과 같은 도시의 중심부에서 교활한 완화책이나 공개할 수 없는 악의, 사소한 술책, 타산적인 방법, 기술, 결국 규율화된 개인의 제조를 허용하는 '과학' 등"을 관찰한다고 하는 사람은 사실 자신이 관찰하는 대상을 스스로 만들어낸 것이 아닌가 하는 질문이다.[51]

그런데 이 관찰자를 폭로하는 것은 쉽지 않다. 푸코의 글이 허언증과 피해망상증의 특징을 보이는 것은 분명하다. 하지만 그의 글이 해당 주제를 체계적으로 조작하고 허위 선전선동으로 만든다고 증명하는 것은 좀 더 어려운 일이다. 다음의 발언들을 살펴보자. "부르주아지는 범법자의 복리, 또 그들의 처벌과 재활에 관심이 없는데, 그 이유는 그것들이 경제적으로 그리 중요하지 않기 때문이다."[52] "부르주아지는 새로운 헌법이나 입법기관이 자기들의 헤게모니를 확립하는데 충분하지 않을 것이라는 것을 너무나 잘 알고 있다."[53] "이른바 '위험인물들'은 대중 저항의 선봉이 되지 않도록 (감옥, 병원, 갤리선,[x] 식민지 등에) 격리되었어야 한다."[54] 이렇게 주장하는 작가는 역사적 정확성보다는 수사학적 충격요법에 관심이 더 많은 게 분명하다.

---

x   Galleys: 고대 그리스나 로마 시대에 주로 노예들에게 노를 젓게 한 배.

그렇다고 이러한 발언 때문에 푸코를 간과하는 것은 실수일 것이다. 앞서 언급했듯 우리는 권력의 작동 방식에 대한 푸코의 분석과, 이론을 쉽사리 생성하는 안이한 상대주의를 분리해서 봐야한다. 피해망상증은 결국 국지화된 상대주의다. 현실은 개인의 사유에 종속되어야 한다고 주장하며, 타인의 정체성은 타인에 대한 나의 반응으로만 규정될 것을 요구하는 구체적이고 집요한 욕구다. 여기서 우리가 주목해야 할 부분은 인간의 사고와 행동 안에서 억압의 웃는 가면들을 찾는 경향이 아니라, 그 가면들을 벗겨 권력의 형태들을 드러냄으로써 권력의 본질을 더 잘 파악할 수 있다는 신념이다. 나는 바로 이 신념이 의심스럽다.

1976년 두 차례에 걸친 강의에서[55] 푸코는 자기가 말하는 '권력'의 의미가 무엇인지 신중하게 생각해보는데, 그는 두 가지 접근법을 구분한다. 하나는 권력의 기제들은 억압의 기제들이라고 보는 라이히적^{Reichian} 접근이고 다른 하나는 '권력의 기본 관계는 힘들의 적대적 교전에 놓여있다'고 보는 니체적^{Nietzschean} 접근이다.[56] 이 구분을 명확하게 설명하지는 않지만 푸코는 니체적 접근에 동조한다. 권력을 니체처럼 이해한다면 성적 관계까지도 '힘들의 적대적 교전'으로 파악하게 된다고 푸코는 주장한다.[57] 그런데 푸코는 '권력'이 무엇인지에 대해 제대로 설명하지 않는다. 그런데 '라이히적' 접근과 '니체적' 접근은 전적으로 양립 가능하다. 더불어 '권력'을 설명하는 도구이어야 하는 두 접근은 '권력'만큼이나 모호한 개념들―'억압', '힘'―로 표현될 뿐이다.

이 당시 푸코는 자신이 권력의 '모세 혈관^{capillary}' 형태에 관심이 있다는 점을 반복적으로 강조했다. 즉 "개인의 핵에까지 뻗치는"[58] 권력의 형태를 말하는 것이다. 그런데 푸코는 이 '권력'의 행위자가 누구인지, 혹은 무엇인지 밝히지 않았다. 아니, 밝혔더라도 전혀 설득력이 없는 방법으로 기술한다.

한 인터뷰에서 푸코는 "권력은 사회화된 신체social body와 동연의 것"[59]이라고 인정한 바 있다. 사회 질서가 여느 질서와 마찬가지로 권력을 구현한다는 것은 당연한 얘기다. 사회는 유기체처럼 구성요소들 간의 지속적인 상호작용을 통해서만 지속될 수 있다. 그리고 모든 상호작용은 권력 행사다. 즉, 결과를 야기하는 원인이 지닌 권력이 행사된다. 이 부분은 크게 문제가 되지 않는다.

문제는 푸코가 전혀 정당화되지 않은, 전적으로 이데올로기적인 지배 관념으로 억지스러운 결론을 내린다는 것이다. 그는 권력이 있다면 그것은 어떤 지배적 행위자agent의 이익을 위해 행사된다고 단정한다. 따라서 푸코는 다시 한번 기교를 부리며, 사회 질서의 어떤 특징이라도(그것이 병자를 고치는 일이라 할지라도) 그것은 곧 지배력을 은밀하게 행사하는 것, 그리고 '권력을 쥔 자들'의 이익을 관철시키는 기능을 담당한다고 주장한다. 그는 다음과 같이 기술한다. "나는 부르주아 계급의 지배라는 일반적 현상으로부터 어떤 것이라도 추론될 수 있다고 믿는다."[60] 어떤 것이건 그것으로부터 부르주아 계급의 지배라는 일반적 테제가 추론될 수 있다고 하는 게 아마 더 맞지 않을까.

『공산당 선언』에서 상정해 놓았듯이 푸코는 부르주아 계급의 지배는 1789년 여름 이후부터 계속되어 왔다고 상정하고, 잇따라 사회 질서에 구현된 모든 권력은 다 부르주아 계급에 의해, 부르주아의 이익을 위해 행사되었다고 추론한다. 그렇기 때문에 사회 질서에 속한 요소들은 모두 부르주아 지배의 흔적이 있다는 것이다. 이런 논증 방식의 용잡함에 대해선 더 이상 말할 필요도 없지만, 여기서 놀랄 만한 것은 이 논증의 기반을 이루는 철학적 어수룩함이다.

1968년 푸코와 마오이스트들 간의 토론이 주목할 만한데, 토론 중에 푸코는 법을 분석하며 몇 가지 정치적 결론을 도출한다. 법은 권력의 또 다른 '모세 혈관' 형태이며, "대중 안에 모순들을 심어놓는" 또 하나의 방법이라고 말한다.[61] 푸코는 마오이스트들에게 확인시켜주기를, 혁명이란 "법적 장치의 급진적 제거를 통해서만 이루어질 수 있으며, 형법 장치의 재도입을 돕는 그 어떤 것, 또 형법의 이데올로기를 재도입하게 하고 그 이데올로기를 은밀하게 다시 관행으로 자리잡게 하는 것은 무엇이라도 폐지되어야 한다"라고 말했다.[62] 푸코는 모든 판결, 모든 형태의 법정을 철폐하고, 법관이 필요 없는 '프롤레타리아' 정의의 새로운 형태를 향해 손짓한다. 푸코에 의하면 프랑스 대혁명은 '사법권에 대한 반기'였다. 그리고 이것이 모든 정직한 혁명의 본질이라고 한다. 만약 푸코가 뒤이어 역사적 사실들(판사, 검사, 증인이 모두 동일인이며 피고인에게는 발언권이 없었던 혁명 재판소, 수 천명의 처형, 라 방데La Vendee에서의 대학살, 그리고 '사법권에 대한 반기'가 야기한 모든 재앙들)을 언급했더라면 그의 발언은 그가 의도했던, 혁명을 지지한 메시지가 아니라 혁명에 대한 경고 메시지로 받아들여졌을 것이다.

사법부가 없어지면 무슨 일이 벌어지는지는 프랑스 대혁명에서만 볼 수 있는 것이 아니다. 피고인의 재판에서 제3자가 없을 경우, 증거를 면밀히 살피는 사람이 없을 경우, 당사자들 사이를 중재하며 사실을 공정하게 검토할 사람이 없을 경우, '정의'는 모든 무기가 한쪽에만 몰려 있는 '사활적' 투쟁이 되어버린다. 모스크바 재판과 프랑스 대혁명의 혁명 재판소에서 일어난 일이 바로 이것이다. 푸코는 역사가로서 이 사실을 모를 리 없었다.

그럼에도 불구하고 그는 피고측 변호인을 완전히 배제시키는 '프롤레타리아 정의'를 기꺼이 옹호했다. 이런 형태의 정의가 지배의 어두운 그림자로부터 사회를 해방시킬 것이라고 주장하는 것은 그가 당연히 알고 있었을 사실을 의도적으로 묵과한 것으로 밖에는 해석되지 않는다. 사회 질서가 정말 푸코가 말하는 '권력'이라는 실체로 이루어졌다면 법치주의야말로 권력의 가장 바람직하고 완화된 형태가 된다.

68혁명 출신soixante-huitard 푸코의 저서를 읽고 있으면 다음 물음이 불가피하다. 푸코는 정말 이것이 맞다고 생각해서 말한 것일까? 그런 것 같다. 하지만 그에게도 상황은 급하게 변해갔다. 정신병원 및 병원 연구를 통해, 그리고 그의 총체적 '지식의 고고학'을 통해, 그는 정상성이 어떻게 권력의 지배적 구조의 이익을 위해 제조되었는지 보여주고자 했고, 권력이 귀족층에서 부르주아 계급으로 이행될 때 그에 따라 정상성도 어떻게 변하는지 보여주고자 했다. 하지만 그가 탐구하지 않은 영역이 하나 남아 있는데, 『성 주네』에서 사르트르가 착수한 부르주아 정상성 연구의 핵심으로 자리잡은 영역으로, 바로 성性, 즉 섹슈얼리티의 영역이다. 노골적 동성애자인 푸코에게는 특별한 관심이 되는 영역이었는데, 샌프란시스코San Francisco의 사도마조히즘 목욕탕도 자주 드나드는 등, 그의 방탕함은 잘 알려져 있었다. 푸코는 『존재와 무』에서 나타나는 해괴한 사도마조히즘 예찬을 연상케 하는 언어로 자신의 황음荒淫을 열광적으로 정당화한다.[63]

1976년에 『성의 역사』의 서두가 되는 제1권이 출판되었는데, 푸코는 여기서 독자들이 자연스럽게 기대하는 바를 피력한다. 즉, 정상적/비정상적 성 행위의 구분, 또 성 행위를 본질적으로 '문제화problematized'된 것으로 보는 태도 등이 주류 지배 구조라는 각도에서 내용이 전개된다.[64] 이 책은 지적으로는 『성 주네』에서 그리 많이 발전하지 못하지만 다음의 질문들을 남겼다. 즉, '성 행동, 그리고 이에 해당하는 활동과 쾌락은 왜 도덕적 집착의 대상이 되는가? 왜 이것을 그토록 윤리적으로 고려하는가?'의 질문들을 2, 3권에서 답해줄 것이라고 예고했다.[65]

후속권들이 집필되는 과정에서 푸코는 에이즈에 시달리게 되었고, 또 과

거의 악동 이미지를 벗기 시작할 무렵이었다. 폴란드에서 일어난 연대 운동은 푸코에게 깊은 인상을 남겼다. 역사상 최초의 진정한 노동자 혁명이었을 뿐 아니라 민족 정체성을 위해 오히려 공산주의에 대항한 운동이었기 때문이다. 푸코는 폴란드의 연대 운동을 공개적으로 지지하며 미테랑^{François} $_{Miterrand}$ 정부가 폴란드 공산세력을 응징하도록 촉구했지만, 이 시도는 허사로 돌아갔다.

『성의 역사』 2권과 3권에서 푸코는 새로운 방법으로 글을 쓰기 시작했다. 그가 관심을 가졌던 고대 문헌을 신중히 검토하며 다른 학자들의 작품을 때마다 참조했다. '쾌락의 활용'을 부제로 단 2권에서는 성적 끌림$^{sexual\ at-}$ $_{traction}$에 관련된 다양한 고대 문헌을 연구하며 부제에서도 알 수 있듯, 일차적 성적 현상을 쾌락으로 규정하려고 시도한다. 그런데 그가 참조하는 문헌은 성적 쾌락과는 무관하다. 고대 그리스인과 로마인에게 성 행위, 그리고 성 행위가 일어나는 관계는 인간이 자신의 사회적 지위를 형성하고 상징하는 것으로 간주되었다. 따라서 섹스는 본질적으로 '문제화'되었던 것이다. 명예와 덕목과 같은 개념은 욕망이라는 일차적 충동 뒤에 살금살금 따라붙는데, 예컨대 성인 남성과 소년 사이의 관계에 관해서도 그것을 즐길 수 있는 명예스럽고 불명예스러운 방법이 무엇인지에 대한 물음이 제기되었다. 플라톤은 잘 알려진 주장에서 육체적 쾌락은 교육을 위한 욕구로 극복되고 대체되어야 한다고 했다.[66]

'자기에의 배려$^{Le\ souci\ de\ soi}$'를 부제로 단 3권에서 푸코는 고대 사회 초기 참여자들의 사회적 지위의 상징으로 간주되었던 성적 활동이 '자기를 위한 배려'로서 우선시 되기 위해 점차 '사적인 것이 된다^{privatize}'고 주장한다. 이것이 곧 순결, 동정童貞, 결혼 안에서의 충절 등이 점차 강조되기 시작한 시점이라고 주장한다. 하지만 푸코는 "자기에의 배려가 심화되는 것은 타자를 신격화valorize하는 것과 관련되어 있다"[67]라는 점도 인식한다. 책을 다 읽은 후 독자는 플리니우스Pliny와 플루타르크Plutarch의 세계에서 섹스는 쾌락과 무관하며, 권력이나 지배와는 더욱 무관한 것으로서 오히려 상호 의존과 자녀 보육에 관한 것이었음을 알게 된다. 물론 푸코는 여기서 어떤 교훈도 도출하려 하지 않으며, 마치 쾌락이 그래도 성 행위의 일차적 소재subject-matter 인듯, 그리고 사회 구조는 사람들이 쾌락을 취하기 위한 독특한 통로인 듯 무심한 태도를 취한다. 하지만 푸코의 문체에는 주저함과 신중함이 있고 이전의 호전성은 찾아볼 수 없다. 그리고 여성과 아이들의 입장을 심각하게 고려한 푸코는 진리에 다가간다. 즉 세상을 돌아가게 하는 것은 권력이 아닌 사랑이라는 진리다.

이런 인상을 남기는 후기 작품들은 말년에 '정상화'된 푸코의 작품들이다. 프랑스어 구사력, 고대 문헌과 역사의 샛길에 대한 강한 흥미, 현란한 상상력과 아름다운 문체. 이 모든 것이 인간의 상태를 올바르게 기술하기 위해 비로소 제대로 사용된다. 미소 뒤에 숨어 있는 '구조들'을 찾기를 멈춘 것이다. 그의 소재가 고대 사회라는 점, 그리고 단순히 '부르주아'라고 치부될 수 없는 작가들의 작품을 다룬다는 점도 이에 기여한다. 가장 결정적인 요인은 이때는 푸코도 이미 '현실에게 강도 당한' 상태였다는 점이다. 한때 푸코가 그토록 조롱했던 기관, 즉 수감자들에게 그들의 상태에 대한 '진리'를 대면시키는 습성 때문에 푸코의 반감을 산 바로 그 보호시설에서 푸코는 간호를 받고 있던 중이었다.

스스로의 상태와 직면했을 때에야 푸코는 철이 든 것이다. 푸코는 사르트르와 함께 타자가 거하는 지옥에 내려간 사람이다. 그런데 그는 자기 자신의 타자성도 인지하고 현실세계로 돌아와 받아들임의 자세를 취했다. 푸코의 후기작을 읽고 있으면 그의 호전적인 좌익주의가 현실에 대한 비판이 아니라 오히려 현실에 대한 방어였다는 생각을 떨칠 수가 없다. 비록 결함이 있을지라도 정상성이 우리가 가진 전부라는 사실을 애써 부인한 태도였다.

독일산 수면제를 제조하다

하버마스와 독일 좌파의 권태로움

5장

나치에 대한 해독제를 찾아나선 독일

2차세계대전 후 서독의 대학들은 위기에 처해 있었다. 무엇을 가르치고 어떻게 가르쳐야 할지에 대한 물음이 진지한 학자들의 절실한 집착이 되었다. 나치즘이 젊은이들의 뇌리에 독을 주입시킬 수 있었던 것도 부분적으로는 대학을 통해서였고, 히틀러 집권 시기 교수직을 얻거나 유지하던 사람들이 의심을 받았던 것도 이상할 일이 아니었다. 오히려 그런 의심이 정당하기도 했다. 하이데거Maritn Heidegger의 악명 높은 경우가 시사해주듯, 여차하면 위대한 철학자도 파괴적 세력과 연합할 수 있다는 점을 우리는 기억한다.

만약 하이데거가 국제사회주의international socialism 운동에 자기 자존심을 내걸었더라면 사르트르, 메를로 퐁티, 홉스봄 등 굴라크Gulag를 비호한 이들에게 부여된 면죄부를 그도 받았을 것이다.[1] 그런데 **국가사회주의**national socialism는 그리 쉽게 면죄되지 않았고, 하이데거의 경우, 그가 '사회주의'보다는 '국가' 쪽에 더 경도됐다는 사실이 그의 죄를 가중시켰다. 하지만 하이데거는 나름대로 독일 대학을 통해 유통된 실질적이고 독일 고유의 지적 전통을 대표했기 때문에 그의 망명을 정당화할만한, 또 그의 업적에 필적할만한 사상과 주장을 찾는 것이 독일에게는 시급한 일이었다.

나치 집권 시기의 교육과정, 수업계획서, 문헌 등은 모두 소독되었고, 받침대 위에 올려져 있었던 국가사회주의(나치)의 번쩍거리는 우상들은 모두 그것들이 원래 있었던 시궁창으로 내던져졌다. 그 빈자리는 전쟁 전 프랑크푸르트학파Frankfurt School의 마르크스주의 휴머니즘Marxist humanism이 채웠다.

이 새로운 우상은 초기에는 전쟁 전 혼란기에 미국으로 급하게 운반된 재료로 투박하게 제조됐다. 하지만 제조과정은 점차 정련되었고, 전후 독일 산업의 호황기에 새 세대의 프랑크푸르트 지식인들이 등장했다. 마르크스주의 휴머니즘은 BMW처럼 매끈하고 세련되고 가지각색의 형태로 제조되었다. 기술적으로 완벽하고 매번 프랑스와 영국의 경쟁자들을 능가하는 퍼포먼스를 선보였다. 이렇게 기능적으로 완벽한 독일 좌파 관료들의 전형으로는 위르겐 하버마스Jürgen Habermas가 있다. 1929년 국가사회주의(나치) 가정에서 태어나 괴팅엔Göttingen과 본Bonn에서 수학하고, 1950년대 후반에는 프랑크푸르트 사회연구소Institute for Social Research에 들어가 연구소의 잔존하는 인물 중 가장 중요한 테오도르 아도르노Theodor Adorno의 조교로 활동했다. 1964년 프랑크푸르트 대학의 교수로 취임한 후 전 세계 대학들 가운데 명망 있는 자리는 모두 누렸다. 사회학, 철학, 문학, 정치학 등 다양한 학문 분야에서 널리 읽히고 있는 인물로서, 근현대 철학자 및 사회학자들의 업적을 후기-전체주의post-totalitarian 좌파의 합의형성형 정치consensual politics에 접목시키려는 그의 끊임없는, 그리고 수면제같은 작업이 주목을 끈 것이다. 1976년 슈투트가르트Stuttgart의 헤겔 상을 수상하였고, 독일에서 흔하지 않는 위신을 얻은 그의 저서들은 끊임없이 찬사를 받았다. 교양을 뽐내고 싶은 사람들을 위해 거실 비치용 특별판으로 출판되기도 한다.

하버마스의 책을 처음부터 끝까지 읽은 사람은 드물다. 읽었더라도 내용이 무엇인지 기억하는 경우는 더욱 드물다. 그럼에도 불구하고 원숭이가 글을 쓰다 우연히 셰익스피어적인 문장이 나오듯 하버마스의 문장으로 가득한 쓰레기통 안을 뒤지다보면 꽤 흥미로운 발상들이 발견된다. 그래서 독일의 좌파 기득권층을 다루려면 하버마스의 저술을 진지하게 다뤄야 한다.

프랑스 좌파가 그랬던 것처럼 독일 좌파도 패배라는 배경 안에서 자라났다. 1차세계대전의 비참한 패배는 독일과 오스트리아-헝가리 제국을 파괴했고 굴욕적인 평화조약을 강요당했다. 독일 동쪽으로는 국경선들이 자의적으로 그어져 동유럽은 쉽게 해결되지 않을 불안정한 상태에 놓이게 되었다.

20세기 초반 독어권에서 가장 큰 영향력을 행사한 좌파 사상가 두 명이 있는데, 바로 테오도르 아도르노(1903-69)와 죄르지 루카치[György Lukács(1885-1971)]다. 둘 다 상류 문화의 극도로 세련된 산물이었다. 아도르노는 음악 신동으로 인생을 시작했다. 프랑크푸르트에서 작곡을 공부하고 빈에서 베르크[Alban Berg]의 지도를 받았다. 후설의 현상학으로 박사학위를 취득하고 음악에서의 급진적 모더니즘을 열심히 옹호하며 일찍이 명성을 냈다. 루카치는 작가이자 철학자로, 생애를 마감할 즈음에는 국제 좌파 안에서 중요한 문예 비평가로, 네오마르크스주의 사회이론의 대표주자로 인정받은 상태였다. 후일 프랑크푸르트학파 안에서 결정체를 이루게 될 '마르크스주의 휴머니즘'의 장본인이기도 하다. 독일 좌파에 대한 어떤 논의도 이 두 인물을 빼놓고는 이루어질 수 없다. 나 역시 이 둘을 다룸으로 논의를 시작하겠다.

증오심 가득한 '마르크스주의 휴머니스트' 루카치

작가, 음악인, 예술가, 철학자들의 친구였던 루카치는 곧 침몰할 세계 안에서 안정적인 자리를 잡은 사람이었다. 그는 오스트리아의 유산에 대해서는 조금의 자부심도 없었다. 지나치게 감상적인 슈트라우스Richard Strauss와 호프만스탈Hugo von Hofmannsthal, 요제프 로트Josef Roth의 노스탤지어, 하이에크Friedrich Hayek와 비트겐슈타인Ludwig Wittgenstein의 '자생적 질서spontaneous order', 무질Robert Musil의 글과 클림트Gustav Klimt와 실레Egon Schiele의 그림에서 나타난 성적 혼돈에 대한 몽상적 관점 등 이에 루카치는 어떤 감흥도 없었다. 오히려 이것을 모두 유물로 여기고, 이 유물을 양산한 모든 법과 관습을 제거하기 위한 광적인 욕구만을 느꼈다.

기성 사회에 대한 경멸은 루카치에게만 특별히 나타나는 현상은 아니었다. 비슷한 정서가 동시대 오스트리아-헝가리 인물들에게서도 발견된다. 카를 크라우스Karl Kraus의 허무주의적 풍자, 쇤베르크Arnold Schoenberg의 「기대Erwartung」에서 나타난 무조성無調性, atonality, 로스Adolf Loos의 차가운 건축, 그리고 카프카Franz Kafka가 상상한 법과 직무의 무의미성 등이 그렇다. 그런데 루카치는 이 모든 정서에 독창적이고 위험한 변주를 주었다. 단순한 사색의 영역에서 들어올려 사라예보Sarajevo에서의 행위와 결부시킨 것이다. 합스부르크 왕가Habsburg Empire의 자멸 정신이 다른 동시대인들의 활동 안에서도 나타나지만 루카치는 여기에 자기 고유의 앙심을 가미한다.

어떤 실제적인 것도 루카치에게는 무의미했다. 미래만이 싸울 가치가 있는 것이었고 그 미래는 프롤레타리아에게 속한 것이었다. 비평가의 임무는 프롤레타리아를 발명하는 것, 그리고 프롤레타리아를 문화의 진정한 재판장으로 세우는 것이었다.

문화에 대한 사회주의적 비평의 창시자는 루카치가 아니었다. 루카치 스스로도 반복해서 말하지만, 그것은 레닌이 즐긴 발상이었다. 그럼에도 이 발상의 결실을 낼만큼 충분히 교육받은 사람으로는 루카치가 처음이었다. 또한 문화를 중요하게 여긴 사람들도 받아들일 수 있는 결과를 보여줄 사람이 루카치였다. 1960년대 급진적 학자들이 자기들의 비판적 정서를 정당화해줄 권위를 찾고 있었을 때 그들은 루카치에게 의지했다. 루카치는 근현대 문학에 대해 신뢰할만한 마르크스주의적 색인을 처음으로 편성했을 뿐 아니라 혁명revolution과 반동reaction 사이의 '세계적 투쟁world struggle'의 중심부에 문화를 가져다 놓은 비판적 독변을 고안했다. 루카치는 그의 문예활동을 추종하던 사람들에게 그들의 지적 문제의식이 프롤레타리아의 보편적 목표와 동일하다는 것을 보여주었다. 이 목표는 곧 반동적 요소를 청산하는 것이었다. 요컨대, 루카치는 마르크스주의자들에게 문화를 마르크스주의적 언어로 비난하는 방법을 알려줌으로써 문화를 다뤄야 할 당위성을 입증했다. 이 과정에서 루카치는 아도르노를 포함한 프랑크푸르트학파 사상가들에게 중대한 개념들을 전수해주었다. 후일 '마르크스주의적 휴머니즘'의 기본 레퍼토리로 자리잡을 개념들이었다.

루카치의 아버지는 유대인 계통의 부유한 은행 간부였다. 황제에게서 작위를 받고 아들이 누릴 특권(예컨대 1차세계대전 중 루카치는 군역을 면제받았다)을 획득하고자 자기의 영향력을 사용했다. 이렇게 시간을 번 젊은 시절에 루카치는 철학과 문학을 폭 넓게 읽었다. 마르크스주의의 고전은 물론 조르주 소렐Georges Sorel의 무정부주의적 생디칼리즘anarcho-syndicalism에 심취되기도 했다. 폭력을 강조한 소렐의 사상에 큰 영향을 받아 루카치가 후일 혁명적 테러를 비호하는 데 사용한 이론이기도 하다. 1918년에는 그 해 창당된 공산당에 가입하고 얼마 못 갈 헝가리 '소비에트 공화국'의 문교장관직을 역임했다. 루카치는 뿌듯한 마음으로 당시의 영웅적 행위를 회고한다. 헝가리 대학의 모든 비-공산주의 교수들을 해임시킨 일에 대한 뿌듯함이다. 2차세계대전 후 모스크바에서 돌아와 비-공산주의 지식인들을 고발할 사명감으로 새로운 공산주의 행정기구에 합류할 계획이었다. 20세기 최고의 헝가리 철학자 벨라 함바스$^{Béla\ Hamvas}$가 사서^{司書}의 자리에서 쫓겨나 강제로 발전소에서 미숙련 노동자로 일하게 된 것은 부분적으로는 루카치 덕분이다.

한편 1919년 헝가리에서 빈으로 망명한 루카치는 본격적으로 문필 활동을 시작하며 1923년에는 그의 에세이들을 엮은 역작『역사와 계급의식$^{History\ and\ Class\ Consciousness}$』을 출판했다. 또한 당시 빈에 거주하던 공산 운동의 구성원들, 예컨대 빅토르 세르주$^{Viktor\ Serge}$, 안토니오 그람시$^{Antonio\ Gramsci}$와 활발하게 협력했다(7장 참조). 1930년 루카치는 모스크바로 소환되어 전시^{戰時}에는 마르크스-엥겔스 연구소$^{Marx-Engels\ Institute}$에 틀어박혀 지냈다. 루카치는 스탈린의 숙청을 견뎌낸 몇 안되는 헝가리 출신 공산주의자들 중 하나였는데, 이것은 자기 자신을 포함해 색출 목록에 있던 사람들을 스스로 규탄함으로써 가능했던 것이다.

오늘날 헝가리 안에서 루카치의 평판이 1968년 파리에서의 평판과 사뭇 다르다는 것은 놀랄 일도 아니다. 하지만 루카치 학파는 해외의 좌경화된 대학들에서, 또 1989년 이후 자국 헝가리에서 안일하게 '마르크스주의적 휴머니즘'의 메시지를 계속해서 유포했다. 장기간에 걸쳐 헝가리에 미친 루카치의 영향은 오늘날 헝가리가 두 차례나 연속으로 2/3다수로 우익 정권을 선출하게 된 이유가 된다. 빅토르 오르반$^{Viktor\ Orbán}$, 혹은 그가 속한 피데스^{Fidesz} 당이 딱히 도덕적이어서가 아니라 다른 한 쪽, 즉 루카치의 끓어오르는 분노가 오늘에까지 살아있는 '그쪽'이 너무나 끔찍해서였다.

한 자전적 인터뷰에서 루카치는 그의 초기 활동의 대요를 말해줄 만한 두 가지를 말했다.

> 그 당시 우리 모두는 자본주의와 그것의 모든 형태에 대한 강한 증오가 있었다. 무슨 수를 써서라도 최대한 신속히 그것들을 파괴하고 싶었다.[2]

> 마르크스주의는 견본만 갖고는 실행할 수 없다. 마르크스주의로 개종되어야 한다.[3]

위 두 가지 발언은 묶어서 봐야 한다. 마르크스주의로 '개종'한 후(루카치 말로는 자신이 '종도宗徒, messianic sectarian'[4]가 되었다고 한다) 루카치에게는 혐오스러운 '자본주의'만 보였을 뿐이었고, 주위를 둘러봐도 그 자체로 정당성을 지닌 것들은 없었다. 루카치가 보기에 이중 제국(오스트리아-헝가리)의 시대는 더 이상 법과 제도의 체제가 아니었다. 이중 제국은 문제투성이인 다국적 정부에 대한 신중한 절충안으로서의 정체성을 잃어버린 것이다. 이제는 제국의 연명만 겨우 가능하게 하는 경제 '체계'라는 측면밖에는 남아있지 않았다. 마르크스주의의 근본적인 오류, 즉 '실재적 본질이 있고 그것의 한갓된 '현상'이 우리의 사회적 삶이라는 신념'이 루카치의 정신을 점령했고, 그 신념은 굳건한 종교의 모습을 띠었다. 이제 주변 세계는 더 이상 루카치의 양심에 호소할 수 없게 된다. 모든 것이 혁명이라는 용광로 속으로 던져졌다. 법도 더 이상 다른 정치과정에 비해 상위의 효력을 가지고 있지 않았다. "합법과 불법의 문제는… 공산당에게 **단순히 전술의 문제로 전락한다**"라고 기술하며, "이러한 완전히 무원칙적 입장 설정 속에는 하나밖에 없는 가능성으로 부르주아 법질서의 효력성의 실천적·원칙적 거부만이 자리를 잡는

다"라고 덧붙였다.[5]

　법 체계에 관한 평가는 '부르주아' 세계의 다른 모든 측면에도 똑같이 해당되는 것이었다. 경제 활동, 사회 관계, 감정, 야욕, 그리고 도덕까지 모두. 한 질문에 대해 루카치는 다음과 같이 대답한 바 있다. "공산주의 윤리학이 상정하는 최고의 의무는 악하게 행동할 필요를 수용하는 것이다." 또한 여기에 덧붙여 "이것은 혁명이 우리에게 요구하는 가장 큰 희생이다"라고 주장했다.[6] '악행'이란 결국 부르주아적 산물이고 부르주아에 속한 것은 모두 타도해야 한다는 것이다. 자본주의에 의해 인간의 정신은 총체적으로 기형이 되었기 때문에 "부르주아 사회에서 인간이 되기란 불가능"[7]하고, "부르주아지는 인간 존재의 외형만 있을 뿐"이라는 것이다.[8] 루카치가 이 발언을 한 시기에 히틀러도 유대인들에 대해 비슷한 발언을 하고 있었다. 하지만 히틀러와 다르게 루카치는 그의 언어를 신중하게 골랐다.

　우리가 주시해야 할 루카치의 측면은 푸코의 반부르주아적 속물근성도 아니고 드워킨이나 갤브레이스가 가졌던 일상 관습에 대한 경멸도 아니다. 루카치의 문제는 증오심이다. 이 증오는 '부르주아' 세계의 모든 '외관들'을 향한 것이지만, 사실은 그 이면에 있는 것들, 즉 외관에 가려 숨어 있는 진짜 악마를 겨냥한 태도다. 이 악마는 곧 '자본주의'이며 자본주의에 대한 그의 증오는 어떤 도덕적 위반이라도 정당화할 수 있을만큼 총체적이고 무조건적이다.

　그렇다면 왜 그토록 증오하는 것인가? 무엇 때문에 '자본주의'가 그토록 나쁜 것인가? 루카치의 주요 업적은 이 물음에 대한 모범해답을 구축한 것이다. 먼저는 프랑크푸르트학파에게, 그 후에는 전후 신좌파 세력에게 이 해답을 전수해 주었다. 루카치는 '혼합 자본주의 경제mixed capitalist economy'가 제공하는 풍요, 자유, 사회 혜택 및 기회 등을 경험한 세대에게 자본주의가 사실은 사회 최대의 악이라고 보여줄 수 있는 언어를 발견했다. 루카치는 그의 비판을 『자본론Das Kapital』의 진정한 '숨겨진 기획'으로서 선전할 수 있었다. 즉 경제 이론으로 둔갑한 젊은 '청년헤겔학파' 마르크스의 잔재를 발견한 것이다.

마르크스주의 경제학의 미혹

마르크스주의 경제학Marxian economics은 혼란스럽지만 매력적인 혼합물이다. 리카도Ricardian식 정치경제학의 요소도 섞여 있고 루카치가 말하는 '독일고전철학'(칸트, 실러Friedrich Schiller, 피히테Johann Gottlieb Fichte, 헤겔G.W.F. Hegel, 셸링Friedrich Schelling 등)의 요소도 섞여 있다. 『자본론』은 말도 안되는 논증으로 시작한다. 즉 두 개의 물품이 교환된다면 각각의 "교환 가치는 그 안에 포함되어 있지만 해당 물품과 분리될 수 있는 어떤 것의 표현 양식이자 현상적 형태"[9]라는 것이다. 이미 '독일고전철학'의 과격한 언어로 표현된 바 있는 이 발언은 중요한 오류에 의해 정당화된다.

> 두 개의 상품, 밀과 철을 예로 들어보자. 그들이 교환되는 비율은 그 비율이 어떻든 밀의 주어진 양이 철의 일정한 양과 같게 되는 하나의 등식, 예컨대 1리터의 밀=X킬로그램의 철로 표시할 수 있다. 이 등식은 무엇을 의미하는가? 두 개의 서로 다른 물건—즉 1리터의 밀과 X킬로그램의 철—에는 공통한 그 무엇이 동일한 양만큼 들어 있다는 것을 의미한다. 따라서 이 두개는 둘 중의 어느 하나가 아닌 제

3자와 같으며, 각각은 교환가치인 한, 이 제3자로 환원될 수 있어야 한다.[10]

이렇게 해서 마르크스는 모든 교환의 등식 안에 '숨은' 가치가 곧 '사회적으로 필요한 노동'이라는 노선을 채택한다.

그런데 두 상품이 특정 환율로 교환된다는 것에서 내릴 수 있는 유일한 **논리적** 결론은 두 상품이 그 환율로 교환된다는 것이다. 해당 등식에 금전적 가치가 부여된다고 해도 결국 같은 문제의 또 다른 형태일 뿐이다. 어떤 상품이든 그 상품의 가치는 '동치류同値類, equivalence class'로 볼 수 있다. 기하학자가 선의 방향은 동일한 방향성을 가진 모든 선의 집단이라고 정의하는 것처럼, 또 프레게Gottlob Frege와 러셀Bertrand Russell이 주어진 집합에 포함되는 요소의 수는 주어진 집합과 유사한 모든 집합의 집합으로서 정의한 것처럼, 경제학자도 상품의 가치는 그것과 동등하게 교환되는 모든 상품들의 집단이라고 정의할 수 있다. 유령같이 어정거리는 제3항목, 즉 이 등가성을 정의하기 위해 또 다른 항목을 상정하는 것은 전적으로 불필요하다. 사실들에 대한 순전히 형이상학적인, 어떤 독립적 정당성도 마련되지 않은 해설에 불과하다.

이렇듯 논리적으로 문제가 있는 선험적 논증을 통해 마르크스주의 경제학은 실증적 데이터는 커녕 오히려 어떤 실증적 데이터에서도 포착되지 않는 주술적인 존재를 소재로 삼는다. 이 주술적 존재('가치')는 새로운 사이비 과학의 주요 대상이 되는데, 이 '과학'은 결론을 확증하거나 반박할 수 있는 실증적 데이터와는 한 발자국 떨어져 있어야 작동이 가능하다. 근현대 경제학자들이 실증적으로 규정된 **가격**price을 설명주제로 삼는 반면, 마르크스는 다른 어떤 숨겨진 변수를 설명하려고 한다. '가격'은 이 변수의 단순한

'현상적 형태'일 뿐이라는 것이다. (가격을 설명하는) 수요와 공급이라는 '현상적' 실재들은 '가격'의 숨겨진 '본질'을 설명하기에, 혹은 그것이 실재한다고 믿을 합리적인 이유를 제공하기엔 역부족이라는 것이 마르크스의 주장이다.

19세기 후반에 부상하며 『자본론』의 영향력에 큰 타격을 가한 근대의 가격 이론, 특히 한계효용설theory of marginal utility의 성공을 미루어 볼 때, 아직도 마르크스의 노동가치설에 대한 관심이 남아있는 것은 참 기이한 일이다. 하지만 마르크스의 오류는 여전히 그 매력을 발산하고 있다. 마르크스적 사고가 제공하는 철학적, 비평적, 정치적 관점이 없으면 경제이론의 지대는 황폐하고 무의미해 보인다. '정치적 경제'에 대한 마르크스의 약속은 그의 주장 처음부터 성취된다. 바로 '독일고전철학'의 언어를 차용함에 있어서 그렇다. 이 언어는 경제학 데이터가 어떤 비밀한 '의미'를 은폐하고 있다고 암시한다. '부르주아' 경제학의 소위 과학이 지칭하는 사회 현실을 납득하기 위해서는 해석이 동반되어야 한다는 것이다. 여기서 마르크스는 그의 결정적인 지적 조치를 취한다. '부르주아' 경제학은 경제적 현실을 설명하기는 커녕 그것을 은폐하고 그 뒤에 숨은 본질에서 우리의 관심을 돌리게 한다고 주장한다. '부르주아' 경제학은 과학이 아니라 이데올로기이며, 진정한 경제학, 즉 『자본론』의 정치 경제의 과학성은 바로 그것의 철학적 방법론 안에 담겨 있다는 것이다. 이 방법론으로만 기존 경제학이 은폐해왔던 사회적 본질을 꿰뚫어볼 수 있다고 마르크스는 주장한다.

이 주장이 옳다면 인류에게 알려진 모든 과학 이론에 반복적으로 적용되었을 것이다. 다른 모든 것은 순전히 이데올로기적 장치로, 그러니까 현상만을 설명하고(이것이야말로 과학적 방법인데도 말이다) '형이상학적' 핵심에는 관심이 없는 것으로 치부되었을 것이다. 이 논리대로라면, 예컨대 집합론도

'이데올로기'로 간주되어 폐기되어야 한다. 즉 집합론은 수^數(등식 뒤에 숨겨져 있는 플라톤적 본질)를 연구하는 것이 아니라 모든 의미있는 공식에서 수를 대체하는 '동치류'를 연구한다고 주장할 수 있기 때문이다. 같은 식으로 물리학은 물질에 대한 '이데올로기', 생물학은 생명에 대한 '이데올로기'가 된다. 바로 그렇게 엥겔스는 '자연의 법증법'을 구축하게 되는데, 엥겔스가 주장하는 바, '부르주아' 물리학이 은폐하는 바를 '들춰낸다'는 것이다.[11] 물리학의 법칙을 노후한 형이상학으로 바꿔버린 그야말로 황당한 상황이다.

이러한 불량한 추론 방식, 즉 이데올로기를 '과학'이라 정당화하고 진정한 과학은 한낱 '이데올로기'에 불과하다고 하는 추론 방식은 루카치에게 큰 매력을 선사했다. 그리고 루카치 철학의 초석으로 자리잡는다. 루카치에 의하면 "제국주의 시대의 '한계효용설'은 경제학의 실제 내용이 추상화되고 형식주의적으로 철거되는 현상의 정점이 된다."[12] '제국주의'라는 말 안에 루카치는 한 세대 전체의 지적 노력을 축약하고 비난한다. 이어서 그는 "고전주의 시대에는 주로 사회적, 경제적 문제들 사이의 연결성을 이해하는데 노력을 기울였던 반면, 부패의 시대^{era of decay}에서는 둘 사이에 인위적이고, 사이비 과학적, 사이비 방법론적인 장벽이 섰다"[13]라고 말한다. 다시 말해 경제학이 지닌 예측력 때문에 경제학은 '사이비 과학'이라는 것이다. 사실은 바로 그 예측력 때문에 경제학이 엄연한 과학으로 간주되는데 말이다. 같은 맥락에서 루카치는 사회학이라는 '부르주아적' 과학도 다음과 같이 쉽사리 해치워버린다. "부패의 시대, 사회학은 특별한 과학으로 부상하는데, 그 이유는 부르주아 신봉자들 사회 개발의 법칙과 역사를 경제와는 분리시켜서 보고 싶어했기 때문이다."[14]

이러한 (다소 편집증적인) 발언을 가볍게 여겨서는 안 된다. 이 안에서 루카치의 매력이 포착되기 때문이다. 즉, 루카치는 비–마르크스주의자들을 강압적으로 추궁할 수 있는 심문 도구를 마련해 준다. '부르주아' 과학자들이 팩트fact를 참조하는 것은 루카치에게 무의미하다. 마르크스주의의 '전체적' 비전이 부재한 상황에서 팩트를 들먹이는 사람은 스스로를 경험주의자라고 고발할 뿐이다. 경험주의는 '부르주아지의 이데올로기'이기 때문이다.[15]

> 변증법의 근본 주장은 구체개념concrete concept에 관한 헤겔주의적 이론이다. 이 이론을 요약하자면, 전체는 그것의 부분에 선행한다는 것이다. 부분은 전체에 비추어 해석해야 하는 것이지 그 반대로 해석하면 안 된다.[16]

팩트들이 마르크스주의의 '전체적' 이론을 반박하는 데 사용된다면 '팩트들은 더욱이 나쁜 것'이 된다.[17]

과학 철학자들은 콰인W.V.O. Quine과 뒤엠Pierre Duhem의 명제를 잘 알고 있다. 이 명제에 따르면 어떤 이론이든 알맞게 수정되기만 하면 어떤 데이터와도 일관될 수 있고, 어떤 데이터라도 이론의 정립을 위해서라면 탈각될 수 있다는 것이다. 그런데 루카치가 제안하는 것은 경험적/실증적 방법론 전체를 폄하하는 그런 철학의 정립을 위해 데이터를 탈각시키자는 것이다. 그렇게 루카치는 이데올로기 신봉자를 위한 최후 수단을 마련하고자 하는 것이다. 이로써 루카치는 현실의 공격으로부터 마르크스주의를 구제하여 마침내 과학 위에 올려 놓았다. 이제부터 마르크스주의는 근거도 없이 득의 양양하게 과학 위에 군림하게 되는 것이다.

근대 경제학을 읽는 독자 중 철학적 소양이 있는 사람은 마르크스주의적 경제학에 공감하는 경향이 있다. '가격,' '수익', '공급', '수요' 등의 있는 그대로의 사실들은 동시에 우리의 현실이기도 하며 우리의 가장 심층적인 사회 경험(예컨대 노동, 교환, 선물, 소유권, 가정, 소비, 평화 등)과도 연결되어 있기 때문이다. 철학적 사고를 하는 사람에게는 그런 근본적인 경험을 인정해주고 그것을 우리의 경제적 대수학$^{\text{economic algebra}}$에 새겨 놓는 사상에 끌릴 수밖에 없다. 마치 군주의 머리가 아로새겨진 동전처럼 말이다. 따라서 이런 사색가는 마르크스에 대한 루카치의 해석, 즉 노동가치설의 본색을 드러내주는 독법에 매료될 수밖에 없다. 루카치의 노동가치설은 실증 경제학의 연장선상이 아닌, '독일고전철학'의 주요 테마가 '과학적' 옷을 입고 재출현한 것이다. 그 주요 테마라 함은 바로 주체과 객체이라는 테마다. 잃었던 의미를 마르크스주의적 대수학 안에 다시 회복시키면서 루카치는 그것을 혁명적 목표에 적합한 모습으로 도덕화^{moralize}해 버린다. 그는 경제이론이라는 가면 뒤에 존재하는, 주체를 계속 극복하고 파멸하려는 객체와의 사활적 투쟁에 갇힌 인간이라는 생동감 있는 드라마를 포착한 것이다. 다시 말해, 환멸을 느낀 파리의 지식인들이 코제브에게서 전수받은 것과 유사한 헤겔 변증법의 윤곽을 루카치는 다시 본 것이다.

우상숭배를 금하는 마르크스라는 우상

우리가 이미 사르트르의 후기작에서 본 개념을 루카치도 제시하는데, 바로 전체화의 개념이다. 루카치에 의하면, 자본주의 체계를 이해하려면 우리는 그것의 '전체'를 봐야하는데, 이것은 '전체적' 이론의 도움으로만 가능하다. 즉, 사물들의 전체를 보고 또 사물들을 전체로 보는 이론이다. 이런 전체적 이론은 '변증법적' 해석에 의해 구상된 마르크스주의다. '전체적' 이론의 관점에서 자본주의에서의 '생산관계'는 자본주의 법, 제도, 이데올로기뿐 아니라 자본주의의 의식 구조에도 반영되어 있다. 즉, 자본주의는 우리 몸에만 배어있는 것이 아니라 우리 정신에도 깃들어 있다는 것이다. 자본주의 의식은 특히 물신주의적 환영fetishistic illusion에 취약한데, 여기서 루카치는 의식의 '물화reification' 상태라는 개념을 채용하게 된다.

'상품'이나 '자본 물신'에 대한 이론처럼 '물화(Versachilchung 혹은 Verdinglichung)'라는 용어도 『자본론』에서 비롯되었다. 모두 일반론을 펼치기 위한 기능으로 사용된다. 이런 지적 장치들은 마르크스에게 부차적인 역할만을 감당했다. 하지만 루카치의 반자본주의 비판 안에서는 중추적인 기구로 전환된다. 마르크스에 의하면 자본은 "사물이 아닌, 사물을 통해 중재되는, 사람들 사이의 사회 관계"이다.[18] 하지만 문제는 자본이 마치 그것이 기인하는 '사회 관계'와는 독립적으로 행동하는 객관적 힘인 것처럼 나타난다는 것이다. 마르크스가 보기에 이 힘이 '자본'에서 비롯된다고 생각하는 것은 곧 물신주의의 희생이 되는 것이다. 즉, 전적으로 인간적인 힘의 기원을 비인간적 객체, 예컨대 약속 어음이나 기계, 동전 등에서 찾는 행위이기 때문이다.

물신주의의 최악의 형태, 그러니까 자본주의 생산의 사회적 현실을 완전히 은폐하는 물신주의의 형태는 이자와 결부된 형태다. 마르크스는 다음과 같이 주장한다.

> 지금 이자가 자본의 고유한 과실이며 본원적인 것으로 나타나며, 이윤은 기업가 이득의 형태로 재생산과정의 단순한 부속품·부산물로 나타난다. 이리하여 자본의 물신적 형태와 자본물신의 관념이 여기에서 완성되고 있다. [자본이 자본+이자가 되는 과정에서] 우리는 자본의 무개념적인 형태, 생산관계를 최고도로 전도시키고 사물화하는

것, 자본 자신의 재생산과정에 선행하는 자본의 단순한 형태인 이자 낳는 형태를 보게 된다. 가장 극단적인 형태로 자본을 신비화하는 것은, 화폐 또는 상품이 재생산과 독립적으로 자기 자신의 가치를 증식시키는 능력을 가진다는 주장이다. … 이 형태에서는 이윤의 원천[노동자의 착취]을 더 이상 파악할 수 없으며, 자본주의적 생산과정의 결과가 과정 그것에서 분리되어 자립적인 존재를 획득하기 때문이다.[19]

마르크스의 글에서는 논증보다 문체의 감정적 힘이 더 부각된다. 똑같은 힘이 마르크스의 용어를 차용하는 루카치의 문체에 생기를 불어넣는다. 그 안에서 '물화', '소외', '물신주의'는 자본주의의 고질적인 죄로 고착된다.

'자본물신주의'가 있는 것처럼 '상품물신주의commodity fetishism'도 있다. 상품물신주의는 시장에서의 인간 관계를 모호하게 만들고 상품들이 상식하는 착취를 은폐한다. 상품물신주의의 희생자는 상품을 기이한 힘이 부여된 것으로 보고, 마치 자율적이고 객관적인 법의 영향을 받는 듯 교환 활동에 관여한다. 이런 식으로 보면 상품은 정말로 힘이 있다. 상품을 물신화하고, 상품에 내재하는 마술에 의해 지배를 받는다고 믿는 사람들에게 행사되는 힘이다. 자본주의 안에서는 인간도 체계의 '객관적' 법에 의해 교환가능한 상품이 된다. 따라서 루카치에 의하면, '객관적' 세계는 물신화되고 주관적 세계는 '물화reified'되는 것이다. 객체들은 마치 지배적인 의지가 있는 것처럼 우리 앞에 전시되는데, 반면 인간 주체는 시장의 '객관적' 법에 휩쓸려 단순한 사물의 지위로 격하된다.

객체적 측면에서는 기성의 사물들 및 이 사물들의 관계라는 하나의 세계(상품 및 시장에서의 상품운동이라는 세계)가 성립되며, 이 세계의 법칙들은 비록 점차적으로 인간이 인식하지만 이 법칙들은 이 경우에서도 인간들에게는 그들로서는 어찌할 도리가 없는, 자기근거를 갖고 자기 스스로 작동하는 힘들로서 대립한다. 따라서 이 법칙들의 인식이 비록 개인이 그 개인의 이익을 위해서 이용할 수는 있겠지만, 그때조차도 그 개인이 실재하는 운행 자체에 어떤 변화를 가할 수 있는 기회라고는 없는 것처럼 여겨지는 것이다. 주체적인 측면에서는 상품경제의 완성으로 인간의 활동은 인간 자신에게조차 대립되게끔 객체화·상품화되는데, 이 상품은 인간에게 낯선 객체성, 사회적 자연법칙으로서의 객체성에 부속되며 욕구충족의 재화가 상품이 될 때 그러하듯이 인간으로부터 독립해서 그 스스로의 운동을 수행한다.[20]

거침없는 자본주의 생산은 노동의 세분화와 그에 따른 주체의 파편화를 부추긴다. 즉 주체는 세부 기술과 기능으로 분산되고 그는 그의 상품가치를 결정하는 특정 기술 안으로 흡수된다. 루카치에 의하면 이런 노동의 파편화는 생산을 일종의 사색으로 바꿔버린다. 자기를 지배하고 통제하는 기계의 부속품으로서 노동자는 주체적 인간으로서의 지위를 상실하고 몸의 작동을 연구하는 해부학자와 같이 자기 행동에 대한 순전히 관조적인 입장을 취하게 된다.[21]

이런 논증을 거듭하며 루카치는 물신주의, 소외, 물화가 자본주의 사회의 지배적인 정신적 상태를 규정한다고 확신하게 된다. 모두 노동력의 노예화, 예술과 언어의 타락, 성 관계의 왜곡 등에 고스란히 드러난다는 것이다. 요컨대, 인간이 자신의 본질로부터 궁극적으로 분리된 상태다. 이런

'통찰'은 인간의 고통과 죄악은 다름 아닌, 자본주의 체계의 지속에서 그 원인을 찾아야 한다는 것을 암시한다. 그런데 이런 통찰은 제대로 된 연구와 노력의 산물이 아닌, '독일고전철학'의 기계적 적용, 더 구체적으로는 후일 파리에도 큰 영향을 끼칠 '주체과 객체'subject and object'라는 드라마의 산물이다. 루카치의 기획을 파악하기 위해서는 '독일고전철학'의 뿌리로 돌아가야 한다.

칸트에 의하면 주체로서 우리는 본질적으로 자유롭고, 실천 이성practical reason을 따라 우리의 자유를 행사한다. 실천 이성은 행위의 동기가 되고 정당성이 되는 정언 명령categorical imperative의 원천이다. 헤겔은 이 부분에는 동의했지만 피히테를 따라 주체는 절대적으로 주어지는 것이 아닌, 부정negation과 '결정'i이라는 과정을 통해 자발적으로 생성되는 것으로 봤다. 주체는 자기 자신을 실현함으로써 자유를 획득하는데, 이것은 자기 외의 객체들을 연속적으로 정립함으로써 가능한 것이다. 이것이 곧 주체가 활동하는 장이 된다. 이러한 자기규정Selbstbestimmung의 과정은 사회적인 것이다. 나는 타인과의 관계를 통해서 나를 실현하며 타인으로부터 나의 자유를 획득한다. 타인과의 '사활적 투쟁' 속에서 둘 중 하나가 주인 혹은 노예가 된다. 주인에게 노예는 단순한 객체다. 하지만 헤겔에 의하면 주인은 스스로도 자기 자신에게 단순한 객체가 되며, 노예의 지속적인 중재를 통해 행위의 세계에서 단절되어 자신의 존재에 대해 순전히 관조적인 입장을 취하게 된다. 진정한 자유는 관조와 행위의 연합을 회복할 때, 그리고 주인과 노예가 둘 다 추구하는 승인recognition을 박탈하는 적대적 관계를 극복할 때만 가능하다.

---

i   Determination: 독일어 Bestimmung의 번역어. 하나의 사물이나 현상이 고유하게 가지고 있는 본질적 특성으로서, 규정성 때문에 각 사물이나 현상은 다른 사물이나 현상으로부터 구별될 수 있다.

자기실현self-realization의 과정은 변증법 구조의 전형이 된다. '직접적immediate'이고 '비규정적indeterminate' 주체(텅 빈 '자아')는 자기 자신으로부터 빠져나와 '객체화'되고 '소원화estranged'된다. 모든 자기지식self-knowledge에는 부정이라는 첫 순간이 있다. 주체가 자기 자신의 관조적 의식의 '대상(객관/객체)'이 되어버리는 순간이다(이 순간은 객관화/대상화Entäußerung되는, 혹은 '타자'가 되는 순간이다). 변증법이 완성되어야만 자기는 자신에게로 회복된다. 이전에는 추상적이고 잠재적으로만 존재하던 것이 의식적이고 규정적인 것이 되기 위함이다.

따라서 나는 나의 도덕적 의식과 자유를 두 단계에 걸쳐 획득하게 된다. 우선 유년기의 직접적인 '나는 원한다want'를 지나, 욕망의 노예가 돼있는 대상(객관)으로서 나를 인식하는 소외된 상태로 넘어간다. 그 후 나는 이런 자기의식을 나의 주관적 본질에 접목시킨다. 나는 욕구를 극복하고 선善의 개념에 기인하여 행동할 수 있는, 전적으로 자기규정적인 주체로서 나 자신을 형성한다. 이로써 관조와 행동의 연합을 성취할 수 있게 된다. 이제는 자신에 대한 이해를 동기 삼고 나 자신과 타인의 존경을 받을 권리가 있는 진정한 동작주(행위자)가 되는 것이다.

이 주장의 풍부한 철학적 함의를 다루려면 우리의 논의가 많이 지체될 것이다. 당장 문제가 되는 것은 그 뒤에 오는 역사, 특히 루트비히 포이어바흐Ludwig Feuerbach에 의해 뒤틀린 버전이다. '불행한 의식'('자기소외된 정신')을 탐구한 헤겔은 종교에 대해 할 얘기가 많았다. 신은 절대적으로 초월적인 존재 및 모든 덕목과 신성함의 중심이라 보고, 세계는 신으로부터 분리됐다고 보며, 인간은 '타락'한 존재로 보는 특정 종교는 '자기소외된 정신'의 반영이라고 헤겔은 주장했다.

포이어바흐는 이 해석을 모든 종교, 특별히 기독교에 적용했다.[22] 기독교에서 인간은 모든 덕목을 하늘에 속한 것으로 보고, 따라서 자기 안에서는 어떤 덕목도 전혀 찾지 못한다. 여기서 포이어바흐는 칸트 종교 철학의 핵심적 개념인 '물신fetish'을 빌려온다. 칸트에 의하면 물신주의란 인간이 자기의 능력을 자기 외적인 대상에 부여함으로써 인간 스스로의 의지로부터 한 발자국 소외되는 것을 일컫는다. 포이어바흐는 기독교도 물신주의라고 주장했다. 인간은 자기의 덕목, 자유, 행복을 비실재적인 '영적' 영역에 부여함으로써 자신의 본성 및 능력과 분리된 절망적인 상태에 놓인 물질적 존재로 살아간다는 것이다. 덕목의 실재가 사실은 바로 여기에, 우리의 물질성 안에, 우리의 사회적 존재 안에(포이어바흐가 저의를 갖고 칭한 '유적 존재Gattungswesen' 안에) 있음을 알아차리면 덕목을 되찾을 수 있다는 것이다. 종교에서 우리는 우리 자신의 덕목을 대상화 시키고 그것을 우리의 주인으로 숭배한다. 이로써 우리는 우리 자신으로부터 '소외'되고 자기실현으로부터 분리된다. 이러한 면에서 물신주의적 의식은 우리의 힘을 비실재적 대상에 투영함으로써 우리의 힘을 빼앗아간다.

1884년 사본에서 마르크스는 이 이야기에 새로운 요소 하나를 가미하는데, 그간 사용했던 똑같은 도취적 수사학을 활용하며 사유 재산에 대한 비판을 전개한다. 마르크스가 말하길, 인간은 재산 안에 자기의 의지를 대상화하고, 단순한 대상에 자기의 주체성을 부여함으로써 주체성을 상실한다. 이로써 재산이 인간을 지배하게 되는데, 이는 인간의 활동과 의지에서 차용한 권력을 통해 가능해진 지배다. 따라서 재산이라는 영역 안에서 인간은 대상 안에 자기의 혼을 담고, 그로써 자기 자신은 대상으로 전락해 버린다. '자기에로의 회복'은 재산이라는 제도를 극복하고 타인과의 관계가 더 이상 세계의 소외시키는 사물들로 중재되지 않을 때 가능해진다. 더 고차원적이고, 더 자기의식적인 차원, 즉 재산에 의해 찢어진 유적 존재에 다시 합류할 때 인간은 비로소 '대상'에서 주체로 회귀한다.

1884년 사본은 루카치가 『역사와 계급의식』을 출간하고 나서야 발견되었다. 소련에서 망명 중일 때 루카치는 사본의 초판 준비를 돕기도 했다. 하지만 마르크스의 사변 전체의 배후에는 헤겔의 우화가 동일하게 작용하고 있다. 인간의 영적 여정, 즉 순진한 자기몰입self-immersion에서 소외, 그리고 진정한 사회적 삶에서의 자기실현까지의 여정을 그린 우화다. 루카치는 이것을 알아차릴 수 있는 상상력과 통찰을 지니고 있었고 마르크스가 의미한 바를 명료하게 풀어냈다. 그리고 루카치 자신도 헤겔 우화의 마법에 걸려버린 것이다.

상품이론과 자본물신주의는 과학으로서는 텅 빈 이론들이다. 자본 축적이나 상품 교환을 설명하는데 어떤 유의미한 기여도 하지 않는다. 사회비판의 방법으로서도 그것은 실용적이기보다는 선정적이다. 상품과 자본이 스스로 교환하고 증가할 자율적 힘이 있다는 환상에 진짜 속아넘어갈 사람이 누가 있겠는가? '부르주아' 경제학자는 이런 현상들을 총수요-총공급이라는 개념으로 설명한다. 다시 말해 인간의 사회적 행위에 기인하여 설명한다는 것이다. '속물적 정치 경제'의 '법률들'이 자본을 '가치의 독립적 원천'의 표상으로 세운다는 주장에는 대체 무슨 효력이 있는가?

그럼에도 불구하고 '물신화된 의식'이라는 발상은 혁명적 사유세계를 지속적으로 고취시킨다. 헤겔의 소외 이론은 단순히 자기의식에 도달하는 인간의 여정만을 그린 것이 아니다. 이것은 신학을 대체한다. 헤겔과 포이어바흐의 손을 거쳐 이것은 곧 원죄를 세속적으로 해석한 이론이 된다. 온 세계 '널리 퍼져있는' 악은 우리를 계속해서 괴롭히고 우리의 행동을 오염시키는데, 이것은 곧 인간의 자기소원의 징후이자 산물이라는 것이다. 주체이어야 할 인간이 객체가 되어 있고 그의 의식은 '사물들의 승리'로 속속들이 침투되어 있다. 모든 힘들은 이제 자기 외적으로만 존재하고 어디서도 자유로운 인간의지의 자발성이나 내적 확실성을 찾아볼 수 없다. 이러한 자기소외 상태의 필요충분조건이 자본주의라고 말하는 것은 곧 혁명이라는 신성한 작업을 정당화하는 것인데, 이것은 시장 경제가 제공한 물질적 편의를 이미 경험한 시대 안에서도 혁명은 정당화된다는 것이다. 오히려 그런 시대이기 때문에 더욱이 정당화된다는 주장이다.

전후세계에 맞게 조율된 마르크스주의

이것이야말로 루카치의 주된 업적이다. 즉, 마르크스주의 경제학의 신학적 의의를 밝히고 주창한 것, 그리고 마르크스의 이론을 전후 세계(사회주의의 약속 안에서 새로운 정체성을 찾기를 소망했던 중앙 유럽을 낳은 1차세계대전 후의 세계와, 미국에서 양성된 새로운 소비형태가 전세계로 퍼진 2차세계대전 후의 세계)에 맞게 조율한 것이다. 그의 사상은 프랑크푸르트학파의 사상가들(특히 아도르노)에게 지대한 영향을 미쳤는데, 아메리칸 드림의 그럴듯한 풍요의 허울을 꿰뚫어 그것이 은폐하고 있는 '내적', 그리고 '주체적' 소외를 보도록 한 것이다. 그리고 부르주아 질서의 규범으로부터 '내적' 해방을 추구하던 1960년대의 급진주의자들에게도 큰 영감이 되었다.

물론 우리가 합리적으로 따져봤을 때, 사유재산에 대한 낭만적 비판이 모종의 정강(政綱)도 만들어내지 못하듯, '물화' 이론도 마찬가지다. 정확한 대안을 제시하지 못하기 때문이다. '물화'된 의식이라는 감옥을 인간은 어떤 조건 하에 탈출한단 말인가? 그런 조건은 어떻게 형성되는 것인가? 왜 특별히 공유제(혹은 '사회적 소유')가 결정적인 변화를 야기한다고 주장하는가? 자본주의에 대한 사회주의적 비판이 세속의 죄에 대한 칸트적 서술 이상으로 진척시킨 바가 무엇인가?

  칸트의 말을 살펴보자. "목적의 나라에서는 모든 것이 **가격**^price이나 **존엄**^dignity을 지니고 있다. 가격이 있는 경우 그와 **등가**의 다른 것이 그것을 대체할 수 있다. 그런데 어떤 것이 모든 가격을 초월하여 그와 등가의 것이 없다면, 그것은 존엄이 있다고 해야 한다."[23] 자본주의 교환에 대한 마르크스주의적 비판이 이 도덕적 격언을 실제 정치로 옮겨 놓은 적이 있는가? '주체'와 '객체'라는 형이상학적 언어가 사회주의의 수사학에 새로운 활기를 불어넣은 것은 사실이다. '물화'가 파리의 1968년 5월 혁명 시기 중요한 컬트 용어^cult word가 될 정도였으니 말이다. 하지만 그후 이 용어에 대해 『뉴레프트리뷰』에서 전개된 논의는 수사학에 추가적으로 기여하는 것 없이 사이비 이론만 만들어냈다. 불가해한 사당 주변을 시무룩하게 배회하는 지성의 모습이다.[24] 가장 하등한 관찰도 주체-객체의 언어로 표현되면 가장 근엄한 존경심을 자아낼 수 있다. "관료는 자신의 활동의 단순한 대상으로서 세계와 관계한다"라는 문장은 전형적인 마르크스적 선언이다. 대영 박물관 열람실에서 시간을 좀 더 보내면 대상이 좀 덜 된다고 제안하는 닳아빠지고 속물적이고 지나치게 점잔을 빼는 태도다. 에리히 프롬^Erich Fromm(프랑크푸르트 학파의 산물이며 마르크스주의 휴머니즘을 속화시킨 인물이다)은 이 발언을 하나의 완성된 도덕이 발원하는 '심오한 정의定義'로서 환영한다.[25]

  루카치도 그의 후계자들보다 나을 것이 없다. 루카치도 물화이론이 모든 것을 다 말해준다고 믿는다. 따라서 자본주의의 작동 방식을 깊이 천착할 필요 자체를 배제해 버리는 것이다. 자본주의라는 짐승은 이미 충분히 저주를 받았기 때문에 짐승도 편안하게, 우리도 편안하게, 짐승의 숨통을 끊어버리자는 것이다. 그렇다면 대안은 어디있는가? 루카치는 공산주의를 그의 이론에 이상하게 접목시킨다. 믿음의 도약을 정당화하기 위함이 아니라면 최소한 바로 아래 하품하고 있는 깊은 골을 밝히기 위한 이론이다. 루카치에 의하면 부르주아지의 물화된 의식은 세계를 불변하는 객관적 법에 얽매어 있는 것으로 표상함으로써 인간 행위를 상쇄시키고 진정한 변화는 미연에 막아버린다. 부르주아식 사고방식의 한계 내에 머물러 있는 한, 우리는 자본주의의 현상태에 푹 젖어 무지의 먹구름을 불식시킬 사회적 조건을 기하지도, 얻지도 못하게 된다는 것이다.

이런 자본주의의 어둠 속에서 의식의 새로운 경쟁 상대가 자라고 있는데, 루카치는 이것이 프롤레타리아 의식이라고 말한다. 이 의식에게는 독특한 인식론적 특전이 부여된다. 생산과정에 근접하다는 이유로 노동자는 "노동의 사회적 속성에 대한 의식이 생길 수 있고", 이 의식에게 "사회 원칙의 추상적이고 보편적 형태는 점차 구체화시키고 결국 극복될 수 있는 것이 된다."[26] 요컨대, 프롤레타리아 의식이 우월하다는 얘기다.

> 프롤레타리아의 입장에 바탕을 둔 인식은 객관적·과학적으로 더 우월하다. 프롤레타리아의 입장에서 나온 인식에는 방법적으로 부르주아 시대의 위대한 사상가들이 얻고자 분투를 거듭했던 제반 문제들의 방법적 해결이 함축되어 있으며, 실질적으로는 부르주아 사상가로서는 다다를 수 없었던 자본주의에 대한 적절한 역사적 인식이 함축되어 있다.[27]

루카치는 필요 이상의 모호함을 동원해 이 개념을 확장시킨다. 그런데 우리로 무엇을 믿기를 바라는 것인가? 보아하니 노동계급은 부르주아 계급과는 달리 "거짓 의식 속에서도, 그들의 실질적인 오류 속에서도 언제나 진리를 지향한다"라는 주장이다.[28] 프롤레타리아의 시각에서만 우리의 상황을 제대로 파악할 수 있다는 것이다.

그렇다면 누구를 우리의 권위자로 삼아야 하는가? 진정한 노동 계급의 언변 좋은 자손들인가? D.H.로렌스^{D.H. Lawrence}, 콘래드^{Joseph Conrad}, 셀린^{Louis-Ferdinand Céline}? 헛소리하지 말라고 루카치는 말한다. 루카치는 부르주아지에 종노릇하는 그런 반혁명분자들에게 파문을 선고하는 데 수많은 문장을 할애했다. 프롤레타리아적 사유는 프롤레타리아 작가들의 작품에서 찾는 것이 아니고 마르크스주의 고전에서만 찾을 수 있다는 이야기 같다. 약속된 '방법론'은 바로 변증법이고, 이는 피히테에서 헤겔, 포이어바흐, 마르크스와 엥겔스, 레닌 그리고 루카치에게 전수된 방법이다. 그런데 마르크스가 막노동하느라 손을 더럽힌 적이 있는가? 공장주인 엥겔스, 망명한 양반 레닌은 어떠한가? 그리고 오스트리아-헝가리 제국의 세습 부호이며 은행가의 상속자, 학자, 심미가, 그리고 지배적 엘리트와의 끊임없는 공모자였던 루카치 자신까지. 이런 사람들을 과연 프롤레타리아적 사상가로 봐야하는가? 물화에 대한 그의 해결책을 살펴보자.

> 물화를 극복할 수 있는 방법은 오직 구체적으로 드러나는 전체 발전의 모순들에 대한 구체적 연관을 통하여, 그리고 이 모순의 내재적 뜻을 전체 발전과의 관계에서 의식화함을 통하여 현존재의 사물화된 구조를 실천적으로 타파하는, 끊임없이, 언제나 새롭게 재생되는 경향 이외의 다른 형태를 취할 수 없다.[29]

이것이 진정 프롤레타리아적 발언인가? 헛소리는 그만할 때가 되었다. 상황은 여기에 함축된 것보다 훨씬 심각하다. 프롤레타리아가 마르크스주의와 동일시된 것만 문제가 아니다. 마르크스주의의 핵심 교리에 어느 부분이라도 반대하는 현대 사상가는 '부르주아'라고 맹렬히 비난을 받는데 비해 진정한 마르크스주의적 작가는 '프롤레타리아적'이라는 찬사를 받는다. 이런 꼬리표는 사실 어떤 사회계급도 지칭하지 않는, 의미없이 덧붙여진 허언일 뿐이다. '부르주아'라는 꼬리표 안에는 인간의 모든 악이 축약돼 있고 '프롤레타리아'라는 꼬리표 안에는 인간의 모든 선이 축약돼 있기 때문에 루카치는 검열을 위한 가장 완벽한 도구를 지녔다고 생각한다. 더욱이 프롤레타리아는 역사 속에서는 부르주아 지식인인 마르크스와 엥겔스의 입을 통해, 오늘날에는 그들의 공식 교회인 공산당을 통해서만 대변될 수 있다는 점을 루카치는 분명히 한다. 근본적으로 조직화된 구조를 지닌 당 내에서만 이론과 실천의 연합이 이루어질 수 있다는 것이다. 따라서 "러시아 볼셰비키의 위업은 파리 코뮌 이래 처음으로 프롤레타리아의 의식과 세계사적 관점에서의 자기지식을 통합한 것"이라고 주장한다.[30]

더 심각한 것은, 실제로 평범한 노동자들의 생각을 고려하는 사람은 공산주의에서는 가증스럽게 여기는 실수, 즉 기회주의의 실수를 저지르는 것이 된다. 그러니까 "프롤레타리아의 실제적, 심리적 상태를 프롤레타리아의 계급의식으로 오인"하는 실수를 범하는 것이다.[31] 달리 말해, 공산당만이 프롤레타리아의 유일한 대변인이고 공산당은 오류가 없다. 프락시스^{praxis}(물화된 의식의 해체와 혁명 참여를 통해 실현되는 새로운 지식 형태)는 신앙(믿음)과 순전히 동등한 것이며, 당에 복종하는 것은 파스칼의 내기$^{Pascalian\ wager}$의 산물이다. 가장 극악무도한 '기회주의적' 실수, 즉 프롤레타리아의 계급의 실제 구성원들과 교류하는 실수만 범하지 않는다면, 이런 정신적 곡예를 통해 부르주아지의 오염된 의식과 의절하고 노동 계급의 혁명적 투쟁에 참여한다고 스스로를 설득할 수 있다.

1930년 모스크바로 소환된 루카치는 자기가 과거에 비호했던 그 무오한 의식의 표상인 당의 감시 하에 있음을 알아차렸다. 그리고 비굴한 자벌自罰적 자세를 취하기 시작한다. 『역사와 계급의식』은 1924년 코민테른 제5차 대회에서 부하린[ii]과 지노비예프Grigorii Zinoviev[iii]의 맹렬한 비판을 받았다. 죄목은 늘 등장하는 '수정주의,' '개혁주의', '이상주의' 등이다. 루카치 자신도 죄를 자백했다. 그가 말하길, 자기의 『역사와 계급의식』은 '이상주의적' 작품인데, 이상주의는 파시즘과 그것의 사회민주주의적 공모자와 한통속이기에 프롤레타리아의 진정한 적이라고 언급했다.[32] 방금 전에는 '기회주의'가 주적이더니 금세 '허무주의nihilism'[33]가 주적이 되고 스탈린의 편집증세가 극에 달했을 때는 '트로츠키주의Trotskyism'가 반동세력이라고 규정되었다.[34] 『현대리얼리즘론』(1957)에서 루카치는 적의 변장술에 대한 교육적인 역사를 그려준다.

> 하이네Heine, Heinrich의 시기에는 적이 독일 우월주의였다. 후에는 공격적 제국주의, 그 다음에는 파시즘이었다. 오늘날에는 냉전과 핵전쟁 대비라는 이데올로기다. 긴밀한 정치적 동맹을 야기한 공동의 적에 대한 대항은 비판적 사실주의자로 하여금 자기의 이데올로기적 입장을 고수하면서 역사에 대한 사회주의적 관점 또한 감안할 수 있도록 한다.[35]

---

ii　Nikolai Bukharin: 러시아의 정치가. 3월혁명 직후 모스크바의 볼셰비키를 지도했으며 11월혁명 후 당 기관지 『프라우다』의 편집장이 되었다. 브레스트리토프스크 강화조약를 둘러싸고 N.레닌과 대립했고 그 후 '우익 반대파'로 주류와 대립하다 실각했다.

iii　Griogorri Zinoviev: 러시아의 혁명가. 당내 발군(拔群)의 이론가로 V.I.레닌의 보좌관으로 활동하였다. 10월혁명 준비 과정에서 레닌과 대립하기도 하였으며, 혁명 후 페트로그라드 소비에트 의장이 되었다. 레닌 사망 후 스탈린, 카메네프와 함께 트로이카지도체제를 형성하여 당의 주류가 되었다.

적에 대한 묘사만 바뀌었지 생각의 진정한 전환은 보이지 않는다. 적의 이름은 바뀌었을지 몰라도 적의 본질은 그대로다. 여전히 '부르주아'고, 현실 세계의 주인이자 내일의 수호자인 프롤레타리아와의 사활적 투쟁에 갇혀 있는 존재다. 스탈린의 죽음 이후에도, 그리고 1956년 헝가리의 침공(나지^{Nagy} 정권의 일원이었음에도 불구하고 루카치는 특유의 방법으로 가까스로 목숨을 건졌다) 이후에도 루카치는 계속해서 세계를 '부르주아'와 '프롤레타리아'라는 두 적대자로 나누었다.[36] 또한 루카치는 '모더니즘' 작품들을 비판하며 우리에게는 여전히 모호한 '사회주의 리얼리즘'이라는 신념을 옹호하는 데 남은 에너지를 할애했다.

루카치가 말년에 독일의 후기 낭만주의 철학을 거의 모두 나치의 원형으로 비난한 『이성의 파괴』$^{\text{The Destruction of Reason}}$(루카치가 '스탈리주의' 시기에 쓴 주요 저서)의 수준까지 타락하지 않았다는 것은 사실이다. 루카치의 공적이 없는 것은 아니다. 예컨대 발자크$^{\text{Honoré Balzac}}$와 스콧$^{\text{Walter Scott}}$의 역사적 의의와 심리적 통찰을 간파한 문예비평을 선사해 주었다. 그들도 '반동적' 인물임에도 불구하고 루카치가 관대했던 이유는 그들이 활동했던 마르크스주의 이전 시대의 역사적 환경 때문이다. 프랑스 대혁명의 가치에 대한 그들의 '반동적' 비판은 새로운 혁명세력에 의해 차용될 수 있었고, 그럼으로써 새로운 혁명세력은 거짓 의식의 얼룩을 씻어낼 수 있게 되었다.

루카치의 이러한 관대함은 다른 어떤 현대 작가에게도 미치지 못한다. 한때 친구였던 토마스 만$^{\text{Thomas Mann}}$이 평생 루카치를 괴롭힌 것도 이 때문이다. 토마스 만은 『마의 산』$^{\text{The Magic Mountain}}$에서 루카치를 나프타^{Naphta}로 묘사했는데(루카치의 지성을 실제보다 좀 더 근사하게 묘사한다), 이 작품은 20세기 문학에서 단연 최고의 예술적 업적이라고 할 수 있다. 루카치에게 토마스 만은 끝까지 해결되지 않은 문제였다. 엘리엇$^{\text{T.S.Eliot}}$이 리비스$^{\text{Frank Leavis}}$에게 문제가 되었던 것처럼 말이다. 하지만 그는 루카치가 애써 신경쓰지 않으려고 했던 문제였다. 마르크스 이후의 문학은 혁명적이지도 반동적이지도 않고, 프롤레타리아적이지도 부르주아적이지도 않으며, 사회주의적이지도 자본주의적이지도 않다는 그런 필수적 신념을 고수하기 위함이었다. 루카치가 보였던 비판적 열정과, 꼬리표를 붙이며 비난하는 심상치 않은 버릇을 보고 있으면 루카치를 향한 콜라코브스키의 비난(『마르스주의의 주류Main Currents of Marxism』 제3권)이 이해되기 시작한다. 그는 루카치를 가리켜 지적 스탈린주의라고 했는데, 풀어 말하면 루카치에 반대하는 사람은 반대한다는 그 이유만으로도 생존권이 박탈당한다는 말이다.

루카치가 문예비평이라 일컫는 다음 구절을 살펴보자.

> 우리는 반-폭력 이데올로기가 어떻게 (표현주의라는) 엉터리 혁명 단계에서부터 부르주아 백색 테러의 공개적인 반-혁명적 항복에까지 걸쳐 있는지 보게 되었다.[37]

> 맬서스와 함께… 자본주의에 대한 낭만주의적 비판의 부패는 초반부터 가장 혐오스럽고 비열한 상태로 나타난다. 영국 부르주아지의 가장 반동적 부분의 이데올로기를 표현하기 때문이다. [뒤이은] 위기는 반자본주의의 가장 유능하고 빛나는 대변자인 토머스 칼라일을 퇴폐적 불구이자 자본주의의 거짓 옹호자로 전락시켜 놓았다.[38]

루카치의 비평글 중에는 이런 일차원적 시각을 덩어리째 보이는 부분들이 있다. 이분법적인 공격과 피터 심플Peter Simple[39]이 구상한 알바니아계 오페어 소녀의 문제로 쓰였다. 문예비평은 자기와 다른 지성 및 감수성과 적극적으로 교류하는 것이다. 다른 정통파 공산주의자들과 마찬가지로 루카치에게 그러한 교류는 불가능했고 그 결과 그의 비평글은 무가치하고 무심한 것이 되어버렸으며, 심문자의 열성만 담긴 혐오스러운 것이 되어버렸다. 논증이 필요한 곳에서는 꼬리표 투성이의 숨막히는 먹구름으로 적을 응대한다. 그런 후 "우리와 함께하지 않는 이들은 우리를 대적하는 이들이다"라는 익숙한 공산주의 슬로건을 책장 속에서 외쳐댄다.

1969년 『뉴레프트리뷰』와의 인터뷰(사후에 출간된 인터뷰)에서 루카치는 '부르주아 민주주의'를 다음과 같이 비난한다. "그것의 결정적 원칙은 인간을 공적 생활의 **시민**과 사적 생활의 **부르주아**로 나누는 것이다. … 그것의 철학적 반영은 사드$^{\text{Marquis de Sade}}$에서 찾아볼 수 있다." 그런 후 '부르주아 민주주의'와 '사회민주주의'를 대조한다.

> 고전적 자본주의 사회가 그것의 호모 에코노미쿠스, 즉 1793년을 기점으로 나뉜 시민/부르주아와 사드를 자연 발생시킨 것과는 달리 사회주의 경제는 그것에 걸맞는 인간을 자연발생적으로 생산 및 재생산하지 않기 때문에 사회주의적 민주주의의 기능은 정확히 그 구성원들을 사회주의를 위해 교육시키는 것이다.[40]

여기서 루카치는 (스탈린주의적) 방법의 근본적 공허함을 드러낸다. 어리석게 사드를 언급하며 루카치는 서양 정치 제도 전체를 한 방에 묵살해버리고 자기가 익숙한 지역, 즉 잔인한 이분법의 구역으로 돌아온다. 자본주의 대 사회주의, 반동 대 혁명, 재생산 대 교육, 부르주아 대 프롤레타리아, 루카치 대 적.

가시철조망을 쳐놓고 그 뒤에서 루카치는 안전하게 '독일고전철학'의 진정한 의미를 계속해서 반추한다. 그의 마지막 저서『사회적 존재의 존재론 The Ontology of Social Being』은 독일 형이상학의 무덤 위에서 선보이는 기이하고 침울한 무도와 같다. 여기서 루카치는 진정한 종교에 주목하는데 이 현상을 헤겔 덕분에 발견했다고 한다. 이 특이한 작품에서 루카치는 다른 문장들 못지 않게 중요한 한 문장에서 이렇게 말한다. "종교를 실질적인 정신적 현실로서 알아차린 헤겔의 역사적 인식은 계속해서 증폭된다. 하지만 결코 그것의 내용과 더 심오한 내적 관계를 형성하지 못한다."[41]

루카치가 프롤레타리아를 단순히 자기의 장엄한 증오를 위한 가상의 매개체로 보지 않고 실제 사람들로 이루어진 계층으로 보았다면, 헤겔의 책에서 뿐 아니라 현실에서도 종교와 조우했을 것이다. 프롤레타리아 도덕의 정직한 원천을 마주하였더라면 그것의 뒤집힌 형태, 파괴적인 형태를 자기 안에서 발견했을 것이다. 신에 대한 증오, 또 신뢰, 겸손, 속죄를 거절하는 모습, 그리고 피조계를 향한 오만한 폭력성을 인지했을 것이다. 더욱이 그는 자신의 '메시아적 종파주의 sectarianism'가 얼마나 끈질기게 사라예보 사건과 결부되어 있었는지, 또 그가 가상의 적에게 무분별하게 쏟아부은 괴멸적 꼬리표들('주의자', '허무주의자', '반동분자', '노스탤지스트')이 자기에게도 마땅히 붙어야 했던 것임을 알게 되었을 것이다. 무엇보다 처음부터 끝까지 루카치 자신도 사라진 지배계급의 잔존하는 특권층에 속해 있었다는 것을 알아차렸을 것이다.

아도르노와 프랑크푸르트학파

이것은 아도르노에게도 해당되는 설명이다. 그는 자본주의에 대한 루카치의 분석을 인계받아 대중 문화 비판이라는 완전히 새로운 맥락에 적용시켰다. 1903년 부유한 유대인 주류 상인의 아들로 태어난 아도르노의 첫사랑은 음악이었고 부모님의 고향인 프랑크푸르트에서 음악을 공부했다. 1925년에는 빈에서 베르크에게 사사하며 그곳에서 루카치를 만났다. 1차세계대전 발발과, 막스 베버, 막스 셸러$^{Max\ Scheler}$, 게오르그 짐멜$^{Georg\ Simmel}$ 등의 지식인들이 독일의 무력 침공에 지지를 표한 것을 계기로 아도르노는 과격파의 길로 들어서게 되었다. 아도르노는 빈에서 혁명 집단 내지 마르크스주의 집단 안에서 생활하며 서서히 철학으로 관심을 돌리기 시작했다. 동시에 무조성^{atonality}과 아방가르드 음악을 옹호하는 글을 집필하기 시작했다.

1931년에는 프랑크푸르트로 돌아와 프랑크푸르트 대학교 철학교수로 취임하게 되었고 취임 강연은 독립 기관인 사회연구소에서 했다. 프랑크푸르트학파의 발상지인 사회연구소는 1923년에 설립되어 『사회 연구지$^{Zeitschrift\ für\ Sozialforschung}$』라는 영향력있는 잡지를 발간하기 시작했고 여기에 아도르노의 글이 발표되었다. 사회연구소는 막스 호르크하이머$^{Max\ Horkheimer}$(1930년까지 연구소 소장을 역임했다) 헤르베르 마르쿠제$^{Herbert\ Marcuse}$, 에리히 프롬 등의 선두적인 지식인들의 근거지이기도 하다. 1933년 나치가 권력을 장악하자 연구소는 프랑크푸르트에서 폐쇄되어 처음에는 제네바로, 그 후에는 뉴욕으로 건너가 컬럼비아 대학과 연계되었다. 히틀러가 득세한 후 아도르노는 먼저 런던과 옥스퍼드로, 그 후 뉴욕으로 망명하여 그곳에 잠시 머물다가 곧 호르크하이머, 프롬, 마르쿠제를 따라 캘리포니아로 옮겨 갔다. 적국 출신이기에 부분적 통행금지령 하에 그곳에서 거주했다. 사회연구소는 1951년 프랑크푸르트로 복귀됐으며, 1953년 호르크하이머가 은퇴하며 아도르노가 연구소 소장이 되었다.

호르크하이머는 프랑크푸르트학파의 어젠다 안에 짐멜과 셸러의 글에서 발견되는 보수적이고 염세주의적인 사조를 도입했다. 하지만 학파의 근본적인 방향은 여전히 '독일고전철학'과 그것의 마르크스주의적 적용이었다. 반복적으로 거론되는 관념은 컬럼비아 대학에서의 망명기간 동안 저술한 호르크하이머의 『이성의 상실(도구적 이성비판)Towards the Critique of Instrumental Reason』에서 발견된다.[42] 호르크하이머에 의하면 자본주의 세계는 이성의 승리를 보여주는데, 더 정확히 말해 특정한 '부르주아' 형태의 이성이다. 이 이성을 통해 모든 것이 부상하는 중산층의 형상대로 재형성된다는 것이다.

'도구적 이성'은 모든 문제를 수단(도구)의 문제로 환원시키며, 이 세계는 곧 목적이 없는 세계다. 이 세계 안에서 교환을 위한 사회 질서에 의해 생산의 고역에 시달리는 노동자는 소외되고 파편화되며 진정한 인간 본성으로부터 단절되어 있다. 부르주아 질서 안에서 노동의 산물은 교환을 위한 수단에 지나지 않으며 상품은 그것의 교환 가치 이상의 다른 가치를 지니고 있지 않다. 돈은 도구적 이성의 상징이며(마르크스에 의하면 돈은 '결정화된crystallized 교환가치'다), 돈으로 구조지어진 세계에서 인간의 삶은 사물의 법칙의 압제 아래 있게 된다. 이런 식으로 호르크하이머는 루카치의 주요 사상을 재활용한다. 즉 부르주아 질서 안에서의 물화된 의식과 상품물신주의는 도구적 이성의 승리에서 비롯되었다고 보는 것이다. 자본주의 아래에서 수단은 의미를 폐기하고 인간 의지는 존재의 목적에서 단절되어 자유롭지만 무목적적으로 사물에서 사물로 옮겨다니며 배회한다.

이것을 기반으로 호르크하이머는 자본주의 문화를 '생산의 부르주아 관계'에 연결시킴으로써 자본주의 문화에 대한 체계적 비판이 될 '비판이론 Critical Theory'을 정립했다. 호르크하이머가 주장하길, 이성은 자본주의 질서에 의해 오염되었고, 인간의 삶에서 이성의 본질적 초점은 상실되었다. 인간은 절대로 수단으로서만 인식될 수 없으며 언제나 그 자체로, 즉 목적으로서 인식되어야 한다. 따라서 부르주아 이성에게 인간은 절대 **감지될 수 없다**. 진정한 비판 철학이란 철학의 시선을 철학 자체에 돌리고, 자신의 이성이 오염된 근원을 포착하는 것이다.

이렇게 제시된 진정한 비판 철학이란 다시 말해 마르크스의 철학이다. 『자본론』의 후기 마르크스가 아닌 타락$^{\text{the Fall}}$에 대한 헤겔적 해석을 제시한 초기 마르크스 철학이다. 철학을 그것의 '물질적' 토대로 되돌려 놓으면서, 그리고 철학 자체의 생산의 비밀을 드러냄으로써 우리는 이성의 특정 양식이 이성을 양산하는 타락한 사회 질서를 암묵적으로 뒷받침해준다는 것을 보게 된다. 그렇게 해서 우리는 철학을 지나 '비판이론'에 다다른다. 여기서 해방의 진정한 가능성을 발견하게 되는데, 이것은 사유 자체의 해방으로부터 시작된다. 우선 사유가 도구적 이성의 지배로부터, 사물의 은폐된 폭제로부터 풀려나야 한다.

이런 견해의 지적 계통은 철저하게 독일적이고 또 철저하게 부르주아적이다. 호르크하이머의 비판이론은 사실 칸트의 비판철학인데, 사회비판을 위한 도구로 재구성되고 마르크스의 망치질로 모양이 다시 잡힌 것이다. 인류를 목적으로 다루고 절대로 수단으로만 삼지 말라고 명하는 칸트의 정언명령에 호르크하이머는 마르크스적 지적 생산론$^{\text{theory of intellectual production}}$을 가미하게 된다. 이러한 통합은 과거에도 이루어진 바 있다. 특히 게오르그 짐멜이 1908년에 발표한 중요한 논문인 『화폐의 철학$^{\text{The Philosophy of Money}}$』에서 시도되었었다. 그런데 이것은 호르크하이머에 와서 특유의 근대적 비애와 새로운 학식에 물들게 된다. 여기에 루카치의 마르크스주의 휴머니즘뿐 아니라 베버의 사회학 개념과 나치 이전의 창대한 독일 문화까지 엮는다. 호르크하이머는 진정한 독일식 비판으로의 길을 안내해 주는데, 이것은 헤겔과 초기 마르크스에 대한 낭만적 이해를 부활시키고 또 근대의 구미에 맞추기 위함이다.

문체는 나라마다 문화마다 다를 수 있겠지만, 개진되는 진리는 누구나 소유할 수 있는 보편적인 것이다. 즉, '도구적 이성에 대한 비판' 안에는 모종의 통찰이 있다. 이 통찰은 그것을 담아낸 언어와 분리될 수 있다. 영미권 독자들에게 이 통찰은 아널드Matthew Arnold와 러스킨John Ruskin의 언어를 통해 전달된다. 또 우리 시대에 그것은 부르주아 이성에 대한 마르크스주의적 이론과 연관되어 있기보다는 영국의 '위대한 전통the Great Tradition'에 대한 리비스F.R. Leavis의 보수적인 변론과 관련이 깊다. 공리주의적Benthamite 문명에 대한 리비스의 비판은 훨씬 구체적이고 역사적으로도 의미심장한 언어로 표현되는데, 호모 테크노로지쿠스homo technologicus(기술화된 인간)의 근절된 상태에 대한 동일한 자각심이 서려있다. 그런데 이 비판은 급진주의자와 보수주의자가 공통으로 지니는 비판이며 호르크하이머를 어느 쪽과도 연관짓지 않는다. 마르크스화되지 않은 리비스의 언어는 에른스트 윙거Ernst Junger의 추종자에게든 하이데거의 추종자에게든 상관없이 용납된다. 테크네technê에 대한 하이데거의 논의는 그의 어두운 현상학의 관점을 거쳐 근대성에 대한 진단을 제시하는데, 사실 '도구적 이성 비판'이 제시하는 진단과 다를 바 없다.

도구적 이성에 대한 프랑크푸르트학파의 해석은 러스킨과 리비스의 사회 비판과 공통된 부분이 있지만 관료주의에 대한 베버의 이론과도 연관이 있고, 근대 세계의 황막함에 억압 받는 이들에게 베버와 비슷한 호소력이 있었다. 근대의 운동의 법칙은 우리를 너무나 아무렇지도 않게 도외시한다고 느끼는 마음에 호소한 것이다.

미국 대학의 수용적인 환경을 만나 이 새로운 비판 형식은 즉시 성공을 거둔다. 1960년대의 해방운동에 이르기까지 마르쿠제는 '억압적 관용repressive tolerance'(막대한 금액을 지불하고 마르쿠제를 고용한 체계를 마르쿠제는 오히려 이렇게 비판한다), '기술적 이성의 전체주의적 우주' 등과 같은 선정적인 표제로 프랑크푸르트학파 시장을 점유했다.[43]

그런데 이런 시엠송(오웰의 진리부 Ministry of Truth에 딱 적합하다)의 참신함이 사라진 후 마르쿠제의 추종자들은 해답이 제시되지 않은, 해답이 나올 수 없는 질문과 대면해야 했다. 호르크하이머와 아도르노의 저서를 읽는 독자도 같은 질문 앞에 서게 되는데, 두 학자의 구닥다리 세일즈 기술은 그들이 내놓은 상품의 조잡함을 제대로 가려주지 못한다. 사유가 사유의 사회적 기원을 성찰하는 것으로만 어찌 개혁된단 말인가? 부르주아지의 허위의식이 부르주아 철학을 오염시켰다면 그렇다고 말하는 철학의 상태는 또 어떠한가? 그 또한 부르주아의 산물이라고 해야 하지 않는가? (여기서 루카치를 참조해보자. 철학 안에서 진정한 '프롤레타리아'의 목소리를 찾아야 하는데, 실제 프롤레타리아의 목소리와 혼돈해서는 안된다는 루카치의 강령이 기억나는가?)

이 시점에서 일종의 전례적 색깔이 프랑크푸르트학파의 문체에 가미되기 시작한다. '부르주아' 질서와 그것에서 비롯되는 사유방식에 대항하여 주문을 외우는 듯하던 것이 이제는 톤을 좀 바꾸어 신비스러워지기 시작한다. 비판이론의 목소리였던 언어가 이제는 구마사驅魔師의 주술로 바뀐다.

계몽주의에 등을 돌리다

매우 탁월한 논문에서 호르크하이머와 아도르노는 부르주아 이성에 대한 그들의 비판을 계몽주의에까지 확장한다. 계몽주의 세계는 '부르주아 정의와 상품교환'으로 지배된 세계이기 때문이다.[44] 부르주아 이성에 대한 공격은 이제 히스테리성 어조로 들린다. "계몽주의는 대중 the herd의 진정한 생산자"(헤겔이 이미 언급하지 않았는가?), "계몽주의는 전체주의이다", "계몽주의의 도구인 추상abstraction은 대상 다루기를 운명이 다룬 것처럼 하는데, 추상은 운명이라는 발상을 거절한다. 추상은 대상을 청산해버린다."[45] 이렇게 지속적으로 주문을 외우지만 유령은 떠나지 않는다. 계몽주의는 우리와 계속 남아있을 것이고(생각해보면 고맙게 여겨야 할 일이다), 더욱이 비판적 성찰의 구원적 역할에 대한 프랑크푸르트학파의 확신은 계몽주의의 또 다른 형태일 뿐이다.

호르크하이머와 아도르노에게 계몽주의는 증오의 대상이었다. 왜냐하면 계몽주의는 기술 및 대량생산과 동의어였기 때문이다. 자연의 영속적 질서를 경이로워하며 그 앞에 절하는 인간의 겸손 대신 계몽주의는 거드름 부리는 기업가의 오만함을 과시했다. 아도르노와 호르크하이머의 부모 세대를 상징하는 인물로서 모든 문제에 대한 해답을 가졌고 기술로 해결되지 않는 문제는 없다고 여기는 사람이 바로 계몽인이다. 즉, 계몽주의에서 신비mystery는 통달mastery로 대체된 것이다. 그 과정에서 인류는 진정한 의미의 문화, 즉 순수예술high art의 고된 길을 통해서만 우리에게 밝혀지는 자기지식과 내적 진리로부터 분리되어 버렸다.

후기 마르크스주의에 의하면 문화는 사회의 제도적이고 이데올로기적인 상부구조에 속한다. 경제적 과정의 부산물이 바로 문화인데, 이것은 경제적 과정에 큰 영향을 끼치지 않는다. 그래서 이데올로기적 싸움은 "정치적 하늘에 잔뜩 끼어있는 먹구름"이라 묘사됐다. 역사는 경제적 힘과 그것을 진보시키는 불가항력의 법에 의해 움직이기 때문에 문화의 영향을 받지 않는다는 것이다. 이렇듯 문화와 예술을 역사의 변두리에 제쳐놓는 입장에 반대한 호르크하이머와 아도르노는 제대로 정립된 이론적 접근을 기반으로 한 비평은 '부르주아 생산관계'의 허위의식을 불식시키고, 허위 계몽을 진정한 계몽으로 대체시킬 수 있다고 주장했다. 자본주의에 의한 노예화는 모든 단계에서 일어난다는 것이 이들의 전제다. 경제적인 영역에서만큼이나 정신적, 제도적, 문화적 영역에서도 일어난다는 것이다. 각 영역에서 비판적 입장을 취함으로써 우리는 우리 상태에 대한 진정한 해방적 이해로 향할 수 있다는 것이다.

아도르노는 루카치에게서 힌트를 얻었다. '상품물신주의'를 그의 포괄적인 문화 비판의 일부로 차용한 것이다. 아도르노가 주장하길, 자본주의 경제에서 사람들을 노예화시키는 것은 타인이 아니라 자기 자신이고, 도처에서 번쩍거리는 상품들에 스스로 매력을 부여하고 결국 그것에 희생된다는 것이다. '허위의식'은 사람들을 언제 어디서나 똑같은 마법에 걸리게 한다. 그들의 진정한 자유는 소비문화의 가짜 자유에게 몰수당한다. 아도르노는 이 현상을 헐리우드에서 목격하고 그곳의 저속함에 충격받을 뿐 아니라 그렇게 자기 자신을 노예화시키는 오물을 태평스럽게 즐기는 미국인의 모습에도 충격을 받았다.

대중 문화는 비판 정신을 상쇄시키고 환상적 세계에 대한 환상적 수용을 유도하는 기능을 가진 상품이다. 마르크스적으로 말하자면 대중문화는 '이데올로기적' 산물이다. 사회 현실을 베일로 덮고 그 대신 거짓된 안일함을 선사한다. 다시 말해 대중 문화는 자본주의 사회가 지닌 허위의식의 일부라는 것이다. 아도르노는 대중문화와 그것의 장치들이 감정적 진리로의 길을 어떻게 방해하는지, 어떻게 상투적이고 판에 박힌 감상주의로 우리를 오도하는지 보여주기로 작정했다.

작곡가 겸 음악학자로서 아도르노는, 현실과 씨름하며 그 현실을 담아낸 스타일을 찾아내고 진정한 음악적 충돌의 고통을 회피하지 않은 거장들의 창의적 논리와, 그와 달리 느긋하게 으뜸 화음으로 돌아가는 대중 음악과 같이 쉽게 안락함을 추구하는 키치^{kitsch}를 대조시키고자 했다. 아도르노에 의하면, 문화적 물신주의는 '표준화'된 성질, 이미 평이한 형태로 가공된 내용의 진부한 표현 방식, 상품으로서의 자기 상황에 의문을 제기하기를 거절하는 성질이 두드러지게 나타난다.[46]

아도르노는 루카치의 뒤를 따라 상품물신론을 물화이론과 연결시켰다. 즉 사람들이 자기 외적인 대상에 주체적 자유를 부여함으로써 그 자유를 상실하게 되는 과정을 설명한 것이다. 자유가 빠져나오고 대상 안에서 투영되고 골화骨化됨으로써 사람들이 물화된다고 루카치가 주장한 바 있다. 사람들의 자유를 표상하는 대상 안에 그 자유가 이양되고 사로잡혔다는 것이다. 제도, 법, 관계 등도 모두 물화되기 쉬운 것들이다. 물화는 사람들 사이의 자유로운 관계를 치우고, 그 자리에 사물들 사이의 기계적 관계를 놓음으로써 세계 안에서 인간적 의미를 제거해 버린다. 예술도 물화되는데, 그렇게 물화된 예술은 부르주아 물품 목록에 추가되는 장식품 수준으로 전락해버리며 비판적 도구로서의 본래적 성질을 상실해버린다.

상품물신주의와 물화라는 두 가지 개념을 통합시키며 나오는 결론은 이것이다. 즉, 자본주의 문화 안에서는 우리의 인간적 성취가 의존하는, 주체들 사이의 자유로운 관계가 대상들 사이의 타성적 관계로 대체된다는 것이다. 이것이야말로 독일고전철학의 장려한 서술 방법이다. 자본주의의 대중문화에서는 주체가 객체가 되고 객체가 주체가 된다는 식이다. 아도르노가 대중문화의 베일 뒤에 가려진 현실을 봤다고 스스로 확신한 것도 놀랍지 않은 일이다.[47] 그리고 그는 주체와 객체를 다루는 언어를 고전 음악 연구에 적용시켰다. 예컨대 바흐^{J.S. Bach}에 대해서 다음과 같이 설명한다.

> 바흐는… 고풍스러운 다성음악가로서, 그 자신이 규정하기도 한 그

시대의 경향에 복종하기를 거부했다. 이는 그 경향으로 하여금 자체의 진리를 찾게 한다. 즉 주관성 자체에서 생겨나는 단절 없는 전체 속에서 객관성을 향해 주체가 해방되도록 돕는 것이다. 문제는 구조의 가장 섬세한 규정들에 이르기까지 화음적-기능적 차원과 대위법적 차원이 온전하게 일치하는 것이다. 이미 오래 전에 지나간 것이 음악적 주체-객체의 유토피아를 담당하게 되며, 시대착오가 미래의 전령이 된다.[48]

이 구절은 지극히 표준적인 관찰을 기술한다. 즉 바흐의 작품에서는 대위법의 논리와 기능화성의 논리가 일치하여 어느 하나도 다른 것을 압도하지 않는다는 관찰이다. 그런데 아도르노는 이 관찰을 재구성하여 마치 바흐가 '음악적 주체-객체의 유토피아'를 선언하는 듯한 암시를 던진다. 이런 재구성 작업은 아도르노의 전형적인 재주다. 이 특수한 언어를 통해 아도르노는 결론을 증명하는 대신 결론을 **자아낸다**. 그러니까 바흐가 그의 고풍스러운 양식에도 불구하고 위대한 이유는 그의 음악이 역사의 '올바른 쪽'에 서 있기 때문이라는 것이다. 즉, 유토피아를 추구하는 쪽, 객관적 형태로 주체의 진정한 자유를 보존하는 쪽에 서 있다는 것이다.

1960-70년대의 혁명정신

내가 방금 인용한 구절과 같은 글쓰기가 어떻게 그런 막대한 영향력을 행사하였을까? 1960년대와 1970년대에 성행했던 혁명 정신으로 돌아가보자.

'해방'의 주창가들은 그들이 시장경제에서 얻은 이익이 무엇인지 마음 속으로는 다 알고 있었다. 그들의 세대는 이전의 젊은이들이 한 번도 경험하지 못한 자유와 번영을 누린 세대였다. 소련과의 대조가 너무나 극명한 상황에서 자유라는 이름으로 '자본주의' 질서에 이의를 제기하는 것은 얼핏 봐도 터무니없는 모습이었다.

그래서 혁명의 새로운 정신을 입증하기 위해서 필요한 것은 자본주의 자유가 한낱 환상에 불과하다는 것을 보여줄 교리였는데, 소비사회가 거절한 **진정한 자유를 규명해줄 교리였다**. 이것이 바로 호르크하이머와 아도르노가 제공해준 교리였다. 대중문화에 대한 아도르노의 공격은 '억압적 관용'에 대한 마르쿠제의 비난과 동일한 관념 운동의 일환이었다. 모두 결국 **거짓을 꿰뚫어보려는 시도였다**.

1968년의 혁명이 일어난 후 급속도로 전파되기 시작한 물신주의, 물화, 소외, 억압 등의 이론들은 딱 한 가지 목표가 있었다. 자본주의에서의 자유는 환영에 불과하다고 밝히는 것이었다. 또 어떤 비판적 대안에 대한 집념, 우리를 단순히 또 다른, 더 어두운 형태의(소위 동과 서를 지배한다는) '국가자본주의'로 인도하지 않을 그런 해방에 대한 집념을 영속시키는 것이었다.

이들 사상가들은 미국 자본주의와 그 문화에 대한 비판을 계속 심화하는 동시에 공산주의라는 실제적 악몽에 대해선 침묵하거나 외면함으로써 인간의 고통에 대해선 극단의 무심함을 보이고, 반면 처방이라고 내놓은 것에는 일말의 진지함도 없었다. 아도르노는 자본주의 체계와 상품 문화의 '대안'이 유토피아라고 명시적으로 말하지는 않는다. 하지만 충분히 암시하는 바이다.

유토피아는 실제적인 대안이 아니다. 그렇기 때문에 아도르노가 제시하는 소비사회의 비실재적 자유에 대한 대안 자체도 비실재적이다. 우리의 결함을 재는 기능만 있는, 단순한 본체^{noumenon}에 불과한 대안이다. 그럼에도 그는 **진짜** 대안이 있다는 것을 인지했고, 그것은 곧 대량 학살과 문화 말살을 수반한다는 것 또한 알았다. 아도르노가 이 대안을 단순히 '국가 자본주의'의 또 다른 '전체주의적' 형태라고 일축하는 것은 치명적으로 부정직한 모습이다.

그래도 소비 사회에 대한 프랑크푸르트학파의 비판에는 일말의 진리가 있다. 이 진리는 아도르노와 호르크하이머가 장식한 마르크스주의의 이론들보다 훨씬 오래된 진리다. 히브리 성서 안에서부터 새겨져 있는 진리로서 세기를 거쳐 지속적으로 재구성되었다. 즉, 우상에 절함으로써 우리는 우리의 더 나은 본성(선성^{善性})을 저버리게 된다는 진리다. 토라^{iv}는 우리에게 인간 실현의 이상을 제시해준다. 인간은 하나님의 규례의 제한을 받고 이 하나님은 어떤 우상숭배도 용인하지 않으며 우리의 절대적인 헌신을 바란다. 하나님에게로 향하면 우리는 우리의 진정한 모습, 즉 더 높은 세계에 속한 존재가 된다. 단순히 소망하는 바가 충족되는 것 이상의 실현을 경험하는 존재인 것이다. 반면, 우상을 숭배하면 우리는 하등한 존재로 격하된다. 우리의 욕구가 곧 신이 되어 우리를 지배하게 되는 그런 노예의 상태다.

물론 아도르노는 하나님을 믿지 않았고 토라의 가르침에도 관심이 없었다. 그가 자기의 영웅으로 추대한 아놀드 쇤베르크도 미완의 역작(사실상 완성이 불가능한 작품) 「모세와 아론」에서 내가 위에 서술한 내용을 극적으로 재현하려고 했는데도 말이다. 그럼에도 대중문화에 대한 아도르노의 비판은 구약성서의 정신에 입각해서 이해해야 한다. 즉, 우상숭배 거절, 참 신 대

---

iv Torah: 유대교의 율법.

거짓 신, 우리를 높여주고 구원하는 예배 대 우리를 도랑에 버리는 미신 등의 오래된 구분을 다시 확인한다는 관점에서 봐야 한다. 아도르노에게 참신은 유토피아다. 즉, 있는 그대로의 세상에 대한 의식을 갖고 그 세상을 자기의 것으로 만들며 자유를 누리는 주체들이 거니는 세상이다. 한편 거짓 신은 소비주의에 대한 물신성이다. 우리의 시야를 흐리게 하고 선택권을 몰수해 가는 욕구의 신이라는 것이다.

바로 이 지점에서 아도르노는 1960년 혁명가들과 결정적인 차이를 보인다. 그들과 같은 언어를 사용했음에도 말이다. '해방'을 주창한 1960년대 혁명가들은 사람들이 진정으로 자유로울 수 있는 또 다른 형태의 사회를 추구했다. 이 사회는 덜 억압적인 세계를 구축하기 위한 첫 단계로서 환상의 베일을 다 벗겨냈기 때문에 자유롭다. 그런데 아도르노가 약속한 구원은 사회개혁을 통해 성취될 것이 아니었다. 이것은 개인의 구원이요, 환상들로부터 돌아서서 자아발견이라는 항해에 나섬으로써 얻는 구원이었다.

아도르노는 인간은 유토피아에 전념함으로써 자신의 주체성과 조우하게 되고 진정한 정신적 훈육을 하게 된다고 생각했다. 그 사람은 고난과 고통을 피할 동기가 전혀 없다. 그 모든 게 인간 자유의 증거라는 점을 잘 알기 때문이다. 이런 인간이 가장 혐오하는 것은 물신주의인데, 그것은 환상의 나라에서 비롯되는 것이며 비극과 고통을 부인함으로써 지고한 삶을 부인하고 파괴하는 요인이 되기 때문이다. 하지만 키테라^{Cythera}섬에서의 위로도 이와 동일한 도덕적 지탄을 받는다. 섹스, 죄, 나태 등을 소비 상품 목록에 추가시키는 '해방'은 옛적 노예화의 또 다른 이름에 불과하다.

좀 더 정확하게 말하자면 아도르노의 세계관은 자본주의를 전복하고자 하는 혁명가의 그것과 다르다. 오히려 헤겔의 '아름다운 영혼'의 세계관과 더 가깝다. 이 영혼은 우상숭배가 창궐한 세상 안에서 살 수 밖에 없지만 끊임없는 영혼의 훈육을 통해 그런 세상 안에서도 도덕적으로 구분되어 살아가려고 한다. 주체와 객체를 다루는 헤겔적 언어는 아도르노의 진짜 메시지를 가리킨다. 이것은 자본주의의 '생산 관계'와 또 다른 해방적 대안 사이의 대립을 이야기하는 메시지가 아니다. 그의 메시지는 예술에 관한 것이고 진정한 예술과 그것의 속악한(우상숭배적) 대체물 사이의 차이에 관한 것이다. 진정한 예술이 중요한 이유는 우리로 하여금 우리의 진정한 모습을 대면하게 하고, 자유, 사랑, 그리고 실현이 존재하는 고지에서 살 수 있게 한다. 문제는 팔방으로 허위 예술, 즉 감상주의, 클리셰^{cliché}, 키치 등으로 둘러싸인 현실이라는 것이다. 허위 예술은 우리로 가치가 가격으로 대체되는 '물화'된 세계에 의존하게 한다. 이 세계에서 인간의 삶은 그 가치를 상실해버리고 그저 욕구만 반복적으로 일어나는 '사물'이 되어버린다.

이것이 내가 이해한 바, 아도르노의 대중문화 비판이 짊어진 부담이다. 러스킨, 아널드, 엘리엇, 그리고 리비스가 개진한 비판과 마찬가지로 아도르노의 비판도 우상숭배를 지탄하는 구약 성서에서 흘러내려 온 것이다. 모두 그 핵심에는 진리가 자리잡고 있다. 문제는 아도르노가 마르크스주의 언어를 차용하는 데서 발생한다. 마르크스의 언어를 사용함으로써 자연스레 따라오는 함의는, '부르주아' 사회의 결함을 극복할 정치적 대안이 있다는 신념이다. 즉, 그 모든 결함이 마르크스주의 혁명으로 극복된다는 신념이다. 그런데 아도르노가 유일하게 그릴 수 있는 혁명은 문화 세계 안에서 일어나는 혁명이다. 정치적인 혁명이 아닌 미학적 혁명, 즉 예술을 통해 유토피아를 이해하려는 시도다. 더욱이 아도르노는 브레히트^{Bertolt Brecht}와 아이슬러^{Hans Eisler}의 선전 예술처럼 혁명을 위해 바쳐진 예술은 예술이 유일하게 행사할 수 있는 진실성을 저버린다고 주장했다. 유토피아를 향한 열의는 예술 안에서, 즉 창의성을 통한 내적 혁명으로 그 정당성을 찾아야 한다는 것이다. "직접적 항거는 반동적이다."⁴⁹ 바로 이런 식으로 아도르노는 1960년대의 혁명에 속하는 동시에 그 손아귀에서 교묘히 빠져나오게 된다. 그를 진정으로 매료시킨 성찰로 돌아가기 위함이었다. 즉 조성調聲의 운명, 대중문화의 속성, 그리고 키치의 지배에 대해 숙고하는 자리로 돌아간 것이다.

하버마스의 고루한 혁명기획

'비판이론'과 그것에 소요된 불안과 염려의 여파 속에서 등장한 인물이 위르겐 하버마스Jürgen Habermas다. 그는 난처한 입장에 처해있었다. '좌익'에 서 있는 것이 의무가 되어버린 시점에서 아도르노의 노선을 따르는 것은 적합하지 않았다. 대중문화, 대규모 시위, 키치, 재즈, 마리화나 등에 대한 아도르노의 무례한 비난은 프랑크푸르트대학에 들어오는 새로운 무리의 환심을 사지 못했다. 하버마스는 프랑크푸르트학파의 선배 이론가들(이들은 하버마스가 제출한 교수자격 논문에 대해 비판적이었다)이 포스트모던 세정에 어둡다고 판단하고 그들과 갈라진다.

그럼에도 도구적 이성에 대한 비판은 여전히 하버마스 안에서도 살아 있다. 이제 '목적합리적 행위purposive-rational action'에 대한 연구에 접목될, 더 강화되고 관료화된 형태로 삼라만상을 다루는 저서들에 퍼지게 된다. 문체는 마치 사회학 박사 논문처럼 모호하고 우유부단하고 무미건조하다.

> 역사적 유물론은 자신의 발생 연관에 대한 반성 및 그 적용 연관에 대한 예감과 더불어 스스로를, 자신이 분석 대상으로 삼은 그 사회의

연관 내에 반드시 존재할 필요가 있는 촉매적 계기라고 파악한다. 나아가 그것은 스스로의 궁극적 폐지라는 관점에 입각하여 억압의 필수적 연관으로서 분석한다. 따라서 역사적 유물론은 이론과 실천 사이에 이중으로 관계한다. 일면 그것은 인식행위를 통해, 그 자신을 여전히 구속하고 있는 이해상황의 역사적 구성 연관을 탐구한다. 다른 면에서 그것은 하나의 행동 지향적 이론으로서 스스로 개입할 수 있는 역사적 행동 연관을 연구한다. 전자의 경우에서는 사회를 종합적으로 인식할 수 있게 하는 사회적 실천이 문제가 된다. 후자의 경우에서는 기존의 제도체제를 전복시키고자 하는 정치적 실천이 문제가 된다.[50]

숨은 의도가 잠깐 노출되는 마지막 구절에서야 하버마스는 자신의 소신을 공언한다. 나머지는 그저 장황한 말 잔치일 뿐이고, 그렇기 때문에 거의 이해할 수가 없다. '한편으로는/다른 한편으로는' 식의 끝없는 반추의 연속이다. 그의 관심을 끈 가장 최근의 책이나 글의 영향을 받아 사회학 언어로 어질러져 있다.

하버마스를 처음 접하는 독자는 수두룩하게 쏟아지는 이런 글쓰기 앞에서 이런 작가가 독일 좌파 지성의 중심 인물이라는 사실에 경악스러워할 수도 있다. 그런데 그게 사실이다. 그리고 하버마스의 그런 관료적 문체가 절대로 불필요한 요소가 아니라는 점을 파악하는 것 또한 중요하다. 불필요하기는커녕 전달하고자 하는 메시지와 필수불가결한 관계에 있는 구성 요소다. 이 문체는 부르주아 사회에 대한 하버마스적 비판이 학계에서 신뢰를 얻게 하는, 일명 '정당성 중개인'이다. 하버마스의 저술 활동에서 지루

함은 추상적 권위의 매개물이 된다. 독자는 유효기간이 지난 문서를 들고 기다리는 진정인처럼, 추상적으로라도 진실을 약속한 하버마스적 문체라는 복도에 서서 기약 없이 기다린다.

하버마스가 의미하는 바를 추출하는 것이 어려운 또 다른 이유는 그의 저서의 구조적 문제다. 엉성하게 이어진 장들에, 어떤 논증도 한 두 페이지 이상 유지되지 않는다. 그의 글은 해당 사안에 전혀 관심이 없는 관료들이 작성한 보고서처럼 읽힌다.

하버마스의 초기 저작들은 프랑크푸르트학파의 문제의식을 계승한다. 도구적 이성('목적합리적 행위')과 그것의 다양한 유형들, 또 생산과 소비가 지배적 목표인 현대 사회가 직면한 '정당화 문제'를 연구했다. 줄지어 출판되는 저서들은 새로운 테마로 매끄럽게 변모한다. 즉, '지배의 부패로부터 자유한herrschaftsfrei' '의사소통적 합리성communicative rationality'을 추구하는 방향으로 나아간다. 이야긴즉슨, 마르크스가 확신한 자유롭고 평등한 유토피아를 의사소통의 장에서 찾겠다는 것이다. 하버마스가 횡설수설하며 수없이 옆길로 새거나 막다른 골목에 다다르는 모습을 일일이 다루는 것은 불가능하다. 하지만 어떤 면에서는 루카치의 글에서 처음으로 움튼 마르크스주의 휴머니즘 이후 개진된 방법이나 기획에는 사실상 변화가 없었음을 파악해야 한다.

세 편의 초기작 『이론과 실천Theory and Practice』(1963), 『이데올로기로서의 기술과 과학Technology and Science as 'Ideology'』(1968), 『인식과 관심Knowledge and Interests』(1968)은 헤겔, 마르크스, 콩트Auguste Comte, 퍼스Charles Peirce, 딜타이Wilhelm Dilthey, 프로이트, 칸트, 피히테 등에 대한 공식 보고서로서 하버마스를 세계 무대에 올려놓은 작품들이다. 하버마스가 말하는 것은 저 위대한 선배들이 기분이 상했다는 것이다. '도구적 이성'이 오늘날 사람들을 지배하는 현실이 이들을 언짢게 한다는 것이다. 하버마스는 위 학자들의 오랜 통탄에 유행 지난 변말을 덧붙인다.

위 저서들에서 하버마스는 두 가지 사회 행위를 구분한다. '목적합리적' 행위와 '의사소통적' 행위다. 전자는 일반 사람의 '도구적 이성'이고 후자는 학자의 '지적 생산'을 의미한다. 권위에 굴복하는 것과 허풍을 떠는 것 사이의 구분을 마치 심오한 이론적 통찰인 듯 둔갑시켰다.

> '일' 혹은 목적합리적 행위라 함은 도구적 행위나 합리적 선택, 아니면 둘의 결합을 의미한다. 도구적 행위는 기술적 규칙의 지배를 받고 경험적 지식을 바탕으로 한다. 모든 도구적 행위는 물리적으로든 사회적으로든 관찰 가능한 사건에 대한 경험적 예측을 함축한다. 합리적 선택의 행위는 분석적 지식을 바탕으로 한 전략의 지배를 받는다. 반면 '상호작용'은 의사소통적, 상징적 상호작용을 의미한다. 구속력 있는 합의 규범의 지배를 받는데, 이는 행동에 대한 상호간의 기대를 규정하며 최소한 둘 이상의 주체가 인지 및 인식해야 한다.[51]

이런 구분에는 고심한 흔적이 있다. 몇 단락에 걸쳐 이 구분을 상술하는데, 사실 훨씬 간단하게 말할 수 있다. 즉, 일은 능률로 재고 발화는 명료성으로 잰다는 것이다. 따라서 전자의 지침이 되는 규칙은 기술적technical인 것으로서, 목적을 위해 어떤 수단을 선택하는지에 관한 문제다. 그런데 후자의 지침이 되는 규칙은 게임의 규칙처럼 구성적constitutive인 것으로서 이미 수행된 바에 대한 의미를 규명하는 기능을 한다.

두 가지 행위 사이에는 매우 흥미로운 비교 사항들이 있는 것은 사실이다. 하지만 모든 행위가 이 두 범주 중 하나에 양자택일적으로 속한다고 할 수는 없다. 예컨대 축구라는 게임은 어느 범주에 속하는가? 즉흥 공연$^{jam\ session}$, 교합交合, 교회 예배, 가족 식사 등은 어떻게 분류해야 하는가? 자기가 제시하는 구분이 배타적인지 포괄적인지, 혹은 절대적인지 아닌지 명시하지 않는 것이 하버마스의 특징이다. 이런 중요한 질문에 답하지 않은 채 이 구분을 자기의 반자본주의적 비판을 위한 주요 이론적 도구로 사용하는 것 또한 하버마스의 특징이다. 부르주아 사회의 거의 모든 문제의 원인은 '목적합리적' 사유와 행위에서 찾을 수 있고, 반면 더 나은 세상을 위해 우리에게 소망을 주는 모든 것은 어떤 방법으로든 다 '의사소통'이라는 패러다임 안에 들어있다는 것이다.

하버마스가 말하는 해방^{emancipation}은 일차적으로 언어의 해방이다. 그가 후기에 '이상적 담화상태$^{ideal\ speech\ situation}$'라고 지칭한 부분이다. 자기가 사용하는 언어가 무의미한 변말 안에 갇혀 있는 학자가 이런 주장을 하는 것은 패러독스로 보일 수 있지만, 그럼에도 전통에서 비롯되는 특유의 권위를 행사한다. 의식의 다른 형태를 발견함으로써 부르주아 문화의 족쇄를 끊겠다는 프랑크푸르트학파 본연의 취지를 계승한 것이다. 이제는 더 이상 프롤레타리아의 본래적 목소리(반복하지만, 이들이 말하는 바, 실제 노동자들의 목소리와 혼돈해서는 안된다는 것이다)를 추구하는 것이 아니라 자유롭게 말함으로써 있는 그대로를 말해줄 학자의 이상적 목소리를 찾는 것이다.

이 혁명 기획을 검토하기 전에 먼저 위 인용문에 등장한 정의의 중요한 특징 하나에 주목하자. 이것은 정적인 상투어('이러한 예상은 맞을 수도, 틀릴 수도 있다')와 입증되지 않은 발상의 과격한 비약의 조합물이다. '도구적 행위'로 시작한 것이 금세 '합리적 선택'으로 변모하고 곧바로 '경험적 지식'에 입각한 '기술적 규칙'이 되어있다. 나중에 이 정의는 '선호 규칙$^{preference\ rules}$'과 '결정 절차$^{decision\ procedures}$'에까지 뻗어나가며 학계 안에서 새로이 출간된 책들,

지식분야, 논문, 학술대회 등에서 변말을 더 주워담는다. 이 시기 출판된 하버마스의 다른 저서들에도 이와 유사한 연관작업이 진행된다.

> 경험적인 분석은 대상화된 자연 과정에 대한 가능한 기술적 처리의 관점에서 현실을 개방한다. 이에 반하여 해석학은 행위에 근거를 둔 가능한 이해를 보장한다. … 도구적 행위의 기능 영역에서 현실은 가능한 기술적 처리의 관점에서 체험될 수 있는 것의 총체 개념으로 구성된다. 선험적 조건 아래에서 객관화된 현실에는 제한된 경험이 대응한다. 똑같은 조건 아래에서 또한 현실에 관한 경험 분석적인 진술의 언어가 형성된다.[52]

이 구절이 의미하는 바가 무엇인지 정확히 알기란 어렵지만(정확한 의미가 있다는 가정 하에) 그 의도를 파악하는 것은 비교적 쉽다. 이러한 구절은 단일한 이분법 아래, 현대 자본주의에 대한 하버마스의 비판에 실체를 제공할 모든 부수적 구분들을 집합시킨다. 혁명적 사유란 곧 이분화시키는 사유이고 급진적 이론의 '발전'은 곧 단일하고 총체적인 분리 안에서 대립항들이 융합하는 것에 달려 있다. 이 분리는 무수한 방법으로 표현된다. 자본주의 대 사회주의, 부르주아 대 '생산자', 기술적 이성 대 비판이론, 합리적 목적 대 의사소통 등이 그렇다. 그런데 의미에는 변함이 없다. 실제 세계는 타락한 세계, 즉 수단의 세계이며, 좌파 지식인이 추구하는 세계는 구원된 세계요, 목적의 나라다.

하버마스 안에서 이 이분법은 관료화되고, 또 독일 사회학의 공식 언어로 표현된다. 도구적인 것은 기술적인 것, 실증적인 것, 분석적인 것, 행동적인 것, '결단주의적decisionistic'인 것, '객관적'인 것과 한통속이고, '의사소통적'

인 것, '해석학적hermeneutic'인 것, '상호주관적intersubjective'인 것, 규범적인 것과 대립된다. 그런데 의도에는 변함이 없다. 사유의 대체물에 불과한 이런 연관성을 갖고 하버마스는 일종의 사법적 장치를 만든다. 이 장치를 통해 부르주아 사회가 범한 모든 비인간적 실패들을 고발하고, 인간 성공은 의사소통적 행위 안에서 다시 찾을 수 있다고 판단한다.

자본주의 사회에 대해 이리도 쉽게 구축한 비판의 전제 위에 하버마스는 옛적의 급진적 약속을 재차 반복한다.

> '행복의 추구'는 어느 날 다른 의미를 지니게 될 수 있다. 예를 들어 남몰래 처리하는 물질을 축적하지 않는, 상호성이 지배하고 타자의 억압된 욕구를 짓누르는 승리로 만족하지 않는 그런 사회 관계를 형성하는 것….[53]

옛 기획을 이렇게 직접적으로 다시 표현한 것도 하버마스의 글 안에서는 비교적 드물다. 그런데 이런 부분도 수다떠는 것이 정치의 진정한 목표라고 말하는 하버마스의 기획 안에 점차 흡수된다. 1970년대 후반 하버마스는 자본주의 경제의 소외화하는 사회 구조들에 대한 대안으로서 '이상적 담화상태'를 발전시키기 시작한다. 난해하고 억지스러운 세 권의 책(『의사소통과 사회의 진화Communication and the Evolution of Society』, 『의사소통행위론The Theory of Communicative Action』, 『사회 상호작용에 관한 화용론On the Pragmatics of Social Interaction』)에 걸쳐 하버마스는 '의사소통적 합리성'과 그것이 의존하는 '논법'에 대한 새로운 설명을 제시한다. 학술적 사회학을 섭렵한 후 하버마스는 인류학, 언어학, 그리고 분석철학까지 흡수하려고 시도하며 자기의 입장을 '보편 화용론universal pragmatics'이라 명명한다.[54] 이제 사회주의 유토피아는 옥스퍼드의 뿌연 철학적 변말을 통해서만 어렴풋이 포착된다. "의사소통의 구조는 발화행위$^{\text{speech-acts}}$를 선택하고 적용할 수 있는 기회가 모든 참여자들에게 균형적^{symmetrical}으로 분배될 때만 어떤 제약도 생산하지 않는다."[55] 우리가 이런 선언을 진지하게 받아들인다면 (의식적으로 '과학적' 언어를 채용했다는 것은 우리로 진지하게 받아들이라는 것이다) 기가 막힌 결론을 도출하게 된다. 언어학적 해방이란 모두가 함부로 지껄일 수 있는 그런 평등한 기회가 제공되는 세상에서 나도 내 마음대로 지껄이는 것을 의미한다.

그런데 '균형적 기회'로 정의된 자유도 미심쩍은 자산이다. 모두를 동등한 제약 아래 놓기만 한다면 쉽게 얻을 수 있는 자유다. 예컨대 보편적 침묵을 강행하면 된다. 자유에 대한 진짜 문제, 즉 인간 본성을 제대로 파악하고 실현하기 위해 요구되는 제도들에 관한 문제는 하버마스의 논증에서는 고려되지 않는다. 그의 논증은 실체 없이 전문성의 껍데기만 지닌다. 사회적 속성이나 역사적 맥락도 구체적으로 규정되지 않은 그런 존재들 사이의 '의사소통'에 대한 기이한 강박만이 존재한다. 아래는 『의사소통행위론』의 부분을 발췌한 것인데, 이런 식의 완고한 추상성이 800페이지가 넘도록 진행된다.

> …일상적 의사소통 실천에 내재하는 합리성은 다음과 같은 사실을 환기시킨다. 논증행위는 의사소통행위를 다른 수단을 통해서 계속하는 것이다. 즉 이견이 더 이상 일상적 통로를 통해서 해소될 수 없고 그렇다고 직접적인 폭력행사나 혹은 전략적인 폭력행사를 통해 결정되어서도 안 될 때 도입되는 장치인 것이다. 그래서 나는—보편적 타당성에 대한 주장과 어떤 체계적 연관을 가지면서 그 연관은 아직 제대로 해명되지 않은—의사소통적 합리성의 개념이 분명히 논증이론

을 통해 적절하게 해명될 수 있을 것이라고 생각한다. 논증을 참여자들이 문제가 되는 타당성 주장을 주제화하고 그것을 논거를 통해 뒷받침하든가 혹은 비판하려고 시도하는 대화 형태로 규정하자. 논거는 문제가 되는 발언의 타당성 주장과 체계적 방식으로 결부되는 근거들을 포함한다. 어떤 논거의 '강점'은 주어진 맥락에서 근거가 적절한지 여부에 달려 있다.[56]

위 사례에서도 분명히 나타나지만, 과학적 언어는 그저 경련에 지나지 않는다. 하버마스 스스로도 아직 어떻게 사용하는지 모르는 새로운 고무도장을 들고 거꾸로 찍어대고 있는 것이다. 끝날 줄 모르는 문장들 안에서 정의定義는 동어반복에 삼킴 당하고, 그 또한 다시 정의에 삼킴 당하는 식의 글쓰기가 몇 백 페이지에 걸쳐 반복된다. 독자는 요지를 알고 싶어하는 마음이 다급해진다. 하버마스가 정확히 무엇을 말하고 있는 것이며, 우리로 무엇을 하라고 하는 것인가? 구체적인 답은 없다. 하버마스의 논증 안에 실제 인간은 더 이상 존재하지 않으며 그 안에는 추상적 발화만이 남아있다. '지배가 없는 담론herrschaftsfreie Diskurs'을 추구하라고는 하는데, 무엇에 대한 담론이며 그것의 목적은 무엇인가? 다른 데서는 "제약 없는 보편적 담론 안에서 성취되는 합의"를 통해 우리는 해방될 수 있다고 한다.[57] 그렇다면 무엇에 관한 합의이며 무엇을 위한 합의인가?

하버마스가 그리는 이상적인 세계에서는 일종의 표현의 방종이 보편화되어 있고, 그 안에서는 다음과 같은 심포니가 희미하게 들릴 뿐이다. "이 이상적 담화상태를 구축할 방법을 통달한다면 우리는 진리, 자유, 정의 등의 관념을 헤아릴 수 있다. 그 관념들은 서로 해석하는데, 물론 관념으로서만 해석한다."[58] 그런데 진리, 자유, 정의가 관념에 불과하다면 그것들의 가치는 무엇인가? '지배가 없는 담론'이라는 게 그 자체의 실현 외에 무엇을 성취하는가? 할 줄 아는 것들이 많지만 그것을 논의하는 데 시간을 낭비하지 않는 과묵한 이웃 농부에게는 무엇을 선사하는가? 하버마스는 우리의 기존 발화 습관이 참을 수 없을 만큼 제약적이라는 점에 대해선 요지부동이다. 왜냐하면 "부르주아 사회의 가치-보편주의를 급진화할 물음을 애초에 봉쇄해 버리기 때문"이다.[59] 그런데 '부르주아 사회의 가치-보편주의를 급진화'한다는 말에 일말의 의미라도 있다면, 그것이야말로 하버마스가 익숙한 학계 안에서 이루어지고 있는 전부가 아닌가? '도구적 이성 비판'과 '계몽의 변증법'의 취지가 바로 그것이 아니었는가?

하버마스 본인은 '이상적 담화상태'를 묘사한다고 주장하지만 그의 문체는 지속적으로 새로운, 또 어떤 면에서는 해방된 사회질서를 향해 손짓한다. 이 질서 안에서는 부르주아 의식의 독이 씻겨 내려간다. 여기서는 의사소통이 더 이상 편견, 권위에 대한 복종, 허영심이나 자기회의 등으로 인해 왜곡되지 않는다. "의사소통적 윤리"가 출현하여 "인정되는 규범이나 능동적 주체들의 자율성의 보편성을 보장"할 것이다.[60] 정당성 문제에 천착한 하버마스의 초기 저작들에서 그의 집착의 대상이 되기도 한 이 새로운 질서는 "담론적 의지-형성 과정에 참여한다면 해당 사람들이 제약 없이 동의하거나 동의할만한" 그런 질서라는 것이다.[61]

동의하거나 동의할만한 것? 실제 계약인가 아니면 단순히 가상의 계약인가? 하버마스는 자기가 언어에 대해 글을 쓴다고 하는데, 옛 사회계약론 주위를 배회하며 칸트는 언급하지는 않은 채 칸트가 제기한 물음만 반복한다. 즉, 가상의 계약만으로도 정당성을 보장할 수 있는지, 그래서 실제 계약은 배제되는 것인지를 묻는 것이다. 하지만 하버마스의 혼란스럽고 관료주의적인 언어는 사실은 매우 유의미한 이 질문을 모호하게 만들어버리고 그의 비판이론 프로젝트를 좌초시킬 암초를 감춰버린다. 답은 둘 중 하나다. 사람들이 자기가 처한 상황에서 자유롭게 계약을 맺는다면, 암묵적으로 '자본주의' 질서를 수용한 것이 아닌가? 또 자유롭지 않은 경우, 우리가 원하는 사회 질서를 규정하는 기준은 사람들이 이상적인 상황에서 **선택했을 법한** 것을 근거로 삼게 된다. 그럼 문제는 그런 상황을 어떻게 규정하느냐다. '지배가 없는' 사회적 선택에 어떻게 다다를 수 있는 것인가?

하버마스는 이 물음에 대해 유일하게 납득 가능한 답을 회피한다. 즉 진정으로 자유롭고 자율적인 선택은 자기의 의지, 노동, 소유 등을 자기 뜻대로 처리할 수 있는 권리를 부여하는 개인의 자주권 존중이라는 전제 위에 선다는 사실이다. 계몽주의가 이 답을 제시했고, 미국 헌법, 오스트리아의 시장이론, 그리고 서구민주주의 전통 안에 깊이 새겨져 있는 답이다. 다시 말해 이 답은 마르스크주의 휴머니즘이 '부르주아 이데올로기'라고 벽두부터 묵살해버린, 하버마스가 지속적으로 경멸조로 들먹이는 답이다. 때마다 비난을 내치는데 정확히 무엇을 비난하는지도 불명확하다.

초기 저서들에서 하버마스는 정당성이라는 문제에 여념이 없었다. 베버의 사회학, 마르크스주의 철학, 그리고 언어 분석에서 개념들을 끌어모았다. 『후기자본주의 정당성 연구Legitimationsprobleme im Spätkapitalismus』(1973)에서 그는 사회가 '정당성의 결핍'에 시달리고 있다고 파악하며 '후기 자본주의적' 사고방식의 장려한 절차들로는 사회의 정당성을 회복시킬 수 없다고 주장했다. 여기서 '후기 자본주의'란 내가 바로 전에 언급한 계몽주의적 절차들을 말하는 것이다. 제목의 서법부터가 직설법이다. 마르크스주의에 대한 의례적 경의는 하버마스의 결론이 되지 못한다. 그의 글은 실질적인 결론도 내리지 못하고 때가 되니 쌕쌕거리며 멈춘다. 하버마스가 시작부터 당연하게 여기는 것은, '부르주아'나 '후기 자본주의'와 같은 용어가 우리가 맞닥뜨린 사회적 현상을 설명하기에 적합하다고 여기는 것, 한 사회가 그것의 '생산관계', '생산력의 발전 단계', '지배적 이데올로기', 그리고 이용 가능한 '정당화' 절차로 특징지어진다고 여기는 것이다. 이런 가정들에 대해선 어떤 질문도 제기하지 않는다. 자기의 가정을 검토하는 대신 하버마스는 끝날 줄 모르는 반문적 의문들을 열거하며 주의를 돌린다.

> 사회 구성원이 행동의 동기를 박탈당하여 저항을 지향하게 된다는 특징이 나타나고, 하위 문화를 새로운 축으로 함으로써 갈등과 무관심의 가능성이 조성되고 있다. 그런데 이 가능성이 사회 구성원으로 하여금 자신에게 부과한 기능의 수행을 거부하게 만들어 체제를 위협할 정도의 차원에까지 이르고 있는가? 체제 내에서 중요한 기능을 완수한다는 것에 대해 회의를 품을 수 있는 집단—아마 단지 수동적인 데에 지나지 않겠지만—이 위기 상황에 처하여 의식적인 정치 행동을 취할 수 있는 집단으로 될 수 있는가? 통치 기능에 있어서 필수적인 권위의 정통성과 과업을 수행하는 데 대한 동기 부여를 파멸시킬 수도 있는 체제 침식과정이 동시에 행동의 가능성을 창출할 수 있는 정치화의 과정인가? … 우리는 이런 질문에 경험적인 해답을 제공할만한 충분히 정확하고도 시험 가능한 어떤 가설도 전개시키지 못했다.[62]

하버마스가 갑자기 과학적 방법에 호소하는 것도 진지하게 받아들일 수 없는 노릇이다. 그가 제기하는 질문에 실증적으로 답하는 것은 정확히 하버마스가 원하지 않는 방법으로 답하는 것이 된다. 왜냐하면 그가 오만 가지 정의와 이분법들을 만들어낼 수 있는 추상의 세계에서 내려와 인간의 선택이라는 실제 상황을 고려해야 하기 때문이다. 하버마스의 저서들에서는 실제 딜레마, 실제 제도, 목적이 있는 실제 공동체 등은 찾아보기 힘들다. 체계, 하위문화, 동기, 기능, 정당성, 이데올로기, 힘 등 방금 인용된 구절에서 나오는 것들이 전부다. 모든 논의에서 실제 사람은 배제한 채 이런 추상적 객체들만 범다이내믹$^{pan-dynamic}$한 신어 안에 담고 있다.

자국의 유산을 유기하다

본 장에서 우리가 살펴본 지대를 되돌아보면 전멸^{annihilation}이라는 작업이 눈에 띈다. 나폴레옹의 침공에 따른 트라우마, 신성 로마 제국에 의해 겨우 유지되다 결국 파괴된 많은 작은 주권들, 그리고 나폴레옹의 패배에 이르기까지, 독어권 사람들은 자기들의 상충하는 이해관계들을 화해시키고 종속의 위협으로부터 보호해줄 국가적 자기의식을 구축하는데 심혈을 기울여왔다. 독일 사람들은 자기들이 영속적인 제도와 법질서를 구축하며 시민으로서의 의의를 사적 생활에 부여함으로써 어떻게 상호 애정 속에서 함께 살아왔는지를 소설, 시, 희극, 음악 등에 걸쳐 기념했다. 헤겔의 『법철학$^{Philosophy\ of\ Right}$』은 결혼, 가족, 시민서비스, 학교, '시민사회' 연대 등을 심층적으로 해석하며 극히 소수의 사상가들만 부응한 정치철학의 기준을 세웠다. 법인격이 시민권으로부터 어떻게 발생하는지, 시민권의 연계를 어떻게 조직하는지에 대한 다양한 경로를 탐구했다. 또 19세기 독일과 오스트리아 문헌은 제도와 기업, 그리고 '소집단들'이 풍부한 사회를 묘사한다. 아달베르트 슈티프터$^{Adalbert\ Stifter}$의 『늦여름^{Nachsommer}』과 같은 작품에서는 가정과 자연환경, 시민생활의 직무, 심지어 관료주의의 친밀함^{Innigkeit}까지도 애정을 갖고 상세하게 그려낸다. 교양 소설,^{v} 가곡, 오페라를 통해 독일과 오스트리아 사람들은 아직은 남아있는 풍성한 공공심을 구제하고 함양하는 데 전념했다. 그들의 가장 위대한 예술적 업적으로 바그너$^{\text{Richard Wagner}}$의 「뉘른베르크의 명가수$^{\text{Die Meistersinger von Nürnberg}}$」를 꼽을 수 있는데, 여기서 우리는 개인이 아닌 법인격으로 등장하는 주인공을 만나게 된다. 연합체를 그 구성원들 우위에 놓는 문명을 가능하게 한 모든 도덕적, 의례적 속성들이 부여된 법인격이다. 1868년에서 1913년까지 4권에 걸쳐 출판된 『독일단체법론$^{\text{Das Deutsche Genossenschaftsrecht}}$』에서 독일의 탁월한 법학자이자 사회철학자인 오톤 폰 기르케$^{\text{Otto von Gierke}}$는, 중세 때부터 독어권 국가 발전의 특징이 된 풍부한 시민 제도들을 내세우며 자국의 관습법 전통이 어떻게 그런 제도들의 사회적 세력을 보호하고 증폭시켰는지 기술한다.

20세기 초 로스$^{\text{Adolf Loos}}$, 쇤베르크, 무질, 카프카 등이 사회적 존재$^{\text{social being}}$를 비판하기 시작했음에도 여전히 예술과 음악에서는 그것을 예찬했다. 그리고 이 사회적 존재는 루카치, 아도르노, 호르크하이머, 하버마스에 와서 단일하고 전멸적인 추상성, 즉 '부르주아'라는 말로 일축된다. 여기에 덧붙여 부르주아 삶이라는 허상에 가려진 실재를 규명하고자 한다면 또 다른 추상적 도구가 제공되는데, 바로 '자본주의'다. 그게 전부다. 실제 인간의 삶에 관한 것은 부재하다. 다 신어로 싹쓸이되었고 하버마스의 끝없는 관료적 중언부언으로 대체된다. 마르크스의 범주들은 나폴레옹이 시작한 일을 완수하는 데 사용되었고 히틀러는 더 끔찍한 방법으로 그것을 계승하였다.

---

v　Bildungsroman: 성장소설 혹은 발전소설이라 지칭되는 독일어. 주인공이 그 시대의 문화적·인간적 환경 속에서 유년시절부터 청년시절에 이르는 사이에 자기를 발견하고 정신적으로 성장해 나가는, 이를테면 자신을 내면적으로 형성해 나가는 과정을 묘사한 소설이다. 독일의 장편소설은 대개 교양소설에 속하는 것이 많다.

또 마르크스의 범주들은 '독일인을 역사에서 지우는 것'에 사용되었고 시민사회와 그것의 의의를 지식인 위원회 따위로 대체시키는데 사용되었다. 그런 지식인 위원회는 루카치처럼 '프롤레타리아'의 공식 대변인인 양 말하거나, 추상적으로 말하는 좌파 관료들만 참여할 수 있는 '이상적 담화상태'에 참여한다.

이 시점에서 또 한 가지 기이한 사실을 언급해야겠다. 하버마스의 관료주의적 언어에서 막다른 골목에 다다른 '도구적 이성 비판'이 사실 좌익이 아닌 우익에서 성공을 거두었다는 것이다. 다양한 면에서 버크, 헤겔, 오크숏Michael Oakeshott 등은 도구적 합리성, 공리주의적 사고방식, 그리고 제도와 공공의 삶에 대한 신뢰 상실 사이의 연관성을 파악했다. 시민사회에 대한 우리의 충성은 가족과 법질서에 대한 우리의 충성과 비슷하여 임시적이지 않으며, 국가는 가족 안에서의 사랑의 결속과 유사하여 목적을 위한 수단으로 정당화될 수 없다. 따라서 확립된 것에 대한 충성은 이미 정해진 것으로서, 바로 여기서 사회 비평이 시작된다. 조건적이지도 목적적이지도 않은, 개인이 자기의 정체성을 받은 제도에 몰입된 상태에서 진정한 사회비평이 이루어질 수 있다. 바로 여기서, 즉 소집단의 에토스를 통해 각자의 가치와 소망을 형성하는 개인이 모인 곳에서부터 정치적 사유가 시작된다.

더욱이 오크숏이 역설하듯, 시민연합의 모형은 사업이 아닌 대화다. 목적을 위한 수단이 아닌 목적 그 자체로서, '목적없는 합목적성'이다. 그것이 부여하는 결속력이 아니면 어떤 사회도 존속이 불가능하다. 대화는 우리로 하여금 **참여자**joiner의 모습을 갖추게 한다. 즉 제도의 구성원, 법인격, 소유권과 증여권이 지닌 존재로 형성한다. 요컨대, 프랑크푸르트학파가 추상적이고 섬멸적 언어로밖에는 묘사하지 못한 그 경멸적인 '부르주아지'의 실제 사례들이다.

'목적합리적' 사유에 의해 정당성이 위기에 빠진다고 본 하버마스의 관찰 이면에는 그런 과감한 보수적 결론을 도출한 한 독일 사상가의 영향을 받았을 가능성이 높다. 바로 아르놀트 겔렌$^{Arnold\ Gehlen}$이다. 상대적으로 명료한 에세이에서 하버마스는 겔렌에게 찬사를 표하는 동시에 제도에 중독된 겔렌의 '모조 실질성$^{imitation\ substantiality}$'[63]을 비난한다. 겔렌은 전후 독일에서는 절대 말할 수 없는 그것을 말할 용기를 지녔었다. 좌익 관료들의 장치에 흡수된 겔렌의 사유는 그 사유의 결론과 분리되어 '자본주의 위기'에 대한 '비판'으로 재구성되었다. 그런데 사실 우리 시대에는 오로지 사회주의자들만 정부의 정당성을 정부의 수단적 기능에 입각해 세우기를 원한다. 사회주의에서만 사람들로 이루어진 정부가 아닌 사회공학의 '기술적 규칙들'로 평가될, 얼굴 없는 '사물들의 행정'이 세워졌다. 현대 세계에 '정당성의 결핍'이 있다면 그것은 사회주의가 가장 성행한 곳에서 발견된다. 대표적으로 구소련 제국이다. 이것을 보면 우리는 하버마스가 지적하는 것이 사실은 '후기 자본주의'가 아닌 '초기 자본주의'임을 알 수 있다.

하버마스는 정열적인 혁명가와는 거리가 멀다. 사실 어떤 것에도 정열이 없는 사람이다. 그가 사회적 갈등의 현실을 인지하고 취한 행동은 1960년대 학생운동의 '민주화' 목적에 잠정적인 지원을 제공하고, 좀 더 근래에는 유럽중심주의 정치학의 주요 인물들과 대화한 것이다. 물론 이 대화의 장은 보수주의와 민족주의 진영의 목소리가 언제나 배제된 장이다. 근래에 공공지식인으로서 나타난 하버마스는 과거의 어떤 반자본주의 운동보다도 유럽통합운동에 앞장서고 있다. 하지만 여전히 주장하는 바, 유럽에게 중요한 것은 **자유시장**이 아닌 복지 국가의 작동, 국가 경계와 국가 정체성 해체, 그리고 미국 제국주의로부터의 퇴각이라는 것이다.

이러한 신흥 온건-좌익 관료주의가 프랑크푸르트 프로젝트의 자연스러운 종착지다. 유럽 전체를 '이상적 담화상태'를 추구하여 더 이상 호전적인 이웃이 없는 단일 복지 국가로 녹이는 것이 목표다. 독일의 좌익 기득권층은 자기의 특권적 엘리트 위치를 아주 민감하게 인식하고 있다. 테크노크라시에 대한 단조로운 비판을 반복하면서도 마음 속으로는 '도구적 이성'(하버마스는 보기 드문 정직한 순간에 이것을 '노동'이라고 묘사했다)이 곧 자기들의 존속을 유지해주는 사회적 조건이라는 것을 잘 알고 있다. 결론적으로 '목적합리적' 행동과 '이상적 담화상태' 예찬은 이데올로기에 지나지 않는다. 근대 산업의 현실에는 등을 돌리고 자기들이 속한 유한계급이라는 위계를 떠받들고자 하는 엘리트층의 이데올로기다.

모든 이데올로기가 그런 것처럼, 일차적 목표는 하층계급의 사람들로 해당 이데올로기를 받아들이게 하는 것이다. 그리고 이데올로기적 선언들을 관료적 형태로 교부하며 그 안에 해방에 대한 약속을 모호하게 묻어놓는 것은 정상적인 본능이다. 따라서 노동자와 관리자는 감언에 속아 좌파를 나름의 불가사의한 업무를 가진 우월한 공무원으로 여기게 된다. 좌파는 진실을 보관해 놓은 캐비닛을 관리하고 있는데, 누구든 일편의 의미라도 얻고 싶다면 인내를 갖고 좌파 공무원에게 청원해야 한다. 공무원을 진정한 상류계급이라고 규명한 사람도 다름 아닌 '부르주아 사회'의 창도자, 헤겔이었다.

받을 상은 이미 다 받았고 새로운 유럽의 목소리로 입지를 굳힌 하버마스를 우리는 어떻게 봐야 할까? 프랑크푸르트 학파의 생존하는 마지막 후손으로, 하버마스는 오랜 세월 마르크스주의의 범주들을 만지작거리며 반자본주의 메시지를 재구성할 방법을 모색했다. 처음에는 늘 하던대로, 노동계급에서 충분히 순종적인 구성원들을 엄선하여 좌파 지식층과 연대하면 자본주의의 '정당성 위기'가 극복될 수 있을 거라 생각했다. 결국 그런 자가 당착적 기획과 서서히 멀어지며 옛 마르크스주의적 '투쟁'을 대체할 대화, 협의, 공감 등을 주창했다. 하지만 이 새로운 기획은 정치적 형식만 있을 뿐 내용은 없었다.

　관료주의적 추상을 위해 모든 현실들을 제쳐둔 채 그는 우리가 무엇을 소통해야하는지, 우리가 사는 세상에 어떻게 확신을 불어넣을 수 있는지에 대해서는 말해주지 못했다. 그가 전달하고자 하는 것의 전부가 그저 '대화하자'에 불과하다면 극심한 변말투성이인 그 수많은 저서들이 필요했을까 하는 의문이 든다. 9/11이 지나간 시대에서 하버마스가 지금 주장하는 대화는 민족주의자, 사회보수주의자, 전근대주의자^{premodernist} 그리고 열렬한 자유시장 지지자를 배제한다는 점에서 주목할 만한다. 이중 어느 누구도 인류의 포스트모던적 미래가 논의되고 있는 하버마스식 벙커에 초대되지 않는다. 그의 수다스러운 집에 평범한 인간을 대거 배제함으로써 하버마스는 우리가 직면하는 진짜 문제를 회피한다. 그리고 그런 문제를 다룰 때는 다루기는 하되, 제대로 다루지 말라고 권고한다. 바로 이것이 새 유럽의 모습이 아닐까.

파리에서 넌센스공장을 가동하다

알튀세르, 라캉, 들뢰즈

6장

실험실에서 양산된 혁명

1960년대 교육기관을 휩쓴 좌파적 열광은 근래 역사에서 가장 효과적인 지적 혁명이라고 할 수 있다. 세계 정치에서 일어난 어떤 혁명도 추종자들의 지지를 그 정도로 받지는 못했다. 바야흐로 '지적 생산'의 시대였다. 즉 실제 노동계급은 역사 속에서 사라지고 있었으며 이제는 단순히 연극조의 형태로만 그 생존이 보장되고 있는 상황에서 지식인은 노동계급의 명예회원으로서 그의 정체성을 고착화한 시기다.[1]

따라서 1960년대의 혁명은 실험실 안에서 양산된 혁명이었다. 책 밖으로는 한 걸음도 나가지 않은 혁명이었다. 어떤 폭력의 위험도 없이(언어의 폭력을 제외하고) '혁명적 의식'을 처음으로 가까이에서 관찰할 수 있었던 것이다. 특히 좌익의 메시지가 얼마나 신속히, 얼마나 노련하게 도그마로 제조되는지, 새로운 혁명가들이 얼마나 왕성하게 가짜 질문들, 결실 없는 논란거리들, 애매한 현학을 직조해 내는지 관찰하는 것이 가능해진 것이다. 정작 반드시 짚고 넘어가야 하는 근본적인 질문은 그런 현학의 대상이 되지 않았다. 즉, 혁명이란 정확히 무엇이고, 무엇에 도움이 되는가의 질문은 전혀 다뤄지지 않는다.

이 질문의 긴급성과 질문을 회피하는 정교한 방법들은 68혁명가들이 자기들의 지적 지도자로 지목한 루이 알튀세르Louis Althusser의 저술에서 가장 극명하게 드러난다. 알튀세르의 저술에서는 새로운 종의 마르크스주의 도그마가 생성되었다. 매혹적인 문장들로 도그마의 **형식**을 반복하지만 그것의 내용은 치밀하게 은폐하는 이론, 아니 메타이론meta-theory이 바로 그것이다. 소위 메타도그마라 지칭되는 이것은 방법론적 세련미를 허울로 세워놓고 자기 입장과 노선을 달리하는 비판과는 멀찌감치 떨어져 있는다. 그러면서도 모든 지적 활동에는 한 가지 목표만 정당하다고 고집하는데, 곧 혁명이라는 목표다. 68혁명가들과 그 추종자들의 저술 활동 전반에 걸쳐 이 메시지는 반복된다. 지적 노동의 목표는 언제나 **혁명의 편**에 서 있어야 한다는 메시지다. 그 결과가 어떠하든 상관없이.

마르크스를 신성화한 알튀세르

먼저 알튀세르를 차근차근 살펴보도록 한다. 왜냐하면 알튀세르는 한층 강화된 새로운 언어의 모형을 제시하기 때문이다. 이 모형은 어떤 의문도 제기할 수 없고 그 언어의 외연 밖에서 생각하는 사람은 도저히 이해할 수 없는 용어로만 답을 제시하는 모형이다. 오웰이 인지하듯, 모든 혁명의 첫 번째 타켓은 언어다. 이제까지는 진실이 차지하고 있던 자리에 권력을 집어넣는 신어를 만들어낼 당위성과, 이 일이 끝나면 그것의 결과를 '진리의 정치'라 명명할 필요가 생긴 것이다.

이런 새로운 종류의 진리를 관철하기 위해서는 변박의 여지를 회피하는 것이 중요하다. 의도적으로 반론을 불러와 그것을 극복하려고 하는, 과학에서 접근하는 방식의 회피가 아니다. 도그마 안에 있는 진리를 실재라는 독으로부터 보호하기 위해 변박은 **피해야 한다**는 것이다. 그래서 알튀세르의 글은 이점에서 매우 모범적이다. 마르크스주의 진영 밖에 있는 문헌과는 절대 상종하지 않으며, 그가 지향하는 마르크스주의적 도그마의 취지의 인증 마크가 없는 사회 정치적 사유세계의 전통은 무시해버린다. 마르크스주의 이론과 실천에 대한 모든 진지한 비판적 쟁점에 대해 알튀세르는 묵묵부답으로 일관하고 있다.

그래서 알튀세르는 노동가치설을 예찬하며 그것이 설득력이 있다고 주장한다. 그렇다면 노동가치설을 비판하는 광범위한 문헌에 대해서는 무엇이라 말하는가?[2] 아무 말도 하지 않는다. 그런 문헌은 처음부터 끝까지 반박적이기 때문에 알튀세르는 그 존재조차 인정하지 못한다. 그런 문헌을 논의하는 대신 난해하고 모호한 방식으로 동료 교조주의자들을 문제 삼는다. 예컨대 델라 볼페[Della Volpe]와 그 학파, 소련 이론가 일렌코프[Evald Il'enkov], 그리고 '사회주의 국가의 수많은 학자들'[3]을 비난한다. 이들이 무엇을 말하는지 설명도 하지 않은 채 이들을 수수께끼 같은 무대 소품처럼 우리 앞에 세워놓고 마음대로 해석한다. 더 정확히 말하자면 알튀세르 혼자 주인공인 희극인 것이다.

> 로젠탈의 저서를 부차적인 것으로 다룬다고 해서 그의 저서을 비방하는 것은 아니다. 그는 단순히 마르크스가 자신의 대상과 이론적 활동을 지명하는 직접적 언어를 부연하는 것 뿐인데, 마르크스의 언어 자체가 종종 의문시 될 수 있다는 가정은 고려하지 않았다.[4]

어떻게 의문시된다는 말인가? 지문을 뒤져봤자 헛수고다. 위 문장은 자기 주도적 제스쳐에 불과하고, 존재하지도 않는 권위를 내세운다. 그는 이 권위를 입증하기 위한 어떤 노력도 기하지 않았으며 이견의 가능성에는 전혀 관심이 없다. 알튀세르가 동조자들만 대화 상대로 여기는 작가라는 점을 고려하면 위와 같은 구문은 진정한 반대라기 보다는 회관에서 동지들 사이에 오가는 실랑이 정도로 봐야할 것이다.

의견 차이가 생길 때는 전면적인 적개심을 표출하며 이름도 없고 희화화된 불특정한 적을 겨냥한다. "『자본론』이 80년 동안 부르주아 경제학자들과 역사학자들이 강행한 급진적인 이데올로기적, 정치적 지령 하에 있었으니, 철학계에서『자본론』의 운명은 어떠할지 우리는 가히 짐작할 수 있다!"[5] 이에 대한 올바른 반응은 '헛소리 하지 마라'다. 그가 '부르주아'라는 딱지를 붙인 경제학자들이『자본론』의 주요 교리를 반박할 수 밖에 없었던 것은 바로『자본론』을 정독했기 때문이다. 알튀세르에게 이런 사실은 불편하다. 그리고 그 비슷한 사실도 언급되지 않도록 의례적인 저주를 퍼붓는다. 알튀세르가 글을 쓰는 방향은 이미 정해져 있다. 마르크스의 글에는 어떤 신성한 특성이 있다는 점과, 그것의 결론을 (어떤 믿음의 행위를 통해서든지) 미리 받아들이지 않고선 마르크스를 이해할 수 없다는 전제가 깔려 있다. 사실 이런 전제가 아니고서야 어떻게 다음과 같은 구절을 이해하겠는가?

> [자본론]에 대한 이 연구는 부단한 이중적 준거에 의해서만 가능하다. 자본론 속에서 전개되고 있는 마르크스주의 철학의 대상을 확인하고 인식하는 것은 자본론의 대상 그 자체의 독자적 차이에 관한 확인과 인식을 전제로 한다. 또한 후자는 역으로 마르크스주의 철학에 의거하는 것이며 마르크스주의 철학의 발전을 요구한다. 마르크스주의 철학의 도움이 없다면 자본론을 올바로 독해할 수 없고, 동시에 자본론 그 자체 속에서 마르크스주의 철학을 독해하지 않으면 안 된다.[6]

첫 문장에서부터 독자는 완전한 혼탁함에 둘러싸인다. 독자가 통찰력이 부족하다고 비난하는 것 같으면서도 알튀세르는 기술적인 용어와 합리적인 논증의 아우라를 동원하여 결국에는 깨달음에 다다를 것이라고 약속한다. 두 번째 문장에서는 독자가 이미 '정당화'된 것으로 받아들여야 하는 '결론'이 제공된다.

간단히 말하자면 결론은 이런 것이다. 『자본론』은 우선 믿어야 이해될 수 있는 책이라는 것이다. 라틴어로는 더 분명한다. "이해하기 위해 믿는다 Credo ut intelligam." 성 안셀모 St Anselm 가 하나님의 지극한 신비를 논하면서 언급한 말이다. 다시 말해 여기서 우리가 직면하는 것은 종교적인 믿음이다. 과학적 사고에서 믿음은 이해의 결과지 원인이 아니다. 그런데 마르크스주의가 바로 그런 과학으로서 실패했기 때문에 알튀세르의 기획이 필요하게 된 것이다. 마르크스의 글을 신성화하고 그 내용을 어떤 계시된 도그마로 변모시키는 과업이 요구된 것이다.

그런데 알튀세르에게 도그마의 '계시'는 도그마의 은폐를 통해서만 가능하다. 뚫지 못하는 애매함의 지적 구조 속에 은폐되어야만 모든 계시의 진실성이 보장된다. 마르크스주의의 공리들은 알튀세르의 문체 안에서 눈이 멀도록 번쩍이는 칠흑과 같이 잿빛에 잿빛을 칠한 구름 안에서만 나타난다. 이 '가시적 어두움'은 마치 네거티브와 같은 것인데, 알튀세르는 잠상潛像을 환원시키는 현상법이 있다고 암시한다. 일단은 『자본론』을 읽어보라고 우긴다. 텍스트를 골똘히 보면서 거꾸로 들어보기도 하고 옆으로도 위로도 들어보면서 절대로 눈을 떼지 말라고 한다. 그런 후에야 비로소 위대한 환원이 일어날 것이라고 말한다.

동시에 믿는 자에게 정말 필요한 것은 어두움에서 빛으로의 환원이 아닌, 그것에 선행하는 '부정 계시 negative revelation'다. 진정한 계시는 믿는 자의 '불합리하기에 믿는다$^{credo\ quia\ absurdum}$'는 입장에 달려있다. 어디를 둘러봐도 어두움 밖에는 보이지 않는 믿는 자는 이 어두움을 빛으로 바꾸기 위해 마르크스의 텍스트로 돌아온다.

이런 프로젝트에 진지한 추종자들이 많을 리 만무하다. 단, 만연한 암흑 속에서 이론과 태도들의 희미한 형태를 어렴풋이 보지만 않는다면 말이다. 알튀세르는 자기의 메타도그마를 사실상 실체가 빠져나간 형태의 마르크스주의 이론을 동원하여 주장한다. 이것은 1965년에 출간된 『마르크스를 위하여$^{Pour\ Marx}$』[7]에서 제시된 바 있고, 내가 지금까지 인용한 『자본론을 읽는다$^{Lire\ le\ Capital(Reading\ Capital)}$』에서도 당연한 것으로 간주된다.

여타 많은 공산주의 지식인들과 마찬가지로 알튀세르는 젊은 세대가 초기 마르크스로 돌아가는 현상에 대해 실망했다. 이러한 회귀는 알튀세르가 보기에 정통을 위협하는 행동이었는데, 사실 그가 피력하는 메타-정통에 대한 위협으로 여겼다고 하는 것이 더 정확할 것이다. 그는 특히 1844년 사본의 '마르크스주의 휴머니즘'과, 전전 시기 루카치와 프랑크푸르트학파가 제시한 개념들을 바탕으로 사적유물론과 가치설을 재구성하는 작업에 반대했다. 『정치경제학 비판 요강』 출간 이후 마르크스 본인도 그런 정정 작업을 지지했을 것이며 딱히 반대하지도 않았을 것이라는 생각이 정설로 자리잡혀있었다.[8] 하지만 그런 인식을 알튀세르는 용납할 수 없었으며, 그 결과 마르크스의 재구성을 주창하는 문헌과는 거리를 두게 된다.

젊은 휴머니스트들에 답하여 알튀세르는 마르크스의 저술활동을 전혀 다른 두 '문제의식^{problematics}'을 기반으로 한 두 가지 시기로 나누는데, 그 사이에는 어떤 '인식론적 절단$^{epistemological\ break}$'이 있음을 주장한다. 초기 마르크스의 관심은 '이데올로기적'이었고 후기 마르크스의 관심은 '과학적'이었다는 것이다.[9] 이러한 구분에 진지함을 더하게 위해 알튀세르는 곧바로 이 구분을 혼탁함 속에 감춰버린다. 신어로 표현된 구절 속에 기술적 용어들—이 용어들은 설명된 적이 없다—을 심어놓는다.

> 이데올로기적 논변에 대한 이해는, 이데올로기 자체의 수준에서, 하나의 사고가 그 속에서 출현하고 발전하는 '이데올로기적 장'에 대한 지식, 그 장에 결합되어 있으며 그 장과 동시적인 지식을 함축하며, 그 사고의 내적 통일성, 즉 그 사고의 '문제설정'을 드러낸다는 것을 함축한다. 이데올로기적 장에 대한 지식 자체는 이데올로기적 장 속에서 구성되는, 또는 그 장에 대립하는 문제설정들에 대한 지식을 전제로 한다. 이데올로기의 저자의 특유한 차별성이 무엇인지를, 즉 '**하나의 새로운 의미가 출현하는지 여부를**' 결정해 줄 수 있는 것은, 개인적 사고의 고유한 문제설정을 이데올로기적 장에 속하는 사고들의 고유한 문제설정들에 관련시키는 것이다.[10]

위 구절은 알튀세르 특유의 장황하고 의혹 가득한 순환적 글쓰기를 여실히 보여준다. 마치 자기가 상상하는 새장에 갇혀 혼자서 빙글빙글 도는 미치광이의 모습과 비슷하다. 구절의 내용은 두서너 마디로 요약될 수 있다. 즉 논증을 이해한다는 것은 그것의 의미를 파악한다는 말이다. 이 동어 반복의 명제로부터 시작하여 구축된 끝없는 순환은 최면술과 같은 매력이 있다. 표면 아래 손이 닿지 않는 곳을 가리키며 또 다른 의미가 그곳에 있다고 말하는 것이다.

이렇게 알튀세르는 사적유물론에 대한 그의 해석을 전개해 나가는데, 마르크스의 의도와 인류 역사에 충실한 해석으로서 제시된다. 알튀세르는 자신의 해석을 '변증법적' 언어로 풀어내며, 이 해석이 헤겔을 전도시킨 마르크스 이론의 본질을 포착한다고 믿는다. 후기 마르크스는 헤겔의 '변증법'을 전혀 언급하지 않았음을 알아차리고 알튀세르는 이것을 레닌의 노트에 대한 음울한 참조와 마오쩌둥의 『모순론矛盾論』에 대한 과도한 예찬으로 보완한다. 모든 변화는 사회의 다양한 구조들 안에서 발생하는 '모순들'의 결과라는 것이다. 이런 모순들은 '계급투쟁'이나 지적 이데올로기적 충돌로 나타날 수도 있다. 그것이 드러나 변혁적 힘을 발휘하는 단 하나의 단계는 없다. 모순은 모든 단계를 아우르며 다양한 모습으로 나타난다는 것이다. 그렇다면 토대가 상부구조를 결정한다는 마르크스의 테제, 즉 경제 구조의 변화가 다른 모든 것을 변화시킨다는 태제에 남아있는 것은 무엇인가?

마르크스의 원래 가설에 대한 다소 설구운 두 개의 수정사항은 인류 역사에서 특히 다루기 어려운 부분들을 마르크스 이론과 잘 조화시킨다. 첫 번째는 엥겔스가 제안한 수정본인데, 경제적 요소가 사회발전을 결정하는 것이 아니라 '최종심급last instance'에 가서야 결정한다는 것이다. 두 번째는 마르크스 자신이 암시한 바 있고 트로츠키가 제시한 '불균등발전의 법칙law of uneven development'이다. 첫 번째 수정은 역사는 경제적 변화로 야기되지 않는다고 시인하는 것과 다를 게 없다. '최종심급'에 가서야 그렇다는 구문은 정립되지 않은 이론에 대한 변명에 지나지 않는다. 마찬가지로 두 번째도 역사과정이 마르크스가 기술한 패턴을 따르지 않는다는 것을 인정하며, 그것은 경제적 구조 내 다양한 변화가 동시다발적으로 일어날 수 있기 때문이라고 말한다. 이렇듯 '경제적 주전원周轉圓, economic epicycle'에 호소하는 모습은 천동설을 지켜내기 위해 천동설을 반박할 수 있는 증거들을 차단해버린 역사적 상황을 상기시킨다.

이 두 캐치프레이즈, '최종심급'와 '불균등발전'은 알튀세르의 메타이론 안에서 되풀이하여 등장한다. 알튀세르에 의하면 역사의 원동력은 '구조인과성structural causation'이다. '주요 모순principal contradiction' 혹은 '보편적 모순general contradiction'('최종심급'에서 효과를 나타낼 모순)은 마르크스가 규명한 것으로서, 생산관계와 생산력 사이에서 일어나는 충돌 안에서 나타난다. 그런데 이 주요 모순은 사회 구조와 분리해서 볼 수 없다. 사회구성체social body 안에는 앞을 다투어 자기 자리를 찾으려고 서로 체계적으로 상호작용하는 또 다른 모순들이 상부구조의 다양한 층위에 걸쳐 나타난다. 알튀세르는 이 모순들은 마치 지질의 단층처럼 한 층위에서 다른 층위로 옮겨질 수 있다고 모호하게 암시하기도 한다. 다양한 모순들이 불균등하게 발전하기 때문에 경제적으로 낙후된 나라에서도 성공적인 혁명에 필수적인 모순들이 (러시아의 경우처럼) 갑자기 서로 합류할 수 있다는 것이다. 알튀세르는 이러한 '축적된 모순의 결합'을 프로이트에게서 빌려온 '과잉결정'[i]이라는 용어로 부른다.

따라서 혁명은 (그리고 다른 모든 사회적 변화는) 많은 요소들이 합류한 결과로 봐야 하며, 각 요소는 사회를 같은 방향으로, 그리고 같은 총체적 위기로 향하도록 결정한다.

> 마르크스주의인 혁명적 경험은 다음과 같은 것을 입증한다고 말할 수밖에 없다. 즉, 일반적 모순은 (그러나 이것은 이미, 적대적인 두 계급 간의 모순 속에 핵심적으로 구현되어 있는 생산력들과 생산관계들 간의 모순으로, 특수화되어 있다) 혁명이 '당면 과제로 되어 있는' 상황을 규정하는 데는 충분할지라도, 결코 그 자신의 단순한 직접적 힘으로 '혁명적 상황'을 초래

---

i Overdetermination: 중층결정이라고도 번역되는 용어로서 프로이트의 작업에서 나온 말이다. 일련의 다양한 사회적 힘들이 정치혁명과 같은 하나의 과잉결정된 사건으로 나타난다는 것을 설명하기 위해 알튀세르가 차용했다. 역사/정치적 기획을 가지고 알튀세르가 underdetermination에 반하는 용어로 사용한 점을 고려하여 본문에서는 과잉결정이라 번역했다.

할 수는 없고, 하물며 혁명적 단절의 상황과 혁명의 승리를 초래할 수 있는 것은 더욱 아니라는 것 말이다.[11]

위와 같이 비교적 명료한 구절에서 알튀세르는 그의 메타이론이 아무것도 설정하지 않고 있다는 것과, 그러한 점에서 그것은 이론이라기보다는 일련의 중언부언에 지나지 않음을 드러낸다. '주요 모순'이 혁명으로 이어지기를 실패하고, 대신 혁명을 그저 '오늘의 임무'로만 설정한다면 실제로 일어나는 일들은 인간의 결정의 결과인 것이다. 주인공의 목표, 강점, 방법 등에 따라 역사의 방향은 결정된다. '주요 모순'은 사실 모순이 아니다(만약 모순이라면 좌파가 기대하는 붕괴를 반드시 야기하게 되어있다). 그것은 단순히 사람들—지배자와 피지배자 모두—이 처리해야 할 문제에 불과하다.

사적유물론에 의하면 '주요 모순'은 상부구조 내 다른 모순들에 대한 **설명**이 되어줘야 한다. 그렇지 않으면 상부구조와 토대 사이의 구분을 이야기할 수가 없기 때문이다. 알튀세르의 '이론'은 다시 말해 사적유물론에 대한 **부정**이다. (다음 장에서 다룰 그람시Antonio Gramsci의 이론에서도 보겠지만 마르크스의 유물론을 수정하는 작업이 사실은 그것을 부정하는 것이 되는 사례들이 이 외에도 많다.)

다른 대목에서 알튀세르는 ('최종심급에서의 결정'이라는 '유명한' 구문으로 특징지어진) 사적유물론은 ('마르크스주의적 전통'이라는 기반 위에서) 상부구조의 '상대적 자율성'과 토대에 가하는 상부구조의 '상호적 행동'을 설명한다고 주장한다.[12] 하지만 정치적 변화에는 정치적 원인('상대적 자율성')이 있고, 경제적 구조는 정치적 선택('상호적 행동')으로 야기될 수 있다는 것을 인정함으로써 알튀세르는 인간의 사고와 의도가 역사 변화의 제1원인이 될 수 있는 여지를 남겨둔다. 그렇다면 사적유물론이 설 자리는 어디인가? 적극적인 과학적 방법만이 알튀세르를 이 막다른 골목에서 구출할 수 있다. 하지만 그의 글 어디

에도 과학적 방법이 무엇인지 진지하게 생각해봤다는 흔적은 찾아볼 수 없다.[13]

알튀세르는 '최종심급에서의 결정'이 무엇을 의미하는지 검토하기 보다 그것을 넌센스로 포장해버림으로써 심문 받기를 피한다. 이 버릇은 알튀세르의 가장 유명한 제자인 알랭 바디우 Alain Badiou(8장에서 그의 저작을 다루게 된다)가 계승한다. '최종심급에서의 결정'에 관한 논의에 바디우는 다음과 같은 방식으로 기여한다.

> 어떤 심급도 전체를 결정할 수 없다면, 반대로 실천—그에 맞는 구조, 즉 실천을 전체의 심급으로서 분절한 자에 대하여 소위 탈구된 구조 안에서 사유된 실천—은 전체에 대하여 결정의 역할을 담당할 수 있는데, 실천은 분산된 방식으로 그 전체 안에 포함된다.[14]

나는 이 문장을 풀어내보려고 했지만 헛된 노력이었다. (무엇의 전체라는 말인가? 무엇의 구조인가? 무엇을 하고 무엇을 만들고 무엇을 야기하는 결정적 역할인가?) 텍스트 앞뒤 맥락과 이어보려고도 했지만 여전히 실패로 돌아갔다. 각 문장이 약간은 혼미한 통사론을 선보이고, 사유의 모양은 있지만 실체는 없는 그런 구조들 안에 설명되지도 않은 개념들을 무더기로 채워넣었다. 이것이야말로 알튀세르 교육의 주된 업적이 아닌가?

알튀세르의 '해석'은 그가 전개하는 역사론을 반박할 수 없게 만든다. 이 이론은 사건의 모든 추이와 호환이 가능하고, 따라서 아무것도 설명해주지 못한다. 사건에 대한 특정 입장에 주목하게 하는 부수적인 용어('모순', '과잉결정', '혁명')를 만들어내는데 유용할지는 몰라도 예측력은 전혀 발휘하지 못하는, 이론의 '형식'만 갖춘 모습이다. 요컨대 예측력은 아예 결여되어 있다.

그런데 어떤 면에서는 바로 그 이유에서 유용하다고 할 수 있다. 기존의 혁명적 열성을 강화할 수 있는 것만 다루고 나머지 역사적 사실들은 외면할 수 있게 하기 때문이다. 역사론은 역사 신학이 되고 사건의 모든 추이와 호환가능한 '가설', 즉 신의 존재에 대한 '가설'과 같은 처지에 놓이게 된다. 라플라스Pierre Simon Laplace는 자기는 그런 가설은 필요없다는 유명한 말을 남겼다.

알튀세르는 그의 이론을 반박으로부터 보호하기 위해 위에 설명한 '부정 계시'라는 절차를 도입한다. 핵심 용어들을 현혹적인 암흑의 농축점으로 변신키신다. 다음 구절은 바로 이 과정을 보여준다.

> 과잉결정은 모순 그 자체가 지닌 다음과 같은 본질적인 특질을 지시한다. 즉, 모순의 존재 조건들이 모순 자체 속에 반영된다. 다시 말해, 모순의 상황이 복잡한 전체의 지배 관계를 갖는 구조 속에 반영된다. 이 '상황'은 일의적인 것이 아니다. 이 상황은 모순의 유일한 '원리상'의 상황(모순이 결정적 심급—사회 속에서는 경제—에 대한 관계를 통해 심급들의 위계 속에서 점하는 상황)도 아니고, 모순의 유일한 '사실상'의 상황(고려되는 단계 속에서 모순이 지배적인지 또는 종속적인지 하는 것)도 아니며, '이 원리적 상황에 대한 이 사실상의 상황의 관계, 즉 이 사실상의 상황을 총체의 '불변'의 지배 관계를 갖는 구조의 하나의 '변화'로 만드는 관계 자체이다.[15]

위 내용이 이해가 되는지에 대한 물음에 '아니오'라고 답하는 게 정상이다. 사실 이해가 되면 안된다. 알튀세르가 요구하는 것은 특별하게 취급되는 특정 관념을 파악하는 것이다. 이 관념들은 매우 강경한 문체 안에 담가

짐으로써 '단단'해지는데, '이것은 의심하지 말아야 한다'고 부르짖는다. '최종심급'이 어떻게 단단해지는지 살펴보자.

> 나는 하나의 정세의 통일체 속에서 하나의 구조가 다른 구조들을 지배하는 것을 해명하기 위해서는 경제적 구조에 의한 비경제적 구조들의 '최종심급에 있어서의' 결정의 원리를 고찰하는 것이 필수적이라는 점을 다른 곳에서 입증했다. 그리고 이 '최종심급에 있어서의 결정'은 효과성의 계층화된 구조 속에서 일어나는 구조들의 대체와 전체의 구조화된 수준들 사이에서 일어나는 '지배'의 대체에 대한 그 필연성과 가지성을 위한 하나의 절대적인 전제조건이다. 또한 이 '최종심급에 있어서의 결정'만이 이러한 대체들에 기능의 필연성을 부여함으로써, 경험적으로 관찰되는 여러 대체의 자의적인 상대론으로부터 빠져나올 수 있다는 점도 지적했다.[16]

'최종심급'이 무엇을 의미하는지 조금도 설명해주지 않는다. 알튀세르가 비트겐슈타인의 "의미를 찾지 말고 용법을 찾아라"라는 강령을 왜곡했다고 볼 수 있다. 여기서 용법은 내가 '메타-도그마'라 일컬은 그것이다. 즉, 내용은 없고 형식만 있는 도그마다.

68혁명가들이 자기들의 '넌센스 기계'를 치장하는데 사용한 독특하고 복잡한 문체의 사례들을 이어서 더 언급하겠다. 그런데 알튀세르는 의도적으로 넌센스를 생산하지는 않았다. 그는 일종의 종교적 감성을 토로한 것이고 자기가 가진 신앙에 다른 사람들도 참여할 수 있도록 그들에게 닿을 수 있는 언어를 찾으려고 했던 것이다. 종교적 신념은 파스칼의 내기와 같은 구조를 갖고 있다. 파스칼의 내기는 신자에게 헤아릴 수 없는 이득을 우선 상정한다. 그리고 기만적인 조각 하나로 그런 이득은 곧 믿어야 하는 충분한 이유(단순히 충분한 동기가 아닌)가 된다고 설득한다. 알튀세르는 그람시의 방법을 따라 혁명적 내기를 위해 유사한 개념들을 설정한다. 믿으면 선택받은 자들의 무리에 선다는 것이다. 그렇게 도시의 지식인은 억압받은 노동자들과 '연대'할 수 있다는 것이다. 따라서 믿으라는 것이 알튀세르의 촉구다.

잘 알려진 바, 사적유물론의 문제는 지적 노동의 유효성을 부정하고 그것을 단순한 부현상으로 치부한다는 것이다. 지적 노동은 과정들의 향방에는 어떤 실질적 영향력도 발휘하지 못하는, 과정들의 모호한 파생물일 뿐이라는 판결을 내린다. 그래서 존재의 '물질적 조건들' 안에서 '지적 노동'도 어떤 역할을 담당하도록 하는 것이 중요해진 것이다. 부르주아라는 적의 한낱 '이데올로기'에 불과한 것과는 달리 역사의 진정한 '원동력'으로서의 위상을 세워주는 것이다.

이렇게 과학과 이데올로기의 구분이 발생한다. 내 사유는 과학이고 네 사유는 이데올로기라는 식의 태도가 자리잡게 된다. 내 사유는 마르크스주의적이고 네 것은 '관념주의적'이다. 내 사유는 프롤레타리아적(루카치)이고 네 것은 부르주아적이다. 내 사유는 생산의 '물질적 조건들'에 속하고, 때문에 '이론적 실천(프락시스)'이라 칭할 수 있지만 네 사유는 역사가 만들어지는 곳 위로 드리우는 먹구름과 같은 허위의식이다. 내 사유는 공장에서 노동하고 있고 네 사유는 굴뚝에서 나는 연기처럼 금세 날아가버린다.

이른 바 '이론적 실천'의 관심사는 두 가지다. 지적 활동을 경제적 토대 안에 위치시키고(따라서 알튀세르는 이것을 '지적 생산'이라 부르기를 선호한다) 그로써 지식인을 노동하는 프롤레타리아와 연합시키는 것이다. 또 하나, '이론적 실천'은 종교적 믿음과 정확히 동등한 것을 제시한다. 파스칼의 내기에서처럼 믿는다는 것은 행동하는 것과 동일시되고 행동하는 것 안에는 도덕적 구원(혁명과의 내적 동일성)이 놓여 있는데, 지식인은 바로 이 구원을 갈구하는 것이다.

이런 신앙의 교리는 기만적인 단순함으로 시작된다.

> 그런 '사변적' 탐구를 통해서 여태까지 가지고 있지 않은 그 무엇을 얻어 낼 수 있는가?
>
> 이 질문에 우리는 "혁명적 이론 없이는 혁명적 실천도 없다"라는 레닌의 한 마디 말로 답하고자 한다. 일반화하면 이렇다. 이론은 실천에 본질적이다. 탄생하도록, 또는 성장하도록 이론이 도울 수 있는 실천들에 본질적이며, 또한 이론의 대상인 실천에 본질적이다. 그러나 이 말의 자명성만으로는 충분하지 않다. 우리는 그 '타당성의 자격들'을 알아야 하고, 따라서 '실천'에 본질적이라는 '이론'이 무엇을 뜻하는지 질문을 제기해야 한다.[17]

이 구문은 '지적 생산' 공장에서 찍어낸 신규 용어들이 배송되길 기다리며 제자리걸음하고 있다. 알튀세르가 파악하듯, "이 문장의 투명성으로는 충분하지 않다." 배송물이 도착하자마 알튀세르의 언어는 곧장 흐릿해진다.

> 우리는 일반 이론, 즉 실천 일반의 이론을 [대문자로 시작하는] '이론 Théorie'이라 부를 것이다. 이 실천 일반의 '이론' 자체는 기존의 '경험적' 실천들(인간들의 구체적 활동)의 이데올로기적 생산물을 '지식들'(과학적 진리들)로 전화시키는 기존의 이론적 실천들(과학들)에 대한 '이론'의 기초

위에서 정교하게 제작된다. 이 '이론'은 변증법적 유물론과 동일한 것인 유물론적 '변증법'이다.[18]

알튀세르의 추종자들은 위 단락을 '이론의 단계들'이라는 중요한 개념이 소개되는 지점이라 여기는데, 이와 같은 구절들이야말로 알튀세르의 사유의 본질적 공허함을 드러낸다. "이 이론은 유물론적 변증법인데, 이것은 다름 아닌 변증법적 유물론이다." 이런 발언을 접하는 신개종자는 외경심으로 가득하여 자기 자신에게 되풀이하여 말한다. 위 문장은 스탈린의 용문(兀爻)과 비슷한 순환성이 있다. "마르크스의 이론들은 옳기 때문에 진실이다"라는 명제는 한 때 공산주의에 대한 의구심이 가득한 어두운 밤 중에 자기 자신을 세뇌하기 위해 외워야 했던 매우 중요한 주술이었다.[19] 발언이 동어 반복적일수록 은폐 효과를 높이는 것 같았고 믿음의 서막이 되는 영적 준비성을 더욱 자아내는 듯했다. 모호한 순환성이 몇 페이지에 걸쳐 계속되며 독자는 (비-모순의 축적을 통해) 마침내 위기 국면에 다다르게 된다.

> 이 학문 분야들의 지위에 대한 사전적 질문을 유발하거나 제기할 수 있고 (기술적 실천들이 과학으로 변장한 것을 포함해) 다양하게 변장한 이데올로기를 비판할 수 있는 유일한 '이론', 그것은 (이데올로기적 실천과 구별되는) 이론적 실천의 '이론', 즉 유물론적 변증법 또는 변증법적 유물론, 변증법에 대한 마르크스주의 특유의 이해다.[20]

정확히 우리로 무엇을 믿으라고 하는 것인가? 알튀세르의 변증법적 유물론은 우리가 이미 확인한 바, 단순한 형식적 이론에 지나지 않는다. 그것의 단호한 결론들도 구체적인 내용은 결여된 메타도그마다. 『자본론을 읽는다』가 우리에게 선사하는 메시지는 "이론적 **실천**은 그 자체가 기준인 것이며, 그 자체 속에 그 생산물의 질을 **유효하게** 할 수 있는 분명한 의정서, 요컨대 과학적 실천의 생산물이 갖는 과학성이라는 기준을 내포하고 있기 때문"이라는 메시지다.[21] 달리 말해, 아무리 이론적 실천에 호소해도 알튀세르는 '메타적' 수준에서 '구체적' 수준으로 내려오질 못한다. 알튀세르의 이론적 실천은 그 자체로밖에는 설명되지 않는, 결국 설명이 불가능한 개념이다.

따라서 알튀세르가 『자본론』의 텍스트로 돌아가는 이유는 부분적으로는 어떤 종교적 외경심을 터뜨리기 위해서이기도 하지만, 마치 술취한 신비주의자가 복음서에 대한 해설을 제공하듯 특정 구문이나 단락을 발췌하여 자기의 형이상학 주술 안에 넣어버리기 위함이다. 이로써 알튀세르는 자기가 『자본론』의 '대상'object'을 추구한다고 주장하게 된다. '대상'이라는 말이 지칭하는 바가 목표인지 소재인지 내용인지, 그 의미는 불명확한 상태로 남아 있는데도 말이다. 여기서 주요한 목적은 다시 한번 '부정 계시'다. 즉 『자본론』을 은폐함으로써 그것의 의미를 차용하려는 비상한 시도다. 알튀세르에게 '대상'을 모색한다는 것은 곧 그것을 매장하는 행위다. 크리스마스 푸딩 안에 숨어 있는 은화같은 것이 대상이다. 그래서 독자들에게 전하는 알튀세르의 메시지는 일단 푸딩을 먹으라는 것이다. 그렇게 텍스트를 꼭꼭 씹다보면 그것의 의미를 깨물게 된다는 말이다.

동시에 알튀세르는 이론적 실천에 반대하는 사람들을 강하게 훈계하기도 한다. 적을 전체주의적으로 특징짓는 알튀세르의 경향 안에서 신어에 대한 흥미로운 속성 하나를 발견하게 된다. 페트르 피델리우스Petr Fidelius와 프랑수아즈 톰Francoise Thom에게도 발견되는 속성인데, 모든 적을 '악의 통합unity of evil' 아래 모으는 것이다.[22] 알튀세르에게는 이론적 실천의 적수는 모두 다 '추상'을 믿는 것이 특징인 '경험주의자'다.[23] 이 비난은 합리주의자 데카르트, 절대적 관념론자 헤겔, 그리고 경험주의의 가장 철저한 비판자였던 칸트를 저격한다. "그것이 (데카르트처럼) 선험적이든 (칸트나 후설처럼) 초월적이든 아니면 (헤겔처럼) '객관적'-관념론적이든 모두가 경험주의"라는 공통의 무덤 안에 들어간다.[24] 제대로 된 철학사를 접해본 사람이면 이런 터무니없는 억지에 너무 경악한 나머지 정작 신어의 목표는 미처 못 보고 넘어갈 수도 있다. 신어의 목표는 있는 그대로의 세계를 묘사하는 것이 아닌 세계에 주술을 거는 것이다. 알튀세르는 '이론적 실천'이 아니라면 그 어떤 관점도 수용하지 말라고 경고하는데, 그 자체로밖에는 입증되지 못하는 것이 '이론적 실천'의 현실이다.

알튀세르가 남기고 간 것

우리는 알튀세르의 영향력을 어떻게 설명해야 할까? 마르크스주의 유물론에 신학적 윤곽을 그려준 것, 혹은 도시 지식인에게 내세의 보상을 약속해준 것을 논의하는 것으로는 충분하지 않다. 1960년대와 1970년대에 전개된 혁명에 점점 더 중요해진 요소들의 작동을 이해하는 것이 필요하다.

우선, 변증법적 유물론의 관점에서 우리는 알튀세르의 제자들의 물질적 조건들을 살펴보아야 한다. 이들 중 대부분이 대학과 폴리테크닉에서 가르치던 젊은 급진파 교수들이었는데, 이들의 학문적 자격은 아직 입증되지 않은 상태였고 자기들 나름대로 심오한 현학을 구현하기를 모색하던 중이었다. 그런 현학 안에 자기들의 지적 결함은 은폐하면서 동시에 정치적 동조는 드러내기를 원했다. 이때 알튀세르는 이들에게 사이비 학문이라는 강화된 요새를 제공해준 것이다. 이 요새에서 그들은 전통적인 학습의 무익함을 통렬하게 '입증'하는 총탄을 발포했다. 권력을 진리 우위에 둔 가치 척도를 설정한 새로운 세대의 인문학도들을 양성한 일련의 연금술적 학자들의 시초가 바로 알튀세르였다. 그의 글쓰기 방식을 통해 이들의 정치적 순응은 '획기적인 연구'로 둔갑될 수 있었고 학계에서의 승진은 이 잣대 하나로 결정되었다.

두 번째 더 중요한 것은 알튀세르의 문체 안에 함축되어 있는 '실존적 태도'다. 알튀세르가 보기에 인간 세계는 본질적으로 알튀세르 자신에게 적대적이다. 모든 제도는 알튀세르를 억압하는 '객관적' 음모에 가담한다. 교회, 가족, 학교, 노동조합, 문화, 언론, 사법기관 등 모든 것이 억압적 권력을 '재생산'하는 목적을 지닌 '이데올로기적 국가기구$^{ideological\ state\ apparatus}$'라는 것이다.[25] 주위를 둘러보면 모든 것이 '지배적 이데올로기', '국가폭력', '계급억압'의 흔적이다. 개인은 통제받고 지배를 받는데, 파시즘의 '직접적' 방법으로도 아니고 의회민주주의(혹은 '민주주의')의 '간접적' 방법으로도 아니다. "의사소통기구$^{communications\ apparatus}$가 모든 '시민'에게 민족주의, 쇼비니즘^{chauvinism}, 자유주의, 도덕주의 등의 일일량을 쑤셔 넣는"[26] 세계에서 알튀세르는 박해받는 외로운 목소리로 서 있다.

위와 같은 발화의 내용에 순응하라는 것이 아니다. 내용은 단순히 슬로건에 불과하다. 문제는 내용이 전달되는 어조인데, 이것은 사실 알튀세르의 글에서 유일하게 일관성 있게 투명한 속성이다. 그의 어조에는 편집증 환자의 자기방어적 톤이 있다. 자신의 담론에 자기를 스스로 가둬놓은 사람의 어조, 자기의 독재적 조건을 받아들이지 못하는 사람과는 소통할 수 없는 사람의 톤이다. 알튀세르의 언어학적 보루에서는 적이 그저 어둡게만 표현될 뿐이지 그 존재는 불명확하다. 적의 정체는 알튀세르의 사유가 뒷걸음치게 되는 경계선을 따라 윤곽만 그려질 뿐이다. 전투에 나간 경험이 없기에 무패 행진을 이어갈 수 있는 것이 알튀세르의 사유다.

하지만 내부의 어두움에는 맹렬한 충성들이 자기들의 법을 집행한다. 마르크스, 엥겔스, 레닌, 마오, 신화화된 '노동자 운동', 그리고 무엇보다 프랑스 공산당에 대한 충성이 있다. 이러한 충성들이야말로 편집성 세계관의 실제 내용을 구성한다. 그 매력은 지적이기 보다는 감정적이다. 이론적 실천 아래 소집하는 명령은 곧 충성을 맹세하라는 명령, 무력을 소집하는 명령이다. 불명료성이라는 자기방어적인 원으로, 그것을 위협하는 자들에게는 폐쇄된 원으로 열을 맞추라는 것이다. 알튀세르식 글쓰기는 모든 것이 매혹적인 슬로건으로 포장된 단일 교리 아래 지배를 받고 어떤 반대나 다양성도 허락되지 않는 전체주의 국가의 지적 버전이다. 이 국가 안에서는 모두 공통된 충성심으로 단결하고, '적군측'은 응분의 처벌을 받는다. 알튀세르는 그의 메타도그마 안에서 혁명 의식의 전체주의적 증상의 초기 단계를 표출한다. 따라서 그가 신급진파들에게 보여주는 것은 좌파적 충성이 그들을 충분히 구원하기 때문에 상대방을 이해하거나 회유할 필요가 없다는 것이다. 상대방은 이미 "역사의 먼지더미"에 배치되었는데, 반드시 그래야만 하기 때문이다.

알튀세르가 1978년 자기 아내를 살해한 것은 아내의 '수정주의' 때문이라고 한다. 이런 루머의 진위가 어떠하든지 여기에는 섬뜩한 논리가 도사리고 있다. 어두움의 중심부로의 알튀세르의 여정이 초래한 비극적 결과는 러시아, 중국, 북한, 베트남, 캄보디아 그리고 동유럽 사람들이 겪은 참사가 집안에서 재현된 것으로 보이기도 한다. 편집증적 의심이 타협이라는 자연법을 대체할 때 불가피하게 발생하는 비극이다. 편집증적 사고방식은 그것의 절대적 옳음이라는 환상을 무슨 수를 써서라도 보존하려는 결과, 자기 자신을 미신으로 만들어버리고 자기의 지배를 거부하는 모든 사람을 악인으로 몰아가며 박해한다. 의미는 위험하기 때문에 의미 없는 언어를 날조하는 사고방식이다. 이 언어의 통사론은 권력을 색출하도록 설계되어 있다. 편집증적 사고방식은 폭군의 철저한 감시태세로 이 언어 안에 존재하며, '대타자'의 세계에서 스며들어온 의미들을 청산하는 데 지속적으로 힘쓴다.

이 지점에서 우리는 새로운 세대의 과격파들을 사로잡은 알튀세르의 매력의 세 번째 요소를 인지해야 한다. 알튀세르의 제자들이 볼 때, 스승이 시시때때로 넌센스의 영역으로 일탈하는 것은 알튀세르의 결함이 아닌 오히려 그의 유의미성에 대한 심오한 증거가 된다. 알튀세르가 선사한 글쓰기 방식은 정치적 충성만이 **전부**라고 시사하는 방식임과 동시에 지적 탐구의 **형식**도 갖추고 있다. 이런 식으로 글을 쓰고 사고한다면 우리는 권력을 담론의 중심에 놓을 수 있게 되고 실제 지식으로부터 해방되며, 또한 의심을 제기할 수 있는 유일한 언어를 탈각시킴으로써 의심의 가능성 자체를 탈각시킬 수 있게 된다.

때문에 알튀세르는 당시 파리 지식인들의 열렬한 지지를 받았다. 그들도 같은 시기에 이성적 논증의 가능성을 배제시키고 모든 질문을 모호한 학술 언어로 위장시켜 정치적 질문으로 바꿔놓을 넌센스 기계를 조립하는 중이었다. 이 넌센스 기계 덕분에 그들은 '지적 노동'에 뛰어들 수 있었고, 그것이 이미 혁명의 일부라고 굳게 믿을 수 있게 되었다. 혁명이 무엇을 의미하는지 혹은 혁명을 통해 무엇을 얻게 되는지에 대한 물음은 이제 무의미해진 것이다. 어떤 것도 무엇을 의미하지 않으며, **바로 이것이 혁명**이라는 것이다. 즉 의미를 전멸시키는 기계다. 자크 라캉[Jacques Lacan], 질 들뢰즈[Gilles Deleuze], 그리고 그 외 몇 사람들은 프로이트의 심리학과 소쉬르[Ferdinand de Saussure의 언어학에서 폐기된 조각들을 모아 이 기계를 조립하고 여기에 코제브의 헤겔주의 허풍을 주입시켰다. 이 기계는 그것의 발명가들보다도 더 오래 살아남아 이제는 그것의 다양한 버전을 사실상 모든 인문과학부에서 찾아볼 수 있다.

여기에 얽힌 사상사는 복잡한데 간단하게 설명하기로 한다.[27] 스위스 언어학자 페르디낭 드 소쉬르Ferdinand de Saussure는 사후 출간된 그의 『일반 언어학 강의Course in General Linguistics』에서 1960년대와 1970년대에 걸쳐 남용되고 알아들을 수 없는 형태로까지 변형된 두 가지 개념을 소개한다. 하나는 '차이'의 체계로서의 언어에 대한 개념이고, 다른 하나는 '기호에 대한 일반 과학'이 있다는, 혹은 있을 수 있다는 개념이다. 소쉬르가 주장하길, 기호의 의미는 문장 안에서 해당 기호를 대체할 수 있는 다른 기호들의 맥락 안에서만 부여될 수 있다. 예컨대 '뜨겁다'라는 의미는 '뜨겁다'와 '차다' 사이의 차이에 의거하여 이해되어야 한다는 것이다. 어떤 이들은 더 나아가 언어란 차이의 체계 이외에는 아무것도 아니라고 주장했다. 즉, 각 기호의 의미는 배제된 기호에 의해 생성된다는 것이다. 소쉬르는 이것을 언어에는 어떤 '적극적 의미positive terms'도 없으며 끊임없는 부정의 연속이라는 입장에 대한 근거로 여겼다. 의미는 말해지지 않은 것, 말해지지 못한 것에 놓여있다는 것이다. (왜냐하면 말한다는 것은 의미를 또 다른 숨겨진 부정성에 미루는 것/지연하는 것 밖에는 되지 않기 때문이다.)

자크 데리다Jacques Derrida는 여기서 한 단계 더 나아간다. 어떤 기호도 독립적인 의미를 갖지 못하며 의미는 자기에 대립함으로써 자기를 완성시킬, 그러나 최종적으로 표기될 수 없는 '또 다른' 기호를 기다린다고 주장한다. 의미는 절대로 나타나지 않으며 언제나 지연된다. 텍스트를 아우르며 기표sign에서 기표로 추적될 뿐이다. 닿을 것 같으면 사라진다. 우리가 만약 특정 지점에서 멈춰 서서 이제는 잡았다, 이제는 의미가 바로 앞에 있다고 말한다면 그것은 우리가 자의적으로 결정한 것이고 그 뒤에는 어떤 정치적 정당성이 작동 중일 수 있다. 하지만 결코 텍스트에 의해 결정된 바는 아니라는 것이다. 따라서 '차이^{difference}'라는 모호한 단어는 그것이 가진 두 가지 의미를 모두 고려하여 이해되어야 한다. 즉 차이와 지연이다. 데리다는 différance(차연)로 철자를 바꿈으로써 이 두 의미를 담으려고 했다. 이 도취적이고 (독성이 있는) 넌센스 조각은 이제 뉴턴의 역학이나 칸트의 초월 연역만큼이나 중요한 요소로 사상사 안에 박히게 됐다.[28]

기호에 대한 일반 과학('기호학')은 소쉬르가 가장 큰 애착을 가진 개념으로서 여기서 지금 다룰 수 있는 것보다 더 심층적인 논의가 요구된다. 간단히 말하자면 이렇다. 어류에 대한 과학이 있는 것은 어류는 서로 비슷하게 구성되어 있으며 비슷한 법칙을 따르며 우리가 어류라는 범주를 형성하게끔 하는 유사성을 넘어 어떤 발견가능한 본질이 있기 때문이다. (어류는 '자연종'으로 간주된다.) 반면 단추는 공통된 본질이 없으며 그것의 구성이 아닌 기능에 의해 정의된다. 기호는 어류보다는 단추에 가깝다. 그런데 '기호'라 부를 수 있는 그 많은 것들을 하나로 묶을 수 있는 단일 기능을 규명할 수 있는가? 예컨대 단어, 도로 표지판, 제스쳐, 증상, 옷차림, 음악에서의 음표, 고전 건축의 입문, 시대의 표적 등을 꿰는 공통의 기능이 있는가? 이 논의는 여기서 멈춰도 괜찮다. 왜냐하면 넌센스 기계의 건설자들에게 중요했던 것은 질문에 대한 답이 아니라 질문에 의해 유발된 신비함이었기 때문이다.

정신분석학을 '수학화'한 라캉

넌센스 기계의 골조는 팽패로운 정신분석학자 자크 라캉이 조합하였다. 1966년에 출간된 그의 저서는 학생 혁명 운동에 지대한 영향을 끼쳤고, 라캉 자신도 공개적으로 혁명 운동에 동조하였다.[29] 레이먼드 탤리스Raymond Tallis는 라캉을 "지옥에서 온 정신과 의사"라 부른 바 있다. 라캉은 한 시간에 10명 씩이나 상담하고 어쩔 때는 자기 이발사, 재단사, 발 관리사까지 데려다 놓고 진료를 하기도 했다. 탤리스의 묘사는 자기 자신이 사용하는 편집증적 언어로 똑같이 말하고 사고하고 느끼도록 하는 것이 환자를 치료한다고 생각하는 사람에게 걸맞는 묘사다.[30] 이 점에서 라캉을 너무 나무랄 수도 없을 것 같다. 정신분석학자들이 유명해지는 것은 그들의 치료법이 성공해서가 아니라—성공은 거의 없을 수도 있다—그들이 제시하는 발상 때문이다. 발상의 명성은 그것의 영향력 때문에 형성되는 것이지 그것이 옳아서가 아니다. 프로이트, 융Carl Jung, 아들러Alfred Adler의 경우가 그랬고 클라인Melanie Klein, 빈스방거Ludwig Binswanger, 라캉을 포함한 무리도 마찬가지였다.

라캉은 무의식은 언어와 같이 구조지어졌다고 기술했다. 그리고 소쉬르 언어학의 용어들과 코제브에게서 수집한 대타자에 대한 개념과 함께 무의식이라는 언어를 해석하고자 했다. 그의 저작과 강의는 라캉 자신도 이해하려고 하지 않은 이론들에서 빌려온 수학적 변말로 점철되어 있고, 이것을 아무렇지도 않게 '수학소matheme'라 지칭한다. 언어학자가 언어의 기능적 부분을 음소phoneme와 형태소morpheme로 나누는 것에서 유추한 것이다.[31] (이와 같은 맥락에서 비슷한 시기에 레비스트로스Claude Levi-Strauss는 '신화소mytheme'를, 데리다는 '철학소philosopheme'를 이야기했는데 그것들의 사용에 대해서는 셸링이 예견한 바 있다.)[32]

라캉에 의하면 대타자(대문자 A로 표기하는 Autre)가 있는데, 이것은 비-자아$^{\text{not-self}}$가 자아에게 내미는 도전이다. 대타자는 지배적이고 통제하는 권력(우리가 추구하고 동시에 탈피하려는 권력)을 갖고 현실 세계를 괴롭힌다. 소타자(소문자 a로 표기하는 autre)도 있는데, 자아와 크게 구별되지 않으며 라캉이 '거울 단계'라 일컫는 발달 단계, 즉 유아가 거울에 비친 자기 모습으로 보고 '아!'라고 말하는 단계로서 유아가 거울을 마주할 때 포착하는 그것이 곧 소타자다. 이 지점은 인지의 지점으로서 유아가 '대상 a$^{\text{object=a}}$'를 처음으로 마주하는 순간인데, 나는 이해할 수 없는 어떤 방법으로 이것은 욕망과 그것의 부재를 동시에 나타낸다. (라캉이 주목하지 못한 것이 있는데, 볼 수 있는 아이와 같은 나이의 맹아도 자아와 타자를 노련하게 구별한다.)

거울 단계에서 유아는 타자들의 세상에서 자아를 무소불능한 모습으로 (일시적으로) 오인한다. 그런데 이 자아는 금세 대타자에 의해 짓밟히는데, 멜라니 클라인이 그린 좋은 가슴/나쁜 가슴, 좋은 경찰/나쁜 경찰 시나리오에 착안한 배역이 대타자다. 처음의 조우에 뒤따라오는 비극적인 전개를 상술하는 과정에서 라캉은 기막힌 통찰을 제시하는데, 라캉의 제자들은 마치 자기들이 사상사의 흐름을 바꿔놓은 것처럼 설명도 없이 라캉의 통찰들을 반복한다. 그중 유독 반복적으로 언급되는 부분이 있는데, '성관계는 없다$^{\text{there is no sexual relation}}$'라는 라캉의 문장이다. 어떤 여성도, 심지어 자기의 정신분석 대상자들도 안전하지 못한 상습적인 색마였던 사람이 말한 문장이라는 점도 흥미롭다.[33]

더불어 라캉은 주체는 '주체화^{subjectivation}'라는 행동을 통해 성립되지 않으면 거울단계에 머무를 수밖에 없다고 주장한다. 세계를 차지하고 그것의 타자성을 자아 안에 포함시킬 때 우리는 자기의식을 가진 주체가 된다는 것이다. 이점에는 우리는 타자들의 군집 안에서 '외−존재$^{\text{ex-sist}}$', 즉 밖으로 존재하기 시작한다. 라캉주의자들이 헤겔과 코제브에 의해 이미 훨씬 명료하게 설명된 논제를 라캉의 공으로 돌리고 라캉을 신격화하는 이유는 라캉 자신이 그것을 요구했을 뿐 아니라 그 요구한 바를 결국 받아냈기 때문이다. (인류 역사에 참으로 불명예스러운 일이다.)

대타자에 대한 라캉의 반추는 '프로이트로의 회귀'의 일부로 간주되고, 또 클라인과 비온Wilfred Bion에 의해 확대된, 객체-관계에 대한 프로이트 이론의 수정으로 여겨지기도 한다. 당연한 말이지만 주된 영향은 코제브판 헤겔에서 왔다. 파리의 인텔리겐치아의 사랑을 한 몸에 받으며 명성을 떨친 코제브를 모방하듯, 라캉도 1953년 세미나를 열기 시작했다. 34권에 걸쳐 기록되고 번역된 그의 세미나들이 끼친 영향은 근현대 지식 세계의 불가사의 중 하나다. 라캉 자신도 탐구하지도, 이해하지도 못한 이론들을 뒤틀어 되새김하는 것은 지적 후안무치로 따지자면 근래에 유례없는 학문적 과업이다. 나는 여기서 라캉이 남긴 업적의 본색을 드러내는 사례들을 몇 가지 소개하겠다. 라캉은 무의미meaninglessness가 개인적 카리스마를 행사하는 데 사용된다는 점에서 그것의 무한한 힘을 발견한 것이다.

『정신분석의 네 가지 근본개념The Four Fundamental Concepts of Psychoanalysis』(세미나를 기술하여 1977년 책으로 출간)에서 라캉은 대상 a를 다음과 같이 설명한다.

> 그렇다면 오늘 대상 a가 욕망의 근본적 결여를 상징하는 기능으로서의 대상 a가 가장 쉽게 소멸되는 영역을 선택한 것에 책임을 지고자 한다. 나는 욕망의 근본적 결여를 언제나 분명하게 $(-\Phi)$라는 알고리즘으로 표현해 왔다.
>
> 칠판을 볼 수 있는지 모르겠지만, 평소와 같이 여기 몇 가지 참조사항을 표기해 놓았다. 가시 범위 안에서 대상 a는 시선이다. 따라서 나는 이렇게 표기했다.

(자연 안에서)

(

(으로서 = (− Φ)

과학은 우리에게 실재 세계에 대한 진리를 약속하지만 그것은 쓸모없는 진리일 수 있다. 하지만 연금술은 우리에게 더 깊은 진리, 권력과 분리할 수 없는 진리를 약속해준다. 언어학이라는 까다로운 과학도 마찬가지다. 여기에도 연금술이 작동하는데, 신비한 지식을 해독해줌으로써 그 지식에 대한 지배권 또한 우리에게 선사해 준다. 영향력이 컸던 라캉의 글「무의식 속에서 문자의 심급, 혹은 프로이트 이후의 이성The Agency of the Letter in the Unconscious of Reason since Freud」에서 우리는 소쉬르에서 유래되었다고 하는 일종의 '알고리즘'을 발견하게 된다.

근대적 의미의 과학이 모두 그런 것처럼, 언어학의 발흥도 그것의 기반이 되는 알고리즘의 구성적 순간 안에서 일어난다고 할 수 있다. 그 알고리즘은 다음과 같다.

$$\frac{S}{s}$$

이것을 '기표 나누기 기의'라 읽는다. 여기서 '나누기'란 두 단계를 구분하는 빗금을 의미한다.

라캉은 소쉬르의 공식를 두고 그것이 도대체 무엇을 의미하는지 머리를 쥐어짜다 결국 아무런 의미도 없을 수 있다는 것, 혹은 의미를 지니고 있는 것은 전혀 없을 수 있다는 결론을 내린다.

빗금을 포함한 S/s라는 알고리즘이 적합하다면, 한 쪽에서 다른 쪽으로의 이행은 어떤 의미작용도 지닐 수 없다. 그것이 순수하게 기표의 함수이기만 하다면, 알고리즘은 그런 이행 안에서 기의의 구조만을 드러낼 뿐이다.

라캉은 barre가 arbre의 어구전철이라는 점을 알아차리고 더욱 자신감을 갖는다. "나무(arbre)라는 단어를 보자. 이것이 어떻게 소쉬르 알고리즘의 빗금(barre)을 치는지 보자." 라캉은 대문자S와 소문자s가 대수적 부호가 되도록 빗금을 나눗셈 기호로 해석함으로써 문제를 푼다.

기의가 기표에 가하는 효과에 대해 우리가 발전시킨 바는 다음과 같이 나타날 수 있다.

$$f(S)\frac{1}{s}$$

우리는 수평적 기의 연쇄 요소의 효과뿐 아니라 그것이 기표에 수직적으로 의존하는 모습도 보여주었다. 환유와 은유라는 두 가지 근본 구조로 나뉜 것이다. 여기까지 일단 다음과 같이 상징될 수 있다.

$$f(S\dots S')S \cong S(-)s$$

다시 말해 환유적 구조는, 그것이 지지하는 결여를 겨냥하는 욕망을 부여하기 위해 의미작용이 차지하는 '다시 참조'의 가치를 사용하여기의가 존재관계 안에 존재의—결여를 장착시키는 음의 탈락을 허락하는 것은 기표와 기표 사이의 관계라는 것을 나타낸다.

여기서 ƒ를 함수를 상징하는 부호로 읽어야 하는지, 빗금이 나눗셈 기호인지, '≅'이 근사값을 표시하는 등호인지, 'S⋯S'는 수학적 급수를 말하는 건지 등에 독자는 머리를 썩인다. 그리고 모두 다 그렇다는 점을 곧 발견하게 된다. 의미는 등식으로 환원되고 이 등식을 풀면 기의the signified는 $\sqrt{-1}$과 동일한 것이 된다.

$$\frac{S(기표)}{s(기의)} = s(진술)$$에서 $S = (-1)$이니까 $s = \sqrt{-1}$이 된다.

이렇게 몇 페이지 동안 계속된다.[34] 부르주아 조건 아래 놓인 인간의 발기 기관(의미의 일차적 객체)은 마이너스 1의 (혹은 자아가 1보다 적다면 마이너스 자아라고도 할 수 있겠고, 아마도 그럴 것이다) 제곱근 정도의 효능만 갖고 있음을 확신하며 독자는 대상 a와 외존재 e와의 거리가 프로이트Freud와 프로드fraud(사기) 사이의 거리와 별반 다를 게 없다는 것을 받아들일 준비를 한다. 따라서 "주체가 자신의 태만함의 경지와 상징의 탄생을 결합시키는 그런 반복적인 게임을 하는 이유를 이해하기 위해 이제는 더 이상 원시적인 마조히즘이라는 낡은 개념에 의지할 필요가 없다." 그렇다, 바로 그것이다.

바디우에서 지젝Slavoj Žižek에까지 라캉의 추종자들은 라캉이 물려준 발견을 구가하는데, 그 이유는 자명하다. 데리다는 그의 해체이론에서 의미 자체의 가능성에 의문을 제기했다. 라캉이 이미 의미는 필수가 아니라는 점을 보여준 것이다. 아무런 의미가 없는 말을 끊임없이 할 수 있다는 것이다. '수학소' 몇 개를 던져 넣고, 자기만의 소유권을 행사할 수 있는 그런 계시 안에 누구도 침범할 수 없는 확실성을 단단히 고정해놓으면 신흥 '혁명의식'에 일조할 수 있는 모든 조건을 다 충족하게 된다.

라캉이 설정한 골조의 원래 형태를 보면 다소 허전하다. 대타자 A와 소타자 a는 거울에서 자기를 발견하느라 애를 쓰는 얼떨떨한 −1의 제곱근($\sqrt{-1}$) 주위를 돌면서 과도한 양의 일을 감당했어야 했다. 포스트모던 조건에 대한 총체적 해설로서 라캉의 통찰을 체계화하는 과업은 (8장에서 다루게 될) 지젝에게 맡겨졌다. 그 사이에 새로운 세대가 새 커리큘럼이 요구하는 부속품들을 라캉의 넌센스 기계에 접합시키기 시작했다. 이 세대는 라캉의 세미나에 참여했던 펠릭스 가타리Felix Guattari와 좀 더 엄밀한 의미의 학계 출신인 질 들뢰즈 같은 인물들로 이루어진 세대였다. 이 커리큘럼의 목표는 '주체'가 없다는 라캉의 교리를 떠받드는 것이었다. '나¹'라는 것은 부재를 나타내고 '주체화' 활동을 통해 '외−존재'를 위해 분투하지만 언제나 대상 a에 의해 삭제되어 외−존재가 아닌 라캉이 즐기는 조건인 내존insistence으로 철수하게 된다.

근대사상의 뿌리를 건드린 들뢰즈

푸코가 전후 시기를 '들뢰즈의 세기le siècle Deleuzien'라 칭할 만큼 질 들뢰즈(1925-95)는 유수한 학자들의 칭송을 한 몸에 받은 인물이다. 우리 시대 가장 유능하고 박식한 분석철학자인 애드리언 무어Adrian Moore는 들뢰즈를 프레게, 비트겐슈타인, 콰인W.V.O. Quine과 동급으로 간주해도 될 만큼 중요한 형이상학자로 꼽았다.[35] 이러한 명성 때문에 들뢰즈도 사실 라캉만큼이나 사기성이 짙은 사람이라고 말하는 것이 쉽지는 않다. 최종판결은 독자가 내려야 할 것이다.

오늘날의 맥락에서 들뢰즈가 중요한 주된 이유는 들뢰즈가 활용된 방법 때문이다. 넌센스 기계를 주제에서 주제로, 소재에서 소재로 끌고 다니며 그것이 지나간 지대 전체를 마치 전쟁 후 솜^{Somme}의 모습처럼 만들어버리기 위해 들뢰즈가 활용된 것이다.[36] 그 여파, 즉 잊혀지지 않는 폐허의 현장에서 혁명의 혼령은 생존자들을 결집하여 적에 대항할 새로운 연대를 요구한다.

들뢰즈는 처음부터 정치 사상가도 아니었으며 정치적 논란을 일으키는 사상가는 더욱이 아니었다. 그가 조립한 넌센스 기계는 다른 덜 지조있는 정신들에 의해 주로 정치적 목표를 위해 사용되었다. 서양철학의 고전을 심도 있게 다룬 몇 권의 저서를 통해 들뢰즈는 학술적 철학자로서의 평판을 구축했고, 스피노자$^{Baruch\ Spinoza}$, 칸트, 니체가 현대 사회에 갖는 유의미성을 탐구했다. 1968년에 출간된 그의 주요 논문『차이와 반복$^{Difference\ and\ Repetition}$』은 '차이'와 '반복'이라는 단어에 대한 숙고로 소개되지만, 더 중요하게는 그의 사유세계의 본색을 드러낸 작품이다.

제목은 하이데거$^{Martin\ Heidegger}$에서 파생되었다. 하이데거의『존재와 시간$^{Being\ and\ Time}$』은 사르트르의 세대에게는 계시와도 같은 것이었다. (아리스토텔레스가 '존재로서의 존재$^{being\ qua\ being}$'라 칭한) 존재라는 고대의 질문을 되살려 근대 세계의 삶, 지금 여기서의 문제들에 직접 적용한 것으로 보였기 때문이다. 최소한 이러한 점에서 하이데거는 사르트르의 노작『존재와 무』그리고 후일 알랭 바디우의『존재와 사건$^{Being\ and\ Event}$』의 영감이 되었다. 들뢰즈는 존재의 개념과 그것과 연관된 실체^{substance}와 동일성^{identity}의 개념을 차이의 개념으로 대체하기를 원했다. 모든 것의 '영원 회귀'를 통해 시간을 초월한다는 니체의 입장에 착안했다. 모든 것의 질서 안에 깊숙이 자리 잡은 반복을 통해 시간은 초월될 수 있다는 것이었다. 이로써 『존재와 시간』은 『차이와 반복』이 된다.

들뢰즈는 서양 사상이 지금까지 동일성 개념에 의해 인도되었다는 점을 언급하며, 이제는 차이 개념의 인도를 받아야 한다고 주장한다. 이것은 정확히 무슨 의미인가? 차이와 동일성은 (그것이 수적인 것이든 질적인 것이든) 상호 규정적이다. 한 개념을 사용하면 다른 하나도 필연적으로 다뤄야 한다는 것이다. 하지만 아리스토텔레스 이후 동일성(어떤 것이 자기 자신으로서 존재하는 것)은 모든 서술행위predication에 논리적으로 선행하는 것으로 다뤄져 왔다. 여기에는 차이의 서술행위까지 포함된다. 동일성은 개별화individuation, 즉 어떤 것을 참조의 대상으로서 추려 내는 것을 전제로 하기 때문이다. 이것이 무엇을 포함하는지 숙고하는 중에 칸트는 동일성이 규정되어야 할 근본적 대상들은 시공간적 실체들이라는 논제에 이르게 된다. 칸트의 주장은 오늘날 매우 흥미롭고 명료하게 논증이 전개된 스트로슨Peter Strawson, 위긴스David Wiggins, 콰인, 크립키Saul Kripke의 저서에서 소생된다. (자기는 모든 것을 읽는다고 종종 언급하는 들뢰즈가 언급하지 않더라도 말이다.) 이와 같은 전통을 고려하면 차이가 준거의 틀을 고정시키는 근본적 위치를 영유하는 동일성을 어떻게 대체하는지 물을 수 있다. 차이를 동일성보다 한층 더 근원적이라고 규정하는 것, 그래서 특정한 것과 동일하기보다는 다른 것과 '다르게 존재하는 것'이 기본적인 존재 방식이라고 하는 주장의 귀결은 무엇인가?

애드리언 무어는 들뢰즈가 적극적 차이positive difference에 주목하는 것이라고 말한다. 적극적 차이란 차이가 기본 사실이기 때문에 질적으로 규정될 수 없는 객체의 속성을 말한다. (따라서 냉cold/난heat과 같은 '강도强度적intensive' 규모에 있어서 두 객체는 동일한 성질을 공유한 상태에서도 다를 수 있다. 예컨대, 하나가 다른 하나보다 더 뜨거워도 둘 다 뜨겁다고 할 수 있다.) 하지만 이 설명은 '차이'가 존재론의 새로운 기반, 즉 만물이 존재하는 기본 방식에 대한 새로운 설명으로서의 가능성을 확립하는데 전혀 도움이 되지 않는다. 객체에 이러한 강도적 성질을 부여하려면 여전히 개별화 과정이 요구된다. 어느 객체를 지칭하는지 알아야 하기 때문이다.

들뢰즈의 논제는 매우 전복적인 어조를 갖고 있다. 우리는 동일성 안에 갇혀있었는데 이제는 차이에로 해방되었다는 것이다. 그런데 이것이 정말 지금까지 축적된 서구 형이상학 전체를 전복하는가? 만약 그렇다면 그 의의는 무엇인가? 들뢰즈는 이 논제를 신비스러운 언어로 다루기에 이에 대답하기란 불가능하다.

> 하지만 반복되는 것과 반복하는 것, 대상과 주체의 구별보다는 오히려 반복의 두 가지 형식을 구별해야 한다. 어떤 경우든 반복은 개념 없는 차이다. 그러나 첫 번째 경우 차이는 단지 개념에 외부적인 것으로 설정되고 있을 뿐이다. 이는 똑같은 개념 아래 재현된 대상들 사이의 차이로서, 무차별성을 띤 시간과 공간으로 추락한다. 두 번째 경우 차이는 이념의 내부에 있다. 이 차이는 이념에 상응하는 역동적인 시간과 공간을 창조하는 어떤 순수한 운동으로 펼쳐진다. 첫 번째 반복은 같음의 반복이고 개념이나 재현의 동일성에 의해 설명된다. 두 번째 반복은 자신 안에 차이를 포괄하며 스스로 이념의 타자성 안에, 어떤 '간접적 현시'의 다질성 안에 포괄된다.[37]

들뢰즈는 가끔 한두 단계 내려와 평범한 독자를 대상으로 설명한다. 그런데 이것도 구체적인 실제 세계와 인간 삶의 흐름에 대한 언급은 완전히 결여된 추상성의 끊임없는 연속이다. 논증을 전개하는 대신 핵심 용어를 견고한 상자 안에 넣어, 어떤 의문이 제기되기도 전에 자물쇠를 걸고 열쇠는 던져 버린다.

> 차이는 어떤 결정적인 경험과 맞물려 있다. 제한 앞이나 안에, 대립 앞이나 안에 처하게 될 때마다 우리는 그런 상황이 전제하는 것이 무엇인지 물어야 한다. 그런 상황은 우글거리는 차이들을 전제한다. 거기에는 자유롭고 야생적인 혹은 길들여지지 않은 차이들의 다원주의가 전제되어 있다. 그런 상황은 고유한 의미에서, 변별적이고 원천적인 어떤 시공간을 전제한다. 이 원천적인 시공간은 한계나 대립이 초래하는 단순화를 이겨내면서 끈질기게 존속하고 있다. 힘들의 대립이나 형상들의 제한이 명확한 윤곽을 띠기 위해서는 우선 훨씬 심층적인 어떤 실재적 요소가 필요하다. 이 요소는 형상을 띠지 않고 누승적 잠재력을 띤 다양체로 정의되고 규정된다. 대립들은 어떤 섬세한 환경 속에서 거칠게 재단되어 나온다. 이 환경은 부분적으로 겹쳐진 관점, 거리, 소통하는 발산과 불균등성, 다질적인 잠재력과 강도 등으로 이루어져 있다. 여기서 무엇보다 중요한 것은 그 속의 긴장들을 동일자 안에서 해소하는 데 있는 것이 아니다. 오히려⋯.[38]

오히려 무엇이란 말인가? 텍스트에서는 찾을 수 없다. 추상에 추상을 더해 제대로 된 대답은 커녕 질문도 찾아볼 수가 없다. 들뢰즈의 저서는 정말 동일성과 차이에 관한 것인가? 「뜻과 지시체에 관하여^{On Sense and Reference}」에서 프레게가 설파한 동일성을 살펴본 적이 있는지, 혹은 수적 동일성의 명제들이 일부진명제^{contingently true}일 수 있는 가능성[39]을 고려하고 쓴 책인지 알

길이 없다. 끊긴 데 없는 추상의 직물은 책 끝까지 계속되는데, 그 지점에서 들뢰즈는 근대 철학자 중 가장 구체적이고 직각적인 철학을 구현한 니체를 더 많은 추상성으로 포장하여 동일성에 반항하는 '차이'의 철학자로 재구성한다.

> 차라투스트라, 그는 영원회귀의 어두운 전조다. 영원회귀가 배제하는 것, 그것은 정확히 차이의 목을 조르고, 차이를 재현의 4중 굴레에 종속시키면서 차이의 운반을 멈추는 모든 심급들이다. 차이는 오직 자신의 역량의 끝에서만, 다시 말해서 영원회귀 안의 반복을 통해서만 자기 자신을 되찾고 자유를 얻을 수 있다. 차이의 운반을 불가능하게 만든다는 것은 영원회귀를 불가능하게 만든다는 것이고, 영원회귀는 그렇게 자기 자신을 불가능하게 만드는 것을 배제한다.[40]

마지막 문장은 여러 번 되풀이해서 읽어볼 필요가 있다. 그 안에서 손이 닿을 듯 닿지 않는 거리에서 맴도는 의미는, 우리가 영원회귀는 사실 영원회귀를 불가능하게 하는 그것을 불가능하게 하는 것임을 아는 순간 급작스레 부는 신비한 찬기와 함께 사라진다. 이런 기이한 경험도 해볼 만하다.

그런데 사실 들뢰즈나 그의 추종자들이나, 들뢰즈의 저작을 넌센스라 말하는 것을 비판으로 받아들이지 않을 것이다. 이에 대해 그들은 아마 이렇게 말할 것이다. 『감각의 논리Logic of Sense』를 포함한 다른 저서들에서 들뢰즈는 의미와 무의미 사이의 구분에 명시적으로 이의를 제기하고 있으며, 이로써 언어의 진정한 용법은 재현적이지 않고 표현적이라는 점을 보여주며, 보통 의미라 지칭되는 것만큼이나 무의미도 의사소통의 일부라고.[41]

들뢰즈는 우리가 『감각의 논리』를 정신분석학 소설처럼 읽도록 권유한다.

각 문장을 너무나 단단히 묶어놓아서 논리적 도구로는 비틀어 열 수가 없다. 들뢰즈의 문체를 넌센스 기계의 일부라고 표현하는 것에 대해 들뢰즈 본인은 그다지 반대하지 않을 것이다. 그리고 진정한 들뢰즈주의자라면 이 장에서 기술한 모든 것을 들뢰즈 예찬으로 받아들일 것이다.

위의 인용문을 다시 한번 볼 필요가 있다. (들뢰즈는 문단을 끊지 않는다. 그의 글은 마치 돌 조각들을 떼어낼 수 있을 것 같은 들쭉날쭉한 절벽의 전면과도 같은데, 조각의 옹두리는 자기가 떨어져 나온 절벽을 갈구하는 듯하다.) '영원회귀'라는 니체의 열광적인 호소는 형이상학적 테제가 아니다. 모든 것이 영원히 반복되는 것처럼 살라는 권고다. 그렇게 살아가다보면 어쩌면 차이를 '해방'시킬 수도 있겠다. 하지만 그것 때문에 니체가 그 특유의 방식으로 주장을 펼친 게 아니다. 그렇게 다른 방식으로 살라고 권고한 것은 우리가 우리의 개인성, 정체성/동일성, 개별성$^{this-ness}$, 그리고 '나'라는 심오하고 대체불가능한 동일성에 대한 지식을 소유하도록 하기 위해서였다. 니체의 전 삶은 동일성 개념에 집착한 삶이었고 차이는 단지 그 집착의 가장 현저한 증상일 뿐이었다.

들뢰즈의 글에서 흥미로운 것이 하나 시사되기도 한다. 모든 시대에 걸쳐 사람들은 항상 시간에 대한 고민에 시달렸다. 사물은 생성되고 소멸되지만 어떤 인간 공동체도 이 사실을 인정한 적이 없다. 모든 장소와 시대에 걸쳐 사람들은 영원으로 가는 길, 어떤 것도 변하지 않고 모든 것이 스스로의 존재 안에 정지해 있는 곳으로 향하는 문이 있다고 믿었다. 이 문을 여는 열쇠는 반복이다. 종교 의식, 신성한 언어, 성지^{聖地} 등이 제공하는 것이 바로 그것이다. 기도문, 성가, 의복, 스텝, 제스쳐 등이 정확히 똑같은 방식으로 반복되는데, 지금까지 그렇게 해왔다는 이유 말고 그것들이 반복되는 이유는 없다.

들뢰즈를 읽고 있으면 그도 이와 비슷한 것을 염두에 둔 게 아닐까 하는 생각이 든다. 반복을 영원의 아이콘으로 삼는 태고의 종교적 경험을 생각하고 있지 않았을까. 그런데 들뢰즈는 이에 대해 많은 말을 하지 않는다. 그런 착상은 너무 단순하고 인간 현실에 너무 근접해 있고, 자기의 관심을 받기에는 너무나 자명하다는 것이다. 여기 저기 암시되는 지점이 있더라도 암석층 사이의 틈에 갇힌 물처럼 그런 착상은 깨끗한 물가로 빠져나가질 못한다.

후일 펠릭스 가타리와 함께 작업을 하며 들뢰즈는 형이상학의 추상을 제쳐두고 정신분석학적이고 좀 더 정치적인 색채를 띠기 시작한다. (가타리는 라캉식 분석가이며 트로츠키주의자였고 1968년 혁명 운동에 적극적으로 참여한 바 있다.) 둘의 역작 『안티오이디푸스L'anti-Oedipe』는 한편으로 프로이트의 오이디푸스 컴플렉스, 혹은 부르주아 가족, '아빠, 엄마, 나' 컴플렉스에 반기를 든 저서다. 프로이트는 컴플렉스의 내적 역학과 그 안에 함축된 불행을 설파하고자 했다. 가타리와 들뢰즈는 정신분석이 이같은 틀 안에 박혀 있다고 비판했다. 정신분석은, 발달을 부르주아 가족으로부터 결렬되고 해방되는 것이 아닌 그것으로 돌아가는 것으로 제시함으로써 발달에 대한 잘못된 이해를 전달한다는 것이다. 가타리와 들뢰즈는 인간을 '욕망하는 기계machine desirante'로 표현하고, 또한 기관 없는 신체, 동일성을 기다리는 신체로 표현한다. 동일성은 스스로 구축하거나(이것이 가능할까?), 자기를 둘러싸는 차이의 세계에서(혹은 동일성들의 세계가 아닐까? 차이는 언제 동일성이 되며 동일성은 언제 차이의 형태가 되는가?) 차용할 수 있다.

들뢰즈의 추종자 두 명이 이 점을 피력한다.

> 기관 없는 신체는 형식과 의미를 전제로 한다. 따라서 내재성에 대한 수식적 묘사에 들뢰즈가 가장 근접하게 도달한 개념이다. 순수 운동

과 전이를 위한 매끄러운 공간은 그 공간을 형성해줄 조직의 과정 없이는 상상할 수 없다. 기관 없는 신체의 매끄러운 공간 자체가 불가항력의 것이다. 따라서 중요한 것은 그것이 조직과 맺는 연관성, 즉 개인적 신체와 사회적 신체 둘 다의 조직과의 관계이며, 시간은 기계적으로 창조된 신체 혹은 사회 체계에 의해 표시된다.[42]

위 구절을 보면 들뢰즈와 가타리가 정신분열에 대한 진정한 설명을 찾았다고 확신한 이유도 명확해진다.

'기관 없는 신체'라는 구문은 초현실주의 극작가인 앙토넹 아르토Antonin Artaud에게서 빌려 온 개념으로서 가상의 상태에 놓인 신체를 지칭한다. 관계 안에서 '실제화actualize'되기 이전의 신체를 가리킨다. 기관 없는 신체가 자본주의의 타격을 입었을 때 필연적으로 따라오는 결과가 정신분열이라는 것이다. 소비 체제에 의해 강요된 '오이디푸스화'로 인해 인간 존재가 담겨 있는 생물학적 용기가 비워질 때 우리가 경험하게 되는 우리 자신의 인간성humanity이다.[43] 여기서 세부 내용은 조율이 좀 필요한 정도라고 말한다. 들뢰즈의 『감각의 논리』를 다루며 지젝은 다음과 같이 서술한다.

> 한 측면에서, 순수생성의 생산적 흐름은 기관 없는 신체, 즉 아직 기능적 기관들로 구조화되거나 결정되지 않은 신체가 아닌가? 그리고 다른 한편으로, 신체 없는 기관들은 순수효과가 그것의 물질적 구현체로부터 추출된 잠재성이 아닌가?[44]

위와 같은 언어가 수용되면 천 개의 질문이 제기될 수 있고, 그에 대한 답이 없어도 오히려 들뢰즈의 유의미성과 심오함에 일조할 뿐이다.

들뢰즈는 『천 개의 고원Mille Plateaus』에서 또 한 번 문제를 일으키는데, 『안티 오이디푸스』의 후속작으로, 기관 없는 신체의 악취를 심하게 풍기는 저서다. 다음과 같이 광상적인 트림을 내뿜는다.

> 사람들은 묻는다. BwO가 뭐지? 하지만 사람들은 이미 그것 위에 있으며, 벌레처럼 그 위를 기어 다니거나, 장님처럼 더듬거리거나 미친 사람이나 사막 여행자나 초원의 유목민처럼 달린다. 우리는 바로 그것 위에서 잠들고, 깨어나고, 싸우고, 치고받고, 자리를 찾고, 우리의 놀라운 행복과 우리의 엄청난 전락을 인식하고, 침투하고 침투 당하고, 또 사랑한다. 1947년 11월 28일, 아르토는 기관들에 전쟁을 선포한다. 신의 심판을 끝장내기 위해. "나를 묶고 싶으면 그렇게 하라. 하지만 기관처럼 쓸모없는 것도 없을 것이다." 그것은 라디오 방송상의 실험일 뿐 아니라 생물학적이고 정치적인 실험으로, 그 자체로 검열과 억압을 불러일으켰다. 그것은 몸체Corpus이자 사회체Socius이고, 정치이자 실험이다. 사람들은 당신이 한 구석에서 조용히 실험하게 내버려두지 않을 것이다.[45]

상대적으로 명료한 발언 안의 개별 조각들은 말이 된다. 그런데 조각들 사이의 관련성은 무엇인가? 알 수 없다. 바로 그것이 핵심이다. 독자는 숨겨진 지식의 창고를 살짝 들여다보도록 허락되지만 저자들만 열쇠를 갖고 있다. 누가 들으면 정신 이상의 징후로 여길만한 의기양양한 어조는 곧 계시에 대한 전적인 확신을 표출한다. 그 계시는 부르카burqa 아래 감질나게 보이는 발목처럼 그렇게 우리에게 제시된다.

이분법이 없는 세상

『천 개의 고원』에서는 이게 전부가 아니다. 『차이와 반복』에서와 같이 들뢰즈와 가타리는 '열쇠가 될만한 단어들'을 제시하는데, 소쉬르 언어학에서의 '차이'와 코제브에서의 '대타자'만큼이나 중요해진 '리좀rhizome'과 '영토화territorialisation'라는 개념이다. 리좀은 뿌리의 줄기로서 땅 밑 수평으로 자란다. 잔디가 그런 것처럼 식물은 리좀을 통해 뿌리로 뻗어나간다. 초기작에서 들뢰즈는 '동일성'이 지금까지 서구 사상의 기반을 이뤄왔고 이제는 '차이'가 그 위치를 차지할 때라고 주장한 바 있다. 이와 비슷한 식으로 이제는 '리좀식' 사유를 제창하고 있다. 들뢰즈와 가타리는 지금까지 서구 문명을 지배해 온 수직적 나무(위/아래, 원인/결과, 뿌리/줄기)를 모델로 삼는 대신 리좀식 모델을 채택한다. 리좀식 모델에서는 사유가 수평적으로 뻗어나가며 접지되기도 하고 포함하기도 하고, 숲처럼 퍼져나가며 그 끝자락에서는 언제나 또 다른 리좀과 만난다.

그들이 말하는 서구 문화는 우리에게 이분법에 근거한 내러티브를 선사한다. 원인과 결과, 우리와 저들, 하나와 다수 등등. 서구 문화의 "권력의 배치assemblage"는 "기표화significance와 주체화subjectification를 그들의 단호한 표현 방식으로서" 강요한다. "군주적despotic 배치 없이 어떤 기표화도 없고 독재적authoritarian 배치 없이 어떤 주체화도 없다."[46] 더 심각한 것은 "근대의 백인 남성에 대한 기호학, 자본주의에 대한 기호학은 기표화와 주체화가 실질적으로 상호 관통하는 혼합의 상태에 다다랐다"[47]라는 것이다. 여기서 '기표화'는 '의미작용'을 말하는 것이 아닌, 기호를 사용하는 습관을 말한다. '주체화subjectification'는 라캉이 말하는 '주체화subjectivation'와 같은 것으로서 인간이 자기 자신을 '대자적 존재'로 구축하는 과정을 말하는데, 이것은 바디우와 지젝에 가서 다시 한번 나타난다. 무슨 이유에서든 자본주의가 우리에게 강요한 조건들 안에서 자기의식을 이루기 위한 우리의 시도는 기호의 사용과 운명적으로 뒤섞여 있고, 결국 이 기표화와 주체화 활동이(이 둘을 활동이라 간주해야 하는가? 그리고 둘로 구분하는게 맞는가?) 내포하는 '군주적 배치'와 '독재적 배치'와도 뒤섞이게 된다.

다시 말해 우리는 끔찍한 상황에 처해있으며 해결책이 시급하다는 것이다. 리좀이 해결책이며 리좀은 "자신이 주파하는 차원만을 갖는 하나의 판(=면)을 그린다. 따라서 이 선이 구성하는 다양체도 이제 하나에 종속되지 않으며, 그 자체로 고름^{consistency}을 획득한다."[48] 리좀식 사유방식은 "하나와 여럿의 대립을 다양체의 여러 유형 간의 구분으로 대치"시키지만 그것으로는 충분하지 않다. 나무가 반격을 가하여 "다양체의 나무화"가 발생할 수 있기에 주의하라는 것이다.[49] 여기서 중요한 것은 리좀은 면$^{面, plane}$과 층$^{層, strata}$으로 연결되었지, 나무로 연결되지 않았다는 것이다. (따라서 촘스키와 같이 언어를 발생적 나무들로서 설명하는 사람들은 무엇이 가능한지에 대한 근본적인 오류를 범했다는 것이다.)

리좀식 발달은 영토를 확립한다. 그러는 동시에 기존의 거주자들을 '탈영토화'시킨다. 마치 잡초가 정원을 덮을 때, 그리고 식민주의자들이 한 영토에서 경쟁자들을 몰아낼 때와 유사하다. 영토화 개념은 들뢰즈와 가타리를 거쳐 광범위하고 유동적인 외연을 확보하게 된다. 가령 새들이 떼 지어 날면서 퍼지는 것, 새 한 마리가 노래하면서 자기 영역을 표시하는 것, 음악에서 후렴구의 역할, 사람들이 모여서 한 곳에 거주하는 것, 비가 오면 물이 밭에 퍼지는 것 등이 다 포함된다. 그리고 이 모든 경우에 우리는 탈영토화 현상(새 떼가 퍼지기 전에 먼저 일렬로 나는 것, 유목민들이 떠나기 전에 먼저 텐트를 꾸리는 것, 욕조에서 물을 빼기 위해 마개를 뽑는 것 등)과 이 모든 것이 새로운 진형으로 자리잡는 재영토화 현상을 목격하게 된다.

 탈영토화 과정은 언제나 그것의 반대와 만나는데, 이로써 탈영토화와 재영토화는 함께 일어난다. 들뢰즈와 가타리는 이에 대한 독특한 설명을 제시하는데, 난초를 수분하는 말벌의 비유를 든다.

> 탈영토화의 여러 운동과 재영토화의 여러 과정은 끊임없이 가지를 뻗고 또 서로를 받아들이고 있다. 어떻게 이들 사이에 상호 관련이 없다고 할 수 있겠는가? 서양란은 말벌의 이미지를 만들고 말벌을 본뜨면서 탈영토화되지만, 말벌은 이 이미지 위에서 재영토화된다. 한편 말벌은 서양란의 생식 장치의 한 부분이 됨으로써 탈영토화되기도 하지만, 서양란에 꽃가루를 옮김으로써 서양란을 재영토화한다. 말벌과 서양란은 서로 이질적인 한에서 리좀을 형성한다.[50]

 위 설명에서 보듯(『천 개의 고원』에서 가장 명료한 설명이다) 우리는 새로운 단어들을 보지만 새로운 개념들은 아니다. 정의가 있어야 할 자리에 연관이 있고, 이론이 있어야 할 자리에 범주를 넘나드는 용어들만 있다. 이 용어들은 투명한 포장지와도 같아서 그것이 포장하고 있는 것들은 원래 모습 그대로인 것 같기도 하면서 이상하게 변형되어 보이기도 한다. 왕창 산 물건 중에 엉뚱한 물건이 포함된 것처럼 용어들은 생경한 것들과 연관이 맺어진다. 들뢰즈와 가타리의 지적 방법론을 한 마디로 묘사하자면 '포장하기^{packaging}'다.

 결과적으로 따라오는 넌센스는 지적으로 쉽게 해독되지 않지만 정치적으로는 해독이 가능하다. 이것은 **지향적인** 넌센스로서 적에게 겨냥이 되어있다. 옛 위계질서와 이분법적 구조, 부르주아 가족과 자본주의 기구의 '나무들'은 폐기하고, 리좀 그리고 지하 운동가들의 풀뿌리 공동체 등의 모습으로 개혁되어야 한다는 것이다. 욕망의 재영토화, 기존 위계질서의 탈영토화를 통해 혁명을 이룩하라는 것이다. 이러한 혁명적 목표는 들뢰즈와 가타리가 창안한 새로운 언어를 통해 가능해진다. 부르주아지를 그들의 상황과 화해시키는 정신분석학의 언어가 아닌, 욕망이라는 이름으로 기존 구조를 타파하는 '분열분석schizanalysis'의 언어를 채용해야 한다는 것이다.

따라서 적의 **존재**만 공격을 받는 것이 아니다. 공격의 주 대상은 적이 세상을 소유하기 위해 사용한 언어이며, 보통 합리적 논증과 진리 추구라고 알려진 언어다. 들뢰즈와 가타리는 이런 언어를 한갓 '재현'에 불과한 것이라 일축한다. 자크 라캉이 말하길, "진리에 대한 사랑은 베일이 벗겨진 이 나약함에 대한 사랑이다. 진리가 은폐하는 것, 즉 거세라 불리는 것을 사랑하는 것이다."[51] 다시 말해 진리에 대한 사랑은 독립적 정당성이 없으며 나약한 쪽에서 사용하는 위장에 불과하다는 말이다. 권력 말고는 쟁점이 될 만한 상품이 없다. 마이너스 1의 제곱근이라는 요술 지팡이를 휘두르며 적을 거세하기만 하면 승리한다는 것이다. 그래서 들뢰즈와 가타리가 말한 것처럼 "유의미성, 필수성, 어떤 것의 목적 등의 개념들은 진리의 개념보다 수천 배나 더 중요하다. 그 개념들은 진리의 대체물이 아닌, 내가 말하는 바의 진리의 정도를 가늠하게 하는 것들이다."[52] 진리는 권력에 예속돼 있으며 이 권력은 유의미성과 필수성의 권력으로서, 곧 내 것이 된다.

들뢰즈와 가타리는 "기관 없는 신체는 모든 것이 다 제거된 후 남아 있는 것이다"[53]라고 말한다. 이들의 논증 방식을 정확히 묘사한 것이다. 모든 규범적 사유 방식, 실증적 관찰, 모든 기존 지식은 무엇이든 다 다루지만 어떤 것도 생산하지 않는 그들의 혼미한 문장 안에 다 녹아버린다. 모든 단락의 끝에는 그 본질도 제대로 규정되지 않은 불가사의한 '기관 없는 신체'만

남아있을 뿐이다.

권위적인 어조를 가진 언어(주장적 문장들만 끊임없이 이어지며 진짜든 허구든 어떤 대화 상대도 상정하지 않는 언어)는 막연한 전문용어, 다른 언어로는 표현이 불가능한 상상의 '질문들'로 구성되어 있으며, 언뜻 실제 세계가 보이기도 하지만 그들의 언어로 왜곡되어 식별할 수 없는 모습으로만 나타난다. 정치이론, 인류학, 생물학, 음악학, 입자물리학 등의 영역에서 잘 알려지지 않은 저서들을 참조하며 풍부하게 달린 각주들은 독자들을 겁먹게 하기에 효과적이고, 들뢰즈와 가타리의 저서를 필독 도서로 다뤄야 하는 학부생은 진지한 얼굴과 과학적인 어투로 그들의 언어를 앵무새처럼 따라하는 수밖에 없다.

> 1) 유형들, 유들, 실체적 속성들처럼 서로 다른 BwO들, 가령 마약을 복용한 BwO의 〈차가움〉, 마조히스트적 BwO의 〈고통〉 따위, 이들 각각은 자신의 0도를 생산 원리로 갖고 있다(이것이 사면[remissio]이다). 2) 각 유형의 BwO 위에서 일어나는 것, 말하자면 양태들, 생산된 강렬함들, 지나가는 파동들과 진동들(위도, latitudo). 3) 모든 BwO들의 잠재적 집합, 고른판(때로는 BwO라고 불리는 전체[omnitudo]).[54]

그들의 언어를 재생산할 수만 있다면(논리, 진실성, 관찰이나 진지함과 같은 제약이 없기 때문에 그리 어려운 일은 아니다), 그 페이퍼는 A학점을 충분히 받을 수 있다. 교수는 자기를 학자로서 입증시키는 바를 지지하는 학생에게 기꺼이 A학점을 줄 것이다. 『천 개의 고원』의 문고본은 영역본으로는 700쪽이 넘는데, 한 페이지 마다 몇 시간씩을 할애해야하는 독실한 정독이 요구된다. 지난 10년 동안 11번이나 인쇄되었다는 사실은 오늘날 인문학의 고등 교육

실태에 대한 각성을 불러일으킨다.

넌센스 기계의 매력

넌센스 기계의 두 가지 속성이 그것의 인기를 설명해준다. 우선 적수를 퇴치하는 데 사용된다는 점이다. 1789년 프랑스 대혁명 이후 프랑스 사회의 제도들을 독점해오며, 모든 의사소통 경로를 통해 자기들의 '이데올로기'를 퍼뜨린 계급, 즉 부르주아지가 적이다. 보부아르가 규탄한 가부장제 가족의 이면, 푸코가 폭로한 감옥과 정신병원이라는 제도의 이면, 들뢰즈와 가타리의 오이디푸스화된 '욕망하는 기계'의 이면, 사르트르가 『성 주네』에서 조롱한 이성애적 품격이라는 규범의 이면에는 똑같은 힘이 도사리고 있다. 경제적이기도 하고 정신적이기도 한 힘, 너무 광범위하고 편만해서 어떤 특정 인간 집단과 동일시될 수 없는 힘, 그것이 바로 부르주아지다. 들뢰즈의 초기작에서처럼 부르주아 사회에 대한 비판이 엉성하게 전개될 때가 있어도 이 비판은 언제나 뚜렷하다. 그 기이한 텍스트 속에서 어쩌다 나타나는 명료한 문장들을 구성해준다. 망상적인 통사론 안에서 자기 자신과 이야기하다가 유일하게 독자들에게 말을 건네는 지점이기도 하다.

둘째, 넌센스 기계는 중고 부품들로 조립되었다. 전후 세대가 점령과 배신의 기억을 떨치려고 분투하던 종전 시절 산재하던 사상들을 긁어모아 구축된 것이다. 마르크스에게서 가져온 토대와 상부구조, 사용가치와 교환가치, 생산과 착취 등의 이론들, 프로이트에게서 빌려온 억압과 리비도 이론들과 함께 '기의와 기표', 랑그^{langue}와 파롤^{parole}, 음소와 형태소 등의 소쉬르적 구분은 새로이 구성된 언어에 접목되었다. 이런 구분과 이론은 함께 혁명의 불로 용접되어 종종 비범하고 흥분되는 결과들을 야기했다. 예컨대, 정신분열은 (라캉 추종자의 글을 그대로 인용하자면) "순수하게 환유적인 형태의 욕망, 즉 아버지의 이름으로 작동하는 사회적 혹은 언어학적 코드에 의해 강요된 동치와 의미의 은유적 연관성으로부터 자유로운 욕망을 일컫는다."[55]라고 말하는 라캉의 증명, 우리를 지금까지 '비-기표화하는 기호적 기계'가 되도록 국한시킨 기표화하는 기호학을 넘어섬으로써 우리는 "욕망-생산, 욕망의 특이성들을 국가, 가족, 개인, 인종, 휴머니스트, 그리고 초월적 가치들(자연으로의 회귀라는 기호적 미신까지 포함한)의 기표로부터 자유롭게 하여 비-기호적 코드화의 전-기표적 세계로 들어간다"[56]라는 가타리의 증명이 그러하다. 이들의 문장에 도사리는 비의미unmeaning의 괴물이 우리의 관심을 끄는 이유는 전장에서의 잔해로 만든 이무깃돌처럼, 잊혀진 이론들을 긁어모아 기이하고 엽기적인 모양으로 벼렸기 때문이다. 이무기는 언제나 부르주아지를 향해 혀를 빼물고 있다.

더욱이 넌센스 기계는 한 가지 지극히 중요한 개념으로부터 벗어나지 못한다. 전쟁 전 거대한 자성의 시기 중에 획득된 개념으로서 그 신빙성을 상실하지도 않았으며, 그렇다고 반박되기를 기다리는 과학적 가설도 아닌, 의식의 본질에 대한 철학적 성찰이기에 존속이 가능했던 개념이다. 바로 코제브가 '독일고전철학'에서 건져내온 타자의 개념이다. 우리는 사르트르와 푸코에서 이 개념을 보았다. 라캉에 와서는 임부복을 입고 나오고, 들뢰즈와 가타리에서는 감응정신병folie a deux적인 문장 안에서 풍자하기에도 이미 그 자체로 우스꽝스러운 모습으로 다시 출현한다.

> 타자만으로도 공간에 있어서 가능한 어떤 깊이를 모두 길이로, 혹은 그 역으로 만들기에 충분하다. 따라서 이러한 개념이 지각장 속에서

제대로 기능하지 않는다면, 우리는 전이와 도치들을 더 이상 이해할 수 없게 되며, 가능함이 사라졌기 때문에 끊임없이 사물들에 부딪치게 될 것이다. … 타자 개념에 있어 가능한 세계와 표정은 표현된 것과 표현으로 각기 구별될지라도, 가능성의 세계는 그것을 표현하는 표정을 벗어나서는 존재하지 않는다. 또한 표정 역시 그것이 이미 대변하고 있는 언술들의 근사치이다.[57]

1970년대 초반에는 문학에 대한 문학에 대한 문학, 즉 철통같이 난측한 메타 문학이 발달한 상태였고 내가 언급한 특징들이 짙게 나타났다. 이 메타 문학이 분명히 하는 것이 하나 있는데, 바로 자기가 어느 편에 서 있는지에 대한 표명이었다. 정치적 입장이 확실하다면 언어의 모호함은 결함이 아니었다. 오히려 모호함은 일반 언어로는 절대 포획될 수 없는 어떤 심오함과 독창성의 증거로 간주되었다. 모호함은 정치적인 것을 입증해 주었고, 경찰에게 돌을 던지는 것이 각 단계마다 최고의 지적 권위가 부여된 실천적 삼단 논법의 결론이라는 것을 보여주었다.

이제는 널리 알려진 『지적 사기Intellectual Impostures』에서 공저자 앨런 소칼Alan Sokal과 장 브리크몽Jean Bricmont은 들뢰즈, 가타리, 보드리야르Jean Baudrillard, 라캉, 또 그 외 많은 인물들의 가짜 전문성을 비판한다.[58] 혹자는 두 저자의 주장이나 포스트모던 문예 양식을 풍자한 맬컴 브래드버리Malcolm Bradbury의 빼어난 『멘손지Mensonge』에 설득되지 않을 수도 있다.[59] 소칼과 브리크몽에 대한 나의 비판은 그들이 그들의 타겟을 불공평하게 겨냥해서가 아니다. 오히려 두 저자는 그들이 비판하는 텍스트 안에서 의미를 찾기 위해 비상한 노력을 기한다. 또 무프타르 거리Rue Mouffetard의 1마일 반경 안에서는 과학을 주이상스jouissance로 다뤄도 된다는 사실을 알아차리지 못한다고 나무라는 것도 아니다. 내가 문제삼는 것은 그들이 포스트모던 메타 문학의 정치적 의의를 간과한다는 점이다. 두 저자는 스스로를 좌익이라 말한다. 포스트모던식 무의미에 의심을 품은 사람들을 끌어들이기 위해서라면 필요한 선언일지 모른다. 하지만 그들이 지적하지 못하는 것, 아니 어쩌면 인지하지도 못하는 것은 좌익에 서 있는 것으로 이미 논의는 끝난다는 것이다.[60]

넌센스의 끓어오르는 조류는 지워지지 않는 메시지가 새겨져 있는 견고한 벽 사이를 지나간다. 이 메시지는 세상이 자본주의적 타자의 손아귀에 있으며, 해방이라는 위대한 사건을 기다리고 있다고 우리에게 말한다. 이 주술로 이루어진 새로운 문학에 의해 소환될 혁명이 바로 해방이다. 이 주술의 원천이 무엇인지는 상관없다. 위상학, 양자역학, 집합론 등 적을 위협할 수만 있다면 아무 것이나 괜찮다. 이 적은 불신자로서, 결정적인 순간 앞에서 머뭇거리는 자다. 행동개시가 요구되는 시점은 바로 지금이라는 것을 알아차려야 하지만 그렇게 못하는 자이다.

이것이야말로 다음과 같은 구문에서 제창되는 메시지다.

> 부차모순은 문제의 조건들을 규정하는 데 개입하면서 동시에 해답의 경우들에 상관적인 발생에 개입한다. 이런 부차모순의 두 가지 절차는 한편으로는 '**부가체들의 명시**'에 있고, 다른 한편으로는 '**독특성들의 응축**'에 있다. 사실 한편으로 우리는 조건들을 점진적으로 규정할 때 문제 그 자체에 주어진 최초의 체를 완결하는 부가체들을 발견해야 한다. 이 부가체들은 다양체가 모든 차원 안에서 보여주는 변이성들일 수 있고, 문제를 단번에 해결 가능하게 만드는 미래적이거나 과거적인 이념적 사건들의 파편들일 수 있다. 또 우리는 이 파편들이 최초의 체와 연쇄를 이루거나 끼워맞춰지는 방식을 고정시켜야 한다.

다른 한편….^{61}

호기심 많은 철학자로서 애드리언 무어는 땅에 귀를 대고 이 장황한 호언장담을 들어보며 그 안에 있는 다소 다른 목소리를 듣게 된다. 그것은 형이상학자의 목소리로, 우리가 보는 세상이 진짜인지, 우리의 상식$^{common\ sense}$이 정말 의미^{sense}를 헤아리는 방법인지 묻는 목소리다. 하지만 무어의 해석은 기이하기까지는 아니더라도 흔하지 않은 이해방식이다. 수많은 논평가들은 들뢰즈를 선지자로 여긴다. 단단히 잠겨 있는 그의 문장은 통사론적 족쇄를 통해 해방의 열쇠를 선사한다. 그것을 통해 우리는 서구 사상의 구세계를 관통하여 욕망이라는 신세계로 넘어갈 수 있다. 우리는 기관 없는 신체가 되며 끊임없는 반복을 통해 **지금** 승리를 거머쥘 유사 디오니소스가 된다. 이러한 들뢰즈 예찬론자에게는 다음 구문도 놀랍지 않을 것이다.

> 말하자면 각각의 이념은 사랑과 분노의 두 얼굴을 지니고 있다. 파편들의 모색, 점진적 규정, 이상적 부가체들의 연쇄 안에서 볼 때 이념은 사랑이다. 반면 독특성들의 응축 안에서 볼 때 이념은 분노이다. 이 응축은 이상적 사건에 힘입어 '혁명적 상황'의 축적을 정의하고, 현실적인 것 안에서 이념이 터져오게 만든다. 바로 이런 의미에서 레닌은 이념들을 지니고 있었다.^{62}

핵심 기획을 논의했으니 다시 한번 장황설이 시작된다. 미분학에서 언어학, "언어에는 차이만 존재할 뿐이다"라는 소쉬르의 주장에서 음운론, 귀스타브 기욤$^{Gustave\ Guillaume}$의 작품에까지 떠돌아다닌다. 질문을 규정하기 위해서라도 잠깐 멈춰서지 않고, 새로운 용어들만 열거하며 그것들의 의미는 그다지 상관없다는 점만 겨우 암시한다.

그러다가 가끔 이목을 집중시키는 패러독스가 나타난다. 예컨대 "이데아idea는 부정에 대해선 아무것도 모른다"라는 문장이 등장한다. 또 "의식은 본질적으로 거짓이지만 문제들은 본질상 의식을 탈주한다"[63]라는 문장도 나타난다. 이런 암시는 『자본론』의 테제를 (설명도 없이) 지지하는 와중에 제시된 것이기 때문에 독자는 이것을 자명한 것으로 받아들여야 한다. 그런데 한 발자국만 뒤로 물러서서 바라보면 경악을 금치 못할 것이다. 문제들이 본질상 의식을 탈주한다면 들뢰즈는 이것을 어떻게 의식할 수 있었는가? 상관이 없는 질문이다. 왜냐하면 "사회성 능력의 초월적 대상, 그것은 혁명"이며, "이런 의미에서 혁명은 차이의 사회적 역량, 사회의 역설, 사회적 이념의 고유한 분노"이기 때문이다.[64] 이렇게 불시에 나타나는 명료함의 순간에 기획의 진정한 의도가 드러난다. '차이'의 이론을 듣고 있는 애드리언 무어의 날카로운 귀가 포착한 것은 분석철학에서는 안전한 자리를 확보한, 동일성의 형이상학 문제에 대한 해답일 수도 있다. 하지만 들뢰즈의 추종자들에게 그런 것은 안중에도 없다. 그들을 흥분시키는 것은 '차이'란 곧 혁명을 의미하고 끊임없이 이어지는 난측한 용어들은 자본주의 적의 지적 패배를 의미한다는 것이다.

들뢰즈의 넌센스 기계에서 새로운 학술적 형식이 생성되는데, 곧 의미론이 없는 통사론이다. 깊은 몰두와 추상적이고 수학적인 사유의 경계선에서 분투하고 있음을 비치는 표현 방식은 언제나 두드러지게 나타난다. 그리고 진정한 사유가 등장하면 곧바로 맥락을 벗어나 기반도 상실한 채 뿌리째 뽑힌 변말로 흩어져 버린다.[65] 이러한 형식을 토대로 비-사유와 사유가, 같은 표현과 같은 논증적 구조를 갖고 동등한 기준으로 경쟁하게 되는 사태가 벌어진 것이다. 진리, 타당성 그리고 합리적 주장만이 누리던 특권이 한 방에 무효화되고 이제는 무$_{無}$라는 기반 위에 누구나 그럴듯한 학술적 커리어를 쌓을 수 있는 재료가 준비되어 있다. 더 중요한 것은 그 커리어를 어떻게 쌓든 한 가지가 확실하다는 것. 즉 정치적으로 좌익에 서 있다는 사실, 그리고 이 사실만으로 당대의 온갖 고결한 대의를 통해 정당성이 입증되어 그로써 진지한 비판으로부터 보호받게 된다는 것이다. 학문적 담론은 결국 놀이, 자기표현, 주이상스가 된다. 중요한 것은 어느 쪽에 서 있느냐는 것인데, 좌편에 서 있다면 무조건 옳다. 학계에서의 특전을 확보하고 부르주아지가 낸 세금을 받기에 합당한 사람이 된 것이다.

# 이제는 문화전쟁이다
그람시에서 사이드까지

7장

혁명적 영웅이라는 패러독스

파리의 넌센스 기계는 부르주아 문화를 맹렬히 공격하며, 난측한 신어라는 묵직한 벽돌을 포위당한 도시 광장 안으로 던졌다. 이것은 시민사회의 기반이 되는 대화를 완전히 파괴했다. 법, 헌법, 시민 질서의 뿌리와 같은 섬세한 사상들, 권리와 책무를 두고 사람들이 논쟁하는 방법들, 상대방을 존중하며 타협을 모색하는 것, 이 모든 것이 수학소에 짓눌려 '탈영토화'되고 거대한 사건the great Event의 잔해 밑에 묻혀버렸다. 거의 한 세기 동안 맹위를 떨치던 전투의 전환점이 된 시기다. 지적 삶을 전적으로 좌파의 전유물로 만들어버림으로써 이제는 문화를 점유하기 위한 전투가 된 것이다.

1차세계대전 이후 이 전투가 독어권 지역에서 어떻게 전개되었는지는 5장에서 살펴보았다. 실제 세계에 대한 '부르주아'적 이해는 '허위 의식', '물신주의', '물화'라 치부되었고, 혁명이라는 지적 정화를 통해 프롤레타리아 의식이 이데올로기의 지배를 타파하고 처음으로 세계의 본모습을 되찾게 된다는 것이었다. 이 전투는 이탈리아로 퍼져가서 공산주의와 파시즘의 대립으로 나타났고 여기서 사용된 주 무기는 들뢰즈에서 정점을 찍은 난측한 신어가 아닌 안토니오 그람시Antonio Gramsci의 상식적 사회학commonsense sociology 이었다. 이 사회학적 접근에서 영국과 미국 신좌파의 문화 이해가 파생하였고 그것의 영향력은 전전 시기 이탈리아에서 만큼이나 오늘날 크게 작용하고 있다.

> 그람시는 탁월한 철학자였으며, 천재라고도 할 수 있다. 20세기 서구 유럽의 가장 독창적인 공산주의 사상가일 것이다.(에릭 홉스봄)

> 소련 혁명의 주역들을 제외하면 노동 운동의 역사상 한 인격으로서 그리고 저술가로서 그람시만큼 지대한 관심을 불러일으킨 인물은 없을 것이다.(노베르토 보비오 Noberto Bobbio)

> 마르크스와 엥겔스가 탐구하던 바를 **정말로** 이어간 사람은 누구인가? 나는 그람시밖에 생각이 나지 않는다.(루이 알튀세르)

이같이 인텔리 기득권층의 걸출한 인물들에게서 쏟아져 나오는 찬사도 최근 그람시에게 바쳐진 격찬에 비하면 약소하다. 로마에서는 그람시 연구소가 설립되고, 그의 유작은 거의 모두 출간되었으며, 천 개가 넘는 대학에서 그람시는 정치이론가, 혁명가, 문화비평가 그리고 철학자로서 폭넓게 다뤄진다. 이런 현상은 단지 몇 개의 학술논문으로 야기된 것이 아니다. 도덕적, 지적 길잡이를 애타게 갈망하는 세대는 그람시를 자기들의 정서적 갈증을 해소해줄 구제자로 설정하여 20세기 마지막 10년 동안 열성적으로 그에게 매달렸다. 이제서야 그 열성이 이울고 있는 듯하다.

1926년 파시스트 정권에 의해 투옥된 그람시는 그의 가장 중요한 텍스트 대부분을 옥중에서 집필했으며 1937년 병원에서 사망했다. 낭만파 베이비붐 세대에게 그람시는 그들이 물려받은 유산의 완벽한 상징이었다. 폐병에 시달린 지식인, 파시즘의 희생양, 평생 파시즘에 대항하여 집필활동을 한 그런 인물인 것이다. 살아있을 당시에는 침묵을 당했지만 남기고 간 글 안에서 순수한 정신으로 떠오르는 혁명적 영웅의 전형이 바로 그람시다.

혁명적 영웅이라는 주제는 새로운 것이 아니다. 이탈리아의 통일운동(리소르지멘토Risorgimento)의 촉진제가 되었고 가리발디Giuseppe Garibaldi 예찬론의 근간을 이뤘다. 19세기 러시아 문학에서 반복되는 테마였고, 바그너의 「니벨룽의 반지」의 원래 영감이 되기도 했다. 그러나 마르크스주의자들에게는 언제나 골치 아픈 주제였다. 지도력의 효험을 전격 부정하는 역사관과, 지도력에 전적으로 의존해야만 성공할 수 있는 혁명적 실천을 어떻게든 접목하고, 혁명적 영웅을 숭배하는 습관을 굳혀야만 권력 장악을 강화할 수 있는 것은 마르크시즘의 가장 큰 패러독스라고 할 수 있다. 이 패러독스(엥겔스가 '소위 위대한 사람들'의 문제라고 한 패러독스)는 그람시가 그의 이론에서 해결해보려고 한 문제이기도 하다. 하지만 훗날 한 세대의 학생들이 트로츠키Leon Trotsky, 마오, 카스트로Fidel Castro, 체 게바라Che Guevara를 무비판적으로 찬사하도록 배운 것과 똑같이, 그람시를 지도자, 선생, 그리고 전 세계 혁명 운동의 영웅으로 숭배하리라곤 상상도 못했으리라.

좌익 진영에서 일어나는 결정적 발전은 1968년에 그랬던 것처럼 언제나 '투쟁'의 감성을 요구한다. 투쟁은 연대감이라는 필수적인 감정을 자아내기 때문이다. 그런데 또 하나 요구되는 것은 혁명을 위한 영웅 및 순교자의 아이콘이 될 간판 인물이다. 이 위치에 오를 수 있는 자격은 단순히 결연한 지도자라고 얻을 수 것이 아니다. 실천적 중요성뿐 아니라 이론적 중요성도 지닌 지식인이어야 한다. 따라서 현대 좌파 운동의 간판 인물들은 여일하게 그렇게 그려져 왔다. '레닌의 두뇌'라는 신화는 영구적인 성인전 집필hagiography 과정의 한 부분에 불과하다. 한 사람을 성인으로 만드는 과정을 통해 레닌과 같은 삼류 사상가들이 통찰과 지혜의 귀감이 되고, 그들의 말은 예언으로 취급되며, 그들의 행동은 지혜로부터 나온다고 선전된다.

그런 과정의 효과는 두 가지 영역에서 나타난다. 실천적 정치에서 좌파 운동은 구제로서 제시된다. 지금까지 문제를 해결하려고 시도하였지만 결국 실수와 부패로 밖에 이어지지 못했는데, 이를 시정하기 위해 진정한 사상과 지식이 나설 수 있는 유일한 길이 좌파 운동이라는 것이다. 지도자는 진리의 화신이며 오류에 대항하여 사력을 다해 싸운다. 그런데 이 과정은 문화 영역에 훨씬 깊은 영향을 끼친다. 왜냐하면 문화라는 장은 열의를 걸러낼 수 있는 안전망이 없는, 너무나 쉽게 매수될 수 있는 극장 같아서 누구라도 무대를 차지할 수 있는 영역이기 때문이다. 그래서 1970년대 신좌파의 가장 직접적이고 거대한 영향을 받은 곳이 문화 영역(대학, 예술학교, 연극, 도서 등)이 된 것이다.

레닌보다도 마오의 신격화가 더 놀랍다. 마오의 '이론적 옳음'과 그것을 통해 선전된 마오의 지적 역량에 대한 신뢰가 아니었더라면 엄청난 힘과 군사적 탁월성만으로는 절대 간판 인물의 자리를 차지하지 못했을 것이다. 따라서 마오 숭배자들의 종교적 열의를 제쳐놓고 판단하면 참 우스울 정도로 우직하고 생경하고 오해 투성이인 마오의 철학과 정치이론을 한 세대의 학생들 전체가 공부하게 된다.

호치민[Ho Chi Minh], 체 게바라, 스탈린도 대표적인 사례로 언급할 수 있지만, 1960년대에 학생이었던 세대에게 그람시만큼 생생하게 남아있는 사람은 없다. 레닌과 스탈린이 30년대와 40년대 세운 공적을 그람시는 60년대에 이뤘다. 그람시는 혁명적 실천과 이론적 옳음은 서로 동일한 속성이라고 가르치며, 배움은 지혜와 동일하고 지혜는 곧 통치권임을 그의 추종자들에게 심어놓았다.

이 발상은 에릭 보에겔린Eric Voegelin이 그노시즘(영지주의)의 뿌리라 규명한 바 있다.[1] 그노시즘은 기독교 세계관에서는 제일의 이교 교리로서 다른 모든 이단들의 원천이 된다. 그람시형 좌익주의가 가톨릭 국가, 특히 이탈리아에서 감성적 호소력을 지니게 된 부분적인 이유가 되기도 한다. 이탈리아의 민족 문화 안에 '지식층clerisy'이 이미 들어섰을 뿐 아니라 교회가 조성한 신념 하나가 광범위하게 퍼져 있었는데 그것은 '지도력이란 모든 면에서 교육의 결과'라는 신념이었다. 그람시는 이 전통을 세속화시켰다. 정통파 마르크스주의자에게서는 찾아보기 힘든 솔직함으로 그람시는 지식인의 역할을 규정하는 데 상당한 노력을 기울였고, 혁명의 진정한 주체자가 지식인이라고 주장했을 뿐 아니라 지식인의 정당성은 그가 갖는 세계관의 '옳음'에 근거한다고 피력했다.[2] 달리 말해 비판적 지식인으로서의 나는 단순히 편협된 너를 통치할 권리를 갖고 있다는 점을 상정한 것이다.

공산주의 vs. 파시즘

1960년대의 혁명가들은 마오에 대한 신념을 잃지 않았다. 어이없는 왜곡을 통해 그들은 문화 대혁명이 지식인에 대항한 전쟁이 아니라고 보았다. 하지만 흐릿하게나마 인식한 것은 지적 지도자가 그의 추종자들을 존중할 것이라는 기대는 갖지 말아야 한다는 것이었다. 스탈린의 정체가 이미 드러난 상태였고, 레닌의 대한 의구심도 조금씩 증폭되고 있었다. 물론 트로츠키가 남아있었지만 그람시는 트로츠키도 획득할 수 없었던 결정적 강점을 지니고 있었다. 즉, 그람시는 더 이상 살아있지 않다는 사실, 특히 파시즘과 싸우다 죽은 인물이었다는 강점이다. 많은 사람들이 파시즘과 공산주의를 서로 대립하는 양극으로 보고 '극좌'에서 '극우'로 뻗은 단일한 저울이 있다고 보는 현실은 공산주의 선전의 성공을 대변해준다. 비록 공산주의가 극좌에 자리를 잡고 있지만, 우리 시대의 극악, 파시즘에 오염되지 않기 위해 지식인들이 가야 할 방향에서 그저 한 단계 더 나아간 형태일 뿐이라는 인식이 제대로 먹혀 들어간 것이다.

넌센스를 꿰뚫어 보고 그것이 은폐하는 바를 포착하는 것은 이탈리아 작가보다 영어권 작가에게 더 수월할지 모르겠다. 넌센스가 은폐하는 것은 이론과 실천에서 모두 공산주의와 파시즘이 갖는 심층적인 구조적 유사성, 그리고 의회정치 및 입헌정치에 대한 공통의 적개심이다. 독일의 나치즘과 이탈리아의 파시즘이 동일하다는 것을 받아들인다고 해도, 둘 중 하나를 공산주의의 진정한 정치적 대립물이라고 여긴다면 근현대사를 근본적으로 오독하는 것이다. 실상은 모든 '이즘'들에 대립되는 것이 있다는 것이다. 그것이 곧 협상적 정치다. 즉, 경쟁자들이 평화롭게 공존하는 것 외에는 어떤 특정 '이즘'이나 목표가 없는 정치다.

공산주의는 파시즘처럼 대중 운동을 일으키는 시도를 감행했고, 일당제로 유지되는 국가를 지향했다. 공통의 목표 아래 총체적인 단결을 도모할 수 있는 그런 국가다. 따라서 반대 의견은 무슨 수를 써서라도 제거되었고, 정당 간의 질서 정연한 논쟁은 단일한 지배엘리트들의 은밀한 '논의'로 대체되었다. '민중의 이름으로' 언론과 교육을 장악해야 했고 명령경제를 강행했다.

공산주의나 파시즘이나 법을 선택적인 것으로 여겼고 입헌적 제약은 무관한 것으로 보았다. 그 이유는 둘 다 본질적으로 혁명적이었기 때문인데, 위로부터 내려오는 철석같은 강령에 의해 인도받는 체제들이었다. 둘 다 제도의 매개가 없는 새로운 사회 질서를 세우고자 했고, 둘은 서로 즉각 우애 좋은 결속력을 다졌다. 이러한 이상적인 결합(19세기 이탈리아 사회주의자들은 이것을 파쇼fascio라 불렀다)을 추구하며 각 운동은 대중 전체를 총동원할 수 있는 일종의 군사정부를 세웠고, 가장 평화적인 일도 전쟁의 정신으로밖에는 접근하지 못했다.³ 이런 동원 작업은 이 두 이데올로기들이 자기 미화를 위해 시행한 열병식과 전당대회를 통해 희극적인 모습으로 전시되었다.

물론 둘 사이에는 차이가 존재한다. 파시스트 정권은 종종 민주 선거에 의해 집권하는 반면, 공산주의 정권은 언제나 쿠데타에 의존해왔다. 공산주의가 공식적으로 내세우는 이데올로기는 평등과 해방이라는 슬로건이고, 파시즘은 탁월함과 승리를 강조한다. 하지만 그 외 모든 측면에서 둘은 서로 닮아있다. 공공예술까지도 비슷하다. 과장된 키치로 도배된 이들의 예술은 목청껏 소리만 지르면 현실을 바꿀 수 있다고 믿는 행위와 다를 게 없다.

어떤 이들은 공산주의가 실천적으로는 파시즘과 유사해 보일 수 있지만, 이는 실천이 이론과 상응하지 않았기 때문이라고 말한다. 파시즘에 대해서도 똑같이 말할 수 있다. 하지만 순전히 이론적인 공산주의를 '실제로 존재하는' 파시즘과 대조하는 것은 중요한 좌익 전략이고, 소련의 전후 선전선동의 주요 구성요소였다. 다시 말해 약속된 미래의 천국과 지금 여기 존재하는 지옥을 대치한 것이다. 이것은 공산주의 지지자들을 모집하는데 도움이 될 뿐 아니라 이분법적 사고를 고착화한다. 모든 선택을 양자택일로 보고 모든 이슈를 지지와 반대의 문제로 보게 한다.

따라서 레닌이 "부르주아든 사회주의 이데올로기든 선택은 둘 중 하나다. 중도는 없다."⁴라고 선언했을 때 그는 마르크스주의의 계급투쟁 이론을 슬로건화시킨 것뿐이다. 같은 메시지가 프랑스 사회주의자 장 조레스Jean Jaures에 의해 제창되었다. "위대한 운동이 시작된 이상 어떤 사회적 힘도 중립적인 상태로 남아있을 수 없다. 우리와 함께하지 않으면 우리를 대적하는 것이다."[5] 그래서 농민들은 "기꺼이 자기들의 농산물을 공동의 가게에서 팔 수 있어야 한다"라고 했다. 다시 말해 사회주의자들이 정해놓은 조건 하에 행동하라는 것이다. 그렇지 않으면 자동적으로 '적'의 편에 서게 된다.

이와 유사한 위협적인 태도("당신은 기꺼이 해야만 한다")는 그람시의 초기작 곳곳에서 발견되고,[6] 무솔리니$^{\text{Benito Mussolini}}$에 맞서 이탈리아 공산당을 이끌어 갔을 때 세운 슬로건 안에 압축되어 있다. "파시즘과 공산주의 사이의 중도란 없다." 비슷한 성격의 지식인인 무솔리니도 이 슬로건에 동의했다는 점이 흥미롭다.

하지만 그람시가 정전^{canon}이 된 이유는 다른 데 있다. '소위 위대한 사람들' 문제를 해결하는 동시에 지식인의 통치권을 정당화하는 이론을 제시한 것이다. 「현대의 군주$^{\text{The Modern Prince}}$」를 포함한 그의 옥중수고[7]에서 그람시는 레닌주의의 슬로건식 글쓰기를 떠나 마르크스주의적 역사론과 사회론을 정치적 실천 철학과 접목시키는 데 전념했다.

그람시의 '헤게모니' 이론

그람시는 자신의 이론을 '실천(프락시스) 철학$^{\text{philosophy of praxis}}$'이라 칭하며 부하린의 '저속한 유물론$^{\text{vulgar materialism}}$'에 대항한 이론으로서 정립했다.[8] 우리가 6장에서 살펴본 바, 이 '저속한 유물론'이 제기한 문제들에 알튀세르는 구불구불하게 뒤틀린 글로 답했다. '토대'가 '상부구조'를 결정한다면(즉 정신의 작업이 정신이 통제하지 않는 경제적 과정의 부산물이라면) 정치적(특히 혁명적) 행동의 역할은 무엇인가? 그리고 토대가 생산력의 증가에 따라 부득불 움직인다면,

사회 체계는 그것이 경제적 성장과 상충되는 지점을 어떻게 극복할 수 있는가? 자본주의 질서가 경제를 '속박'하기 시작하면 그 질서는 어떻게 존속하는가?

이런 질문은 그람시의 '헤게모니' 이론으로 이어졌다.[9] 그가 주장하길, 지배계급이라는 복합적인 속성 때문에 특정 사회질서는 위기를 극복할 수 있다. 자본주의 아래에 있는 부르주아 계급이 권력을 쥐고 있는 것은 생산 수단을 통제하고 있어서뿐 아니라 시민사회와 국가에 걸쳐 '헤게모니'를 확립했기 때문이다. 시민사회 전역의 제도들 안에 정부의 주요 공직과 핵심 세력을 보유한다는 것이다. 종교, 교육, 언론매체 등 시민 사회전체가 부르주아 통제 아래 놓여있다는 것이다.

그람시에 의하면 이런 헤게모니의 결과는 두 가지로 나타난다. 우선, 헤게모니는 한 계급으로 하여금 (의식적으로든 무의식적으로든) 합심한 정치적 의지를 행사하게 하는데, 이로써 그 계급은 경제적 위기의 효과를 통제하고 자기 권력의 원천인 사회질서의 존속을 보장하게 된다. 둘째, 헤게모니는 교육과 주입indoctrination의 도구를 지배계급의 손에 쥐어준다. 이로써 지배계급의 정당성이 선전된다. 사제직도 같은 방식으로 작용한다. 모든 의례와 제도를 하나님이 정한 것으로 표상함으로써 그것을 불변한 것으로 만든다. 이러한 이중 영향력을 통해 지배 계급은 경제적 토대로부터 생기는 압력을 극복하고, 토대는 오히려 제도적, 문화적 상부구조의 상호 영향력에 종속된다. 달리 말하면 역사 발전을 경제 구조 변화의 산물이라고 보는 마르크스주의 역사론은 틀렸다는 것이다. 역사 발전은 '유물적' 과정의 결과인 만큼이나 정치적 의지의 결과라는 주장이다. (이것은 '부르주아' 역사학자들이 언제나 주장해왔던 바이다.)

그람시는 정확히 그렇게 말하지는 않는다. 그는 상부구조와 토대 사이의

'변증법적' 관계에 대해 기술하며,[10] 적이 굳게 믿는 바, 즉 역사는 어느 편도 아니라는 점을 마르크스주의 언어로 포장한다. 그럼에도 마르크스주의적 결정론에 박론을 가한 것은 그람시 자신의 '실천철학'의 근간을 이룬다. 그람시는 정통 마르크스주의가 하지 못한 것, 즉 정치적 영역을 재건하는 과업을 수행했다. 그람시에게 정치는 곧 변화의 적극적인 원동력으로서, 경제적 압박을 견디고, 희석하고, 타파할 수 있다는 것이었다.

따라서 공산주의 정치는 상향식 혁명 운동으로서 가능해지는 것이 아니라 지배적 헤게모니를 꾸준히 대체함으로써 가능해진다는 것이다. 이것은 후일 '제도들을 관통하는 장정'이라 표현되었다. 이로써 상부구조는 점진적으로 변화되어 구 헤게모니에 의해 저지되었던 새로운 사회질서가 마침내 스스로의 추진에 의해 등장하게 된다. '수동혁명passive revolution'이라 불리는 이 절차는 두 가지 힘들의 결합을 통해서만 가능하다. 사회 상류층에서 부르주아지의 헤게모니를 서서히 대체해 나가는 공산주의 지식인들이 행사하는 하향식 힘, 그리고 자기의 노동에서 생겨난 새로운 질서의 씨앗을 품고 있는 '민중'의 상향식 힘이 함께 작동해야 한다.

그람시의 의하면 혁명적 변혁은 두 힘들이 '역사적 블록historical bloc'으로서 조화를 이룰 때만 가능해진다. 당의 역할은 지식층과 민중을 하나의 통솔된 세력으로 결합시킴으로써 이 조화를 조장하는 것이다. 진정한 정치 변혁의 유일한 주역으로서의 당은 곧 '현대의 군주'가 된다. 지식층의 작은 행위들을 당의 집단적 행위 안으로 흡수할 수 있고, 또 올바른 사고 방식에 완력을 더하여 사회 변혁을 일으킬 수 있다. 따라서 정치적 영향력의 헤게모니 안에서 자리를 차지하는 기관이라면 전부 점진적으로 대체하는 것이 당의 역할이 된다.

그람시는 이런 체계적인 침투가 국가의 폐지를 촉발시킬 것이라고 예상했다. 그가 믿기로 공산주의 지식인과 민중은 본능적인 교감으로 결속한다. 따라서 마침내 둘의 세력을 합치면 강제적 국가는 더 이상 필요 없게 된다. 그 자리에는 새로운 형태의 합의 정부가 서게 된다.[11] 많은 좌파 지식인들과 마찬가지로 그람시도 이 이상적 정부(엥겔스가 말하는 '물건들의 행정부 administration of things')가 어떤 것인지 분석하지 않는다. 따라서 그람시의 주장은, 공산주의를 이룩하기 위한 수단은 잘 숙지했지만 정작 공산주의의 결과에 대해서 회의적인 상대방을 설득하기에는 무력하다.

따라서 이런 미래 사회에서 갈등의 상황이 어떻게 수용되고 해소되는지 묻는 현실주의자에게 그람시는 해줄 답이 없다. 공산주의자는 파시스트와 마찬가지로 반대의견이라면 넌더리를 낸다. 정치의 목적은 반대의견과 공존하는 것이 아니라 그것을 제거하는 것이라는 입장을 고수하기 때문이다. 반대자가 더 이상 존재하지 않는 상태('역사적 블록')를 구현해야 하는 것이다. 그런데 사실 정치에서 최우선시되는 이슈는 바로 반대의 문제다. 개인 간의 갈등은 집단 간의 갈등, 대립, 파벌 싸움으로 이어지는데, 이것은 결국 권력을 둘러싼 경쟁이 된다. 이 경쟁 현상을 어떻게 조율할 것인가? 특히 공산당은 공산당의 통치에 반대하는 목소리에 어떻게 대응할 것인가? 레닌주의적 예측에 의하면 애초에 반대는 없을 거라는 것이다. 어찌보면 반대 세력이 사라졌다는 의미에서 그 예측은 들어맞았다고 할 수도 있다. 체카[i]의 구실이 또 무엇이 있었겠는가.

그람시처럼 인간 본성에 맞춘 정치학을 모색하는 '마르크스주의 휴머니스트'에게 이 질문은 매우 중요하다. 그람시는 민중이 지식인들을 앞세워 연대할 것이라고 생각한다. 동시에 그는 수백만 명의 사람들(무슨 이유에서인

---

i   Cheka: 구소련의 반혁명 운동 비밀 조사기관.

지 이들은 '민중'에 속해있지 않다)이 파시즘에 대해 공산주의는 누려보지 못한 대대적인 지지를 보였다는 점을 의식하고 있었다. 파시즘의 역사적 **현실**이 공산주의의 **꿈**에 흠집을 낸 것이다. 그 꿈은 갈등과 반대가 없는 사회에 대한 꿈인데, 갈등이 해소되고 반대가 수용되어서가 아니라 갈등의 '조건들'이 제거되었기 때문에 가능한 사회다. 마르크스주의자들은 이런 조건들이 사회적이고, 변경 가능하고, '적대적 생산 관계'에 의존한다고 추정한다. 그런데 갈등의 조건들이 인간 본성 안에 내재되어 있다면(이것은 뻔한 사실 아닌가?), 그 조건들을 제거하기를 소망하는 것은 비인간적인 소망을 품는 것이 되고, 곧 비인간적인 행위로 나아가게 된다.

그람시에 의하면 혁명은 우리를 휩쓸어가는 불가항력이 아닌, 영웅적 개인의 **행동**이다. 더 중요한 것은 공장에서 손을 더럽히지 않아도 추구할 수 있는 행동이다. 차분하게 안락한 사무실로 돌아가 부르주아 헤게모니의 결실을 한껏 즐기면서도 부르주아의 몰락을 지속적으로 주창할 수 있다는 것이다. 대학 밖을 나가면 엄중한 규탄을 받을 지식인에게 매우 유용하고, 학생 운동에게는 당연한 철학이다. 여기에 덤으로 공산주의 대 파시즘이라는 매력적인 이분법, 그람시 자신의 영웅적 삶 안에 예시된 이분법까지 있으니 이제 그림은 완성된 것이다. 적의 정체는 규명되었고 '투쟁'도 규정되었으며, 책상에 앉아서도 영웅들과 함께 싸울 수 있음을 보여준 이론까지 완비되었다.

'고통없는 실천$^{painless\ praxis}$'을 모색하는 사람에게는 달콤한 이야기일지 모르지만 이 모든 것이 그람시가 과연 마르크스주의자로서 자격을 갖췄는지에 상당한 의문을 제기한다. 왜냐하면 그람시가 주장하는 바는 그저 공산당이 집단적 '철학자 왕'이고, 지식인들은 한때 그들의 부르주아 전임자들이 갖고 있던 특권을 또다시 누리는, 그런 새로운 계급 사회를 권장하는 것으로 밖에는 보이지 않기 때문이다. 『옥중수고』 곳곳에서 이 문제와 씨름하는 그람시를 발견할 수 있다. 우선 지식인들은 계급이 아니라고 주장하고, 곧이어 지식인들은 그들의 교육적 역할에 따라 민중의 인정을 받을 것이기에 어떤 강압도 행사하지 않는다고 주장한다.[12]

이 중에 그럴듯한 주장은 없다. 주장을 뒷받침하기 위해 에두르는 논법은 자기 주장에 개연성이 없다는 그람시 자신의 인식을 겨우 가리는데 불과할 뿐이다. 계급을 경제적으로 규정한 마르크스의 테제를 부정한 것이 헤게모니 이론의 진상이기 때문이다. 마르크스주의에서는 계급에게 부여된 그 권력을 지니고 있는 집단적 행위자collective agents들이 있음을 상정하는데 이들은 예컨대 엘리트 지식층의 경우처럼 목적의 연합으로 결성된 것이다. 더욱이 지배계급의 신념체계를 받아들이도록 민중을 (지배계급의 사제적 손길로) 설득시키는 상황은 그람시가 폭로하고 붕괴하기를 원했던 구 '계급 사회'의 속성과 정확히 들어맞는다.

새로운 사제직이 옛 사제직과 어떻게 다르다는 얘기인가? 엘리트 지식층이 민중을 지배하는 것이 정직한 부르주아 헤게모니가 지배하는 것보다 더 나은 이유가 무엇인가? '군주로서의 당' 이론은, 공산주의가 통치하는 미래에서는 어마어마한 권력이 '관리자'들에게 할당된다는 사실을 명확하게 보여준다. 민중이 기꺼이 권력을 수용하고 권력에 협조하기 때문에 민중을 강압하는 권력이 아니라고 주장하는 것은 왕권신수설에 맞먹는 이데올로기적 망상이다.

파시즘이라는 문제

만약 그람시가 『옥중수고』에서 위 쟁점들을 각고의 정려를 기하여 다뤘다면 아마 해답을 얻었을 것이다. 그러나 그람시는 위 쟁점들을 기껏해야 문학적 모호함 속에 묻어놓아 그람시 신도들이 필요로 하는 답을 마음대로 추측해낼 수 있도록 한다. 그런데 당 이론에 대한 그람시의 원래 입장을 보면 흥미롭다. 그의 초기 글을 보면 그람시가 두 가지 매우 중요한 진리를 간파했음을 알 수 있다. 우선, 반공산주의 지식인들이 존재한다는 점, 그리고 둘째, 이 지식인들을 따라갈 준비가 되어 있는 수많은 비지식인들도 존재한다는 점이다. 그래서 공산당 기획이 좌절될 가능성을 본 것이다.

그람시는 이런 다루기 어려운 사람들을 몰아넣을 계급을 창안했다. 흠잡을 데 없는 '민중'과 엄격히 구분되기 위해서 그들은 '부르주아지'의 일부가 되어야 했다. 이로써 파시즘이 '부르주아'적 성격을 지녔다는 신화가 창조된 것이다. 하지만 사회 하층 계급은 여전히 그람시보다는 그의 지적 라이벌인 무솔리니를 따를 경향이 크다는 것은 부인할 수 없는 현실이었다. 그래서 강도를 조금 낮춰서 파시즘의 성격을 수정한 것이다. 즉, 파시즘은 '프티 부르주아petit bourgeois' 운동으로 기술되었다.

> 이탈리아의 파시즘이란 무엇인가? 그것은 이탈리아 부르주아지의 최하층에서 일으키는 반란이다. 방랑자들, 무학의 사람들, 그리고 전쟁의 환상을 받아먹고 어찌됐든 전쟁이 쓸모 있을 것이라고, 가치 있을 것이라고 믿는 무모한 자들, 그러나 정치적 도덕적 타락으로 추동된 자들의 반란이다.[13]

그람시는 공산주의의 표준이 될 회피 수단을 창시한 것이다. 대대적인 대중 운동이 반공산주의라면 그것은 절대 '민중'의 운동이라 말할 수 없으며, 반면 공산주의 지식인들의 쿠데타는 언제나 '민중'의 지지를 받는다고 말하는 입장이다. 이것은 반대 세력의 규모와 성격이 어떠하든, '민중'이라는 기반이 아무리 빈약해도, 그것과는 상관없는 항구 불변의 이론을 세운 것이다. 이렇게 파시즘과 같은 운동은 '프티 부르주아' 계급의 운동으로 규정된다. 이와 같은 이론은 좌파 역사학자들이 히틀러의 집권 과정을 묘사할 때 다시 한번 반복된다. 그렇게 끔찍한 결과를 노동 계급이 지지했을 리 만무하다는 것이다.

제임스 졸James Joll에 의하면 그람시는 파시스트 정권에는 계급의 기반이 없다고(그래서 진정으로 '혁명적'이지 않았다고) 믿었다.[14] 하지만 사실 그람시는 도리어 파시즘이 집권했다는 바로 그 이유로 파시즘은 계급의 기반을 반드시 갖고 있었을 것이라고 믿었다. 이탈리아 사람들 다수가 속해 있었음에도 불구하고 '민중'과는 엄밀히 구분되며, 반동적 '일부'일 뿐이고, 최후의 '투쟁'에서 적절히 청산될 이 낯선 계급에 이름을 달았다. 그리고 그람시는 지식인의 인도를 받아 이들의 집권을 가능하게 한 당의 조직성을 연구했다.

이렇게 그는 파시스트들에게서 '코퍼러티즘'[ii]을 배우게 된다. 이것은 그의 '헤게모니' 이론의 진정한 원본이 된다. 그람시는 사회는 수천 개의 작은 제도들, 연합들, 의사소통과 반응의 패턴들로 이루어져 있음을 발견했다. 이 모든 곳에 내재하는 헤게모니 권력은 보호하되 당의 강철같은 지배력을 구석구석에까지 확대, 행사하는 것이 바로 정치의 비밀임을 알았다. 파시스트들이 바로 그렇게 권력을 장악했고, 근대 이탈리아 국가가 세워진 이래

---

ii Corporatism: 협동조합주의라고도 하며 특히 대규모 재계 단체들에 의한 국가의 운영 장악을 의미한다.

처음으로 공통의 목표로 군중을 형성하고 결집시킨 연합태세를 구축하게 되었다. 그리고 군중을 통치한 전위 정당에게는 권력과 신조를 갖춰 준 모델이었다.

『옥중수고』의 이론은 결국 진정한 파시즘의 이론이다. 그람시의 열망을 선취하여 다른 곳에서 그 열망을 먼저 실현시킨, 바로 그 권력에 대한 이론이다.[15] 그람시는 프롤레타리아는 이상적인 연합, 즉 파쇼^{fascio}를 형성한다고 기술했고, 결국 그람시가 열망한 것도 무솔리니가 이루게 될 바로 그 사회 질서였다. 실천철학(무솔리니의 '철학적 역동성$^{philosophical\ dynamism}$', 그리고 그것과 똑같이 조르주 소렐의 폭력성에 대한 변명의 영향을 철저하게 받은)은 지식인에게는 여전히 그 매력을 발휘한다. 대중에 대한 권력을 행사하는 동시에 그들과의 신비스러운 동일성 또한 약속해 주기 때문이다. 그런데 이것은 파시즘의 약속이기도 하다. 좌파가 지속적으로 파시즘을 유일한 적으로 규정해야 한다면, 이런 패턴에 대해 우리는 다른 데서 설명을 찾을 필요가 없다. 자기의 의도를 적의 의도로 표현하는 것보다 자기 의도를 더 잘 숨길 수 있는 방법은 없으리라.

오늘날 그람시가 시사하는 의의는 그가 혁명의 작업을 길거리와 공장에서 들어올려, 고급문화의 영역 안으로 옮겨놓은 그의 결연한 시도다. 그는 좌파의 기획을 폭력 없이 일으킬 수 있는 문화혁명으로서 재구성했는데, 지식인들의 가장 열렬한 관중이 모이는 대학, 극장, 강당, 학교 등이 혁명의 현장이 된다. 이제부터 혁명의 작업은 구 커리큘럼과 그것에 속한 예술, 문학 및 비평학을 공격하는 것을 수반하게 된다. 그것은 지적 전복을 의미하며, 문명의 상위 영역에 은폐되어 있는 권력의 망, 지배의 구조들을 폭로함으로써 그것들이 억압하던 목소리들을 해방시켜주는 것을 의미한다. 이렇게 인문과학에 도입된 이 새 커리큘럼은 지금까지 지속되고 있다.

이 기획은 영국의 고등 교육 기관에서 이미 시작된 변화를 더욱 가속화시켰다. 1964년 리처드 호가트Richard Hoggart가 설립한 버밍엄대학 현대문화연구소Birmingham Centre for Contemporary Culture Studies는 그람시주의 운동의 본거지로서, 억압받고, 배척당하고, 소외된 자들에게 목소리를 주는 커리큘럼을 구성하는 목표를 관철시켰다. 이 운동의 가장 중요한 사상가는 대영제국 전역의 학교에서 문학을 배우는 방법에 지대한 영향을 끼친 웨일즈 작가이자 문예비평가였던 레이먼드 윌리엄스Raymond Williams다. 윌리엄스는 전후 시기 구좌파에서 60년대와 70년대의 신좌파로의 이행을 대표하는 인물이기에 그의 저술활동을 살펴볼 필요가 있다.

2차세계대전이 발발했을 당시 레이먼드는 케임브리지 대학 학부생이었는데, 이때 공산당에 가입했다. '문화적 유물론자'라 자칭하지만 윌리엄스는 그람시와 같이 공산당의 국제주의적 미래주의를 받아들이기에는 민족적 경험과 민족적 문화에 너무 깊이 연루되어 있었다. 그의 공산당 활동은 오래가지 않았고, 2차세계대전에 참전하여(영국 공산당은 독소불가침조약에 따라 참전을 금지했다) 근위대 기갑사단의 대전차 대령으로 복무하다, 1945년 케임브리지로 돌아와 학업을 계속했다. 케임브리지에서 탁월한 학력을 쌓았고 노동자교육협회를 포함해 노동운동과 연관된 문화기관들과 평생을 협력했다. 웨일즈 민족당 회원이었던 윌리엄스는 웨일즈 민족주의자로서 생을 마감했다. 어릴 적부터 익숙했던 웨일즈 노동계급 공동체의 역사 경험이 그의 저작 전반에 큰 영향을 끼쳤다.

영국 사회주의(특히 웨일즈 탄광업계에서의 사회주의)는 과거에 대한 의식, 그리고 함께 고초를 경험한 기억으로 물들어 있다. 영국 사회주의자의 입장에서 모든 정치적 행위, 사회적 고무는 그것의 전력前歷으로부터 의미를 부여받는다. 공동체의 역사 경험에 깊이 뿌리내린 전력일수록 더 많은 지지를 요구할 수 있는 정당성을 확립한다. 다시 말해, 우리는 국가적 역사의 산물이며, 오늘 우리를 움직이는 정신의 흔적을 과거에서 많이 찾을수록 우리의 행위가 정당해진다는 것이다. 그리고 그럴수록 앞서간 동지들과의 깊은 유대감이 우리를 격려한다는 것이다.

영국 좌파의 노스탤지어와 윌리엄스

이와 같은 정서는 레이먼드 윌리엄스의 저술활동 전반에 편만하다. 그의 저술은 문화혁명이라는 그람시주의적 기획에 맞게 조율되어 있고 홉스봄, 톰슨, 사무엘, 힐에게서 발견되는 계급투쟁 연구와 상통한다. 윌리엄스의 사회주의는 '조상의 목소리ancestral voices'에 시달렸다. 이 목소리는 『농부 피어스의 꿈The Vision of Piers Plowman』과 『에브리맨Everyman』의 지면으로부터 들리며, 급진 개신교도들과 비국교 사제들의 설교에서 들린다. 그리고 반대를 표출한 자유로운 영국인들에 의해 세습 권력의 제약이 폐지된 위대한 입헌의 시대에서 들려온다.

영국의 마지막 황금기는 영국 좌파의 뇌리를 사로잡았고, 노동운동 역사가 및 문화이론가들의 지속적인 검토 대상이 되었다. 영국 사회주의자들의 가장 절실한 노스탤지어, 또 낭만적 상실감은 공위시대空位時代, Interregnum와 그것에 이르기까지의 사건들에 배속되어있다. 토니Richard Tawney나 크리스토퍼 힐과 같은 역사학자들이 그들의 저술로 이 시기를 정치화하지 않았다면, 영국 사회주의는 아마 지금과 같이 자신만만하지 않았을 것이며 오늘의 영국 문화 안에서 나타나는 것처럼 그리 온화한 인상은 풍기지 못했을 것이다. 노동자교육협회와 현대문화연구소 중심으로 활동하던 지식인들에게 영국 사회주의는 역사에 의해 이미 그 정당성이 입증된 것이었고, 영국의 자유인이 마땅히 자기 것인 땅과 문화에 대해 권리를 행사하는 가장 최신의 표현일 뿐이었다.

4장에서 사르트르와 푸코를 다루며 나는 프랑스 좌익 사상에서 성상聖像연구(아이코노그래피)가 차지하는 중요성을 피력한 바 있다. 그들의 성상 연구는 대부분 '부르주아'라는 적을 상술하는데 매진했다. 영국 사회주의도 성상 연구에 치우쳐 있다. 하지만 영국의 성상 연구는 동료를 묘사하는데 노력을 기울인다. 이 동료는 토니가 이상화한 존 햄든[John Hampden]으로 나타나기도 하고, 크리스토퍼 힐이 묘사한 반항적 영웅호걸, 그리고 톰슨, 호가트, 윌리엄스 등이 묘사한 근면한 '노동 계급'으로 나타나기도 한다. 적을 밝히기 전에 우선 동료부터 확립하는 세계관, 그리고 좌익 운동에 지역적 색깔을 입힌 이런 세계관에는 자연스러운 정겨움이 깃들어 있다. 영국 사회주의는 영국 보수주의 만큼이나 마르크스(그도 분열된 독일의 산물로서 뿌리째 뽑힌 사람이었다)의 '국제주의적' 태도와 거리가 멀다. 보수주의자들이 자기들도 익숙한 영역, 즉 자국에 대한 사랑으로 불타오르는 공통의 장에서 마주하게 되는 운동이 영국 사회주의 운동이다. 이 모든 것이 '문화'라는 결정적 단어 안에 담겨있다.

이러한 이유에서 영국의 좌파적 사고 방식에 있어서 고전 마르크스주의가 끼치는 영향력은 부수적인 단계에 머문다. 훨씬 더 큰 영향력을 행사한 것은 가히 영국인 정신의 가장 중요한 지적 업적이라 말할 수 있는 사회 및 문예 비평이라는 독특한 전통이다. 이 전통이 처음부터 사회주의에 편향되어 있다고 생각하는 것은 오산이다. 이 전통은 버크와 콜리지[Samuel Taylor Coleridge], 워즈워스[William Wordsworth]로 대변되는 보수주의 사상으로 시작되었으며, 칼라일Thomas Carlyle과 아놀드의 저작을 통해 오늘까지 보존된 반反평등주의anti-egalitarian적 경향을 보여주었다. 전후 시기 가장 대표적인 인물로는 리비스F.R.Leavis가 있는데, 사회주의와 보수주의 진영 양쪽에서 리비스를 자기 편이라고 주장했다. 이런 상류 문화의 방호자들의 애수 가득한 성찰과 함께 얽혀 있는 것은 러스킨과 모리스, 라파엘전파Pre-Raphaelite Brotherhood, 코빗William Cobbett, 쇼George Bernard Shaw, 그리고 페어비언Fabian들의 좌익 사상이다. 이러한 비평적 전통을 중요시하는 태도와 이 전통의 정신적 경향 안에서 사회주의 사상가와 보수주의 사상가가 서로 영향을 주는 관계로 결속되어 있는 것은 영국 사회주의의 착근성rootedness을 증명한다.

레이먼드 윌리엄스는 영국 사회주의 토양에 뿌리를 깊게 내렸으며, 그의 가장 탁월한 글은 현대 영국 문학의 주도적인 영감이 된 장소와 사람들에 대한 애착을 드러낸다. 『문화와 사회Culture and Society, 1780-1950』, 『기나긴 혁명The Long Revolution』, 『시골과 도시The Country and the City』 등에서 그는 영국 노동 계급의 모습을 사회민주주의이론과 직접적으로 연결시키며 노동계급의 어제와 오늘에 대한 신선하고 개인적인 관점을 제공했다. 이 관점은 노스탤지어가 매우 짙은 두 소설, 『변방Border Country』과 『제2세대Second Generation』에서 더 구체적으로 표현된다. 그리고 후기작 『키워드Keywords』와 『마르크스주의와 문학Marxism and Literature』에서 윌리엄스는 당시 유행하던 추상들로 자기의 태도를 옷 입혔다. 대부분 프랑스와 독일 신좌파 옷장에서 꺼내온 옷들로 치장했다. 윌리엄스의 전작에서 우리는 노동계급의 소망, 두려움, 고뇌 그리고 계급과 특권에서 평등과 민주주의로의 이행을 야기하는 '기나긴 혁명'에 대한 그의 끈질긴 집착을 보게 된다.

러스킨, 아널드, 모리스는 산업혁명을 비통함과 낭패감으로 바라보았다. 이들 사상에는 공통의 불안감이 포착된다. 시골 지역이 텅 비고, 소도시들은 궁핍하고 불안해하는 사람들로 차고 넘치며, 시골 생활의 리듬이 산업 생산의 가차없는 행군으로 말살되면, 문명에 남아있는 것은 무엇인지에 대한 불안감이었다. 각 작가는 사회 부패를 예방할 방법을 모색했고, 저마다 교육이나 종교를 필수 처방약으로 제안했다. 이런 비극의 정서를 공유한 윌리엄스는 종교적 전통 따위에서 위안을 찾지 않았고 종교적 전통이라는 현저한 사회적 사실을 언급하지도 않는다. 대신 그는 19세기 선배들이 탐구했던 영역을 되짚어보고 그 영역을 완전히 세속적인 용어로 재기술하고자 했다. 그들과 마찬가지로 윌리엄스도 교육의 힘을 믿었고, 아이들을 '참여민주주의'를 위해 준비시켜줄 이상적 커리큘럼의 골자를 곳곳에서 암시한다.[16] 하지만, 러스킨과 모리스식의 종교적 회상religious reminiscence이나 반모던적 사회 독트린을 받아들일 수는 없었던 것이다.

윌리엄스의 '기나긴 혁명'은 순전히 특권과 권력이라는 관점에서 구상되었고, 둘을 민주주의로 극복한다는 기획을 표방한다. 윌리엄스가 민주주의에 대해 한없는 믿음을 가졌다고 말하는 것은 틀리다. 그의 의심 가득한 문장들에서 한 가지 명확하게 포착되는 것은, 윌리엄스는 어떤 것에 대해서도 한없는 믿음을 가지지 않는다는 것이다. 그가 제시할 수 있는 답은 '더 많은 민주주의'일 뿐이다. 그는 종종 이것을 생경한 일반론으로 설명한다.

> 민주적 혁명이란 단순히 정치적 변화에 한정되는 것이 아니라, 결국에는 개방적인 사회와, 실제의 기술과 커뮤니케이션에서 변화의 창조적 잠재력을 발휘할 수 있는 유일한 존재인 자유롭게 협조하는 개인들을 내세우는 것이다.[17]

하지만 비관적인 성미의 소유자인 윌리엄스는 이같은 사고방식을 다시 즉각 폐기한다. 수북이 쌓인 조건들 뒤로 물러나며 그가 명시적으로 기술한 것보다도 훨씬 복합다단하고 미묘한 해결책이 있음을 암시한다.

> 역사의 중심부에 와 있는 긴 혁명은 단지 정치적인 시스템으로서의 민주주의를 위한 것도 아니고, 좀더 많은 생산물을 공평하게 분배하는 문제도 아니며, 학습과 커뮤니케이션의 수단에 누구나 접근하도록 하는 것만도 아니다. 그러한 변화는 그 자체로도 어렵긴 하지만 궁극적으로는 수많은 사람들이 설명하고 해석해왔던 인간과 사회에 대한 새로운 개념에서 그 의미를 이끌어낸다. 아마도 이러한 개념들을 경험을 통해서만 주어질 수 있을 것이다. 창조성과 성장을 비유로 들어 그것을 구현하고자 하지만, 이제 구체적인 것을 압박해야 한다. 왜냐하면 바로 이 지점에서 그러한 개념이 확인될 것이기 때문이다.[18]

특유의 영국적인 방법으로 윌리엄스는 그람시의 헤게모니 이론에서 결여되어있는 몇 가지 도덕적 세부사항을 채워넣는다. 『문화와 사회』의 주된 목표는 노동계급의 해방을 약속한 '진정한 민주주의'를 진전시키거나 방해한 활동들을 기록하는 것이다. 윌리엄스는 문화연구 안의 모든 엘리트주의적 함의, 즉 문화는 소수만이 접근할 수 있는 가치라는 함의를 모두 제거하고자 했다. 이러한 점에서 한 엘리트 지식층을 또 다른 엘리트 지식층으로 대체하여 결국 공산주의 지식인들이 지배권을 지니기를 원했던(의식적으로든 아니든) 그람시와 구별된다. 윌리엄스는 아무도 지배권을 지니지 않기를 원했고, 대신 문화 전체를 변화시켜서 우리 모두가 공유할 수 있는 자산으로 만들기 원했다.

윌리엄스는 '진정한 민주주의'라는 문제를 중요하게 여겼다. 윌리엄스에게 민주주의는 과거 노동 계급의 '연대', 공통의 소망과 고뇌, 그리고 남용과 착취에 대항하여 뭉쳐야 할 당위성을 본떠서 형성된, 사람들 간의 진실한 공동체를 수반한다.[19] 그는 자본주의, 계급, 특권은 공동체의 적이라고 믿었고, '생산 수단에서의 사유 재산'을 폐지하는 것을 주저함 없이 지속적으로 주장한다.

주장이 전개될수록 자본주의와 사유재산에만 겨냥되었던 비난이 기독교 문명 윤리 전체에 확장된다. 윌리엄스는 로자 룩셈부르크$^{Rosa\ Luxemburg}$의 우연한 발언에서 예기치 않은 득을 본다. 룩셈부르크는 기독교 자선은 '소비의 자선'인 반면 사회주의 자선은 '생산의 자선'이라고 주장한다. "어떤 비율로든 궁극적으로는 공유될 것을 위해 실제로 노동하고 생산하는 사람들 사이의 애틋한 관계"[20]를 기반으로 삼는 자선이라는 것이다.

윌리엄스는 바로 이 지점을 집요하게 파고든다. 즉, 소비자 윤리, 착취 그리고 장소와 사람에 대한 극단적 무관심을 동반한 자본주의는 공동체의 가장 큰 해악이라는 것이다. 진정한 공동체는 '참여민주주의'를 요구한다. 그리고 이것은 사람들이 '존재의 평등'을 이룰 때 가능하다는 것이다. 그것이 없으면 '민주주의를 향한 투쟁'은 무의미하기 때문이다.[21] '존재의 평등'은 특권과 계급이라는 장치들을 해체할 것을 요구한다.

이런 관점들의 조합이 영국 고유의 사회주의의 뿌리가 된다. 윌리엄스는 이것을 감상적으로 다룸으로써 근현대 역사의 기본 사실을 애써 마주하지 않으려고 한다. 그런데 사실을 직시해보자. '소비주의'는 민주주의의 적이기는커녕 민주주의의 경제적 표현이다. 시장 경제에서 자연스레 발생하는 것이고 물건은 사용을 위해서뿐 아니라 교환을 위해서도 제조된다는 사실의 심리적 상응물이 소비주의다. 노동자들의 진짜 해방 조건은 바로 판매를 위해 생산하는 것이다. 그렇게 자기들의 노동을 화폐로 환산함으로써 노동을 자기들이 생산할 수 있는 것 이외의 다른 재화goods로 만들 수 있게 되는 것이다. 이러한 역량이 없이는 노동자들은 타인의 노동에 의존하거나 그들의 힘을 극단적으로 제한하는 생산형식에 얽매이게 된다. 시장 자체가 그들의 자유 선택(더 정확히 말하자면 그들이 획득하게 되는 자유 선택)의 표현이며 온전히 개인 간의 자발적 거래로 작동하는 분배 메커니즘이다. 각 개인은 거래 상대의 합의를 간청함으로써 자기의 어드밴티지를 확보한다. '소비자 주권consumer sovereignty'은 일상의 '존재의 평등'의 또 다른 이름일 뿐이며 각 사람의 선택이 사회 절차의 결과에 영향을 끼칠 수 있는 여지를 남겨둔다. 도덕심을 함양한다거나 하는 결과를 낳진 않지만, 민주주의 결과가 그렇기는 드물다.

나는 방금 마르크스주의자가 '이데올로기'라고 일축해버릴 만한 논증의 골자를 적어봤다. 마르크스주의자는 '진정한 민주주의'가 '사회적 소유', 시장의 부재, 그리고 교환이 아닌 사용을 위한 생산과 양립가능한 '대안'이 있다고 응대할 것이다. 하지만 이것이 어떻게 가능한가? 그러니까 우리의 동정심과 기대에는 한계가 있고, 경쟁적 동기와 지독한 불안감이 언제나 우리 안에 작동 중이라는 것을 알고 있을진대, 그런 대안이 어떻게 가능한지 묻는 것이다. 우리는 한 번도 제대로 된 설명을 들은 적이 없다. 사실 '새로운 사회주의 인간'이라는 신화는 윌리엄스가 논점을 회피하기 위해 사용하는 방술에 불과하다. 지금까지 구현된 모든 사회주의 및 공산주의 체제가 임금제, 화폐, 교환 및 매매를 유지했을 뿐 아니라 실현가능한 민주주의 형태들을 철폐해버렸다. 더욱이 사회주의/공산주의 체제들은 직접 시장에 개입함으로써 희소성의 문제를 야기할 뿐 아니라 그와 관련된 암시장 및 암거래 문제까지 낳았다. 이것은 윌리엄스가 주창하는 '존재의 평등'을 전면적으로 저해하는 현상이다.

  물론 여기에 관련된 이론적 이슈들은 매우 광범위하여 한 지면 안에서 해소될 수 없다. 하지만 역사와 인간 본성에 대하여 지금까지 관찰된 바, 사회주의자들이 그토록 선호하는 '진정한 민주주의'의 조건을 상술할 책임은 사회주의자들 자신에게 있다고 결론을 내려야 한다. 이 민주주의에서는 누가 무엇을 어떻게 통제하는가? 참여자 모두가 모든 결과에 영향을 끼칠 수 있는 유일한 경제제도는 시장 경제다. 그것의 폐지와 참여정부는 어떻게 화해가 가능한가? 만약 시장을 유지하겠다고 하면, 자유로운 교환의 당연한 결과이자 사람들이 자기의 노동을 마음대로 사용하고 팔 수 있을 때 자연스럽게 나타나는 바, 생산 수단 안에서 사유 재산은 어떻게 금지할 것인가? 이런 물음들을 도외시하는 것은 단순히 지적으로 처신사나울 뿐 아니라 윌리엄스가 그토록 고집스럽게 그의 목표를 진전시키고 있음을 고려한다면, 치명적이기까지 하다고 봐야 한다. 왜냐하면 결과가 전혀 파악되지 않는 행동을 너무나 쉽게 옹호하기 때문이다.

들끓는 분개

윌리엄스의 매력은 지적인 면모보다는 감상적인 면모가 강하다. "어떤 비율로든 궁극적으로는 공유될 것을 위해 실제로 노동하고 생산하는 사람들 사이의 애틋한 관계다"와 같은 문장 안에 잘 나타나 있다. 여기서 우리는 오래 인내하고 인정 많은, 이른바 E.P. 톰슨형 노동자를 발견하는데, 이 노동자는 자본주의만 폐지되면 노동의 결실을 나누며 자발적인 형제애 안에 살아갈 수 있는 존재다. 억압받는 자들 사이에 동지애와 연대감이 있을 수 있다. 하지만 그것은 어디까지나 억압된 상태의 산물이다. 그런 끈으로부터 해방되면 사람들은 서로를 경쟁 상대로 보기 마련이고 계약, 합의, 관습으로 결속될 때(넓은 의미에서 시장 경제의 제한을 받을 때)만 다시 한번 평화로운 연합 관계 안으로 들어오게 된다. 자기의 투표권만큼이나 효력이 있는 상대의 투표권에 의해 선출된 정치인들의 통치를 받기를 동의하는 사람들, 또 경쟁 관계에 있거나 혹은 서로 전혀 모르는 그런 사람들 사이의 비감상적 결합을 유도하는 원칙이 진정한 의미의 민주주의다. 나와 정치적 입장을 달리하는 타인과의 합의를 위해서 나의 정치적 욕구를 포기할 의향이 있을 때 비로소 민주주의가 성립된다.

윌리엄스가 예찬한 '기나긴 혁명'을 좀 더 신중하게 다룬 사상가가 있다면 바로 알렉시 드 토크빌Alexis de Tocqueville이다. (윌리엄스는 딱 한 번 그를 언급한다.) 토크빌에게 자기집착, 개인주의 그리고 사회 파편화는 민주주의의 '불가피한' 전진과는 별개의 문제였다. 『미국의 민주주의Democracy in America』(1835)에서 그는 '평등 원칙'은 노동 운동(토크빌이 저술할 당시 존재한다고 보기도 힘들었고 미국에서는 더욱이 존재하지 않았다)의 창안물이 아닌, 중세 이래 유럽의 발전의 지도 원리ruling principle라 피력한다.

토크빌이 '존재의 평등'에 대해 예언적으로 분석한 부분은 진지하게 생각해볼 필요가 있다. 윌리엄스에게는 특권과 권력의 결과인 사회적 비영구성impermanence과 문화적 평범성의 조건이 사실은 민주적 절차의 결과라고 토크빌은 간파한다. 특권 의식이 부식되고, 계급과 신분이 철폐되며, 세습 특권이 파괴되는 상황이야말로 사람들로 공동체를 탈주하게 한다는 것이다. 그런 변화는 경애심과 신의를 불필요한 것으로 만들고, 계약과 자기이익, 합의에 근거한 사회를 구축하고자 하는 욕구를 자아낸다. 우리는 이러한 결론에 동의하지 않을 수도 있다. 하지만 토크빌의 주장은 윌리엄스가 지적으로 검약해서 혹은 지나치게 감정적으로 연루되어 있어서 수행하지 못한 바를 수행한다.

이렇듯 미리 정해 놓은 결론의 테두리를 벗어나기를 꺼려하는 태도는 윌리엄스의 후기 저서들의 주된 결함이다. 상상 속 친구에게 애정을 쏟은 사람처럼 그는 상상 속 적에 대한 증오를 통해 그의 감정을 재충전한다. 노동 계급은 윌리엄스의 시야에서 서서히 사라지고 이제는 상류층이 그의 주 관심대상으로 부상한다. 『시골과 도시』는 주요 논지에서부터 결론까지 끓는 분개로 이루어져 있으며, 학문적 가치를 인정받은 저서들 중에서는 영문학을 가장 일차원적으로 개관한 저서일 것이다. 자신의 노스탤지어에 대한 절망감 때문인지 윌리엄스는 이 저서에서 타인의 노스탤지어에 대한 강한 앙심을 표출한다. 특히 사회의 조화라는 이상을 과거의 시골에서 찾는 전형적인 영국 노스탤지어(영국 사회주의 전통의 근본을 이루는)에 대해 분개한다.

물론 윌리엄스가 그러한 노스탤지어 안에서 지나치게 단순한 목가적 정취Arcadianism를 포착한 것은 정당하다. 하지만 그 외 다른 어떤 것도 알아차리지 못했다는 점에서 어긋난 것이다. 특권, 이권정치, 여가 등에 대한 반감이 너무 강렬한 나머지 누구라도 상류층 구성원들을 인간으로 여기면 예외 없이 윌리엄스의 펜의 독침을 맞는다. 예컨대 크랩George Crabbe의 유일한 죄목은 공작公爵의 사목으로 부임했다는 것이었다. 그래서 크랩의 '정태적靜態的' 사회적 태도, 즉 부유층을 비난하지만 그저 비난하는 것으로만 끝나는 태도는 채찍으로 응대해야 한다는 것이다. 제인 오스틴Jane Austen은 그녀의 '금전적' 관점과, 시골 별장에 틀어박혀 바로 문 앞에서 벌어지는 고통은 보지도 느끼지도 못하게 하는 도덕성 때문에 비난을 받는다. 이런 식으로 『시골과 도시』는 계속된다. 인간은 다양한 사회적 층위들, 다양한 양식에 걸쳐 존재하며 또한 모든 면에서 불완전하게 존재한다는 인식을 기반으로 인간 사회의 실태를 그리고자 했던 작가들을 규탄하는 것이다.

상류층에 대한 윌리엄스의 증오는 자본주의에 대한 그의 혐오의 또 다른 버전이다. 윌리엄스가 자본주의에 대한 분석을 시작하기도 전에 자본주의에 대한 관심을 잃는다는 점을 자기 자신으로부터 숨길 수 있을지는 몰라도 독자에게 숨길 수는 없다. 지배적 사회질서가 무엇이건 불평의 근원이 무엇이건, 그의 적개심은 '못 가진 자'를 대변하여 '가진 자'를 무차별적으로 겨냥한다. 책의 끝자락에서는 그의 아이코노그래피가 동료에 관한 것이 아닌 적에 관한 것임을 보게 된다. 더 정확하게는 적의 극악함을 통해 더 매력적으로 나타나는 지극히 감상화된 동료에 관한 것이다.

> 시골에서 도시로 온 남녀들에게 그들이 무엇을 상실했는지를 말해 줄 필요는 없었다. 그것은 그들에게 새로운 세계에서 무엇을 얻기 위해 싸워야 하는지를 말해줄 필요가 없는 것과 마찬가지였다. 그렇지만 그들이 새로운 세계에 다시 적응하기 위해 싸우고 있었을 때 시골의 체험이 그들의 진영과 적국의 진영 중 어디에 배치되었는가 하는 것은 대단히 중요한 문제였다. 실제로 시골 체험의 일부─지주나 정착민의 견해들, '목가적'이거나 '전통적'인 묘사들─가 선별되어, 하나의 추상적 관념으로서 시골에서 쫓겨난 사람들의 자식들과 그들의 자식들의 자식들을 억압하는 데에, 즉 민주주의와 교육과 노동운동에 대항하는 데에 이용되었다.

그래서 그는 영국의 전원문학을 다음과 같이 일축한다.

> 그러나 그 문제[방금 비난한 그 복잡한 태도]가 정착하여 이제는 하

나의 관습이, 특히 문학 교육에서 관습이 되는 것을 지켜보면서, 나는 위기가 계속되고 접경 지역이 존속하고 있는데도 로렌스를 그렇게 취급하는 것은 그에 대한 모욕이라고 느꼈다. 토지의 노래, 농촌 노동의 노래, 우리 모두가 자연세계를 공유하게 해 주는 다양한 형태의 삶의 기쁨의 노래는, 모든 현실적 자립과 재생을 자신만만하게 반대하는 자들에게 양순하게 헌납하기에는—그것은 로렌스에 대한 비참한 배신행위일 것이다—너무도 중요하고 감동적이기 때문이다.[22]

위 인용문은 윌리엄스의 후기 스타일을 대표한다. 클리셰로 점철된 모호한 슬로건이 줄지어 나타난다. 『기나긴 혁명』과 『변방』에서 피력한 낭만적 사회주의에 대한 확신을 상실하고 이제는 슬로건들이 윌리엄스의 글쓰기를 점유한다. 윌리엄스는 자기가 가진 애정과 증오를 분석하지 못하거나 그렇게 하기를 꺼려하는데, 대신 사회주의의 마법이 착 달라붙는 '키워드'에 전념하게 된다. 이것은 이론이 부재할 때 이론의 환영을 창조하는데 유용한 도구가 된다.

그런 키워드 중 하나는 '혁명'이라는 단어다. 알튀세르에게만큼 윌리엄스에게도 소중한 단어였지만, 윌리엄스는 그 적용 범위를 훨씬 넓게 설정하여 그가 마음에 드는 변혁에는 모두 '혁명'이라는 라벨을 붙였다. 『현대비극론 Modern Tragedy』에서는 "살아있는 인간들의 행동 전체로서의 혁명을 인지하는 것"[23]으로 구성된, 우리 시대의 "살아있는 대안"을 격찬한다. 여기에 사용되는 언어는 하나의 특징이 있다. 즉, 윌리엄스는 혁명에 대한 논증을 전개하지도, 혁명을 묘사하지도 않으며 오히려 '혁명'이라는 단어에 매력적인 추상들을 덕지덕지 바른다. "살아있는 인간들"의 "행동 전체"라는 것이다. ('유령들'의 '부분적인 행동'이 아니라는 말인가.)

따라서 "우리는 한 사회의 위기라는 일상적 의미에서의 혁명의 개념을, 하나의 전체적 활동의 일부분으로서 그 필연적 맥락에 되돌릴 시대적 긴급성이 있다고 본다. 혁명은 그 안에서만 이해될 수 있다."[24]

이런 숨가쁜 문체는 다시 한번 아이코노그래피로 이해되어야 한다. 혁명은 그것과 연관된 사상들 때문에 유쾌한 것이 된다. 목표는 사유를 방해하고 환상을 유발시키는 것이다. 혁명은 비평적 관념이라기보다는 본질적으로 매혹적인 관념이 되어야 한다. 그는 1917년이라는 결정적인 연도를 지목하며 이렇게 말한다. "사실 1917년 이래 우리는 성공적인 사회혁명의 세계에서 살아왔다."[25] 더 중요한 것은 다음 구문이다.

> 나는 소련의 친구들에게서 혁명의 결정적인 싸움에서 세계의 거의 절반이 승리했으며, 공산주의의 미래는 분명하다는 말을 듣는다. 나는 이 말을 존경심을 가지고 듣지만, 그들도 우리만큼 해야 할 일이 많으며, 혁명이 끝났다는 느낌이야말로 어쨌거나 혁명은 소용이 없다고 생각하는 것만큼이나 해롭다고 생각한다.[26]

소련에 있는 친구들처럼 윌리엄스는 이중사고의 기술을 함양했다. 사상보다는 아이콘에 대한 자신의 애착을 학문적으로는 가치있고 이데올로기적으로는 옳은 것으로 만들어버리는 능력을 키운 것이다.

『키워드Keywords』('어휘에 대한 고찰을 기록한 것')는 윌리엄스의 후기사상이 어떠했는지에 대한 실마리를 제공해준다. 사전도 아니고 주해도 아닌, 이데올로기적 자기 노출의 작품인 『키워드』는 지배계급의 또 다른 아성, 옥스퍼드 영어사전OED, the Oxford English Dictionary을 겨냥한 공격이다. 옥스퍼드 사전이 주장하는 '중립성'은 '부르주아 휴머니즘' 및 자기의 지배적 위치를 정당화할 필요를 못 느끼는 계급의 가치를 표현한 것에 불과하다는 것이다. 편향성이 강한 표제항들에서 문화 전쟁에 대한 윌리엄스의 마지막 공헌을 찾을 수 있다. 결국 자기의 전공분야인 문예비평까지도 '이데올로기적'이라고 규탄하게 된다.

> '비평'이란 용어가 모든 (특히 비교적 형식적인 종류의) 커뮤니케이션의 수용 과정을 사회적 또는 전문적으로 일반화하는 것을 지칭할 경우, 이것이 소비자의 위치를 미리 상정한다면, 게다가 실제 반응을 가리키는 일련의 추상화된 용어(판단, 취향, 교양, 식별력, 감수성이라든가 무관심성, 적절함, 정밀함 등등)에 의해 그 소비자의 위치를 은폐한다면 이데올로기적인 용법이 된다.[27]

이것이 함의하는 것은 존슨박사,[iii] 리비스, 엘리엇과 같은 문학의 위대한 '소비자들'은 문학적 반응과 문학적 평가는 동일한 것이라는 의심스러운 전제 위에 그들의 권위를 세우고 있다는 비판이다. 여기서 '소비자'라는 단어가 마법의 패牌다. 단순한 연관만으로 우리를 사회주의 진영 안으로 끌어들인다. '소비주의'를 배척한 독자는 '실천'의 특징인 '구체성'의 층위에서 문학을 이해하는 또 다른 방식이 있음을 어떤 논증적 절차도 없이 받아들여야 한다.

이로써 윌리엄스는 혁명적 실천은 문화를 장악하는 것을 포함한다는 그람시의 사상을 환기시킨다. 그리고 단순히 어휘를 다르게 정의함으로써 문화를 장악할 수 있다고 상상한다. 단 몇 문장으로 영국 문예비평의 전통 전

[iii] Dr. Johnson: 본명은 새뮤얼 존슨으로 영국 시인 겸 평론가. 후에 문학상 업적으로 박사 학위가 추증되어 '존슨 박사'라 불렸다.

체를 폐기처분할 수 있다고 생각할 뿐 아니라 칸트에 뿌리를 둔 미학적 전통, 즉 미적 경험과 미적 판단은 불가분하다는 입장까지도 묵과한다. 자기가 배척하는 견해를 누군가는 **논증적으로** 옹호했을 수도 있다는 가능성을 윌리엄스가 고려했는지도 불명확하다. 오히려 그는 그런 견해를 비평적 언어의 무의식적 추정이자 부르주아 적수의 계급의식의 일부로서 비판한다.

나는 윌리엄스의 후기 저술활동의 어휘—마술word-magic은, 무슨 수를 써서라도 감정적 전념을 유지하려는 욕구와, 어휘—마술이 결국 자기기만임을 드러낼만한 논증이나 통찰에서 관심을 돌리고자 하는 욕구에서 파생된다고 본다. 이러한 태도를 기반으로 윌리엄스는 『키워드』에서 '어원학적' 입장을 취하게 되었고, 또 그의 등불을 신좌파의 추상이라는 상자 안에 감춰 놓았다. 등불이 은밀하게 타오르는 것도 결국 타오르는 것이다. 한때 『시골과 도시』에서 타오르던 강렬한 정동은 어두움 속에서도 여전히 타오른다.

> '예술'은 범주적으로 구별된 차원 혹은 대상들의 집합. '미학적인 것'은 분리가능한, 사회 외적인 현상. 각각은 실제 사회 실천의 가변성, 상대성 및 다수성으로 돌아감으로써 패산당했다. 이로써 우리는 '예술'과 '미학적인 것'을 특수화하는 추상화의 이데올로기적 기능을 더욱 명확하게 볼 수 있다.

여기에서 나타나는 변말은 스스로도 통제할 수 없는 그런 언어 안에 자신의 사유세계를 가둬놓은 작가의 변말이다. 뒤따라 오는 내용이 무엇인지 충분히 예상할 수 있겠지만('예술'과 '미적인 것'의 범주는 필연적으로 자본주의적 생산양식에 속해있으며 교환을 위한 물품이 제조될 때 그 중요성을 지니게 된다는 것) 논증의 논리가 아닌 의례의 논리로 전개된다. 우리에게 윌리엄스를 상기시키는 것은 오직 문체의 감정적 긴장감뿐이다. 이 작가는 사라지는 수평선에 서서 이미 바다로 출항한 역사의 배를 향해 주먹을 흔든다.

　미적 범주는 부르주아 이데올로기에 속하기 때문에 우리가 사는 세상에서는 그 기능을 상실했다는 논증이 가능하기는 하다. 그 주장을 구축하는 임무는 윌리엄스의 가장 탁월한 제자인 문예 비평가 테리 이글턴Terry Eagleton이 떠맡게 되었다. 『미학의 이데올로기The Ideology of Aesthetics』에서 이글턴은 모든 예술과 문학을 불만 착즙기에 넣어서 지배라는 즙을 짜낸다.[28]

　이글턴의 주장(나는 이에 대한 답변을 다른 글에서 제공한 바 있다)[29]이 완성되었을 때는 좌파 지식인들이 노동자교육협회에서 『뉴레프트리뷰』로 옮겨갈 무렵이었는데, 문화전쟁은 바로 이 잡지에서 가장 치열하게 일어나고 있었다.

'뉴레프트리뷰'와 페리 앤더슨

『뉴레프트리뷰』는 1960년에 『신이성인New Reasoner』과 『대학과 좌파평론Universities and Left Review』이 통합되어 창간되었다. 초대 편집장은 리차드 호가트의 뒤를 이어 버밍엄대학 현대문화연구소의 소장을 역임한 스튜어트 홀Stuart Hall이었다. 홀은 신좌파보다는 구좌파에 가까웠고 레이먼드 윌리엄스를 연상케 하는 언어로 잡지의 첫 사설에서 자기들의 목표를 개진했다.

> 사회주의의 과업은 사람들을 각자 서 있는 그곳에서 만나는 것이다. 그들이 건드려지고, 물리고, 감동을 받고, 좌절하고, 메스꺼워하는 그곳에서 불만을 밝혀내고 동시에 사회주의 운동에 직접적인 시대감각, 또 우리가 사는 방식에 대한 감각을 불어넣는 것이다.

자메이카에서 태어난 홀은 사라지는 노동계급을 줄곧 어깨너머로 돌아보며 윌리엄스처럼 글을 썼다. 홀의 어조는 내가 자란 사회주의자 집안에서 늘 듣던 어조다. 이 어조가 유지되었다면 『뉴레프트리뷰』는 점점 쇠퇴하여 없어졌을 것이다. 윌리엄스처럼.

그런데 1962년 홀보다 훨씬 급진적인 페리 앤더슨Perry Anderson이 새로운 편집장이 되어 1983년까지 잡지를 이끌었고 오늘날까지 편집위원회 회원으로 활동하고 있다. 당시 앤더슨은 그람시를 특별히 추종하던 사람들 중 하나였고, 영국 주류 문화에 대해 못마땅해 하는 엘리트주의적 태도를 갖고 있었다. 영국의 사회 문예 비평의 전통까지도 탐탁잖아 했다. 명문 이튼 칼리지Eton College와 옥스퍼드 대학에서 교육을 받은 박식하고 박력있는 열성적인 인물로서 앤더슨은 역사를 마르크스주의 틀 안에 끼워맞추는 남다른 재능이 있었다. 아마 학계에 남아있었더라면 성공적인 역사학 교수가 되었을 것이다. 학계에 종사하는 대신 그는 『뉴레프트리뷰』의 저항적 정신과 동질감을 느끼며 이 잡지를 자기 나름의 문화 혁명을 위한 플랫폼으로 활용했다. 『뉴레프트리뷰』는 국제적 성격을 띠고 학문적 세련됨을 갖추며 모든 지배세력에 대해서는 경멸적인 태도를 취하도록 기획되었는데, 좌익 지배세력에 대해서도 마찬가지였다.

최근에 앤더슨은 진지하고 애수에 젖은 통찰력으로 우리가 사는 시대를 간파하는 평론가로 재등장했다. 『런던 리뷰 오브 북스』[iv]를 포함한 여러 출판물에서 그는 구석에까지 퍼진 부패의 상징으로서의 '자본주의'가 '신자유주의'로 대체된 세계 정세를 신중하고 대대적으로 분석한다.

---

iv The London Review of Books: 서평 중심의 영국 문예 잡지. 1979년에 창간되어 격주로 발행되고 있다. 대표적 논객으로는 에릭 홉스봄, 페리 앤더슨, 리처드 로티, 에드워드 사이드 등이 있다.

하지만 1960년대의 앤더슨은 인습타파주의적^{iconoclastic} 열정에 이끌려 모든 망설임을 제쳐두고 『뉴레프트리뷰』를 영국판 『레탕모데른$^{Les\ Temps\ Modernes}$』으로 구축하기로 결단했다. 이 잡지를 통해 알튀세르, 만델$^{Ernest\ Mandel}$, 아도르노, 드브레$^{Régis\ Debray}$, 라캉과 같은 사상가들을 사회주의 독자들에게 소개시켜주었고 그들의 저술을 『뉴레프트리뷰』에든지 아니면 출판사 뉴레프트북스$^{New\ Left\ Books}$하에 출간하게 된다. 오늘날 뉴레프트북스는 버소북스$^{Verso\ Books}$라는 새로운 이름으로 진정한 좌파 사상의 주요 방출구로 기능한다. 이로써 앤더슨은 인문과학 및 사회과학에서 '대안적 커리큘럼'을 설계한 주요 세력이 되었다. 인류 역사를 마르크스화하고 주류 지식인들을 통렬하게 공격함으로써 옛 영국 문화를 타파하고 자기 나름의 엘리트 문화로 대체하고자 했다.

좌파는 스스로를 좌파라고 여기는 사람들과만 진지한 담론을 가진다는 것을 앤더슨은 파악했다. 허풍과 비이성은 좌파가 가진 결함치고는 작은 것이다. 가장 심각한 결함은 '법에 의거하여 설립된 것들'에 대항함으로써 지식층과 프롤레타리아를 연대시키는 그람시의 '역사적 블록'에 대한 지배적인 충성심이다. 논점을 피해가고 논리를 왜곡하며 언어를 남용하는 것이 좌파에게는 그리 큰 문제가 되지 않는다. 진정한 저항 근성을 가진 작가에게 이 모든 것들은 큰 의미를 가지지 못하기 때문이다. 『뉴레프트리뷰』의 지면을 사기꾼들의 작품으로 메움으로써 앤더슨은 교육의 공식적 '구조들'에 적대적인 사람들과, 지성을 강조한 전통을 오히려 부르주아의 지배도구로 본 사람들 사이에서 그 사기꾼들이 인기를 누리도록 보장해주었다.

『뉴레프트리뷰』는 1960년대의 과격파 정서를 위한 이상적인 권력 기반을 제공해줬다. 반학문적이지만 극심한 지적 자만심을 표출하고, 교양은 있지만 지배적 문화라면 견디지 못하며, 독선적이지만 적을 설정함에 있어서는 대대적이고 풍부한 상상력을 동원한 그런 정서의 기반이 된 것이다. 대표적인 작가들로는 혁명의 창단 멤버들(힐, 윌리엄스, 홉스봄, 도이처Isaac Deutscher)을 포함해 새로운 문화적 헤게모니의 떠오르는 스타들(톰 네언Tom Nairn, 알렉산더 코번Alexander Cockburn, 줄리엣 미첼Juliet Mitchell, 테리 이글턴 그리고 앤더슨까지)을 들 수 있다. 카스트로에서 마오를 아우르는 인물들의 글과 인터뷰는 마이클 푸트Michael Foot, 에릭 헤퍼Eric Heffer의 박약한 저술들과 나란히 등장했다. 오브라이언Conor Cruise O'Brien, 리차드 호가트와 같은 어엿한 학자들은 베르너 파스빈더Werner Fassbinder, 드브레와 같은 이단아들과 비비댔다. 이것이 1960년대에 창궐한 기이한 기류였다.

앤더슨이 자기를 양성한 옛 영국의 문화적 전통을 도리어 맹공격하는 글을 발간했을때 『뉴레프트리뷰』는 비로소 독립적인 색채를 띠기 시작했다. 「국가적 문화의 구성요소Components of the National Culture」[30]라는 장문의 글에서 그는 전후 영국의 '공식적' 문화 전체를 조망하는데, 다 으스러져 이제는 잔해밖에 남지 않은 사회 질서를 떠받들어 주는 반동의 문화라 규탄하고, 혁명적 엘리트의 문화가 부상하기에는 지극히 비우호적인 환경이라 비난했다.

영국 문화의 쇠퇴에 대한 앤더슨의 진단은 간단하다.

> 영국 부르주아 문화는 부재하는 중심을 기준으로 조직되어 있다. 고전 사회학이든 국가적 마르크스주의이든 스스로에 대한 전체 이론이 있어야 하는 중심이다. 영국 사회 구조의 궤도—특히 노동계급의 강력한 혁명적 운동의 비출현—가 바로 그런 지체된 발전을 설명해준다.

이 테제는 특히 테리 이글턴에 의해 계승되었다. 하지만 결과를 살펴보자.

문화는 "그것 자체에 대한 총체적 이론"으로만 건강할 수 있다는 것이 앤더슨의 결론이다. 그렇다면 이전 시대들의 건강한 문화들은 어떻게 설명해야 하는지에 대해선 불명확하다. 명확한 것이 하나 있다면 우리 시대는 그런 '총체적 이론'으로 절대 건강해지지 않았다는 것이다. 오히려 우리 시대의 문화는 '그것 자체에 대한 이론들'에 짓눌려있다. 자기가 연구하는 분야에 어떤 실질적인 공헌 하나 하지 못하는 사람들에 의해 이토록 많은 이론들이 이토록 부지런히 사용된 시대도 없다. 게다가 왜 우리의 '전체화하는 이론'이 마르크스주의여야 하는가? 마르크스주의가 러시아, 폴란드, 중국, 베트남의 문화를 구제해줬는가?

앤더슨은 자기가 내린 진단 안에 내포된 긍정적 함의에는 관심이 없고 쇠퇴의 징후들을 더 흥미로워한다. 앤더슨에 의하면 영국에 마르크스 이론이 부족하여 "백색 부류의 이주가 영국의 평평하고 넓은 지적 생활에 밀려 들어왔다. 이들은 분야마다 점유하며 전통적으로 섬나라 근성이 깃든 영국 문화는 이질적인 특색을 갖춘 외국인들에 의해 지배되기 시작했다." 적색의 망명자들(브레히트, 루카치, 호르크하이머, 마르쿠제)은 덜 둔탁한 곳(예컨대, 러시아)으로 갔다는 것이다. 그래서 영국에 온 사람들은 가장 극악한 부르주아 앞잡이들인데, 처음에는 나치즘에 쫓기다가 이후에는 "동유럽에서 공산주의의 승리"로 또 다시 쫓겨나 자기들이 그토록 열망하는 반동적 질서를 찾기 위해 영국으로 넘어온 사람들이라는 것이다. 영국의 병쇠한 문화는 즉각적으로 그들이 횡행하는 장이 되었다. 그 결과 비트겐슈타인의 철학, 말리노프스키Branislow Malinowski의 인류학, 네이미어Lewis Namier의 역사학, 포퍼Karl Popper의 '사회이론', 벌린Isaiah Berlin의 정치이론, 곰브리치E.H. Gombrich의 미학, 아이젱크Hans Jurgen Eysenck의 심리학, 멜라니 클라인의 정신분석학 등이 급속도로 펴졌다는 것이다.

이러한 테제는 가장 저능한 논법으로 개진된다. 영국 철학은 비트겐슈타인뿐 아니라 러셀이나 오스틴^J.L. Austin의 공헌이 크고, 영국의 역사편찬학은 네이미어^Lewis Namier 못지 않게 토인비, 토니, 트레버 로퍼^Trevor-Roper의 공헌도 크며, 영국의 정신분석학은 클라인 못지 않게 볼비^John Bowlby, 위니콧^Donald Winnicott의 공헌이 크다는 식이다. 이미 정해 놓은 결론에 대한 앤더슨의 아집은 적을 규명하고 적이 우리에게 강요한 무미건조한 문화를 지탄함으로써 모든 반박의 여지를 제거해 버린다. 문예 비평(문화 자체에 대한 변호)과 같은 까다로운 경우에만 리비스라는 인물에서 멈칫한다. 앤더슨은 리비스는 '백인 망명자'(생각해보면 이 명칭도 수상하지 않은가?)가 아니라는 것을 인정할 용의를 잠시 보인다. 하지만 결국 "리비스는 어떤 사회학적 구조도 없고, 쇠퇴를 인식하지만 그것에 대한 이론을 제기하지 못하여 결국 그가 증오했던 문화 기반에 갇혀버렸다"라고 판결한다.

이러한 지탄에는 큰 의미가 있다. 자국 문화에 대한 사회학적 이론들이 아닌 사회문화적 **비평**을 생산했다는 것은 영국 문화의 최대 강점이기 때문이다. 리비스를 유기하는 것은 국가적 문화를 계몽하는데 지대한 영향을 끼친 비평가들이었던 버크, 콜리지, 아놀드, 해즐릿, 러스킨, 엘리엇을 모두 유기하는 셈이 된다. 그런데 이런 지적은 앤더슨에게 큰 의미가 없다. 앤더슨의 격론적 목표를 추진하는 데 이런 사실들은 필요 이상의 주저함과 지적 양심을 요하기 때문이다.

앤더슨의 억지스러운 '백인 망명자' 리스트를 해석하는 또 다른 방법이 있다. 네이미어, 비트겐슈타인, 곰브리치, 포퍼, 클라인, 벌린은 모두 최소한 부분적으로라도 유대계였다. 이 때문에 그들을 '비영국적'이라고 치부하고, 또 그들이 조장한 문화만 아니었더라면 영국 고유의 사회주의를 구현할 수 있었을 것이라는 태도가 작용했을 것이다. 부유한 유대계 백인 망명자들이 주도한 문화적 음모를 발견한다는 것은 어디선가 많이 들어본 불미스러운 얘기다. 증거를 도외시하고 경솔하게 싸움만 일으키는 경향은 앤더슨을 위험수역으로 인도한다. 이것은 앤더슨의 독기 가득한 문체에서 잘 나타난다.

> 사회의 현상태를 조용하지만 지속적으로 유지시키는 문화적 설정의 마취효과는 치명적이다. 오늘의 영국 문화는 심각하게 해로운, 숨통을 막는 힘을 지닌다. 혁명적 좌파의 성장이라면 그 어떤 것에도 대항하여 작동하는 힘이다.

뒤따라오는 저술에서는 이런 식의 독설과, 타겟을 희화화하려는 욕구가 덜 부각된다. 혁명적 투쟁은 그 다음 세대에게 기꺼이 양도된다. 역사와 시간은 모두 앤더슨의 편이었기 때문이다. 따라서 1970년대에 앤더슨은 보편적 역사를 마르크스주의적으로 재구성하게 위해 지배적 문화의 자원을 몰수했고, 바로 그 자원으로 지배적 문화를 파괴하고자 했다. 두 권의 매우 중요하고도 감탄할 만한 저서 『절대주의 국가의 계보 Lineages of the Absolutist State』(1974)와 『고대에서 봉건제로의 이행 Passages from Antiquity to Feudalism』(1974)에서 그는 신좌파가 매우 필요로 했던 과거에 대한 지침서를 제공해준다.

두 저서에서 나타나는 역사에 관한 앤더슨의 지식은 경탄할 만큼 방대하다. 지구상의 어떤 사회도 어떤 시대도 그의 감시를 피해가지 못하며, 그가 사용한 자료가 대부분 2차문헌이라는 점을 감안해도 모두 프랑스, 이탈리아, 독일, 러시아 문헌이라는 것과 또 대부분 번역되지 않았다는 것에 놀라지 않을 수 없다. 세계사라는 소재와 그것을 설명하기 위한 마르크스주의 이론의 적용 등에 관하여 이 저서에서 배울 점이 많다는 것은 부정할 수 없다. 앤더슨은 마르크스주의적 역사관을 위해 한 가지를 시도하고자 했는데, 슈펭글러$^{\text{Oswald Spengler}}$와 토인비가 '부르주아' 경쟁자을 위해 시도한 것과 유사하다. 즉, 모든 역사 발전을 끼워넣을 수 있는 단일한 형태학^{morphology}을 제공하는 것이었다.

성공한 시도였는지는 우리가 마르크스주의 역사관을 어떻게 이해하는지에 달려있다. 자칭 '마르크스주의적' 역사학은 '혁명적' 시기, 즉 한 사회에서 권력이 한 분파에서 다른 분파로 폭력적으로 이행되는 시기를 규명하고 기술하는 과업을 거의 전적으로 도맡아왔다. 더욱이 그런 시기를 규명하는 방법이 모두 진정한 마르크스주의 방법론이라 할 수 없다. 혁명의 유물론적 접근에 충실하지 않은 방법들도 많다는 얘기다. 자칭 마르크스주의 역사학자로서 혁명을 다룬다는 사람들이 유물론에는 좀처럼 천착하지 않는다는 것은 주목할만한 사항이다.

17세기 영국 '혁명'에 대한 크리스토퍼 힐의 분석은 거의 전부가 주인공의 이데올로기에 관한 것이고 그 안에 표현된 유물적 갈등은 스치기만 한다.[31] 사실 17세기의 혼란은 생산관계과 생산력 사이의 충돌로 설명될 수 없다. 그 시기의 갈등은 우리가 보는 그대로다. 요컨대 이데올로기적, 정치적, 개인적, 그리고 경제적 갈등을 모두 포함한 복합적 갈등이었다. 여기서 '계급 적대성$^{\text{class anatognism}}$'이라는 개념도 극히 인위적이다. 집단 간의 적대성은 단일한 계급 내에서 발생하는 파벌 싸움이었다.

앤더슨은 마르스크주의적 역사기술의 이같은 허점을 시정하고자 했다. 이데올로기, 제도, 법에 대한 '부르주아적'인 강박을 고치고자 했던 것이다. 그래서 앤더슨은 자기가 원한 해석으로 그득 채운 마르크스주의 언어를 도입한다. 노동계급은 '생산자', 상류계급은 '착취자', 경제 질서는 '생산 수단', 종교, 법, 정치는 '상부구조', 경제 활동은 '잉여가치 추출' 등으로 치환한다.

이것은 마르크스주의 역사관뿐 아니라 그 안에 수많은 논쟁거리들, 즉 착취 및 잉여가치 이론, 상부구조와 토대의 구분 등에 대한 엄청난 충성심을 함축한다. 그렇다면 결과적으로 나타나는 역사는 어떻게 읽히는가?
『절대주의 국가의 계보』의 맺음 부분이다.

> 자본주의는 직접 생산자로부터 잉여를 수취하는 수단이 '순수하게' 경제적인 형태 즉 끊임없이 불평등과 억압을 재생산하지만, 자유로운 계약 주체들간의 동등한 교환이라는 임금계약 방식을 취하는 역사상 최초의 생산양식이다. 이전의 다른 모든 생산양식들은 경제외적 제재, 즉 친족, 관습, 종교, 법, 정치를 통한 제재에 의해서 작동하였다. … 친족, 종교, 법률 또는 국가와 같은 '상부구조들'은 전-자본주의적 사회구성체에서는 불가피하게 생산양식의 본질적 구조 속에 들어가게 된다. … 결과적으로 전자본주의적 생산양식들은 정치적, 법적, 이데올로기적 상부구조를 통하지 않고서는 정의를 내릴 수가 없다.

다시 말해 자본주의만 그렇게 쉽게 마르크스주의적 언어로 전환하고 해석될 수 있다는 말이다. 전前자본주의적 사회에서는 상부구조가 토대에 속하거나, 좀 더 직설적으로 말하자면 토대와 상부구조의 구분이 무너지며 이와 함께 마르크스주의적 역사관도 무너진다. 전자본주의 사회에 적용하면 메이틀런드Frederic William Maitland의 강력한 『영국 헌법사The Constitutional History of England』[32]로 구현된 '부르주아' 역사기술도 마르크스주의 역사기술과 다를 바 없다.

만약 그렇다면 사실 마르크스주의 역사기술의 거대한 설계는 무효화된다. 더 이상 자본주의를 전자본주의적 경제 구성체economic formation의 결과로서 해석할 수 없게 된다. 한 가지를 설명하는 '운동의 법칙'이 다른 하나는 설명하지 못하기 때문이다. 마찬가지로 자본주의는 스스로 '후기자본주의적' 구성체로 발전한다고 주장하거나 어떤 구성체가 등장할 것인지 예측하는 것도 불가능해졌다. 자본주의 사회 안에서 작동하는 운동의 법칙은 그 사회 고유의 것이고 '임금 계약wage contract'이라는 좁은 영역에만 적용가능한 것이기 때문이다.

신좌파의 어떤 구성원도 그런 비판에 대해 걱정하지 않는다. 앤더슨의 문장들의 권위는 전적으로 마르크스주의적 어휘와 저항의 어조에 기인한다. 이 두 가지는 서로 연결되어 있다. '계급 사회', '매개없는 생산자', '잉여 노동' 추출, '착취' 등에 관한 언급은 모두 매우 설득력 있는 감성적 호소에 의해 통합된다. 자본주의는 "매일, 매시간 불평등과 억압을 재생산한다"라는 주장 안에 그러한 감성주의가 깃들어 있다. "매일, 매시간"이라는 점강법bathos은 톰슨과 윌리엄스를 연상케 한다. 결론이 논증에 의해 증명된 것이 아닌, 단순히 문체에 의해 생산된 것이라는 사실에서 관심을 돌리기 위한 술책이다. '재생산'이라는 단어를 통해 암시되는 인과성은 앤더슨이 제공하는 빈약한 이론으로는 도저히 확립될 수 없다. 하지만 앤더슨은 마르크스주의 어휘로는 충분히 가능하다는 것을 알아차린 것이다. 앤더슨이 제기하는 주장의 결론을 장식하는 똑같은 감상주의는 주장의 전제까지 장식한다. 앞서 1장에서도 지적했듯이 좌파 혁명 운동의 일차적 관심은 언어를 선점하는 데 있고, 우리가 실재를 묘사하는 방법을 바꿈으로써 실재 자체를 바꾸고 이어서 우리가 현실을 인식하는 방법까지 바꾸는 데 있다. 혁명은 곡해曲解 행위에서 시작한다. 프랑스 대혁명과 러시아 혁명에서 여실히 드러난 현상이며 오늘날 대학 캠퍼스 안에서 일어나는 문화 혁명에서도 분명하게 드러난다.

『절대주의 국가의 계보』의 전반적인 태제('절대주의'국가는 자본주의 산물이자 자본주의가 요구하는 정치적 상부구조라는 태제)는 동양적 전제정치를 관개(灌漑) 정치라고 설명한 비트포겔Karl Wittfogel의 명제만큼이나 터무니없다.[33] 이와 더불어 근대 미국은 루이 14세의 프랑스보다도 더 절대주의적이고 더 억압적이라는 기이한 결론에도 불구하고 신좌파의 작가들은 앤더슨의 해석에 본능적으로 끌렸다. 앤더슨의 해석은 자본주의를 일종의 정치적 억압으로 규정하고, 그럼으로써 행동을 위한 촉진제를 제공해주기 때문이다. 그람시의 헤게모니 이론처럼 앤더슨의 해석은 자본주의를 의도적으로 구축된 것으로 보고, 따라서 자본주의 문화를 해체함으로써 자본주의 자체를 해체할 수 있다고 본 것이다.

마르크스주의적 역사쓰기를 바꾸다

『고대에서 봉건제로의 이행』에서 앤더슨은 마르크스주의 역사기술에서 고질적으로 남아있는 문제를 공략한다. 즉, 고대에서 봉건사회로 이행한 경제체제에 관한 문제다. 이 저서는 깊은 학식과 치밀함을 응축한 대걸작이다. 필요한 지점에서는 다른 마르크스주의자들이 이미 제공한 설명을 반복하지만 그런 세탁된 설명들이 부족한 까닭에 앤더슨은 '부르주아' 자료에 크게 의존한다. 그 결과 이 저서는 몇 가지 여담을 제외하고는 결국 부르주아 역사를 기술하게 된다. 고대 사회의 발전은 법과 제도의 관점에서 기술되고 고대 노예제에서 중세 농노제로 '혁명적'인 이행을 해야만 했던 것도 있는 그대로 묘사된다. 즉, 고대 사회의 발전은 파벌들의 교전과 문명의 충돌의 개입이 있는 점진적인 해방의 과정으로서 기술된다.

앤더슨은 로마법이 그러한 이행을 견뎌냈음을 인지하며, 로마법뿐 아니라 다른 많은 정치적, 종교적, 사회적 제도들도 그러했음을 인지한다. 이것은 마르크스주의 이론과는 엄격하게 양립불가능한 사실이다. 그리스도교가 한 제국의 '유물적 토대'를 크게 수정하지 않은 채 제국문화에 크게 영향을 끼치고 또 그 문화를 바꿨다는 사실도 인정한다. 이 또한 마르크스주의 이론과는 양립불가능한 사실이다. 카롤링거^{Carolingian} 왕조의 문명적 위업과 그것이 유럽의 법적, 정치적 현실을 보존하게 한 '새로운 종합$^{new\ synthesis}$'도 인정한다. 이런 방법으로 앤더슨은 유럽 역사에 대한 '부르주아적' 해석을 반복한다. 유럽의 역사는, 세계 모든 역사가 그런 것처럼 말썽을 일으키는 자들의 탐욕, 폭력, 종교적 열성, 그리고 대중의 불안 주기의 방해를 받으며 부단하게 발전한다는 제도들의 역사라는 해석이다. 앤더슨은 봉건제가 경제 체제이기보다는 사법 체제였다는 점, 그리고 봉건제의 본질은 제도의 위계질서 안에 있었고 이 질서를 통해 주권이 민중에게로 '전달'될 수 있었다는 점까지도 인정한다. 마르크스주의와 이렇게 거리가 멀기도 힘들다. 단, '봉건' 관계는 사실 본질적으로 '자본주의적'[34]이라는 명제를 마지막으로 선언해 버린 것만 제외하고는 말이다.

앤더슨은 어떻게 해서라도 늘 쓰던 프톨레마이어스의 주전원과 같은 장치로 마르크스 이론을 유지해보려고 한다.

> 마르크스주의자들 사이에 광범하게 받아들여지고 있는 신념과는 반대로, 생산양식에서의 위기가 보여주는 특징적인 '모습'은 왕성한 (경제적) 생산력이 퇴행적인 (사회적) 생산관계를 뚫고 당당하게 분출하

고, 그 생산관계의 폐허 위에 더 높은 단계의 생산성 및 사회를 즉시 수립하게 되는 그런 모습이 아니다.[35]

이러한 관찰 안에는 마르크스주의 역사관의 종말이 함축되어있음을 알아차리는 대신 앤더슨은 현상태를 공고히 한다. 생산관계는 "새로운 생산력이 창출되고 결합되어 전세계적으로 새로운 생산양식이 수립되기에 '앞서서' 우선 그 스스로가 근본적으로 변화되고 재편성되어야만 한다."[36] 그런데 이러한 수정은 마르크스가 가정한 인과성을 거꾸로 뒤집어 놓는 셈이 된다. 즉 '생산관계'는 그것을 안내하고 제어하는 법과 제도에 의해 '위로부터 결정'될 수 있다는 입장을 채용하여 부르주아 역사학자들와 합류할 선택권이 우리 앞에 놓인 것이다. 이것은 앤더슨이 제시한 사실들로부터 도출할 수 있는 가장 합리적인 결론이다. 마르크스주의 이론이 요구하는 토대와 상부구조의 구분이 더 이상 유효하지 않다는 얘기다. 고대에서 봉건사회로의 이행이야말로 그러한 구분을 무효화시킨다. 그리고 이미 신빙성을 잃은 설명이 (일종의 프톨레마이어스적 왜곡을 통해) 구제될 수 있음을 상정한다는 측면에서 마르크스주의 언어('생산 관계', '생산력', '생산자' 등)는 쓸데없고, 오히려 과학적으로는 해로운 언어라는 사실을 드러내준다.

내가 앞서 언급했듯이, 혁명은 현실 세계를 신어라는 상자 안에 넣음으로써 시작된다. 그리고 혁명은 현실 세계가 그 상자를 벗어나 있는 그대로 드러날 것에 대한 두려움에 시달린다. 앤더슨이 수행한 것처럼 부르주아 역사를 마르크스어Marxese로 다시 쓰는 것은 마치 하이든Franz Joseph Haydn의 소나타 악장을 수정하여 딸림음을 지속적인 드럼소리로 대체하는 격이 된다. 즉 모든 것을 재앙의 징조로 감염시키지만 어떤 것도 제대로 해소되지 않는다. 신좌파의 지적 노력은 마르크스주의 이론을 증명하는 데 있지 않고 마르크스주의 이론이 마치 진실인 것처럼 세계를 묘사하는 데 있다. 그래서 기존의 사실들이 모두 저 멀리서 들려오는 억압받는 자들의 목소리를 떠올리도록 재구성된다. 앤더슨이 "언어는 물질적 변화를 뒤따르기보다는, 앞서 가서 오히려 물질적 변화를 기다리고 있을 때가 있다"[37]라고 말할 때는 이것을 염두에 두고 한 말일 것이다. 언어는 우리의 사고를 형성하고 우리의 사고는 우리의 행동에 영향을 미치며 우리의 행동은 세계를 바꾼다. 이것이 '관념론'이라면 관념론도 나쁘지 않다는 입장이다.

그런데 앤더슨은 이 지점에서 머뭇거린다. 이제는 행위agency라는 문제에 직면했기 때문이다. 신좌파의 언어는 고발과 저항의 언어다. 그런데 그런 자세는 신좌파의 표적이 자기가 야기한 변화에 대한 책임을 질 수 있는 행위자로서 간주되어야 말이 된다. 톰슨은 이러한 결과를 달갑게 받았다. '계급투쟁'이라는 게 존재한다면 그것은 계급이 공동의 정체성, 책임 그리고 집단적 삶을 동기로 삼은 역사의 주역protagonist이기 때문이라는 것이다. 톰슨이 보기에 영국의 노동계급은 '즉자적' 계급으로서의 자기의식으로 형성되었고, '대자적' 계급은 결국 같은 것이 된 것이다. 내가 앞서 주장했듯이 이와 같은 사고의 결과는 이론적으로나 정서적으로나 극히 반反마르크스주의적이다. 그러니까 톰슨의 태도에 대해 앤더슨이 격노한 것도 그렇게 놀랄 일도 아니다.

심각한 분쟁은 모두 진영 내부에서 일어난다는 좌익 신념이 드러나는 그런 격론에서 앤더슨은 행위자의 문제를 거론하며 톰슨을 표적으로 삼는다. 프라우다[v]식으로 당의 기본 방침을 공표하듯 다음과 같이 말한다.

'사회 질서'의 문제는 의도(혹은 가치평가)의 단계에서 모색되는 한 해결

---

v Pravda: '진리·진실'이라는 뜻으로, 소련 공산당 중앙위원회의 기관지를 말한다.

될 수 없다.

의지의 타래가 아무리 복잡하게 얽혀 있어도, 의지들의 투쟁의 속성이 아무리 계급적이어도, 최종 결과가 책임을 진 행위자로부터 아무리 소외되었더라도 상관없이 말이다. 생산의 지배적 양식은 사회구성체에 근본적 통일성을 부여하는 것, 사회구성체 내 각 계급에 해당하는 객관적 위치를 설정하고 행위자를 할당하는 것이며 그래야만 한다. 이것의 결과는 전형적으로 계급투쟁의 객관적 과정이다.[38]

그런데 동시에 앤더슨은 이 방침이 마음에 들지 않는다. 행위자가 있음을 부정함으로써 계급과 계급의 주창자들을 모두 '객체'로 격하시키고 '계급투쟁'을 단순히 '객체적'인 것으로 강등시키는 게 마음에 들지 않는 것이다.

이런 딜레마에 봉착한 앤더슨은 자주 깜빡하고 부르주아적 정직함으로 탈선하며 다음과 같이 자백하기도 한다. "러시아혁명은… 새로운 종류의 역사의 첫 구현이 된다. 전례없는 형식의 행위주체성에 기반을 둔 역사다." 다시 말해 혁명은 당하는 것이 아니라 행하는 것이라는 말이다. (그래서 오늘날 러시아 역사 교과서는 이 사건을 혁명이라 칭하지 않고 쿠데타라고 표현한다. 이로써 어진 지도자 푸틴을 대량학살자 레닌과 거리를 두게 하는 것이다.) 그럼에도 앤더슨은 당연하게 도출되는 결론을 받아들이지 못한다. 즉, 근현대 역사는 물질적 변화보다는 집단적 선택의 연속에 더 가깝다는 결론이다.

앤더슨은 알튀세르의 혼탁함을 빌려와 이 딜레마에서 자신을 구제한다. 톰슨의 '개념적 오류'에 대해 그는 다음과 같이 주장한다.

[톰슨의 개념적 오류는] 행위자라는 단일한 규정 아래 개인적 혹은 국지적 단계에서는 의식적 의지이지만 사회적 발생으로서는 완전히

무의식적인 행위들과 사회적 발생 단계에서도 의식적인 의지인 행위들을 혼합시키는 데 있다.[39]

위 문장을 보면 알튀세르의 강조적 무의미함이라는(강조적 무의미함이라고 해야 할까) 장치가 신좌파에게 얼마나 유용한지 알 수 있다. 톰슨이 그토록 책망을 받는 이유는 무엇보다도 알튀세르를 사기꾼이라고 본 입장 때문이다.

앤더슨에게 이의를 제기하는 것 자체가 요령부득이다. 이데올로기적 대치에 사용되는 그의 문체를 보면 마르크스주의적 신어가 그에게 사유의 도구가 아닌 사유를 피하기 위한 수단이 되었음을 알 수 있다. 과학과 연금술의 구분이 더 이상 중요하지 않다고 말하는 지적 부정직에 오염되지 않은 것이 톰슨이 범한 그토록 무도한 행위라는 것이다. 톰슨은 "전횡적 권력과 법의 지배 사이에는 차이(현대 마르크스주의자들이 간과한 부분이다)가 있다"[40]라고 우길 준비까지 되어있었다는 것이다. 이에 대해 앤더슨은 집요하게 항의하며 있는 궤변술은 다 동원하여 톰슨을 공격하는데, 결국 "전제정치는 법에 의한 통치를 지극히 잘 수행해낼 수 있다. 그 자체의 법에 의한 통치다"[41]라고 주장하는 데까지 이른다.

사실 공산주의적 전제정치에서 법치란 불가능하다. (비밀경찰과 당원들은 사실상 면제되는) 전제정치국 스스로가 제정한 법으로도 불가능하다. 이같은 사실이 유입될 수 있는 문 뒤에 쌓인 이데올로기적 쓰레기를 싹 치워버렸다는 점에서 톰슨은 신좌파에게 불편한 인물이 된 것이다. 앤더슨의 논쟁적 글쓰기 이면에는 현실 세계의 해악한 침범으로부터 '사회주의의 진리'를 구하기 위한 절실한 시도가 진전되고 있다.

하지만 결국 신좌파의 요새화된 언어는 그것의 정서적 생존을 보장해주지는 못했다. 앤더슨이 『뉴레프트리뷰』를 이끄는 시기 동안 이미 거짓이라

밝혀진 마르크스주의 역사의 신화를 유지하는 것이 필수 과업이 되었다. 예컨대, 영국의 노동계급은 그 자체의 자기의식에게 배반당함으로써 혁명적인 '사회주의의 길' 대신 입헌제를 선택할 수밖에 없었다는 신화가 그것이다.[42] 여기서는 '배신당한 혁명'이라는 트로츠키의 허위 이론을 받아들여야 할 당위성이 있었다. 왜냐하면 "혁명에 대한 진지한 마르크스주의적 연구가 항상 보여주듯, 부족이 만연한 가혹한 내부 환경이 제국주의적 군사포위라는 외부적 비상사태와 결부되어 소련 안에 관료화 상태를 야기"했기 때문이다.[43] 여기서 선택한 언어는 흥미로운 사실을 드러낸다. 올바른 결론을 생산해내지 못하면 그것은 제대로된 마르크스주의가 아니라고 말한다. 게다가 후일의 혁명들은 스탈린화에 의해 야기된 힘의 균형의 변동으로부터 유익을 얻었기 때문에 스탈린화는 장기적으로 볼 때 결국 좋은 결과를 양산했다는 것이다. 앤더슨이 언급한 '부족'이 사실은 레닌과 볼셰비키에 의해 의도적으로 조장됐다고 입증할 결정적 증거를 축적한 부르주아 역사학자들의 주장은 그야말로 입에 담을 수도 없는 말이 된다. 어쩌다 신좌파 진영에서 탈주한 사람이 불편한 얘기를 할 때면 스탈린적 신어 기구를 총동원하여 그를 매장시킨다.

> 알튀세르가 소환하길 원했던 레닌주의는 대중의 관료적 조작과 중국 공산당 제국주의와의 외교적 야합에 의해 짓밟혔다. 알튀세르는 순진하게도 레닌주의를 중국 공산당에 투영한 것이다. 서구에서 마오이즘은 우파로 돌아선 수많은 변절자들을 낳았다. 한때 알튀세르가 극찬한 글뤽스만과 푸코는 오늘날 냉전의 정신으로 한때 톰슨이 극찬했던 콜라코브스키과 경쟁한다. 오늘날 지식인 사회에서 사회주의 휴머니즘의 지지자들 중 솔레르만큼 바닥으로 떨어진 사람도 없을

것이다. 이제와서 유물론적 반휴머니즘을 주창하는 사람들이다.[44]

『역사유물론의 궤적In the Tracks of Historical Materialism』(1984)에서 앤더슨은 한 때 『뉴레프트리뷰』의 지면을 메우던 대륙 문화에 등을 돌린다. '구조주의'와 '후기구조주의'는 실행 가능한 마르크스 철학을 모색하는 데 적대적인 것으로서 유기된다. 파리는 '반동의 수도'로, 또한 트로츠키주의 대안은 프랑스식의 '탈선적 언어'와 그런 언어의 편파성에서 파생되는 신화와 환영에 오염된 것으로 비난받는다. 좌파에 대한 완강한 충성을 반복적으로 공표한 것으로 존경을 받는 하버마스까지도 해방의 진정한 주역, 즉 혁명적 노동계급을 이어주는 교량 역할을 하는데 실패했다고 앤더슨은 평가한다. 이런 식으로 앤더슨의 적개심은 계속된다. 앤더슨이 논의의 초점을 바꾸고 그의 적을 바꿨다는 사실은 그리 흥미롭지 않다. 정말 흥미로운 것은 앤더슨의 글 안에서 변하지 않은 채로 한결같이 버티고 앉아있는 한 가지 거대한 환영이다. '해방'을 원할 뿐 아니라 앤더슨과 같은 사람들과 연대함으로써 해방을 추구하는 혁명적 노동계급이라는 신화가 바로 그것이다.

영국에서의 '문화혁명'은 그것이 그람시주의 이론의 '역사적 블록'을 기반으로 삼았기 때문에 결국 죽어버렸다. 그 블록의 결정적인 부분, 즉 혁명적 노동계급은 1970년대 중에 어디론가 무단이탈해 버렸다. 이후 문화전쟁은 한 번도 혁명적 프롤레타리아가 없었던, 그래서 장악할 것이 문화밖에 없는 미국으로 넘어간다. 좌익과 그것을 둘러싼 '자본주의' 질서의 주된 싸움터는 여전히 문화였지만 이제는 프롤레타리아와의 동맹을 언급하지 않은 채 이 싸움을 문화적으로만 바라본 사람들이 싸우게 되었다. 톰슨이나 앤더슨과는 달리 미국의 문화 투사들은 파리에서 생산된 구조주의 및 후기구조주의를 배척하지 않았고, 오히려 커리큘럼 전체를 재형성하는 열쇠로서 기꺼이 받아들였다. 이 작업에 특별히 영향력을 행사한 두 인물이 있는데, 리처드 로티Richard Rorty와 에드워드 사이드Edward Said다. 혁명적 노동계급과의 연대는 단념한 대신 이들은 자국 문화의 정당성에 대한 믿음을 미국의 문화유산 속에서 완전히 제거하는 데 집중했다.

로티, 객관성을 거절하다

리처드 로티(1931-2007)는 참인 것과 실용적인 것 사이의 구분을 거부하는, 자칭 '프래그머티스트pragmatist'다. 로티의 말을 직접 들어보자.

> 프래그머티스트는 진리를… 믿으면 **우리에게 좋은 것**이라고 본다. … 그들은 진리와 정당화 간의 간극을 자연적이고 초문화적인transcultural 종류의 합리성(어떤 문화를 비판하고 다른 문화를 칭찬하는 데 사용될 수 있다)을 따로 떼어냄으로써 메워야 하는 것으로 보지 않고, 그저 현실적으로 좋은 것과 가능적으로 더 좋은 것 간의 간극으로 본다. … 실용주의자에게 객관성의 욕구란 자기 공동체의 한계를 벗어나려는 욕구가 아니라, 그저 가능한 한 많은 상호주관적 합의를 이루려는 욕구, 할 수 있는 한 '우리'라는 지시를 확장하려는 욕구다.[45]

프래그머티즘pragmatism은 우리로 하여금 '초문화적… 합리성'이라는 개념을 유기하도록 한다. 객관성과 보편적 진리라는 구舊사상은 아무 의미가 없다. 중요한 것은 **우리**가 합의한다는 점이다.

그렇다면 우리는 누구인가? 그리고 우리가 합의하는 내용은 무엇인가? 로티의 에세이를 보면 금방 찾을 수 있다. '우리'란 페미니스트, 자유주의자, 오늘의 급진적 대의와 개방 교육과정을 지지하는 자다. '우리'는 하나님을 믿지 않으며 그외 어떤 세습된 종교도 믿지 않는다. 권위, 질서, 자기훈육이라는 옛 사상도 '우리'에게는 의미를 가지지 못한다. 텍스트가 의미하는 바는 '우리'가 결정하는데, '우리'는 우리가 사용하는 언어를 통해 우리를 포함하는 합의를 생산함으로써 결정한다. '우리'가 스스로 선택한 공동체 외에는 '우리'를 제약할 수 있는 것은 없다. '우리'의 자기생성적 self-engendered 합의 외에는 어떤 객관적 진리도 없기 때문에 그 합의를 벗어난 관점에서라면 어떤 공격도 유효하지 않다. 프래그머티스트는 무엇을 사유할지 결정할 뿐 아니라 같은 사유를 공유하지 않은 사람들로부터 자기들을 보호한다.

로티의 논변은 미국의 전통적인 고급 문화는 '부르주아적' 산물이 아닌, 계몽주의의 표현이라는 점을 상기시킨다. 국민주권설을 영속적인 법치주의로 옮겨 놓기 위한 비범한 시도에 의해 예치된 것이 미국의 고급문화라는 것이다. 계몽주의적 관점에서 계몽주의는 보편적 가치와 공통된 인간성 예찬을 동반했다. 인간은 자유롭고 자기창조적이라는 이상을 입증하기 위한 영웅적 사명을 지닌 계몽주의 기술은 장소와 시대, 문화를 막론하고 퍼져나갔다. 이러한 이상이 옛 커리큘럼을 형성했고 이것을 문제시하는 것이 미국의 포스트모던 대학의 일차적 관심이 되었다.

사이드, 문화적 자살행위의 물꼬를 트다

이것은 내가 언급한 또 다른 상대주의적 구루guru, 에드워드 사이드(1935-2003)의 인기를 설명해준다. 30년 전 출판된 사이드의 주요 저서『오리엔탈리즘Orientalism』에서는 동양의 사회, 예술, 문학을 연구하고 논평을 개진한 서구 학자들을 질타하고, 동양 문명를 폄하하는 오리엔탈리스트들의 우월주의적 태도를 비난한다. 사이드에 의하면 서구의 눈에 동양은 병약한 나태와 공허한 도취로 빚어진, 서구 가치관에 새겨져 있는 활기나 근면은 부재한 세계, 그래서 경제적, 지적 성공을 위한 자원으로부터 근절된 세계로 비쳐졌다. 서구의 식민주의적 침입자 자신의 눈부신 얼굴만 반사되어 그 외 아무것도 보이지 않는 불투명한 유리, 즉 '타자'로서 묘사되어 왔다는 것이다.

사이드는 그의 논제를 매우 선별적인 인용문들을 통해 개진하는데, 그가 참조하는 동서 교류의 범위는 매우 좁다. 동양을 묘사하는 서양의 언어에 온갖 경멸과 독심을 쏟아붓지만, 동양에서 서양세계를 어떻게 묘사하는지는 살펴보지 않고, 또 누가 누구에 대하여 불공평했는지를 판별하는 데 요구되는 어떤 비교평가도 시도하지 않는다.

사이드는 자기보다 이슬람 세계와 그 문화를 훨씬 더 잘 아는 버나드 루이스Bernard Lewis와 같은 살아있는 학자들만 표적으로 삼은 것이 아니었다. 그는 가히 서구 문명의 진정한 도덕적 업적이라고 할 수 있는 학문적 전통 자체를 공격했다. 계몽주의의 오리엔탈리스트 학자(동양학자)들은 1717년 갈랑Antoine Galland의『천일야화千一夜話』번역으로 시작하여 괴테의『서동시집West-Ostlicher Diwan』, 그리고 피츠제럴드Edward Fitzgerald의『오마르 하이얌의 루바이야트Rubaiyat of Omar Khayyam』에 이르기까지, 이제는 서구 유산에 깊이 안착된 작품들을 저술하였다. 물론 이 전통도 일종의 차용이었다. 즉 이슬람권의 재료를 서구적 관점에서 재구성한 것이다. 그런데 이 전통을 동양에 대한 찬사로 보지 않고 모욕으로 보는 이유는 무엇인가? 남을 근본적으로 '타자'로 인식한다면 차용은 애초부터 불가능하다.

사실은 동양 문화가 그것을 연구한 서구 학생들에게 빚을 졌다고 할 수 있다. 18세기 압둘 와합[Abd al-Wahhab]이 아라비아 반도에서 서적을 불태우고 반대하는 사람들의 목을 베는 등 매우 추악한 형식의 이슬람을 구축하고 있었을 당시, 윌리엄 존스[William Jones]는 자기가 수집하고 번역할 수 있는 페르시아 및 아랍 시를 모두 모으며 고등법원 판사로 일하기 위해 콜카타[Calcutta]로의 출항을 준비했다. 콜카타에서 그는 인도 언어 및 문화 연구의 영역을 개척했다. 와하비즘은 윌리엄 존스와 비슷한 시기에 인도에 상륙했다. 상륙한 즉시 무슬림들을 과격화했고, 존스가 판사로서 애써 막으려고 했던 문화적 자살행위를 착수시켰다.

오리엔탈리스트들에게 잘못이 있다면 그들의 우월주의적 식민주의 태도가 아닌, 오히려 리처드 버튼[Richard Burton]과 토머스 로렌스[T.E. Lawrence]식으로 현지인처럼 행동하려고 한 한탄스러운 경향이었다. 이슬람 문화를 너무나 사랑한 나머지 정작 사람들에 대한 인식은 사라지고, 로렌스의 경우처럼 사람과 문화는 더 이상 공통점이 없다는 것을 인지하지 못한 것이다. 그럼에도 그들의 저술들은 서구 문명의 보편주의[universalism]를 격찬한 빼어난 작품들이고, 로버트 어윈[Robert Irwin]에 의해 비로소 그 오명이 벗겨졌다. 어윈은 그의 저서에서 사이드의 『오리엔탈리즘』은 알레스터 크로울리[Aleister Crowley]와 블라바츠키 여사[Madame Blavatsky]의 저술들과 비슷한 식의 사이비 학문임을 보여주었다.[46] 어윈은 사이드의 저서에 담겨 있는 실수, 부주의 그리고 노골적인 거짓말을 들춰내는데, 과거에 분명하지 않았다면 이제는 더욱 자명해진 바, 대학에서 사이드가 그토록 인기를 누린 이유는 서구문명에 대항할 수 있는 무기를 그가 제공해주었기 때문이다.

이것은 침울한 결론이다. 미국에서의 문화전쟁은 좌파의 압승으로 종식되었음을 암시하기 때문이다. 서구 문화의 방호자로 임명된 자들이 도리어 자기의 문화적 유산을 훼손하기 위해 결점 투성이인 허위 논변과 학문을 무분별하게 움켜잡는다. 우리는 오스만 제국이 경화된 후 이슬람이 겪은 것과 비슷한 그런 문화적 자살행위의 시대에 접어들었다. 사이드에 고무된 학생들은 먼저 그 뛰어난 오리엔탈리스트들을 인도한 세계관을 경멸하도록 배우고, 곧이어 그 세계관을 폐기하도록 배운다. 오리엔탈리스트들은 서구 문화에 푹 젖어있는 사람만 꿈꿀 수 있는 바를 수행했는데, 바로 자기 문화 이외의 문화를 구제하는 일을 수행한 것이다.

물론 사이드는 그런 구제하는 일 자체를 맹렬하게 비판하고 그 일을 고무한 문화도 함께 비판한다. 사이드가 말하는 것은, 문화는 그 문화의 시점, 즉 내부의 시점에서 평가해야 하지만 서구 문화만 외부의 시점에서 평가하라는 것이다. 서구 문화는 다른 대안들과 대조하여 불리하게 평가해야 하고, 자민족 중심주의와 인종차별주의의 죄로 고발하라는 것이다. 그런데 옛 미국 문화에 대한 비판은 오히려 미국문화가 호의의 문화라는 주장을 뒷받침해준다. 계몽주의와 그것이 주창하는 인간 가치에 대한 보편주의적 입장 덕분에 인종 및 성평등이 미국인들에게 상식적인 차원에서 호소력을 가질 수 있었다. 미국인들이 가진 인간에 대한 보편적 이상 때문에 자국의 예술과 문학에 그토록 엄격한 잣대를 적용하는 것이다. 다른 문화를 수용하려는 바로 그 특징 때문에 서구 예술은 도리어 사이드의 심한 비난을 받는다. 아랍, 인도, 아프리카의 전통 예술에서는 찾아보기 힘든 그런 수용적 면모 때문에 그토록 매를 맞는 것이다. 오늘날 다문화주의라는 이름으로 제창되는 그 어떤 것보다도 창의적인 다문화주의적 접근이 우리의 예술 전통 안에 있다는 점을 발견하지 못하는 것은 매우 근시안적 사고라고 해야겠다. 우리의 문화는 보편적 인간 가치를 창도하며 정서의 역사적 공동체 의식을 자아낸다. 기독교적 경험에 뿌리를 두고 있지만 상상의 세계에까지도 편견 없이 퍼져나가는 풍부한 인간 감성이라는 원천에서 힘을 얻는다. 『광란의 오를란도』Orlando Furioso에서 바이런Lord Byron의 『돈후안Don Juan』, 몬테베르디Claudio Moteverdi의 『폼페이아의 대관Poppeia』, 롱펠로Henry Longfellow의 『하이어워다 이야기Hiawatha』, 『겨울밤 이야기The Winter's Tale』에서 『나비부인Madama Butterfly』, 『대지의 노래Das Lied von der Erde』에 이르기까지 우리의 문화는 기독교적 지도에 포함되지 않은 영성의 영토를 지속적으로 탐험해왔다.

계몽주의는 우리에게 객관적 진리라는 이상을 제시하며 종교적 교조주의라는 안개도 거두어주었다. 종교의식과는 단절된 도덕적 양심은 이제 외부의 눈으로 자신을 보기 시작했다. 동시에 샤프츠베리3rd Earl of Shaftesbury, 허치슨Francis Hutcheson, 흄David Hume 등에 의해 강력하게 주창되었던 보편적 인간 본성에 대한 신념은 회의적인 태도에 저항했다. 인간 감정을 추적한 샤프츠베리와 흄의 작업이 단순히 '서구' 문화를 연구한 것이라는 주장은 당시 사람들에게는 터무니없는 말로 들렸을 것이다. 예술과 문학 연구를 포함한 '도덕 과학'들은 엘리엇에 의하면 "진정한 판단을 향한 공통의 추구"로 이해되었다. 이 공통의 추구는 빅토리아 시대의 빼어난 사상가들의 중대한 관심사였다. 그들은 사회학과 인류학을 처음으로 맛 본 후에도 그들의 연구 결과의 객관적 타당성과 그 안에서 발견될 인간본성의 보편성을 믿은 사람들이었다.

문화 전쟁의 결과 이 모든 것이 완전히 바뀌었다. 객관성 대신 우리에게 남아있는 것은 '상호주관성inter-subjectivity'뿐이다. 다시 말해 합의다. 진리, 의미, 사실, 가치 등은 이제 협상의 여지가 있는 것으로 간주된다. 그런데 참 이상한 것은 이런 흐리멍덩한 주관주의는 언제나 엄격한 검열과 쌍을 이룬다는 것이다. 진리의 자리에 합의를 놓는 사람들은 곧장 참된 합의와 거짓된 합의를 구별하기 시작한다. 불가피하게 합의는 '좌편'에 있다. 도대체 왜 그런지에 대해 답하는 것이 이 책의 목적이기도 하다.

따라서 로티식의 '우리'는 모든 보수주의자, 전통주의자, 반동분자 등은 제외한다. 자유주의자들만 속할 수 있다. 페미니스트, 급진파, 동성애 운동가, 반권위주의자들만 해체론을 활용할 수 있다. '권력'에 반대하는 자만 푸코의 도덕적 사보타주^{sabotage} 기술을 사용할 수 있고 '다문화주의자들'만 계몽주의 가치를 폄하하는 사이드의 비판을 사용할 수 있다. 하지만 피할 수 없는 결론이 있다. 주관성, 상대성, 비합리성은 모든 의견을 수용할 목적으로 주창되는 것이 아니라, 역으로 옛 권위와 객관적 진리를 믿는 사람들의 의견을 배제하기 위해 주창된다는 결론이다. 새로운 문화를 옛 문화와 비교하여 정당화하는 것이 아닌, 둘 중 어느 것도 선호될 근거가 없다는 것을 보여줌으로써 정치적 투신^{投身} 외에는 아무것도 남지 않게 하는 것이다. 그람시의 새로운 문화적 헤게모니로 가는 첨경이 바로 이것이다.

따라서 푸코, 데리다, 로티가 도입한 상대주의적 '방법론'을 지지하는 자들 대부분은 절대적이고 비타협적인 언어로 탈선을 비난하는 정치적 올바름$^{political\ correctness}$의 코드를 극렬하게 지지한다. 상대주의 이론은 절대주의적인 교리를 뒷받침하기 위해 존재하는 것이다. 따라서 해체주의의 선두적 성직자급인 폴 드 만$^{Paul\ de\ Man}$이 한 때 나치 동조자였다는 사실이 알려지면서 해체주의 진영에 발생한 극심한 혼란은 놀랄 일이 아니다. 만약 폴 드 만이 한 때 공산주의자였다는 것이 알려졌다면 비슷한 혼란이 야기되었을 것이라고 말하는 것은 역연한 헛소리다. 그가 거대한 공산주의적 만행에 직접 가담했다는 사실이 드러나도 마찬가지다. 오히려 루카치, 메를로 퐁티, 사르트르 등에게 부여되었던 동정 가득한 찬동을 얻었을 것이다. 해체주의자들이 그토록 맹렬히 공격한 '의미'는 '우리'의 의미가 아니다. '우리'의 의미는 원래의 과격하고 평등주의적이고 관습타파적인 모습으로 온전하다. 공격의 대상은 '저들'의 의미다. 예술적 사고의 전통 안에 격리되어 있는 의미, 세대에 걸쳐 낡아빠진 학술적 전통에 의해 대물림된 의미다.

이 모든 것은 영국과 미국의 문화 전쟁의 현주소를 고려하는 데 있어서 유념할 필요가 있다. 팽배한 주관주의에 오랫동안 면역이 되어 있는 철학과 같은 분야가 있지만, 철학도 굴복하기 시작했다. "자연적이고 초문화적 종류의 합리성"을 고집하는 교사들, 즉 인간조건에 대하여 영속적이고 보편적인 참을 거론할 수 있다고 믿는 교사들은, 합리적 논증을 협상으로 대체하기 시작한 학생들에게 그 호소력을 점점 잃고 있다. 아리스토텔레스의 윤리학을 가르치고 아리스토텔레스가 앞세운 추덕樞德, cardinal virtues은 고대 그리스인에게 그랬듯이 오늘을 사는 우리의 행복에도 기여한다는 점을 짚어 주는 것에 대해 오늘날의 학생은 몰沒이해로밖에는 반응하지 못할 것이다. 오늘날의 학생은 호기심 정도만 간신히 감당해낸다. '그건 그들의 해석이고, 내 해석은 또 모르지 않냐'는 식의 태도가 이제는 굳어져 버렸다.

이런 갈피 못 잡는 회의론에 봉착한 학생은 믿음의 도약을 택해야 할 것이다. 이 도약은 절대로 뒤로 가지 않는다. 구 커리큘럼, 구 정전, 객관적 기준과 안정된 삶이라는 구 신념으로는 도약하지 않는다. 이 도약은 언제나 앞으로 향한다. 권위있는 것이라곤 아무것도 없고, 어떤 것도 객관적으로 옳거나 틀리지 않은 그런 세계로 향한다. 이런 포스트모던 세계에는 불리한 판결이란 없다. 물론, 불리한 판사에 대한 판결은 예외다. 이 세계는 모두가 나름의 문화, 생활방식, 의견을 마음대로 표현할 수 있는 유희의 세계다.

 아이러니컬한 것은 바로 그렇기 때문에 포스트모던 커리큘럼 안에는 트집잡는 자세가 두드러지게 나타난다. 자유주의가 비판적인 것처럼 말이다. 모든 것이 용인되면 금지자를 금지시키는 것이 필수적인 것이 된다. 모든 유의미한 문화는 옳고 그름, 참과 거짓, 좋은 취향과 나쁜 취향, 지식과 무지의 구분을 기반으로 삼는다. 이러한 구분을 보전하는 것이 인문학의 과업이었다. 때문에 인문학 커리큘럼을 공격하고, '정치적 올바름'의 기준(정치적 올바름은 결국 비-배제성과 비-판단을 위한 기준이다)을 강요하려는 시도는 동시에 좌파의 정통성을 의문시하는 모든 권위들을 맹렬하게 비판하도록 설계된다.

 이러한 패러독스에 대한 잠재적 자각이 내가 언급한 구루들의 유명세를 설명해준다. 상대주의적 신념은 어떤 공동체, 즉 정처 없는 자들의 이른바 새로운 움마^{ummah}를 유지해주기 때문에 존속한다. 때문에 로티와 사이드의 사상 안에서 우리는 표리부동한 목적을 발견한다. 한편으로 모든 절대적인 진리를 배척하고, 다른 한편으로는 그들의 신도들이 의존하는 정통파 신앙을 지키고자 하는 이중적인 목적이다. 객관적 진리와 절대 가치에 대한 신념을 파괴하기 위해 개진된 논변은 결국 정치적 올바름을 절대 구속력이 있는 것으로, 그리고 문화 상대주의를 객관적으로 참인 것으로 강요하게 된다. 그람시의 문화 혁명은 미국의 캠퍼스와 『뉴욕 리뷰 오브 북스』로 옮겨져 무엇이든 본능적으로 배척하는 좀먹는 유충이 되어버렸고, 그것이 파괴한 자리에는 절망적인 상대주의만이 남아 있다. 문화 전쟁의 결론은 구문화는 아무런 의미가 없다는 것이다. 의미할 거리가 애초부터 없었기 때문이라는 것이다.

심해에서 올라온 괴물

바디우와 지젝

8장

괴물이 말하다

그람시가 시작한 문화전쟁은 앞서 기술한 공허한 상대주의를 결론으로 용두사미로 끝났다. 그람시는 부르주아 문화를 새롭고 객관적인 문화적 헤게모니로 대체하고자 했다. 하지만 이 기획은 도리어 객관적인 것을 거부하고, 부정negative의 입장을 견지하는 미국의 일련의 교수들에 의해 좌절되었다. 한동안 혁명적 기획은 종결된 것처럼 보였다. 프랑스의 68혁명 출신 마오주의자들은 자취를 감추거나 스테판 쿠르투아Stéphane Courtois처럼 반공 진영에 합류했고, 페리 앤더슨은 『뉴레프트리뷰』의 편집장직을 그만두고 '부르주아' 언론사에서 정치 분석가로 활동하기 시작했다. 윌리엄스, 톰슨, 들뢰즈, 로티, 사이드는 모두 세상을 떠났고, 하버마스는 갈피 못 잡는 관료적 글쓰기 안에 좌파적 메시지를 심어놓느라 정신이 없었다. 그 사이에 소련의 공산주의 체제는 붕괴되었고, 중국은 역사 안에 존재했던 모든 정부 체제의 가장 극악한 특성들을 광란의 소비주의 안으로 끌어들이며 초국가적 자본주의의 중심지로 급부상하고 있었다.

그런데 바로 이 시점, 21세기로 접어드는 순간 심해에서 괴물이 꿈틀거리기 시작했다. 이 괴물이 안일함이라는 바다 위로 떠올랐을 때 그것은 마르크스와 사르트르처럼 말을 했다. 형이상학이라는 언어를 사용하면서. 소비문화의 허식을 제쳐두고 태고의 모습primordial guise으로 「라인의 황금Das Rheingold」에서 에르다Erda(운명의 여신)처럼 현상계를 침투하는, 현존재Being 자체의 목소리로 나타난다. 이런 일은 프랑스에서나 일어날 수 있지만, 이미 일어났으니 이제는 사상계 전체를 돌아다니며 추종자들을 모집했다.

　프레게의 『산수의 기초Foundations of Arithmetic』와 러셀의 기술 이론은 존재와 다수성multiplicity과 같은 개념들을 형이상학적 지하세계에서 형식논리학의 빛 가운데로 꺼내왔다. 위 두 저서로부터 분석철학은 '존재로서의 존재' 문제를 다루기를 꺼리는 경향을 물려받았다. 소크라테스 이전 파르메니데스Parmenides의 시에서 궁리해보고 플라톤의 가장 난해한 대화편에서도 논의되는 문제들, 가령 보편적 일자一者, the One가 있는지, 여럿이 일자의 부분인지 등에 관한 문제들은 영미 철학에서 분명하게 계승되지 못한다.[1] 궁극적 실재의 유일성one-ness을 둘러싼 난제들은 이슬람 철학에서 물려받아 스피노자에서 정점을 찍는데, 비트겐슈타인의 말을 인용하자면, "언어를 통해 우리의 지성에 건 마법"이라 여겨진 까닭에 제쳐두게 된다. 존재, 즉 'being'은 우리가 단순히 'be-ing', 'be-ness'로 쓰고 혹은 하이데거처럼 다양하게 나눠놓는다고(being-to-hand, being-towards-death, in-advance-of-itself-being, 등등) 정당한 연구분야가 되는 것이 아니다. 우리는 존재를 지시적 논리logic of reference, 즉 지시와 동일성 사이의 관계를 살펴봄으로써 파악할 수 있다. 그렇게 파악할 수 있다는 것이 매우 인상적인 철학적 전통의 전제가 되기도 한다. 스트로슨Peter Frederick Strawson의 『개별자들Individuals』, 위긴스David Wiggins의 『같음과 실체Sameness and Substance』, 콰인W.V.O. Quine의 『단어와 대상Word and Object』, 기치Peter Geach의 『논리적 문제Logic Matters』, 크립키Saul Kripke의 『이름과 필연Naming and Necessity』 등을 포함해 어렵지만 빼어난 저서들이 그런 전통을 이루고 있다.

이러한 전제는 프랑스에서는 뿌리내리지 않았다. 시간과 의식을 고찰한 베르그송, 헤겔을 재발견한 코제브가 지나간 후 프랑스 철학은 존재$^{be-ing}$, 'be-ing' 혹은 'be-ness'로 관심을 돌렸다. 하이데거의 『존재와 시간』이 등장했을 때 사르트르는 충격을 받았다. 마치 존재 자체와의 친밀한 만남을 처음으로 전달하듯, 기이하고도 강력한 언어로 이루어진 『존재와 시간』은 프랑스 철학의 흐름을 바꿔놓았다. 그 후 프랑스 철학자들은 소위 '존재-부러움$^{be\text{-}ness\ envy}$'에 시달려 왔다. 철학적 사유의 진정한 역량을 놓친 것 같은 기분에 어떻게 해서든 존재를 사로잡아 나름대로 활용하고, 특히 프랑스 대혁명의 곡조에 맞게 조율하겠다는 강박이 생긴 것이다. 사르트르의 수작 『존재와 무』도 그렇게 집필된 것이다. 마찬가지로 들뢰즈의 『차이와 반복』은 6장에서도 언급했듯이 존재를 차이로 치환하고 시간을 반복으로 치환하려는 시도였다. 그렇게 들뢰즈는 '서구' 사상사의 근간(들뢰즈가 파악한 근간) 전체를 전복시키고자 했다.

라캉을 계승한 바디우

이와 유사한 인과성이 알랭 바디우가 서문에서 스스로 '위대한' 철학적 저작이라 말한 『존재와 사건$^{Being\ and\ Event}$』의 제목에서부터 발견된다. 그런데 이 인상 깊고도 불가사의한 저작에는 또 다른 것들이 영향을 끼친다. 그중에는 68혁명의 기류를 형성하고 그토록 세련미를 뽐냈던 바디우가 끝까지 버리지 않았던 두 가지 신념이 있다. 그중 첫 번째는 라캉이 (6장에서 묘사된 것처럼) 미치광이 사기꾼이 아니라 우리 시대의 자기 이해에 결정적으로 기여한 사람이라는 신념이다. 인간본성이라는 것이 남아있는 한 이 신념은 시간이 지남에 따라 소멸될 것이라 예상된다. 하지만 우선은 프랑스 문화의 가장 영향력 있는 인물들이 이 신념을 굳게 잡고 있다는 사실을 우리는 인지해야 한다. 미국의 인문학 교수들은 말할 것도 없다.

이 신념은 특별히 라캉의 세미나에 직접 참석하여 주술로 실재 세계를 덩어리째 일소해버리는 라캉의 놀라운 능력을 목격한 사람들(바디우를 포함하여) 사이에서 공유된다. '주체는 없다', '대타자란 없다', '성관계는 없다', '우리는 탈/외존ex-sist하지 않는다', '진리 추구는 거세를 은폐한다' 등의 만트라는 그 치명적인 세미나들 안에서 탄생하여, 불운한 기운을 몰고 오는 조상의 저주처럼 세대를 걸쳐 울려 퍼지고 있다. 유독 바디우의 관심을 끄는 주문 하나가 있는데, 이 주문은 '일자'라는 고대의 난제를 매개 삼아 존재의 문제를 다루는 바디우 자신의 접근과 상통한다. 바로 'il y a de l'Un'라는 주문이다. 번역하자면 '하나에 대한 어떤 것이 존재한다(there is something of One)', 혹은 '한 무리의 하나가 있다(there is a bunch of One)', 심지어 '어느 정도까지 하나가 존재한다(there is One, up to a point)'로 기술된다.

평생 바디우의 철학을 이끈 또 다른 신념이 있는데, 그것은 돌아가는 일상에 침투하는, 새로운 미래를 여는 결정적 사건들이 있다는 입장이다. 바디우는 진정한 지식인은 그런 사건에 매진해야 하며, 많은 좌절에도 불구하고 변절하지 말아야 한다고 주장한다. 알튀세르의 제자였던 바디우는 인류를 족쇄에서 풀어줄 위대한 프롤레타리아 혁명에 자신을 투신했다. 하지만 동시에 마오주의자이기도 한 바디우는 68혁명의 사건들을 놓친 것을 만회하기 위해 체제 전복에 헌신한 혁명운동가들을 모아 작은 조직을 운영하고 있다.[2] 1977년 출간된 에세이에서 그는 "우리 시대의 위대한 철학자는 단 한 명이다. 바로 마오쩌둥이다."[3]라고 말했다. 그리고 그는 마오의 문화

혁명이 오늘날의 지식인이 추구해야 할 패러다임임을 굳게 믿는다. 수 년이 지나서야 마지못해 문화혁명이 정도를 넘어섰다고 인정했지만 문화혁명의 속뜻에 대한 바디우의 '충성심'에는 변함이 없다. 바디우는 사건^{Event}에 대한 '충실성^{fidelity}'을 입증하고자 했다. 윤리적 선택으로서가 아니라, 형이상학적 필연, 존재의 본성 자체에 새겨져 있는 진리로서의 '충실성'을 입증하고자 했다.

그러나 대체 어떻게 그렇게 될 수 있는가? 어떻게 존재 자체가 혁명의 과업을 위해 징집될 수 있는가? 이에 대한 답은 또 하나의 라캉주의적 장치, 즉 '수학소^{matheme}'에 놓여 있다. 라캉에 의하면 '수학소'는 '절대적 의미작용의 지표'다.[4] 거대 문제들을 수학적 언어로 포장함으로써 바디우는 그의 혁명 기획에서 모든 우연성과 안고수비^{眼高手卑}를 제거하고, 대신 '존재론^{ontology}', 즉 존재에 관한 순수과학에 기반을 두고자 했다. 라캉과 달리 바디우는 수학을 충분히 공부했기 때문에 황당함을 초래하지 않고도 수학 기호를 사용할 수 있었다. 그 결과 경이에 찬 독자들은 바디우에게 완전히 새로운 종류의 권위를 부여해주었다. 바디우의 텍스트에서 마침내 마르크스의 꿈, 즉 혁명 정치를 정밀 과학으로서 확립하는 꿈이 실현된 것이다. 마르크스-레닌주의의 핵을 이루며 마오와 알튀세르에 의해 되풀이되었던 사상, 즉 역사는 모순의 등에 업혀 진보하고 모순은 실재 세계에 내재되어 있다는(라캉이 말하듯, 실재 세계는 실제로 실재하지 않지만 않는다면 내재되어 있었을 것이라는) 사상이 바로 바디우의 글에서 입증된 것이다.

혁명을 위해 집합론을 징집하다

이러한 입장은 『존재와 사건』과 후속작 『세계의 논리Logic of Worlds』에서 더 상세히 기술된다. 두 저서는 집합론을 시작점으로 설정하는데, 이것은 전혀 이상할 게 없다. 분석 철학도 그렇게 시작했기 때문이다. 바디우가 고찰하는 패러독스들(특히 칸토어Georg Cantor의 초한기수 이론과 괴델Kurt Gödel의 불완전성 정리에서 발생하는 패러독스들)은 오랫동안 분석 철학의 논의 대상이 되어왔다. 여기서 달라지는 것은 바디우가 집합론을 존재론으로서, 즉 존재에 대한 순수과학으로서 재포장한다는 것이다. 억측을 증명proof이라는 마법적 기운으로 두르며 뿌리째 뽑힌 수학의 파편인 '수학소'로 철학을 다시 쓰려는 시도 또한 새로운 요소다. 이것의 결과물은 의미와 무의미의 혼용, 잘못 적용된 전문용어의 남발, 그리고 척 맞아떨어지는 유비들이 뒤범벅이 된 잡탕이다.

그중에는 연속체 가설의 독립성에 대한 폴 코언Paul Cohen의 증명을 중심으로 한 유비가 있는데, 코언의 증명은 바디우의 사유 세계에 기이하고도 거의 환각적인 영향을 미친다. 연속체 가설은 알레프-0Aleph-0보다 높은 기수의 수가 있다는 칸토어의 증명에서 발생했다. 알레프-0은 자연수 집합의 기수를 표현한다. 칸토어는 알레프-0 뒤에 따라올 무한한 연속 중 첫 번째가 될 무엇이 있을 것이라고 가정했다. 그것의 기수를 알레프-1이라 표기하고 이것은 알레프-0의 멱집합이 될 것이라고 가정했다. 즉, 2의 알레프-0제곱으로서 실수 집합의 기수가 된다.[5] 이어서 그는 일련의 자연수가 있듯이 일련의 초한수도 있을 것이라고 제시했다. 칸토어는 산술의 기본원칙을 생성할만한 공리들이라면 그 공리들은 연속체 가설도 참임을 증명할 수 있다는 점을 보여주고자 했다. 하지만 칸토어는 이 가설을 끝내 증명하지 못했고, 이 난제 앞에 많은 사람들이 좌절했다.

그러던 1963년, 폴 코언이 연속체 가설은 체르멜로-프렝켈$^{Zermelo-Frankel}$ 집합론의 공리와는 별개임을 증명했다. 따라서 체르멜로-프렝켈의 공리들이 산수의 원칙을 생성하기에 충분하다는 것을 고려하면 연속체 가설은 산술의 정리$^{arithmetical\ theorem}$가 아니다. 코언은 연속체 가설이 거짓이라는 입장을 취했다.[6]

코언에 의하면 연속체 가설이 그럴듯한 이유는 수학자들은 구성적 집합으로 모형을 만드는 것에 익숙하기 때문이라고 언급했다. 하지만 체르멜로-프렝켈 집합론의 초석이 되는 확장 공리는, 집합은 그것의 원소들로 규정되며 원소들이 공유한 성질로는 규정되지 않는다는 공리다. 즉 집합 A가 포함하는 원소가 집합 B가 포함하는 원소와 같다면 A와 B가 모형 내 단일한 술어 아래 원소를 모았건 상관없이 두 집합은 서로 동일하다. 따라서 특정 모형 안에서는 규정될 수 없는 집합들이 있을 수 있는데, 이것은 다른 방법으로 원소를 모았을 때의 경우다. 여기서 다른 방법이란 집합론의 더 넓은 범위 안에서는 규정 가능한 속성에 입각해 원소들을 모으는 방법이다. 이런 '유적^{generic}' 집합들은, 특정 모형의 언어가 그 집합들을 형성하는 술어를 포함하지 않아도 수학의 증명들 안에서 사용될 수 있다.

연속체 가설의 독립성을 증명하기 위해서 우리는 모형 하나(즉 집합들의 집합)를 찾아야 한다. 체르멜로-프렝켈 집합론은 충족시키지만(즉 해당 모형에서 참이지만) 연속체 가설을 충족시키지 않는(해당 모형에서 거짓인) 모형을 찾아야 한다. 구성적 집합만으로는 이것을 증명할 수 없다. 하지만 '강제법^{forcing}'이라는 과정, 즉 주어진 집합론의 모형에 새로운 집합을 추가함으로써 새로운 모형을 만드는 과정을 도입하면 집합론의 공리들은 충족되면서 연속체 가설은 거짓으로 증명될 모형을 만들 수 있다.

이 증명은 테크니컬하고 속성적으로 '메타수학적'인 증명이다. (괴델의 불완전성 정리도 그렇다.) 연속체 가설을 증명하지도 반증하지도 않으며 오히려 특정 공리적 집합으로는 증명될 수 없음을 보여주고, 그 공리들을 시작점으로 설정하는 수학 체계에서는 연속체 가설이 정리^{theorem}가 될 수 없음을 보여준다. 바디우에게 이것은 이미 중대한 의미를 지닌다. 왜냐하면 그는 철학 자체를 하나의 메타수학(혹은 바디우의 말로 메타존재론)으로 보기 때문이다. 수학이 세계를 기술하는 역할을 담당한다면 메타수학(철학, 메타존재론)의 목표는 세계가 어떠해야 하는지에 대한 개관을 제시하는 것이다.

하지만 더 중요한 것은 코언의 증명은 추상적 수학에서 구체적 역사로의 도약하는 상상력의 영감이 되어준다는 것이다. '유적', '강제법'과 같은 단어들은 바디우의 뇌리에 박혀 인간 조건을 논하는 그의 저술에서 핵심 용어가 된다. 바디우에 의하면 우리가 중요한(혁명적) 사건들을 추구하고 생산하고 이에 대해 변절하지 않을 수 있는 방법은 네 가지다. 사랑, 예술, 과학 그리고 정치다. 바디우는 이 네 가지를 유적 절차라 명명하는데, 이 맥락에서 '유적'의 의미를 정확히 설명하지 않은 채 그의 궁극적 목적을 숨겨주고 보호해줄 수 있는 수학소에 시간을 할애한다. 그의 궁극적 목표는 자기가 구상한 유토피아에 대해 수학적 권위를 획득하는 것이다.[7]

바디우는 유적 다수는 명명 불가능하다고 이야기하며 이런 명명 불가능한 무리의 생산, 즉 어떤 범주에도 국한될 수 없는 해방된 다수의 생산은 진리지향적$^{truth\text{-}directed}$ 활동의 궁극적 목표라 천명한다.[8] 게다가 혁명적 사건은 '강제법'에 의해 야기된다고 말한다. 특정 상황은 새로운 것들이 그 안에 강제적으로 침투함으로써 혁명적 특성을 띠게 된다는 것이다.[9] 여러 지점에서 바디우는 코언의 증명 자체를 프랑스 대혁명, 쇤베르크의 조성조직 전복, 마오의 문화혁명, 파리의 68혁명 등에 필적하는 '사건'이라고 언급한다. 이 모든 사건들은 '기존의 지식체계로부터 빠져나온 진리들(vérités soustraites au savoir)'을 생산한다는 것이다.

이 모든 게 독창적이기도 하고, 관심있는 독자들에게는 흥분되는 것이기도 하다. 그런데 실질적인 결론은 무엇인가? 바디우의 글쓰기는 수학과 경험적 세계 사이를 난잡하게 오간다. 중요한 용어들은 원래의 기술적 맥락에서 근절된 채 부분적으로 혹은 암시적으로만 설명되며 그것들의 확장된 사용에 대해서는 어떠한 명료한 의미도 제시되지 않는다. 바디우가 수학을 응용하는 것이 아니라 그 뒤에 숨고 있다는 인상을 무시할 수가 없다. 이런 인상은 바디우가 소크라테스 이전 철학자들의 어둡고 원시적인 신비들을 자주 언급하면서 더욱 강화된다. 바디우에 의하면 이 신비들이 우리에게 전하는 메시지는 '일자', 혹은 전체가 유동적이거나 혹은 그렇지 않을 수 있다는 것이다. 어떤 증명도 제대로 명시되거나 검토되지 않으며 모든 것이 그저 첫 단계에만 머물러 있다. 이해할 수 없는 형이상학적 격발에 권위를 부여하기 위한 수단으로서 집합론을 동원하여 마술지팡이처럼 흔들어댄다. 아래 인용문이 대표적인 사례인데, 무한에 대한 칸토어의 논의를 플라톤의 『파르메니데스Parmenides』에 대한 회고와 뒤섞어 놓는다.

> 칸토어가 이 비존재의 자리에 절대성 또는 '신'을 놓기 때문에 우리는 현존의 존재론들이, 즉 비–수학적 존재론들이 근거하고 있는 결정을 분리해낼 수 있다. 다수를 넘어, 심지어 일자의 비정합적 크기라는 은유 속에도 일자는 존재한다고 선언할 수 있는 결정을 말이다. 반대로 집합론이 자기 자신의 비존재를 장애물—이 경우에는 비존재 자체—로 기입하게 되는 역설들의 결과 속에서 작동시키는 것은 일자는 존재하지 않는다는 것이다.[10]

이런 식으로 바디우는 궁극적인 정치 어젠다뿐 아니라 형이상학의 가장 중대한 문제들까지도 들춘다. 이 모두가 마치 성스러운 강 알프^{Alph}[i]가 태양이 미치지 않는 바다로 영원히 흘러가듯, 바디우의 글 밑에서 우르릉거린다. 집합론은 혁명 정치를 위한 실마리일 뿐 아니라 파르메니데스에 대한 해답이다. 즉 일자는 존재하지 **않는**다라는 것의 최종 증명이 된다. 물론 "일자에 대한 어떤 것이 존재한다." 그래서 우리는 집합을 만들 수 있고, 또 집합을 만듦으로써 다수를 하나(일자)로 볼 수 있게 된다. 그래서 라캉은 옳았다는 것이다. 일자는 없다. 하지만 하나가 있다. 그것도 어느 정도, 어느 지점까지. 우리는 다수를 하나로서 셀 수 있기 때문에. 바디우는 우리를 둘러싼 거대한 다수성 안에서 하나로 세는 것이 주된 인간적 개입이라고 말한다. 하지만 칸토어가 보여준 것처럼 이 다수성은 그 자체로 셀 수 없고, 나아가 전체로 간주되었을 때는 비정합적^{inconsistent}이라는 것이다.

이렇게 방대한 주장에 대한 권위를 세우기 위해 바디우는 왜 집합론을 채택한 것일까? 바디우는 집합론이 존재론, 즉 궁극에는 무엇이 존재하는지 우리에게 알려주는 과학이라고 보기 때문이다. 하지만 여기서 우리는 한 가지 충격적인 사실을 직면한다. 집합론은 사실 무엇의 존재도 상정하지 않는다는 것이다. 집합론은 집합만 다루며 산수가 요구하는 모든 집합(즉, 모든 수)은 공집합(∅), 즉 자기 자신과 동일하지 않은 모든 것들의 집합으로부터 구성될 수 있다. (따라서, 0은 ∅, 1은 포함하는 원소가 ∅뿐인 집합, 2는 원소들이 ∅인 집합과 포함하는 원소가 ∅뿐인 집합 등등.) 어떤 존재론적 가정 없이 산수를 구성하는 것으로 널리 알려진 이 방법을 바디우는 반대로 사용한다. 즉 궁극적 실재는 ∅ – le vide, 혹은 '공백$^{\text{the Void}}$'이라는 것이다. 수학은 어떤 존재론적 가정

---

i Alph: 콜리지의 「쿠빌라이 칸」에서 언급되는 강으로서, 자연계의 힘과 흥분 그리고 운동력을 상징한다.

없이 구성될 수 있기에, 예컨대 수학보다는 오히려 물리학이 우리에게 궁극적으로 무엇이 존재하는지 알려줄 수 있다고 하는 게 자연스럽다. 하지만 바디우의 결론은 그게 아니다. 수학은 곧 존재론이기 때문에 세계는 다수성과 공백으로 구성되었다는 것이 바디우의 결론이다. 게다가 다수성은 칸토어가 보여준 것처럼 본질적으로 비정합적이라는 것이다.

이런 개념들을 오래 다루다보면 지극히 라캉주의적인 언어로 말할 수 있게 된다. 예컨대 존재론은 '현시의 현시'라는 말, '다수$^{the\ multiple}$가 현시된다면 일자는 없다'[11]라는 말, ∅는 '무의 다수'이고 공집합 공리는 공백을 다수로 명명한다는 말, '다수는 비정합적이다―다시 말해 다수는 비정합한다$^{in\text{-}consists}$'는 말, '비정합성이 무라는 것은 참이고 비정합성이 없다는 것은 거짓이다'[12]라는 말이 모두 그렇다.

> 공백은 상황에 따른 존재―비정합성―의 이름이다. 그것을 통해 현시는 존재에 대한 현시 불가능한 접근을, 즉 그러한 접근에 대한 비-접근을 마련해주기 때문이다. 그것도 일자도 또 일자로 구성될 수 있는 것도 아닌 것, 따라서 상황 속에서 단지 무의 방황으로서만 정성화될 수 있는 것의 방식으로 말이다.[13]

바디우 자신의 문체를 일컫는 것 같기도 하는 이 '무^{rien}의 방황'은 "무가 존재하지 않는 한 무는 존재한다"[14]라는 라캉의 지독한 선언 또한 상기시킨다.

사이비 수학

『존재와 사건』과 『세계의 논리』의 문제는 수학소가 수학소와는 전혀 무관한 논변 안에 촘촘히 짜여있다는 것이다. 언어학자들이 음소 혹은 형태소를 언급할 때 그 의미는 매우 정확하다. 구어나 문자 언어에서 독립적으로 기능할 수 있는 최소 단위를 지칭하는 것이다. 라캉과 바디우의 수학소는 그런 의미로 사용되지 않으며, 사실 의미가 무엇인지 정확히 제시되지도 않는다. 프랑스어의 철자법에 의해 문제는 더 심화된다. 마치 하나의 신비를 지향하는 두 가지 태도인듯, 수학소^{matheme}는 시^{poéme}(시'소'라고 해야 할까?)를 불러낸다. 일정한 지점에 도달하면 바디우는 바로 그렇게 둘을 다룬다. 존재에 대한 플라톤의 접근은 시를 (파르메니데스의 시처럼) 수학소로 대체하는 작업이었으며, 따라서 바디우 자신을 포함한 향후 모든 철학자들에게 전범을 설정해준 것이라 주장한다.[15]

이처럼 주술같은 헛소리가 바디우의 추종자들에게는 거슬리지 않는 듯하다. 논변 대신 연관성을 앞세워 논자가 원하는대로 논변의 방향을 설정할 수 있기 때문일 것이다. 수학소도 일종의 신어로 기능한다. 어디든 들러붙어 그것의 존재를 빨아들여 결국 파괴된 현실의 메마른 시체만 남겨둔다. 그리고 다시 콘도르 날개 위에 올라타 다음 임무로 이동한다. 바디우는 뒤티외^{Henri Dutilleux}의 음악을 집어 들었다가 땅에 내동댕이치며 "수학소의 공포"를 언급하기도 한다.[16] 바로 이것이 바디우가 마음에 두고 있었던 것일지도 모른다.

바디우의 기획은 난관에 봉착한다. 최소 공리들로부터 수학을 얻어낼 수 있는 방법은 집합론 외에도 있다는 사실을 자기의 기획 안에 접목시킬 방도를 찾아야 했다. 예컨대 범주론도 바디우의 기획에 맞게 다뤄야 했던 것이다. 1945년 에일렌베르크$^{Samuel\ Eilenberg}$와 매클레인$^{Saunders\ MacLane}$이 처음으로 도입한 범주론은 수학적 연산들을 순전히 구조적으로, 즉 '구조-보존적인 변화'로서 다루는 이론이다. 범주론에서는 기호와 기호의 변주만 있을 뿐 그것이 지시하는 대상의 장$^{field\ of\ entity}$은 없다.[17]

범주론과 특별히 연관성이 깊은 인물로는 알렉산더 그로탕디에크$^{Alexander\ Grothen-dieck}$가 있다. 독일 출신의 은둔 수학자로 68혁명의 가장자리에서 혁명 활동을 추구하다가 '공백$^{the\ Void}$' 속으로 사라진 인물이다. 바로 이런 배경 때문에 그로탕디에크가 바디우의 판테온 안에 자리잡은 것일 테다. 하지만 범주론이 함의하는 바는 수학은 '공백'과 '하나로-셈하기' 절차(즉 집합으로 모으는 절차)에 기반을 두었다는 것이 아니다. 오히려 수학은 존재론적 기반이 없다는 것, 그리고 특정한 기본적 구조의 변화만 일관되게 준수한다면 원하는대로 구성될 수 있다는 것, 이것이 범주론의 의의다. 따라서 수학을 진정한 존재론처럼 다루는 바디우의 시도는 수학의 속성을 체계적으로 오인한다고 봐야한다. 1965년에 출판된 『수가 될 수 없는 것$^{What\ Numbers\ Could\ Not\ Be}$』이라는 유명한 논문에서 폴 베나세라프$^{Paul\ Benacerraf}$는 수학은 집합론에 관한 것이 아니라는 타당한 철학적 이유들을 제시했다. 그리고 어떤 결정적인 의미에서 수학은 어느 무엇에 관한 것도 아니라는 점도 설파했다. 수적 증명을 구성하는 것만 가능하다면 어떤 원소라도 수학의 영역으로서 채용될 수 있다는 것이다.[18]

바디우는 이 문제를 그의 전형적인 방법으로 다룬다. 『초월론의 수학$^{Mathematics\ of\ the\ Transcendental}$』에서 그는 범주론의 첫 단계를 입문서에서 나올법할 방법으로 전개한다. 하지만 설명이 요구되는 곳에서 그는 수학을 수학소로 치환하며, 기호들 사이에는 무의미(무의미소^{nonseme}라고 해야 할까?)를 덩어리째 삽입한다. 이것을 마주하는 독자는 바디우가 범주론이 제기한 모든 난제를 극복했고 이것 또한 바디우의 철학적 무기고에 추가되었다는 메시지로 읽게 된다. 다음의 예를 보자.

> 그런데 [진리와 거짓]은 정말 두 개인가? 우리는 조심해야 한다. 범주론의 세계에서 차이는 교활하고 동일성은 애매하다. 진리와 거짓이란 결국 두 개의 화살표이자 두 개의 단사사상monomorphism이다. 나아가 이런 기본 단사사상은 같은 원천(I)을 갖고 같은 타겟(C)을 갖는다. 그렇다면 '이들' 화살들은 같은 행동에 대한 두 가지 이름이라고 말할 수는 없을까? 따라서 우리는 일종의 합리적 회의주의를 취하게 될 것이다. 즉 (니체의 사유에서처럼) 진리치가 그것의 명목상 이중성을 권력의 동일한 원리 위에 포개놓는다는 회의 말이다.[19]

위 구절이 무엇을 의미하는지 몇 시간 동안 골똘히 생각해볼 수 있지만, 해석해봤자 결과는 또다시 바디우의 언어다. 서로 전혀 관련이 없는 개념이 병치돼 있기만 하고 그것이 일말의 의미를 획득할 수 있는 맥락은 완전히 근절되었기 때문이다. 그런데 그게 **바로** 그런 개념의 의미라는 것이다. 살 속으로 파고드는 발톱과 같은 라캉의 수학소와 들뢰즈의 리좀처럼 그런 개념은 새로운 사유세계를 열어주는데, 이 사유세계는 어떤 소재든지 내가 필요한 방향으로 비틀 수 있는 세계다. 소재 자체를 이해하도록 돕는 데는 관심이 없는 세계다.

물론 암호로 꼭 잠근 바디우의 수학적 작업의 취지를 내가 완전히 오독했을 가능성도 있다. 하지만 바디우의 문체에는 그의 작업이 보기보다 대단하지 않다는 것을 암시하는 구석이 있다. 수학소는 수학 고유의 명백성을 선사하지 못한다. 수학소는 수학이 없는 자리에서 정밀함의 허상만 줄 뿐이다. 다음 문장을 보자. "존재에 대한 사유가 어떤 진리에도 열리지 않는다면—진리는 존재하지 않고 결정불가능의 보충이라는 견지에서 나오기 때문에—진리의 존재는 여전히 있지만 그것이 진리는 아니다. 정확히 그것은 후자의 존재이다."[20] 수학소는 이런 문장에 권위를 더하기 위해 사용될 뿐이다. 무의미소와 수학소가 뒤범벅이 된 문장들 안에 서로 전혀 무관한 분리 상태로 나란히 놓여있다. 둘은 진리지향적 논증에서 문장과 문장을 잇는, 또는 타당한 증명에서 공식과 공식을 잇는 필수적인 결합가valency가 결여되어 있다. 무의미소와 수학소는 바디우의 결론을 형성하며 으뜸패처럼 사용된다. '정밀히precisely', '정확히exactly'라는 단어를 남용하며 아직 의문이 해결되지 않은 사람들에게 게임은 끝났다고 선언한다.

바디우식의 글쓰기는 그렇게 예외적이지도 않다. 소크라테스 이전, 철학의 기원에서부터 존재라는 주제는 매력적이지만 확실한 유의미성은 선사해주지 못하는 수많은 난해한 텍스트들을 생산했다. 파르메니데스의 일자, 아리스토텔레스와 아퀴나스의 존재로서의 존재, 둔스 스코투스Duns Scotus의 개별성의 특성haecceitas, 야콥 뵘Jakob Boehme의 현존재Istigkeit, 헤겔의 존재와 생성Being and Becoming, 그리고 하이데거의 죽음을 향한 존재Being-towards-death와 앞서 있는 존재ahead-of-itself-Being까지. 모두 신비의 장막에 싸여있고, 이와 똑같은 신비가 신에 대한 개념 또한 싸고 있다. 존재는 술어가 아니라는 점을 보여줌으로써 칸트는 우리를 이 마법에서 풀어주었는지, 프레게가 존재의 양화 이론theory of the existential quantifier을 통해 임무를 완성했는지는 알 수 없다. 구름이 걷히면 또다시 곧바로 몰려 오고, 맑은 하늘은 찰나에만 보일 뿐이다. 그 찰나에도 빛이 너무 밝아 제대로 쳐다보지도 못다. 처음부터 밈과 꿈memes and dreams으로 가득찬 이 구름을 수학소와 무의미소로 더 팽창시키는 것에 대해 바디우만 탓할 수도 없는 노릇이다. 하지만 바디우는 나름의 특별한 목적을 갖고 있다. 존재보다는 책 제목의 두 번째 단어, 즉 '사건'과 더 밀접한 관련이 있는 목적이다. 바디우가 그리는 철학적 진리는 존재에 관한 것이 아니다. 초점은 사건에 맞춰져 있고 바로 사건에 대한 이론을 통해 바디우는 그의 궁극적 고민의 대상, 혁명적 의식을 구제하려고 한다.

내용은 이렇다. 우리를 둘러싼, 그리고 우리가 연루된 다수성 안에서 우리는 '진리'의 재료가 될 사건들happenings을 마주하는데, 우리는 이 사건들을 일상 지식의 흐름에서 '뺄셈subtract'한다. 그런데 그것들을 움켜잡고 모든 저항과 좌절에도 불구하고 변절하지 않으면 우리는 '진리 절차'의 일부가 된다. '진리 절차'란 바디우가 '사건Event'이라는 경칭을 붙이게 되는 그런 사건들 중 하나다. 이것은 일상의 흐름을 방해하는 특수성singularity으로서, 무엇이 가능한지에 대한 기존의 이해를 전복하는데, 기존 상황의 언어 안에서는 문자 그대로 파악이 불가능하기 때문이다.

여기서 바디우의 패러다임은 혁명이다. 특히 1789년의 프랑스 대혁명이다. 바디우가 믿기로 혁명은 혁명 자체도 포함하는 '진리들'을 생성한다. 이 진리들은 스스로 혁명이라는 것을 알아차릴 때만 존재한다. 여기에 수학소 몇 개만 던져 넣으면 혁명이란 혁명 스스로를 원소로 포함하는 집합이라는 주장이 나오게 된다.[21] 그런데 정칙성 공리axiom of regularity에 의하면 이것은 금지되어 있다. 정칙성 공리는 스스로를 원소로 포함하는 집합이 존재할 수 있는가라는 러셀의 패러독스를 피하기 위해 체르멜로-프렝켈 집합론에 도입된 공리다. 다시 말해 혁명은 '상황의 언어'에 의해, 지배적인 '지식savoirs' 체계에 의해 배제된다.[22] 바디우에 의하면 사건의 분출을 통해 상황은 "자기 공백에게 실토한다."[23] '진리 절차들'은 새로운 조건을 생산하기 위해 개입하는데, 이 새로운 조건은 기존의 모든 지식을 가로지르기 때문에 '명명할 수 없는 것'이 된다. 이것은 '유적' 절차로서 특수성들을 공통의 범주로 환원하지 않으면서 그것들을 모으는 기능을 한다. 혁명은 범주(계급) 없는classless 다수를 꾀한다. 이런 유적 절차에서 '진리의 다수적 존재'가 발생한다.

이 모든 것은 온갖 희망사항, 정치적 열성, 사이비 수학을 열광적으로 뒤섞어놓은 것 밖에 되지 않지만 사건에 대한 바디우의 일반 이론을 위한 매개체가 되어준다. 사건은 일어나기 전까지는 불가능한 것으로 여겨지는데, 그럼에도 그것이 착수시킨 '진리 절차', 즉 미래를 불러오는 절차에 대한 완전한 충실성을 요구한다. 바디우는 그리스도가 "나는 길이요, 진리(hē alētheia)요, 생명(요한복음 14장 6절)"이라 말했을 때와 비슷한 의미로 '진리'를 사용한다. 즉, 객관적 사실과 대응하는 의미론적 개념의 진리가 아닌, 특정 대의 혹은 특정 존재 방식에 대한 믿음을 내포하는 진리 개념이다. 하이데거의 '본래성authenticity', 사르트르의 '좋은 믿음bonne foi(자기 자신에 대한 성실)'과 같은 개념이다. 무슨 방법으로인지 바디우가 말하는 '진리 절차'는 그것에 투신하는 사람에게 구원의 길을 열어주고 미래가 세계 안으로 들어올 수 있는 구멍을 열어주게 된다.

여기서 또 하나의 라캉적 사고가 침투한다. 라캉은 명사로서의 주체를 지워버렸다. 그리고 그것을 대체할 동사를 제시했다. '주체화subjectivation'라는 절차를 통해 나는 '탈/외존재ex-sist'하기 시작한다. 다시 말해 자각적self-knowing 사람으로서 객관적으로 존재한다는 것이다. 라캉이 헤겔의 오래된 외화外化, Entäußerung 개념을 이런 방식으로 표현한 것은 바디우에게 지대한 영향을 미친다. 주체화는 사건이 발생하게 되는 '개입intervention'이 된다. 바디우는 이 개념에 대한 모조 정의를 제시한다. "나는 개입적 명명에 연이은 조작자의 출현을 '주체화'라고 부른다."[24] 다시 말해 주체화는 사건들의 본질에 따라 그것들을 **명명**함으로써 사건들에 개입한다는 뜻이다. 생 쥐스트St Just와 로베스피에르$^{\text{Maximilien Robbespierre}}$가 프랑스 대혁명을 **명명**함으로써 혁명을 전유한 것처럼, 주체화는 언제나 쌍으로 나타난다. 즉 자기실현적 주체를 더 넓은 세계와 결부시키는 형태로 나타난다는 것이다. (바디우의 예를 보자. 레닌과 당, 칸토어와 '존재론', 성 바울과 교회, 사랑하는 자와 사랑받는 자 등.) 주체화를 통해 "진리는 가능해진다." "이것은 사건을 상황―사건은 이것에 대해 사건이다―의 진리를 향하도록 한다."[25] 이것은 또한 주체가 실현되는 절차로서 개인의 "대체 불가능해지기"를 동반한다.[26]

혁명이라는 블랙홀

수학소와 무의미소의 안개를 지나 점차 분명해지는 것은 바디우는 사르트르의 앙가주망 철학을 다시 쓰고 있다는 것, 혹은 덮어쓰고 있다는 것이다. 위대한 사건에 투신하기 위해 일상의 흐름에 개입해야만 우리는 자유로운 주체가 된다는 것이다. 그렇다면 바디우의 메시지는 무엇인가? 비트겐슈타인의 비유를 빌자면, 수학소 아래 놓여 있는 진짜 주장을 발견하기 위해 수학소로 '약분'할 수 있다. 이것이 바디우의 『윤리학』, 『코뮤니즘이라는 가설$^{\text{L'hypothèse communiste}}$』, 『사도바울』에서 똑같이 전개되는 주장이다. 즉 논리에서는 완전히 손을 떼고, '진리'는 더 이상 제대로 형성된 공식의 의미론적 값$^{\text{semantic value}}$으로서 사용하지 않으며, 존재론은 잊어버린 채 '강제법', '구성', '유적 집합' 등의 전문용어를 순전히 은유적으로만 사용하는 그런 주장이다. 목적은 종교적인 믿음의 도약을 내세우는 것이다. 미지의 것 혹은 '명명할 수 없는' 것으로의 도약이다. 그리고 목표는 공산주의의 오래된 꿈, 즉 절대적이고 매개없는 (그래서 '유적'인) 평등이다.

바디우에 의하면 우리는 이미 설정된 관심들과 승인된 지식들로 이루어진 '일상' 영역을, 특수한 혁신, 혹은 진리들의 '예외적' 영역과 구분해야 한다.[27] 알튀세르가 주장하길, 일상 영역은 "지배로 구조지어졌다." 다시 말해 불평등이라는 익숙한 체계로 이루어져 있고 '자본주의'와 부르주아지의 이해타산에서 발생했다는 것이다. 급진적 결렬을 통해서만 우리는 지배의 구조들을 폐기할 수 있다. 그런데 이 결렬은 기존 체계 안에서는 '명명불가능'하다. 따라서 우리는 이 결렬(사건)을 증명할 수 없고 오직 긍정만 할 수 있는데, 결렬의 결과에 대한 우리의 '굴하지 않는 충실성'을 통해서만 긍정할 수 있다는 것이다. 여기에 덧붙여 바디우는 주체는 진리를 긍정함으로써 '불멸해진다'고 말한다. 자코뱅, 볼셰비키, 연인 사이였던 엘로이즈^{Heloise}와 아벨라르^{Abelard}, 또 사도 바울(사도 바울에 대해선 뒷장에서 더 논하겠다)이 그랬다는 것이다. 이들은 문자 그대로 영원히 산다는 의미가 아니라 마치 영원히 살 것처럼 행동한다는 것이다. 그래서 그들이 미치는 영향력이 불멸하다는 말이다. '진리 절차'에 대한 투신으로만 주체가 생성되고 대체불가능한 개인이 될 수 있는 것이다.[28] 진리 절차에 대한 충실성이야말로 '주체화'의 일차적 형태라는 것이다.

이렇게 혁명을 개인의 구원의 단계로 승격시키는 시도는 보이는 그대로다. 즉 자기지향적, 자기도취적 행위다. 이런 행위에서 얻는 유익은 행위자 본인만 알 뿐이다. 프랑스, 러시아, 마오주의 혁명들을 다루면서 바디우는 그 혁명들이 가한 방대한 고통은 외면한다. 사건에 대한 '충실성'은 고통에도 불구하고 혁명을 계속 진행할 충분한 이유가 된다는 것이다. 달리 말해 충실성은 스스로 정당화하는 방법 외에 다른 어떤 방법으로도 정당화되지 않는다. 왜냐하면 사건은 사건 밖의 관점에서 비판할 수 있는 언어라면 모두 폐기해버리기 때문이다. 의기양양한 지식인은 자신의 '진리 절차'에 몰입되어 주변에 쌓인 시체들에는 눈을 돌릴 필요를 못 느낀다. 그런 시체들은 어차피 이미 정해진 이해관계와 지식들로 이루어진 일상 영역에 속해있기 때문이다. 바디우의 강령인즉슨, 시체들은 걷어차버리고 일을 진행하라는 것이다. "해방 정치의 모든 절차에 의해 드러나는 불가능의 가능성"을 받아들일 때 진정한 구원이 임한다는 것이다.[29]

물론 많은 사람들이 이런 식의 유토피아적 사고의 결국을 지적해왔다. 특히 앙드레 글뤽스만$^{Andre\ Glucksmann}$을 포함한 프랑스의 신철학자들$^{nouveaux\ philos-ophes}$이 이것을 지적하는데, 바디우는 그들이 '철학자'라는 명칭을 지닐 자격이 없다고 말한다. 그들의 논지는 "가장 파괴적인 형태의 궤변"이기에.[30] 혁명의 소명을 유토피아적이라고 일축하는 것은 과학에서의 새로운 패러다임을 거절하는 것과 같다는 것이다.[31] 혹은 쇤베르크의 도데카포니^{dodecaphony}는 '유적'인 반면 신고전주의는 '유적이지 않다'는 것을 시인하지 못하는 스트라빈스키$^{Igor\ Stravinsky}$의 모습과 유사하다는 것이다.[32] '유적 절차들'이 가능한 곳이라면 미래의 전령은 반드시 회신되어야 한다. 혁명에 대한 바디우의 사상은 결국 전적으로 심미화^{aestheticized}된 것이다. 즉 걱정해야 하는 것은 너 자신, 너의 순수성, 너의 본래성이라는 것이다. 스트라빈스키도 이점에서 오도되었다는 것. '진리 절차'에 충실한 것으로 충분하다며, 사망자 수를 거론하는 언어는 '사건'과는 상관없는 언어라는 것이다.[33] 바디우가 보기에 자칭 철학자라고 하는 사람들이 이것을 파악하지 못하는 것은 놀라울 따름이다.

그런데 바디우가 개진하는 주장의 그다음 두 단계가 흥미롭다. 그의 모든 저작에서 바디우는 '유적 절차들'을 허용하는, 또 충실성의 전령이 들리는 네 가지 영역을 규명한다. 과학(수학도 포함된다), 사랑(성적 애정을 의미한다), 예술, 그리고 정치의 영역이다. 이런 '유적 절차'에 대한 충실성을 통해서만 우리는 선^善을 성취할 수 있다. 따라서 과학, 사랑, 예술, 정치에 헌신할 수 있는 사람만 진정으로 선하다. 도덕적 관점에서 볼 때 나머지 영역은 다분히 삼류다. 법, 경영, 농경, 재봉, 구두 수선, 간호 등에 일생을 바치는 것은 구원의 길에서 단절되는 것이다. 바디우는 자기가 걸어 온 길에 대해 호언장담하는 경향이 있다. 비트겐슈타인을 제대로 파악하지 못한 채 집필한 책의 서문에서도 나타나는 경향이다.

> 철학자란 현존하는 권력과 그 하수인들이 증오를 받는 정치적 투사이자, 가장 있을 법하지 않은 창작물을 맞이하는 심미가이며, 한 남자 혹은 한 여자를 위해 삶을 뒤엎을 수 있는 연인이자, 과학의 가장 역설적인 전개들과 빈번히 교류하는 학자라는 것이다. 그리고 바로 이러한 열광, 불편, 반역 속에서 철학자들은 이념의 전당을 만들어 낸다는 것을 말이다.[34]

자기를 위한 영웅적 역할을 스스로 만들어 내었으니, 바디우가 우리 세계(자본적 의회주의^{capitalo-parliamentarism[35]}의 세계)의 윤리학을 허무주의의 한 형태로 치부한 것, 즉 악을 예방하는 것을 도덕적 사고의 중심에 놓음으로써 선한 것을 인지하기를 거부하는 세계로 치부한 것은 놀랄 일이 아니다. 바디우는 그것이 '인권' 철학의 진정한 의미라고 주장한다. 칸트의 정언명령에 구현되었다고 하는 인권 철학은 주체화라는 영웅적 행동이 결여된 주체들을 상정해놓는다. 선택받은 우리는 주체화를 통해 일상의 흐름에 뛰어들어 그 주체들을 구원하거나, 그렇게 못할 경우 최소한 우리 자신이라도 구하게 된다. 그래서 인권 철학의 문제는 창의적 개인들이 있을 자리에 그럴싸한 보편성을 놓는다는 것이다. 더 중요한 것은, 인권의 철학은 가치의 도식에서 악을 선보다 중요하다고 여기고 불평등의 구조를 영구화하는 통념들(시장 경제, 사유재산권, 계약과 거래의 자유, 상 파피에sans-papiers/불법체류자의 위협으로부터 부르주아 특권을 변호하는 것 등)에 동조한다는 것이다. 요컨대, 그것은 "1960년대에 사유되고 제안되었던 모든 것에 저항하는 폭력적 반동 운동이다."[36]

인권의 윤리학을 공격하는 것만으로 부족했는지 바디우는 자기 식의 혁명적 절대주의에 반대하는 힘의 원천을 공격한다. 즉 레비나스의 저술에서 발견되는 타자의 도덕 철학이다. 이 철학에 의하면 도덕적 삶은 내가 타자를 인식할 때 생성된다. 타자는 나의 존경과 보호를 절대적으로 요구하며 내 앞에 나타나고, 나는 타자와의 상호 거래를 통해 타자의 인정을 추구한다. 이런 사고(코제브의 의해 다시 한번 촉진되는데, 레비나스는 코제브의 강의를 들은 바 있다)는 토라Torah(모세5경)와 그리스도의 선한 사마리아인 비유에 뿌리를 두고 있고 칸트의 정언명령과 헤겔의 변증법에 의해 철학으로 정립되었다. 하지만 이는 바디우가 질색하는 철학이다. 인권에 대한 신념, 인간의 생명을 중시하라는 순전히 소극적인 윤리학, 즉 인간을 해칠 수 있는 모든 것은 삼가하라는 윤리학으로 인도하기 때문이다. 바디우에 의하면 레비나스식의 타자는 "경건한 담화에 속하는 범주", 즉 일종의 해체된 종교가 된다.[37] 바디우가 더 심각하게 여기는 문제는, 타자는 오직 '좋은 타자'로만 받아들여진다는 것이다. 즉 '나와 같이 되면 나는 너의 다름을 존중해주겠다'는 것이 이 '타자이즘otherism'의 진짜 의미라는 것이다. 이게 바로 '선한 사람', 또 '백인 남성'이, 배제된 자들의 극단적 위협에 대항하여 자기의 특권을 유지할 수 있는 방법이다.[38] (좌파에는 인종적 편견이 없다고 누가 그랬는가?)

그렇다면 바디우는 사르트르처럼 그의 구원의 이상에서 자기self를 타자보다 앞세우는 것인가? 당연히 그렇다. 바디우에게 유일하게 진정한 도덕성은 '진리 절차'의 도덕성인데, 이는 과학, (성적) 사랑, 정치, 예술에 국한되어있다. 즉 바디우와 같은 사람들의 생활방식을 규정하는 영역들이다. 이런 절차에 참여함으로써 나는 사건에 충실하기 위해 생명에 대한 우려는 제쳐두게 된다.[39] 지배 체계의 윤리학은 "인간에게 진정으로 도래할 수 있는 유일한 것이란 죽음 밖에는 없다는 확신"에 근거한다.[40] 이런 윤리학에 대항하여 나는 사력을 다하여 주체화를 통해 '명명할 수 없는 것', 아직 존재하지 않는 것에 투신한다. 주체화의 종점은 나다. 프티부르주아적 타자들의 주장과 그들의 자기고양적 인권을 떨쳐버리고, "상황의 불멸하지 않는 자"[41]가 되기 위해 나는 예술가―과학자―연인―혁명가, 즉 진정한 주체가 된다. 따라서 다음과 같이 말할 수 있는 것이다.

> 모든 사랑의 만남, 모든 과학적 재정립, 모든 예술적 발명과 모든 해방의 정치적 계열이 우리 눈 앞에서 펼쳐 보이는, 불가능한 것의 가능성이야말로 진리들의 윤리학―그 실질적 내용이 죽음을 결정하는 것인 '잘 사는 것'의 윤리에 대항하는―의 유일한 원리이다.[42]

'불가능한 것의 가능성'을 수용함으로써 나는 온전히 나 자신이 되고, 또한 '나를 초과하여' 나 자신이 되는데, 이것은 충실성의 불확실한 과정이 '나를 통과'하기 때문이다.[43] 이것이야말로 '욕구를 포기하지 말라ne pas céder sur son désir'는 라캉의 권고의 의미다. 어떤 심오한 면에서, 사건을 받아들이는 행위 안에서 나는 **혼자** 있다. 내가 불멸해질 수 있는 것은 다른 사람들과 터놓고 이야기함으로써 내 안에서 자극되는 것이 아니다. 불멸성은 충실성을 통해 **직접적으로** 포획되어야 한다.[44] 나에게 **일어나는** 일이고 이로써 나는 구별된다.

바디우는 이 새로운 실존적 윤리학을 의외의 예로 설명한다. 바로 사도 바울이다. 다마스쿠스Damascus로 가는 길에 바울이 경험한 것은 바디우가 1968년에 경험한 바로 그것이다. 즉 불가능한 것을 받아들이고 끝까지 충절을 지키라는 갑작스러운 부르심이다. 여기서 불가능한 것은 사건이고 바울의 경우 사건은 그리스도의 부활이었다. 마치 미래로부터 군중이 존재 안으로 밀려들듯, 이 사건 뒤에는 해방의 약속이 밀려오고 있었다. 바울은 그의 믿음을 통해 '유적' 다수, 즉 예전의 구분이 더 이상 적용되지 않는 명명될 수 없는 무리를 소환한 것이다. 유대인, 이방인, 시민, 노예를 막론하고 모두에게 계시가 주어지고 모두가 바울처럼 사망의 몸을 벗어던지고 그리스도의 몸의 구성원, 즉 하나님의 '유적 집합'의 구성원이 될 수 있다. 바울에게 이것은 바로 교회다.

바디우는 책 한 권을 사도 바울에 대해 집필했고 다른 저서에서도 여러 차례 사도 바울을 참조한다. 하지만 이것은 바디우의 더 넓은 철학적 기획에 드리우는 회의적인 그늘이 된다. 바울은 좌파 지식인에게 유일하게 허락되는 생활방식을 규정하는 네 가지 '유적 절차들'에 종사하지 않았다. 바울은 시인도, 과학자도, 연인도, 정치 혁명가도 아니었다. 그는 종교 전도사이자 로마 시민이었고, 자기의 새로운 신앙을 자기가 속한 법 질서와 조화시킬 수 있는 방법을 모색한 사람이었다. 더욱이 그가 단언한 사건―이 사건을 믿으면 세상을 바꿀 수 있다―은 바디우의 입장에서 볼 때 실제로 일어난 사건이 아니다. 바디우는 죽은 자가 부활하는 것은 그야말로 불가능한 것으로 여기는 무신론자다. 바디우의 저서 어디에서도 부활을 실제로 믿는다는 흔적은 찾아볼 수 없다. 그렇다면 우리는 바디우의 '진리 절차'도 이와 같이 간주할 수 있지 않은가? 혁명적 사건, 그리고 그것의 결과로 나타나는 절대적 평등은 역사의 증거가 제시하듯 불가능한 것이 아닐까? 나의 충실성에도 불구하고 불가능한 것이 가능한 것이 되지 못하고 끝내 불가능한 상태로 남아 있는 것은 아닐까? 그렇다면 앙드레 글뤽스만이나 알랭 핑켈크로트$^{Alain\ Finkielkraut}$ 같은 사람들이 바로 그 부분을 지적한 것을 그토록 가증스럽게 여길 이유가 무엇인가?

    이런 의구심은 바디우의 사상에 대해 제기되는 가장 중요한 이의에 비하면 아무것도 아니다. 바디우의 사상은 현실이 절대 침투할 수 없는 요새라는 점이 가장 심각한 문제다. 바디우가 인권 독트린을 묵살해버릴 때는 그저 칸트에 대한 얄팍한 언급 정도에 근거를 둔다. 이 독트린이 자연법 이론과 '다른 사람을 해하지 말라$^{alterum\ non\ laedere}$'는 로마법 원칙을 기원으로 한다는 것, 그것이 영국의 보통법 재판소와 로크에 의해 구체화됐다는 것, 또 그것이 실질적이고 중재적인 합법성으로 미국 헌법에 옮겨졌다는 것—이 중 어느 하나도 바디우는 언급하지 않는다. 법이라는 것, 또 국가 권력에 대항하여 개인의 주권을 규정하고 지지한 법 체계는 바디우에게 일말의 관심도 되지 않는다. 물론 권리의 개념은 유럽인권재판소$^{European\ Court\ of\ Human\ Rights}$에서처럼 일관성 없이 사용될 수 있다. 하지만 바디우에게 이것은 전혀 의미가 없다. 바디우는 권리의 개념, 그리고 그 개념 위에 세워진 평범한 삶들을 검토하지도 않은 채 특유의 거만함으로 모두 묵살해버린다. 진정한 지식인의 고원한 자리에서는 거들떠 볼 가치도 없는 것들이라는 것이다.

    마찬가지로 인민 주권이라는 목표에 대한 로베스피에르와 생 쥐스트의 충실성을 통해 정당화되는 프랑스 대혁명을 진리 절차라고 보는 바디우는 불편한 역사적 사실들은 무시한다. 프랑수아 퓌레[ii]를 비판하며 치명적인 역사적 증거들은 모두 말소해버린다.[45] 마오이즘과 그 결과에 대한 바디우의 해명은 민망할 정도로 순진하다. 또 프랑스 지식인들이 무지의 상태에

---

ii Francois Furet: 프랑스 대혁명에 대한 대표적 수정주의자.

서 자기들의 전통문화를 소멸의 벼랑 끝으로 몰아버릴 때 자국의 전통 문화를 '건방지게' 귀중히 여긴 중국인들에 대한 경멸적 태도도 표출한다. 바디우는 그의 지적 요새 안에 철저하게 숨어 있다. 수학소와 무의미소는 적에게 겨냥되어 있고 실재 세계 외에는 다른 무기가 없는 자들에 대해선 가차없다.

악을 규정하는데 있어서 바디우는 후기 사르트르의 발자취를 따른다. 악은 거짓 지식인의 분야다. 배신하거나 시뮬라크르[iii]에 혹하거나, 또는 진리 절차가 요구하는 조건을 만족하지 않은 채 그것을 시행하려다가 결국 진리 절차에 충실하지 못한 자들의 영역이다.

이렇게 추상적으로 설명함으로써 바디우는 자기의 영웅들(생 쥐스트, 레닌, 마오쩌둥)은 보호하되 이들과 너무나 비슷하지만 좌편에 위치하지 않은(최소한 표준적인 의미에서) 히틀러와 같은 사람들은 모두 비난한다. '사건'의 이론, 그리고 이 이론에 대한 지식인의 충실성이 레닌과 마오를 정당화시켜준다면 히틀러도 정당화시켜주기 마련이다. 길고 복잡한 단락에서 바디우는 이 난제와 씨름하는데, 나치 혁명은 진정한 사건이 아닌, 한낱 '시뮬라크르'일 뿐이라고 말한다. 이렇게라도 자기 자신을 설득시키기 위해 바디우는 일련의 무의미소들을 능락하게 나열한다.

> 시뮬라크르에의 충실성은 사건에의 충실성과는 달리, 자신의 단절성을 공백의 보편성에 의해 규제하는 것이 아니라 추상적 집합('독일인' 또는 '아리안족')의 닫혀진 특수성들에 의해 규제한다. … 하나의 '실체적 사건'을 시뮬라크르로 부상시킴에 따라 추방된 공백은, 실체를 존재

---

iii   Simulacrum: 복제품 혹은 유사품.

시키기 위하여 다시 자신의 보편성과 함께 회귀한다. 이 사실은 다음과 같이 말해질 수 있다. '모두'(여기서 '모두'란 당연히 독일의 공동체적 실체에 속하지 않은 자들이다. 녹일의 공동체적 실체는 결코 '모두'가 아니고, '모두'에 대해 지배를 행하는 '어떤 자'에 불과하다)에게 요청되는 것은 죽음이다.[46]

여기서 바디우는 "시뮬라크르에 대한 충실성은… 전쟁과 대량학살을 그 내용으로 삼는다. 이것은 목적을 위한 수단이 아니다. 이것은 충실성에 대한 실재를 구성하는 요소가 된다"라는 결론으로 나아간다.
　무의미소는 진짜 문제에서 주의를 돌린다. 히틀러의 혁명이 특정 계급의 사람들을 선호하고 다른 사람들은 비난했다는 점은 사실이다. 그런데 중국과 러시아도 마찬가지다. 부르주아지와 프롤레타리아에 대한 그 모든 미사여구가 의미한 바가 따로 있는가? 문제를 '추상집합의 닫힌 특수성'으로 바꿔 말한다고 문제는 없어지지 않는다. 코언의 증명을 알아듣는 사람에게도 이 문제는 여전히 남아있다. 또 하나, 나치의 전쟁 및 대학살(그 자체가 목적이라고 묘사됨)과 공산주의자들의 전쟁 및 대학살(목적을 위한 수단이라고 묘사됨)의 대조를 내세우는 것도 그다지 위안이 되지 않는다. 두 현상이 벌어진 맥락과 정도를 고려하면 둘 사이의 그런 구분을 진지하게 받아들일 수가 없다. 바디우와 같이 글을 쓰는 사람은 분명 범죄에 대한 감각을 상실해 버린 것이다. 홉스봄, 사르트르, 루카치, 아도르노와 마찬가지로 바디우에게도 범죄는 더 이상 범죄가 아니다. 목표가 유토피아라면 말이다.
　이에 대한 해명은 내가 발췌한 단락 보다 훨씬 길다. 그 안에서 바디우의 무의미소가 흘러나오는 경이로운 정신 상태를 발견하게 된다. 바디우는 실재하지 않는 것에 대한 완전한 헌신에 휘말려 있다. '진리 절차', '사건', '유적 다수', '명명할 수 없는 것' 등으로 분장하지만 그 속에는 아무 것도 없음을 감추지 못한다. 이러한 허상과 상충되는 실재 세계라면 무조건 쓸어버리는 데 또한 매진돼 있다. 이것이 단순히 어떤 지적 연습, 가령 판타지 수학 게임이라면 큰 문제가 되지 않는다. 하지만 사르트르처럼 바디우는 자국의 정치 절차를 언제나 부르주아(사르트르가 '치사한 놈les salaud'이라 부른)를 우대하는 '자본적 의회주의'라 일축하면서, 혁명이 일어나는 곳이라면 야단스럽게 지지를 표명한다. 바디우의 목표는 입헌민주주의와 법치주의에 대한 불신을 부추기는 것이다. 프랑스의 고등사법학교École Normale Supérieure에서 은퇴한 바디우가 평생 안정적인 퇴직생활을 보장받을 수 있는 이유가 바로 입헌민주주의와 법치주의에 있음에도 말이다. 바디우는 자국 정치에 격외로 개입하며 '사르코지적 야만성barbarie sarkozyenne'을 공격하는데, 사르코지 정권을 부적절하게 스탈린 정권과 비교한다.[47]

득의만면한 엘리트들이 시행하는 폭력적 혁명은 모두 대량 학살과 기근, 자유의 박탈로 이어진다는 막대한 증거들은 바디우에게는 아무 쓸모가 없다. 왜냐하면 경험적 세계에서 채취한 증거이기 때문이다. 진정한 사건(모든 경험적 실패에도 불구하고 끝까지 충실해야 하는 사건)은 다른 곳에서 일어난다. '실재가 되어가는' 초월적 영역에서다. 이것은 '진리 사건'인데, 그렇다고 이 사건이 일어난다는 의미도 아니다. 오히려 진리는 바로 단순한 현실에 대항하여 규정된다. 수학소는 마치 왕좌를 둘러싼 의장병처럼 이 진리를 둘러싼다. 그리고선 이 진리를 단순히 관찰에 근거를 둔 반동적 세계관을 가진 자들의 '지식'의 위협으로부터 지켜내겠다고 단언한다.

끊임없는 요설

바디우의 가장 영향력 있는 제자 슬라보예 지젝Slavoj Žižek은 상대적으로 온건한 공산주의 체제였던 옛 유고연방에서 자랐다. 바디우와 마찬가지로 지젝은 상식을 애써 억누르고, 너무나 추상적이고 불가해해서 어떤 경험적 반박으로도 제거될 수 없는 그런 원칙 위에 혁명에 대한 굴하지 않는 자신감을 세우고자 한다. 지젝은 바디우의 사건 철학을 자기의 취지에 맞게 개조하여[48] 바디우와 함께 '코뮤니즘 가설'에 대한 헌신을 표명한다. 왕좌를 둘러싼 수학소과 무의미소에 아무런 이상이 없다고 여기고 비판이 있을 때마다 자기 나름의 무의미소를 더한다. 그런데 지젝은 혁명이 경험적으로 불가능함에도 불구하고, 아니, 오히려 경험적으로 불가능하기 **때문에** 초월적으로 필연적이라는 점을 증명할 또 다른, 더 상위의 출처를 찾는다. 그 결과 온갖 단어, 이미지, 주장, 참조들이 쏟아져 나온다. 질문에서 질문으로, 추측에서 추측으로 넘어다니며 그 하잘것없는 이성이 놓은 실제 걸림돌은 모두 피해간다.

고향 슬로베니아Slovenia에서 공산주의가 쇠락하던 시기에 지젝은 '반체제 인사'로 간주되었다. 공정하게 말하면 지젝은 공산주의 체제가 서구 세계에 비해 우세했던 한 가지 특징을 표출한다. 지젝은 제대로 공부한 사람이라는 것이다. 그는 예술, 문학, 영화, 음악에 대한 통찰을 피력하고 (미국의 대통령 선거에 대해서이건 중동의 과격 이슬람에 대해서이건) 그의 시사 논평에는 언제나 흥미롭고 도전적인 요소가 담겨 있다. 그는 해방된 유한계급의 현란한 지식 축적이 목표가 아닌, 우리가 사는 세계에 대한 진실을 발견하고자 마르크스주의를 배운 것이다. 헤겔을 심도있게 학습했고 가장 열렬한 호응을 얻은 그의 두 저서(『이데올로기의 숭고한 대상The Sublime Object of Ideology』, 『까다로운 주체The

Ticklish Subject』)에서는 우리가 사는 혼돈의 시대에 헤겔을 어떻게 적용해야 하는지를 제시한다. 지젝은 헤겔의 시적 호소력에도 그의 형이상학에도 부응하며, 존재와 무, 긍정과 부정이 만나 화해하는 장, 곧 종합적 관점이라는 헤겔적 열망을 보존해왔다.

지젝이 슬로베니아에 남았더라면, 그리고 슬로베니아가 공산주의 체제로 남아있었더라면 지젝은 지금과 같은 골칫거리가 되지 않았을 것이다. 동유럽 공산권의 붕괴를 후회할 만한 이유는 딱 한 가지, 서구 학계에 지젝이라는 인물을 풀어놓은 것이다. 자크 라캉의 정신분석학 사상을 포획하여 자신의 새로운 사회주의 철학의 토대로 삼은 지젝은 어떤 선배 사상가들보다도 흥분을 증폭시킨다. 포괄적이고 솜씨 좋은 그의 문체는 어딘가 설득력 있는 논변이 있다는 것을 암시한다. 바디우와는 달리 지젝의 저술은 한 번에 몇 페이지씩 편하게 읽을 수 있다. 저자와 독자 사이에 합의점을 형성하는데 도움이 될 소재들을 나눈다는 강한 인상을 준다. 동시에 언뜻 보기에는 실언과 같은 충격적인 표현들을 아무렇지도 않게 뱉고 넘어가는데, 독자는 그것이 사실 지젝의 핵심 메시지였다는 것을 곧 알게 된다.

지젝의 문체의 특성이 어떠한지 보여주기 위해 그의 매력적인『잃어버린 대의를 옹호하여 In Defence of Lost Causes』의 한 부분을 무작위로 골라 그 안에서 다뤄지는 주제들을 열거해봤다. 단 세 페이지에 걸쳐 등장하는 주제들이다. 토리노의 성의 the Turin shroud, 코란과 과학적 세계관, 물리학의 도道,Tao, 세속적 휴머니즘, 부성에 대한 라캉의 이론, 정치에서의 진리, 자본주의와 과학, 헤겔이 다루는 예술과 종교, 포스트모더니즘과 거대담론의 종식, 라캉의 실재 개념, 정신분석학과 모더니즘, 근대화와 문화, 초자아와 그것이 원리주의와 갖는 관계, 유아론 solipsism과 사이버공간, 자위masturbation, 헤겔과 객관적 정신, 리처드 로티의 프래그머티즘, 그리고 대타자가 있느냐 없느냐의 문제까지.

   기관총 쏘듯 주제들과 개념들을 쏟아내며 지젝은 독 탄알 몇 개를 슬며시 끼워 넣는다. 지젝의 문체의 리듬에 맞춰 고개를 끄덕이는 독자는 자기도 모르게 그 독을 삼킨다. 독을 삼킨 우리는 "테러를 전체로서 배격할 게 아니라 그것을 재발명해야한다."[49] 또 우리는 스탈린의 문제이기도 한 히틀러의 문제는 그가 "충분히 폭력적이지 않았다는 것임"을 인식해야 한다.[50] 마오의 '우주적[cosmic] 관점'을 받아들이고 중국의 문화혁명을 긍정적인 사건[Event] 으로 봐야한다.[51] 스탈린주의를 비도덕적이라고 치부하기보다 우리는 그것의 인도주의를 칭송해야 하는데, 스탈린주의는 소련이라는 실험을 '생물정치[biopolitics]'로부터 구제했기 때문이다. 게다가 스탈린주의는 비도덕적인 것이 아니라 지나치게 **도덕적인** 게 문제라는 것이다. 다시 말해 대타자의 모습에 의존한 것이 문제였는데, 라캉주의자가 파악하듯 그것은 도덕주의자의 근본적인 실수다.[52] 우리는 또한 "프롤레타리아의 독재"는 "오늘날 유일하고도 진정한 선택"이라는 점을 자각해야 한다.[53]

   공포와 폭력을 비호하고 레닌주의 원칙에 입각한 신당 결성을 주장하며,[54] 수천 명의 죽음에도 불구하고 마오쩌둥의 문화혁명을 행동 정치의 일부로서 예찬하는 것, 이 모든 것이 온건한 좌파 독자들 사이에서 지젝의 신용을 떨어뜨리기에 충분하겠지만 문제는 지젝이 진지하게 하는 말인지 확실히 알 방법이 없다는 것이다. 자기 자신과 독자들을 향해 비웃을 뿐 아니라 철학 커리큘럼 안에 칸트와 헤겔 옆에 떡하니 지젝을 나란히 놓은 학계 권위를 향해서도 웃고 있는 건지 모른다. 『지젝학회 학술지[Journal of Zizek Studies]』가 4년째 간행되고 있으니 말이다. 사유로부터 잠시 벗어나 있는 중에 우리를 응원하는 건지도 모른다. 사유로부터 해방되는 것 외에 사유에 어떤 다른 쓸모가 있다고 생각하는 얼간이들은 조롱하며.

하지만 여기서 우리는 주체를 존재론적 틈새를 메우기 위해 사후에 개입하는 행위나 제스처로서 파악하는 치명적 덫을 피해야 하며, 주체성의 환원불가능한 악순환을 역설해야 한다. '상처는 상처를 입힌 창에 의해서만 치유된다', 즉 주체는 주체화의 제스처(그것을 라클라우Laclau의 경우엔 새로운 헤게모니를 확립하며, 랑시에르의 경우엔 '어떠한 부분도 아닌 부분'에 목소리를 부여하며, 바디우의 경우엔 진리사건에의 충실성을 떠맡으며 등등이다)에 의해 메워지는 바로 그 틈새다. 요컨대 알튀세르, 데리다, 바디우와 같은 상이한 철학자들에 의해 제기된 (그리고 부정적 방식으로 답변된) 물음—'주체화의 제스처에 선행하는 그 틈새, 열림, 공백은 여전히 "주체"라 불릴 수 있는 것인가?'—에 대한 라캉적 답변은 단호한 '그렇다!'이다. 주체는 존재론적 틈새('세계의 밤', 근본적 자기-철회의 광기)인 동시에 보편자와 특수자간의 단란에 의해 이 틈새의 상처를 치유하는 주체화의 제스처(라캉식으로 말하면 '새로운 조화'를 확립하는 주인의 제스처)이다. '주체성'은 이 환원불가능한 순환성에 대한 이름이며, 외부의 저항하는 힘(예컨대 주어진 실체적 질서의 관성)과 싸우는 것이 아니라 절대적으로 내속적인, 궁극적으로 바로 주체 그 자신인 장애물과 싸우는 권능에 대한 이름이다. 다시 말해서, 틈새를 메우려는 주체의 바로 그 노력은 사후적으로 이 틈새를 지탱하며 생성한다.[55]

갑자기 긴 강조문으로 등장한 지리멸렬한 요설에 주목하라. 다른 문장과 다를 바 없지만 마치 어떤 결론을 도출하기 위해 잠시 멈춘듯한 인상을 준다. 그리고 다시 의기양양하게 그 다음 설익은 구상으로 넘어간다.

위 문단은 라캉의 '주체화' 이론(그것이 정말 이론이라면)에 지젝이 기여하는 바다. 우리는 이미 바디우의 철학에서 이 이론이 작동되는 모습을 보았다. 여기서 중요한 것은 독자로 다음을 절실히 자각하도록 하는 것이다. 즉 유행성 넌센스fashionable nonsense의 다른 전달자들이 무엇이라 말했건 지젝도 말했다는 것, 그리고 모든 진리, 통찰, 유용한 무의미소 등은 막을 수 없는 전지적 부정성이라는 거대한 바다로 흘러가는 지류들이라는 것이다. 따라서 지젝의 글은 초대장과도 같다. 독자도 이 흐름에 뛰어들라는 것이다. 논리적 사고의 오염을 씻어내고 마침내 주제에서 주제로, 장소에서 장소로, 현실 세계의 방해없이 정신의 진정한 영연함을 만끽하라는 것이다. 언제나 좌편으로 흐르면서 말이다.

헤겔, 라캉, 마르크스의 난장 지젝

지젝은 1년에 두 세 권의 저서를 출간하는 집필 속도를 보인다. 그는 자기 자신과 풍자적 거리를 두며 글을 쓰는데, 그래야만 승인을 얻을 수 있다는 것을 잘 알기 때문이다. 그러나 동시에 지젝은 공산주의 유고슬라비아의 옛 질서를 대체한 소비지상주의적 사회의 피상적인 타당성들을 비판하고 그것의 병폐들의 깊은 **정신적** 원인을 밝히는 데 관심이 있다. 메뚜기처럼 주제들을 넘나들며 암시적으로 글을 쓸 때가 아니면 지젝은 세계 자본주의 질서의 자기기만이라 여겨지는 것들을 폭로하고자 한다. 바디우처럼 지젝도 명확한 대안을 주지 못한다. 명확한 대안이 부재한 자리에 불명확한 대안을 가져다 놓거나, 그 결과가 어떻든 순전히 상상력에 의거한 대안도 충분하다는 입장을 고수한다. 바디우의 언어를 사용하며 지젝은 이렇게 말한다. "사건에 무관심한 비-존재보다는 사건에 충실한 재앙이 낫다."[56]

이런 사유를 뒷받침하기 위해 지젝은 두 가지 지적 원천에 기댄다. 하나는 헤겔의 철학이고 다른 하나는 자크 알랭 밀러$^{Jacques\ Alain\ Miller}$(라캉의 사위)를 통해 해석된 라캉의 사상이다. 지젝은 1981년 파리에 머무는 기간 동안 밀러의 강의에 참석했고 밀러는 지젝의 분석가가 되었다. 지젝의 입장을 요약하기란 쉽지 않다. 철학적, 정신분석학적 방법론 사이를 오가며 라캉의 수수께끼와 같은 언어에 사로잡혀있기 때문이다. 패러독스를 무척이나 좋아하고 헤겔이 '부정의 노동'이라고 한 것을 굳게 믿는데, 이것 역시 패러독스라는 장벽에까지 몰고 간다.

헤겔은 개념은 부정을 통해 규정된다^{determinate}고 주장했다. 부정을 통해 개념이 더 이상 적용되지 **않는** 한계가 설정된다.[57] 헤겔은 우리가 이와 비슷한 방법으로 일련의 부정들을 통해 자기지식에 이른다고 주장했다. 한계 및 장벽에 부딪히며 우리는 세계와 우리의 의지를 구분할 수 있게 되는데, 이 장벽은 우리를 저항하는 의지, 즉 타자의 의지에 의해 설정된 경계다. 그래서 헤겔에게 우리의 의지의 부정$^{negation\ of\ our\ will}$은 우리로 그 의지가 **우리의 것**임을 의식하게 하는 것이 된다.

지젝에 와서 이 개념은 훨씬 더 극단적으로 확장되는데, 이는 부정을 극단적 지점까지 몰아가는 라캉의 발자취를 따르기 때문이다. 즉, 개념의 경계를 설정하는 것뿐 아니라 개념을 **배제**하는 데까지 부정을 사용하는 것이다. 총체적 부정을 통해, 즉 주체가 없음을 알아차리는 것을 통해 우리는 자기의식을 갖게 된다. 주체 대신 **주체화**라는 행동이 있고 이것은 주체에 대한 방어가 되기도 한다. 즉, 내가 실체, 동일자, 존재의 중심이 되는 것을 나 스스로가 막는 방법이다.[58] '주체화'에 선행하는 주체는 없다. 하지만 주체화를 통해 나는 내 자기의식에 선행하는 상태로 나 자신을 복귀시킨다. 내가 생성되는 바가 곧 나이며, 나는 내 과거의 공백을 채움으로써 내가 된다.

 헤겔에서처럼 자기의 '생성coming to be'은 타자와의 관계로써만 가능하다. 헤겔은 생성의 절차에 대해 감탄하지 않을 수 없는 빼어난 설명을 선사해주었는데, 4장에서 요약한 바 있다. 지젝은 헤겔의 생성 개념을 만족스레 언급하며 마르크스의 전기 이론에서 생성 개념을 다룬 부분도 언급한다. 하지만 지젝의 진짜 관심사는 라캉의 손으로 헤겔을 망가뜨리는 데 있다. 라캉에 와서 타자는 새롭고 신비스러운 중요성을 차지하게 되기 때문이다. 라캉과 마찬가지로 지젝도 '소타자'와 대타자를 상정하는데, 소타자는 환상의 대상, 욕망의 대상이며 대타자는 자라나는 아이를 지배하는 어머니 이마고imago, 질서를 부과하는 권위, 또 우리가 열망하지만 '대타자는 없기' 때문에 언제나 우리를 벗어나는 '일관되고 닫혀있는 총체성'이다.[59] 주체가 없는 것처럼 객체도 없다. 비존재nonexistence가 객체가 존재하는 방식이다. 이것이 지젝이 라캉에 대해 가장 흥미로워하는 부분이다. 환영을 불러내었다가 곧바로 사라지게 하는 라캉의 요술 지팡이가 매력적이었던 것이다.

 타자라는 영물靈物은 지젝의 사유세계를 지배하며 예기치 않은 결론들로 질러가는 지름길처럼 사용된다. 지젝에게는 스탈린주의도 대타자에 의존하기 때문에 지나치게 도덕적인 것이다. 이 그럴듯한 변명을 반박할 방법은 없다. 라캉이나 지젝이나 엉성하게 설명한 대타자라는 비실재물의 존재 및 비존재를 확립할 어떤 절차도 제공해주지 않기 때문이다. 민주주의가 해답이 될 수 없는 이유는 자크 알랭 밀러가 보여준 것처럼 민주주의가 '빗금친 대타자barred big Other'를 함축하긴 하지만 선거규칙이라는 또 다른 대타자('절차적 대타자')가 존재하기 때문이다. 결과가 어떻든 준수되어야 하는 규칙이 존재한다는 것이다.[60]

 그렇다면 진짜 위험은 포퓰리즘일 것이다. 포퓰리즘은 대타자가 민중으로 위장해서 돌아오는 상황일 테니 말이다. 아니면 로베스피에르의 정신으로 민중을 불러낸다면 문제가 안되는 것인가? 로베스피에르가 덕치에 호소한 것이 "폭력의 잠재적 내용을 그것의 현실화로부터 건지기" 때문에 괜찮다는 얘긴가?[61] 알 방법은 없지만 사실 신경 쓰는 사람도 없는 듯하다. 지젝도 물론 신경 쓰지 않는다. 소타자들이 성가신 질문을 하면 지젝은 대타자의 치마 속으로 들어가버린다. 이런 식으로 지젝은 반전체주의자들로부터 자신을 보호할 수 있게 된다. 그들의 사유는 "쓸모없는 궤변적 활동으로, 혹은 저급한 기회주의적 생존본능과 두려움의 이론화"[62]라고 하는데 이 언어는 구소련의 프라우다^{Pravda}지, 체코슬로바키아의 공산당 일간지 루데 프라보$^{Rudé\ Pravo}$, 그리고 지젝의 어린 시절 슬로베니아의 델로^{Delo}지에 점철되어 있는 신어적 비난의 정통성을 그대로 담고 있다.

지젝은 정신적 과정은 세 가지 뚜렷한 범주로 구분된다는 라캉의 발상에 착안한다. 환상계, 상징계, 그리고 실재계. 욕망은 환상계를 통해 들어오는데, 환상계는 대상 a와 첫 번째 주체화를 상정한다. 첫 번째 주체화는 욕망(그리고 욕망의 결여)이 유아의 정신에 소개되는 거울단계다. 이것은 어디까지나 **암시적으로만** 제시될 뿐 충분히 설명된 적은 없는 내용이다. 말이 되건 안되건 간에(말이 안된다) 지젝의 제자 한 명이 제시한 설명을 살펴보자.

> 주체성의 핵심부에는 어떤 존재론적 공백이 있는데, 대상a는 바로 이 불완전성을 가리고 보완하려고 하지만 겉보기에만 그렇다. 대상a가 제공하는, 정체성의 완전성은 기만적이다. 우리의 존재감 안의 균열을 채우려고 하는 환상적 대상이다.
>
> 이는 우리의 리비도적 투자가 그것이 소유하지도 않고, 할 수도 없는 숭고함을 그것에 부여할 때 생겨난다.[63]

이같은 설명을 인간 공동체가 생성되는 과정에서 나타나는 자기와 타자의 상호의존성에 대한 헤겔의 탁월한 논변과 혼돈하지 말자. 헤겔의 논변은 **선험적 단계**를 거쳐 진행된다. 즉 논변의 타당성이 우리의 관찰에 의존하지 않고 개념의 논리에 근거한다. 헤겔은 인격들 사이에서 인격이 된다는 것이 무엇인지, 한 인격이 다른 인격과 어떻게 다를 수 있는지에 대해 설명해주고 있다. 라캉과 지젝은 그렇지 않다. 그들의 주장은 절대 선험적으로 입증되지 못함에도 불구하고 그것을 뒷받침할 증거조차 제공해주지 않는다. 라캉과 지젝에 따르면 우리는 우리 세계를 소타자들로 가득 채우는데, 그것도 환상을 통해서 채운다. 하지만 이런 주장의 근거는 대지 않는다. 이것이 무엇을 의미하는지에 대한 설명은 더욱이 찾아보기 힘들다.

그렇다면 환상의 가치는 무엇인가? 환상은 라캉주의 사상의 핵심 개념과도 연결되어 있는데, 롤랑 바르트Roland Barthes에 의해 프랑스 문학 비평 이론에 어쩌다 들어와 지배력을 행사하게 된 주이상스jouissance라는 개념이다. 라캉이 프로이트의 '쾌락원칙pleasure principle'을 대신하여 사용하는 용어다. 환상이 우리 삶에 들어와 지속적으로 남아있는 이유는 즐거움을 가져다 주기 때문이라는 것이다. 환상은 **징후**symptoms로서 드러나는데, 징후는 저 멀리 있는 세상(방문할 수 없는 실재 세계)의 위협적인 현실들로부터 정신psyche이 즐거움의 영역을 보호하려는, 비합리적으로 보이는 행동의 파편이다. 이러한 사고는 프로이트의 초자아 개념을 극적으로 수정하여 칸트와 사드를 통합시키는 언어로 표현된다.

어떻게 칸트의 도덕적 명령이 '즐겨라!'라는 외설적 초자아의 명령법을 숨기고 있는지를 강조하는 것은 라캉의 이론에서는 이미 상식이 되었다. 우리에게 의무를 위한 의무를 수행하라고 종용하는 타자의 목소리는 쾌락 원칙과 그 연장인 현실 원칙의 항상성을 붕괴시키며 불가능한 향유를 호소하는 트라우마적 침입이다. 바로 이런 이유에서 라캉은 사드가 칸트의 진리라고 파악한 것이다.[64]

칸트와 사드를 동일시함으로써 두 세기 동안 서구 사회의 기반이었던 계몽주의 도덕성을 일종의 외설로 치부하는 데까지 넌센스 기구를 확장시켰으니, 이제 지젝은 이데올로기에 대한 새로운 이론, 즉 자본주의에 대한 마르크스주의적 비판을 갱신하는 이론을 내놓을 수 있게 된다.

고전 마르크스주의에서의 이데올로기는 기능적인 차원에서 이해되어야 한다. 권력이 정당성을 획득하는 데 사용되는 환영들의 체계가 이데올로기다. 마르크스주의는 이데올로기에 대한 과학적 진단을 제시하는데, 이데올로기를 하나의 징후로 격하시키고 물신주의 이면 세계의 **본색**을 드러내고자 하는 것이다. 이로써 마르크스주의는 진리를 볼 수 있는 '눈을 열어준다.' 기존에는 계약과 자유로운 교환으로 보았던 것을 이제는 착취와 불의로 보게 되는 것이다. 사람들 사이의 관계가 일종의 법에 의거하여 운동하는 사물들로 보이는 스크린, 상품들로 이루어진 환영적 스크린이 무너지고 그 앞에 드러나는 것은 삭막하고 장식도 없으며 변화무쌍한 인간의 본모습이다. 요컨대 이데올로기의 베일을 벗기는 순간 우리는 비로소 혁명으로 향하는 길을 준비하게 된다는 것이다.

이 지점에서 지젝은 마땅히 물어야 할 질문을 묻는다. 그럼에도 왜 혁명은 오지 않는가라는 질문이다. 왜 자본주의는 자기의식을 획득했음에도 불구하고 그 지배력을 지속적으로 확산시키고 더 많은 사람들을 상품소비주의의 와류로 끌어들이는가? 이에 대한 지젝의 대답은 이데올로기가 환상을 통해 갱신되었다는 것이다. 우리는 우리의 심층적 주이상스의 장으로서 상품의 세계에 매달리며, 저편에 있는 현실세계, 알려지기를 꺼리는 실재계를 회피한다는 것이다. 우리는 이데올로기가 자본주의 경제를 유지하기 위해 존재하는 것이 아닌, 결국 자기 자신을 위해 존재한다는 점을 알게 된다. 그 자체로 즐거운 것이 된다. 음악과 예술처럼. 이로써 우리는 질 리포베츠키^{Gilles Lipovetsky}와 장 세루아^{Jean Serroy}가 '세계의 미화^{the aestheticisation of the world}'[65]라 묘사한 상황 안으로 들어가게 된다.

이데올로기는 우리 손에 들린 장난감이 된다. 우리가 사는 환영의 세계에는 모든 것이 가격이 있지만 가치있는 것은 절대 나타나지 않을 거라는 점을 인지하며 우리는 이데올로기를 받아들이기도 하고 그것을 비웃기도 한다. 최소한 아래 구절을 읽고 추출한 요지는 그렇다. 지젝에서 그 이상 명료한 설명을 기대하기는 어렵다.

> 목적과 수단의 전도가 숨겨져 있어야 하는 이유는 무엇일까? 그것이 폭로되면 스스로 자멸하는 이유는 무엇일까? 이는 그것이 이데올로기적 포기 그 자체 속에서 작동하는 향유를 드러내 버리기 때문이다. 다시 말해 그것은 이데올로기란 것이 오로지 자신의 목적을 위한 것일 뿐이며 다른 것엔 전혀 쓸모가 없음을(바로 이것이 정확히 향유에 대한 라캉의 정의이다) 드러내기 때문이다.[66]

그런데 바로 이 지점에서 명료성이 필수적이다. 상품의 세계와 시장은 없어지지 않을 것이기 때문에 그것들을 최대한 활용하라는 것인가? 그 자체로 기반이 전혀 없는 기이한 라캉적 범주를 자기 논변의 기반으로 삼음으로써 결론을 내리는 지젝을 어떻게 받아들여야 하는가? 자크 알랭 밀러에게 세뇌당할 '특권'을 누리지 못한 사람에게도 설득력이 있는 논변이 있는가? 명료한 논증이 요구되는 결정적 시점에서 지젝은 언제나 라캉적 전례 문의 온갖 신비스러운 주문을 수사적 질문 안에 꽉 채워넣고선 그 뒤로 숨어버린다.

> 광적인 활동을 통해, 다시 말해 근본적 무능력의 외적 형태로서의 과도한 힘을 통해 자기 자신을 해소하고 재생산하는 근본적 장애물의 역설적인 위상학, 즉 자본 운동의 역설적 위상학은 바로 라캉이 말한 근본적이고 구조적인 결여를 구현하는 잔여물인 대상 a의 위상학이 아닌가?[67]

이런 수사적 질문이 가하는 통사론적 압박은 '물론이지. 진작에 알았어야 하는건데.'라는 대답에 맞춰져 있다. **진짜 질문을 회피하는 것이 목표다.** 동원되는 개념들의 의미와 토대를 명시해야 하는 과제는 제쳐놓는 것이다. 이 테마와 직접적인 연관성이 있기에 한 가지 예를 더 보여주겠는데, 그야말로 가관이다.

> 정신분석의 궁극적 영역은 상징적 법과 욕망 사이의 연관이 아닌가? 다양한 도착적 만족들은 법과 욕망의 연관이 현실화되는 바로 그 형식이 아닌가? 라캉적인 주체의 분열은 바로 주체가 상징적 법에 대해 맺는 관계와 연관된 분열 아닌가? 더 나아가 이에 대한 궁극적 확증은 라캉의 '칸트를 사드와 더불어'―이는 병적 도착의 사드적 우주를, 상징적 법의 도덕적 무게에 대한 인류 역사상 가장 근본적인 단언(칸트의 윤리학)의 '진리'로서 곧바로 정립한다―가 아닌가?[68]

위 질문들 중에 하나라도 '아니오'라고 대답했다면 지젝의 반응은 '아니오? 아니오라는 게 대체 무슨 뜻이냐?'일 것이다. 그런데 **진짜** 질문은 '지젝, 네가 말하는 게 무슨 뜻이냐?'일 테다.

이로써 지젝의 좌파주의의 핵에 도달하게 된다. 라캉의 요술 지팡이가 닿은 실재계는 소멸된다. 실재계는 일차적 부재, 또 거세이기도 한 '진리'다. 그 지팡이로 현실을 떨쳐버리고 꿈에 신선한 생기를 불어넣어준다. 따라서 도덕과 정치가 뿌리를 내리는 곳은 꿈의 세계다. 이제는 신빙성을 잃은, 고작해야 경험적 사건들(바디우가 보여준 것처럼 이것은 **진짜** 사건들이 아니다)로 이루어진 세계는 더 이상 중요하지 않고, 꿈의 세계 안에서 벌어지는 일들이 중요한 것이 된다. 이 세계는 엘리트 지식인들의 세계이며 이들은 관념과 열의로 한갓 현실에 불과한 것들을 말소시킨다.

극도로 역겨운 에세이 「혁명적 공포Revolutionary Terror」에서 지젝은 로베스피에르와 생 쥐스트의 "휴머니스트 공포정치"(나치의 '반휴머니스트 혹은 비인간적 공포정치'와 반하는)를 예찬한다. 피해자들에게 자애를 베풀어서가 아니라, 가해자들의 열의, 즉 "정치적 상상력의 유토피아적 폭발"을 표현했기 때문에 예찬한다.[69] 이 공포정치가 50만 명의 무고한 사람들을 투옥시키고 그보다 더 많은 사람들을 죽였다는 사실은 지젝에게 중요하지 않다. 통계는 핵심과 무관한 것으로서, 라캉의 지팡이로 마이너스 1의 제곱근이라는 전적인 상상의 수로 축소시켜버릴 수 있다. 중요한 것은 로베스피에르가 그의 연설(지젝이 그의 혁명적 영웅에 눈이 멀어 비판력을 상실하지만 않았더라면 얼마든지 호언장담의 허세라는 것을 금방 알아차렸을 연설)을 통해 "폭력의 잠재적 내용을 그것의 현실화로부터" 건졌다는 것이다.[70]

이런 식으로 지젝에게 사유란 현실을 말소시키는 것이 된다. 물론 사유가 '좌편'에 있을 때를 말하는 거다. 실제 행동은 우리가 행동한다고 **생각하는**

바에 비해 덜 중요하다. 우리가 행동한다고 **생각하는 것**이 해방(알튀세르의 제자 에티엔 발리바르Etienne Balibar는 이것을 평등자유égaliberté라고 지칭했다)[71]이라는 궁극적 목표를 갖고 있다면 말이다. 너와 내가 이해하는 한정적 의미에서의 평등과 자유가 목표가 아니다. 절대적 평등(그리고 운이 좋다면 소량의 자유도 섞여있는 평등)인데, 이것은 본질상 총체적 파괴를 통해서만 성취될 수 있다. 이 목표를 추구하는 것은 곧 그것의 불가능성을 인정하는 셈이 된다. 사실 이것이 모든 '전체적' 프로젝트의 궁극이 아닌가? 지젝은 그래도 상관없다는 것이다. 유토피아의 불가능성이 바로 우리를 유토피아에 고정시켜 놓는다. 절대 검증되지 않을 유토피아의 절대적 순수성을 더럽히기란 불가능하다.

따라서 지젝이 다음과 같이 말하는 것에 놀랄 필요가 없다. "스탈린의 집단 수용소와 나치의 절멸 수용소 사이의 미세한 차이 역시 그 역사적 순간에 있어서는 문명와 야만 사이의 차이다."[72] 그의 유일한 관심사는 가해자들의 심리 상태다. 즉 그 형태가 아무리 비뚤어졌더라도 유토피아적 열정으로 움직였는지, 아니면 신빙성이 없는 다른 신념에 의해 움직였는지 파악하는 것이다. 지젝의 글에서 한 발자국 물러나 보자. 각종 죽음의 수용소들이 사망자 수를 두고 우열을 가리던 시절, 문명과 야만의 경계가 정확히 어디인지 스스로 묻는다면, 한 쪽에는 공산권 러시아와 나치 독일, 다른 한 쪽에는 영국과 미국 등이 있는 게 너무나 당연하다. 물론 그렇게 말하는 것은 지젝에게는 모욕이요 배신이며 무엇이 중요한지 보기를 거절하는 한심한 행위가 된다. 사람들의 행동이 중요한 게 아니라, 무엇을 말하는지가 중요하기 때문이다. 사람들이 말하는 것은 자기들의 이론에 의해 구제되는데, 그것이 아무리 우둔하고 부주의한 이론이든, 실제 사람들을 얼마나 소홀히 여기는 이론이든 상관없다. 말로써 가상의 것the virtual을 실제적인 것the actual으로부터 구제해내는 기획 안에서 행위는 어떤 관련성도 없다.

두 가지 혁명

지젝을 읽으면서 나는 고르바초프Mikhail Gorbachev 시절 노브데비치Devichye Pole 묘지를 방문했을 때를 기억했다. 외모나 태도나 지젝과 썩 닮은 반체제적 지식인이었던 가이드는 흐루시초프Nikita Khrushchev의 묘로 나를 안내했다. 그곳에는 조각가 에른스트 네이즈베스트니Ernst Neizvestny가 설계한 기념물이 세워져 있었다. 흐루시초프는 현대 미술 전시를 관람하고 나서 예술계를 공격하며, 그중에서도 네이즈베스트니를 콕 집어서 비난했다. 가이드는 흐루시초프가 그렇게 예술에 대해 역정을 낸 것을 그가 25,000개의 교회를 파괴한 것보다 훨씬 더 극악한 것으로 여겼다. 그리고 한때 성스러운 땅이었던 이곳에 흐루시초프가 묻힌 것을 전혀 문제시하지 않았다.

기념조각은 흐루시초프의 두상 조각이 교차하는 두 기둥 위에 올려져 있다. 흰 기둥과 검은 기둥의 교차는 그의 모순적 리더십을 상징한다. 가이드가 말하길, 스탈린을 비판한 것은 흐루시초프였고 그는 그렇게 지식인들의 친구가 되었으며 또 예술의 근대성을 비난함으로써 동시에 자기를 지식인의 적으로 천명했다는 것이다. 그 순간 뼈저리게 느낀 것은 러시아 공산주의의 사상사에서 러시아 국민은 그들의 지지자에게나 비판자에게나 어떤 중요성도 지니지 못한다는 점이다. 러시아 국민에게 근대 시기 전체는 당과 지식층 사이에서만 진행된 (가능한 모든 무기를 동원해 목청껏 소리지르는) 대화였다. 단순히 어떤 지적 결론의 도출을 돕기 위해, 또 무력하게 고통 당하는 사람들이 있다는 어떤 결정적 증거가 되어주기 위해 수백만 명의 농노들은 조용히 무덤으로 들어갔다.

이렇게 현실을 부정하는 모습은 한 가지 중대한 사실을 상기시켜준다. 궁극적 해방(이것은 전체적 평등의 통치도 뜻한다)의 목표는 믿음의 문제이지 예측의 문제가 아니라는 점이다. 이 목표는 유기될 수 없는 종교적 필요를 표출하며 그것을 반박하는 모든 증거들을 극복하고 끝까지 살아남는다. 1989년의 사건이 일어나고 얼마 동안은 공산주의 기획이 무너진 것 같았고 2차세계대전 이후 동유럽의 사람들을 노예로 만든 사상을 이제는 단호하게 배척하게 할 수밖에 없는 증거들이 속출했다. 하지만 합리적 논증이 다시 싹틀 즈음에 넌센스 기계가 굴러들어와 싹을 다 베어버렸다. 모든 것을 불확실성의 안개로 덮어버렸고 진정한 혁명은 아직 도래하지 않았다는 신념(루카치 안에 이미 독성 가득하게 자리잡은 신념)을 복구시켰다. 이 혁명은 사유의 혁명, 내적인 해방인데, 이 앞에서 어떤 합리적 논증(이것은 한갓 '부르주아 이데올로기'에 불과하다고 여긴다)도 살아남을 수 없다. 넌센스의 지배 아래 혁명에 대한 의심은 모두 합리적 탐구의 가능성과는 거리가 먼 저 깊은 곳에 묻혔고, 그런 의심은 더 이상 직접적으로 다룰 수 없는 상태가 되어버렸다.

동시에 연금술사들은 끊임없이 주문을 외우며 '혁명이 목표'라는 것을 어두움 속에서 불러냈다. 정확히 원하는 바가 무엇이었을까? 잠시 합리적 분석이 존재하는 세계로 되돌아가보자.

여기서 우리는 혁명에는 두 가지 종류가 있다는 것, 그리고 혁명이라는 단어가 우상화될 때는 둘 중 어느 것을 의미하는지 명확히 하는 것이 중요하다. 1688년 영국의 명예혁명Glorious Revolution과 1783년 미국혁명American Revolution으로 대표되는 혁명이 있다. 요컨대 법을 준수하는 사람들이 약탈에 반기를 들고 자기의 권리를 규정하고 보호하고자 했던 혁명이다. 또 다른 혁명은 1789년 프랑스 대혁명과 1917년 러시아 혁명으로 대표되는데, 여기서는 하나의 엘리트층이 다른 엘리트층으로부터 권력을 강탈하여 이어서 공포정치를 통해 자기의 입지를 굳힌다.

이 둘 사이의 차이는 거대하며 근대사의 흐름을 보면 우리에게 시사하는 의의도 막대하다. 그런데 알튀세르에서 지젝에 이르기까지 이들 연금술사들은 이 차이를 일소에 부친다. 바디우에게 영국과 미국의 혁명은 진정한 사건이 아닌, 그래봤자 '시뮬라크르'에 불과하다. 고원한 지식인들의 상상력을 자극시키지도 않았으며 실제 사람들의 필요 때문에 억지로 존재하게 된 것이다. 알튀세르, 바디우, 지젝과 같은 사상가들은 영국과 미국의 혁명이 무엇을 성취했는지, 그것으로 충분하지는 않았는지, 그 이상의 것은 비현실적이지 않은지 등을 검토하기보다는 동료 좌파들과의 학술적 논쟁에 파묻혀 살기를 선호한다. 우상이 숨겨진 사원 안에서 위협적인 신어의 블록을 여기저기 배치시키며 자기들의 흉벽을 무의미소로 강화시킨다.

1989년 당시 지식인라면 다시는 레닌주의 당이나 스탈린의 통치 방법을 지지하지 않을 거라고 생각했던 사람들은 무의미소의 압도적인 힘을 미처 고려하지 못한 것이다. 믿어야 하는 절실한 필요와 만물의 진정한 의미가 담긴 신비, 그리고 개인의 삶을 투신할 수 있는 핵심적 신비를 찾기 위해 의미^{sense}보다는 무의미^{nonsense}가 선호된다. 왜냐하면 그것은 의심할 여지가 없는 어떤 것을 중심으로 삶을 구축해주기 때문이다. 합리적인 공격의 가능성을 배제해 버리는 것을 합리적으로 공격하기란 불가능하다. 그래서 다시 한번 유토피아는 어떤 도전도 없이 신학이 떠나버린 그 자리에 오른다. 지적 생활 안에 자기 고유의 '두렵지만 매혹적인 신비$^{mysterium\ tremendum\ et\ fascinans}$'를 세워 놓는다. 새로운 세대가 프롤레타리아의 본래적 목소리를 재발견했는데, 이 목소리는 넌센스 기계의 말을 한다. 모든 좌절에도 불구하고 그들은 '프롤레타리아의 독재'가 여전히 가능하다는, 아니 유일하게 가능하다는 확신을 고수한다. 지젝의 글이 이것을 증명하고 있으니, 지젝이 보장해줘야 할 것이다.

바디우와 지젝 안에서 우리는 바디우가 말한 '코뮤니즘 가설'이 절대로 사라지지 않을 것이라는 놀라운 사실을 발견하게 된다. 과학의 결론으로서 이 '가설'을 제시하고자 했던 마르크스의 기획에도 불구하고 이 '가설'은 검증될 수도, 반증될 수도 없다. 이것은 예측도 아니고 어느 측면에서도 가설의 모습을 갖추지 않았기 때문이다. 이 '가설'은 알 수 없는 것, 명명될 수 없는 것, '무의 배회 wandering of nothing'에 대한 믿음의 선언이다. 바디우와 지젝은 서구 민주주의라는 기존 질서를 대항하는 대의라면 주저없이 힘을 실어준다. 둘은 입헌민주주의에까지 반기를 들며 그들의 화려한 초연함의 일환으로 공포정치(적절히 미화된)를 지지하는 것에 대해 어떤 거리낌도 없다. 그럼에도 그들은 대안을 검토하거나 최소한 제안이라도 할 의무를 못 느낀다.

평등을 외치는 이들의 공허한 호소는 프랑스 대혁명의 상투성을 넘어가지 못하고 얼마가지 못해 수학소로 둔갑하여 반박으로부터 숨는다. 실제 정치에 관해서는 마치 부정 negation이면 충분하다는 식으로 글을 쓴다. 팔레스타인의 인티파다 intifada, 아일랜드공화국군 IRA, 베네수엘라의 차베스주의자들 Chavistas, 프랑스의 상 파피에 san-papiers, 월가점거운동 Occupy movement 등 그 급진적 대의가 무엇이건, '체제'에 대한 공격이기만 하면 충분하다는 것이다. 대안은 '체계의 언어로는 명명불가능'하다. 폴 코언이 이미 증명하지 않았냐는 것이다.

1789년과 1917년의 혁명, 마오쩌둥의 장정, 대약진 운동, 그리고 문화혁명까지. 파괴행위는 악순환을 되풀이한다. 사건은 '실제적인 것의 중심부에 있는 공백'이다. '사건에 대한 충실성'은 곧 무 nothing에 대한 헌신을 말한다. 지젝의 허풍과 바디우의 무의미소는 한 가지 목적을 위해 존재한다. 실제 세계, 실제 사람, 일반 도덕적, 정치적 사고로부터 주의를 돌리는 것이다. 단일하고 절대적인 대의를 진전시키기 위해 존재하는데, 어떤 비판도 어떤 타협도 수용하지 않는 대의며, 지지하는 모든 자들에게 구원을 선사해주는 대의다. 그 대의가 정확히 무엇인가? 이들의 우둔한 저서의 지면 가득히 적혀있지 않은가? 바로 무, Nothing이다.

라이트란 무엇인가

9장

뉴레프트의 약속

좌파적 사고에 중요한 요소는 그 명칭이 함축하고 있는 순차성이다. 자칭 좌편에 있다고 하는 사람들은 정치적 의견과 정치적 운동이 좌에서 우로 형성될 수 있다고 믿고, 또 누군가 좌로 편향되지 않았다면 그만큼 우로 편향된 것이라고 믿는다. 동시에 끈질긴 위협을 통해 좌익 사상가들은 우편에 있는 것은 용납될 수 없는 것으로 만들어 버렸다. 대체로 이들은 '우편'이 무엇인지 정의도 내리지 않고, 또 국수주의자, 파시스트, 경제 자유주의자가 왜 모두 우편에 일괄적으로 분류되어야 하는지 설명도 하지 않는다. 그렇지만 명확한 것은 하나 있다. 일단 우익으로 분류되면 그 사람은 더 이상 논의의 대상이 되지 않는다는 것이다. 그 사람의 의견은 논점을 벗어난 것이 되고 그 인성은 훼손되며 세상에 존재하는 것 자체가 오류라고 여기는 것이다. 열띤 토론을 벌일 상대가 아닌 피해야 할 질병으로 간주한다. 이것이 나의 경험이자 내가 아는 모든 반체제 인사들의 경험이다. 우익진영의 책이 좌파적 리뷰어들(학계 리뷰어들은 보통 다 좌파다)의 관심을 끌었다면 그것은 그 책을 갈기갈기 찢기 위해서인 것이다.

그렇다면 대안의 제시는 당연히 좌익 사상가들의 책임이라고 생각할 수 있다. 하지만 이 책에서 지금까지 기술한 내용들을 돌아보면 정반대의 상황임을 알 수 있다. 간혹 '해방', '평등' 혹은 '사회 정의'라는 입에 발린 말은 한다. 하지만 추상의 영역 밖을 나가보지 못한 채로 남아있을 뿐 이 개념들은 진지하게 검토되지 않는다. 이런 개념들은 원칙적으로 좌익 사상가들이 정당화하려는 사회 질서를 기술하는 데는 사용되지 않고 순전히 부정적 관점으로만 사용될 뿐이다.

'존재의 평등'이 어떻게 성취될 것인지 찾아보기 위해 우리는 홉스봄, 톰슨, 바디우, 루카치, 아도르노의 걱정 어린 선언들을 뒤져보지만 부질없는 일임을 알게 된다. 순수한 평등의 영역에서 누가 무엇을 통제하는가? 야심만만하고 매력적이고 정력 넘치고 총명한 사람들이 그들의 현명한 주인들이 설정해 놓은 방향을 틀어버리지 않게 할 보장은 무엇인가?『독일 이데올로기』에서 약속된 바와 같이 모든 게 그저 사냥, 낚시, 문학 비평 정도의 수준에 머물러 있을 뿐이다. 아도르노의 글에서 자본주의의 대안이 유토피아라는 점을 발견했을 때 우리는 저자의 솔직함에 박수를 보냈다. 대안이 없다고 말하는 것과 똑같기 때문이다. 물론 유토피아를 '이상적 담화 상태', 융화집단融化集團, groupe en fusion, 유적 절차, 심지어 파쇼라고도 쓸 수 있다. 하지만 이러한 묘사는 어느 무엇에 관한 묘사도 아니다. 사회를 가능하게 하는 모든 것(법, 사유재산, 관습, 위계, 가족, 협의, 정부, 제도 등)이 다 제거된 사회를 일컫는 것이다.

사회주의의 역사를 보며 잠시 의심의 순간에 빠졌던 홉스봄은 이렇게 말했다. "좌파가 새로운 사회에 대해 더 진지하게 생각해야 한다고 해서 새로운 사회가 덜 바람직하거나 덜 필수적인 것이 되지 않는다. 나아가 현재 사회에 대한 반론의 설득력이 약화되지도 않는다."[1] 이것이 신좌파 대의의 축약이다. 즉 사회주의 미래에 대해서 그것이 필수적이고 바람직하다는 것 외에는 아는 것이 없다는 것이다. 중요한 것은 현재를 반박하는 '설득력' 있는 논거가 있다는 것이다. 무엇을 무엇으로 대체해야 할지 모르는 상황에서는 우선 다 파괴하는 것이 바람직하다는 것이다.

급진적 좌파는 맹신에 이끌려 '투쟁'에서 또 다른 '투쟁'으로 넘어간다. 평등의 이름으로 한 일은 잘한 일이고 기존 권력을 파괴하면 자연스럽게 목적을 달성하게 된다고 확신한다. 즉, 얼룩진 세상에서 순수하지만 알 수 없는 세계, 완전한 해방의 영역으로 도약한다는 것이다. 그런데 이 목적의 나라로의 도약은 사유의 도약으로서, 절대로 현실세계에서는 구현될 수 없다. 따라서 '혁명적 실천'은 파괴적 활동에 국한되며, 그 노력의 목적을 구체적으로 규정할 능력도 바램도 없게 된다. 직접적 평등을 추구한 최근의 시도들이 실제로는 노예화를 양산했는데, 이것은 놀랄 일이 아니다. 그 잔인한 결과는 그것과는 전혀 조화되지 않는 언어로 묘사되는데, '자유', '해방', '민주주의', '평등', '진보', '평화' 등의 언어다. 사회주의 체제 아래 살던 시민은 쓰라린 냉소없이는 저 단어들을 입에 담지 못했다.

그람시의 기획하에 추진된 '문화전쟁'은 혁명적 투쟁에 대해 탁상공론이 벌어지게 했는데, 여기서도 똑같은 현상을 찾아볼 수 있다. '부정의 노동$^{\text{labor of the negative}}$'이 우리가 상속받은 문화를 싹쓸이한다. 기념비적인 것들을 모두 철거해버리고 위안으로 삼을 만한 것들도 모두 봉쇄해버린다. 그런데 그 자리를 대체할 문화는 로티의 온건한 상대주의나 사이드의 허위 적대심 밖에는 없다. 문화전쟁의 결과는 정치적 올바름을 강력하게 시행하는 것, 예술, 역사, 문학 안에 뿌리 깊이 남아있는 인종차별주의, 성차별주의, 제국주의 및 식민주의적 사고 방식을 검열하는 것이다.

이 지점에서 나는 지각 있는 독자들로부터 한 가지 지적을 받게 된다. 좌파 지식인들의 부정성을 비판하는 나도 부정의 입장을 취하고 있지 않느냐는 지적이다. 좌파가 단순히 비현실적인 것^{unrealities}을 제안하는 것을 비판하는 것은 당연할 수 있겠지만, 그렇다면 무엇이 **진짜** 대안인가를 묻는 것이다. 본 장에서 나는 이 질문에 대한 답을 제시하고자 한다. 완성된 답은 되지 못하겠지만 내가 다른 저서들[2]에서 심도 있게 다룬 개념들에 대한 적절한 도입부는 되리라 믿는다.

언어의 구제

신좌파의 사상가들은 우리의 사회, 정치적 체계에 대한 비판을 대체로 언어에 대한 비판에서부터 시작한다. 권력과 지배를 최대의 정치적 현안으로 상정하고, 합의점을 모색하기 위해 인간 관계가 조정되는 현상을 광범위하게 비판한다. 좌파적 신어는 그들의 강력한 도구가 된다. 우리 사회를 비웃을 뿐 아니라 온화해 보이는 표면 아래 어떤 다른 현실이 존재한다고 주장하며 그 현실에 대해 말한다. 그리고 그 표면은 기만적이라는 것이다. 마르크스의 '물질적 힘', '적대적 생산 관계', '이데올로기적 상부구조', 푸코의 지배적 '에피스테메', '지배의 구조', 바디우의 '강제법', '유적 집합', '진리 절차', 라캉과 지젝의 대타자, 루카치의 '물화', '상품물신주의' 등—이 모든 수수께끼 같은 전문 용어들은 인간의 일반적인 이해방식에서 현실을 박탈하는 목적을 갖고 있다. 이것의 결과는 사회적 세계를 정치가 미치지 못하는 영역에 옮겨 놓는 것이다. 총체적 변화, 총체적 혁명이 아니면 우리가 직면하는 갈등을 해소할 수 있는 방법이 없다고 얘기하는데, 이것은 바로 조셉 콘래드Joseph Conrad의 『간첩The Secret Agent』에서 교수가 말한 '존재하는 모든 것의 파괴'인 것이다.

따라서 우익의 최대 과제는 정치의 언어를 구제하는 것이다. 변말에 의해 강제로 빼앗긴 그것을 다시 사로잡아야 한다. 우리에게 자연스러운 언어를 재발견할 때만 좌파가 우리 세계에 지속적으로 던지는 치명타에 대응할 수 있는 것이다. 이 언어를 찾으면 그동안 합리적인 토론을 불가능하게 한 좌/우, 아군/적군, 진보/반동과 같은 일차원적 이분법을 탈피할 수 있다.

우리의 정치적 유산에 대한 두 가지 비판이 내가 이 책에서 다룬 사상가들의 뇌리에 박혀 있다. 첫 번째는 '자본주의' 사회란 권력과 지배를 기반으로 삼는다는 것, 두 번째는 '자본주의'는 곧 '상품화'를 말하며 사람들을 한갓된 사물로 축소시키고 물신주의를 통해 사물을 행위자로 삼는다는 것이다. 이 두 가지 불만에 대해 다양한 사상가들이 다양한 방법으로 자기들의 이론을 개진해 왔지만, 여전히 해소되지 않은 채 남아 있다. 따라서 좌파에 대한 진정한 대안을 내놓는 첫 번째 단계는 바로 이 부분에 답하는 것이다.

'자본주의'는 주로 신어에서 사용되는 언어다. 우리 사회를 설명할 포괄적 이론으로서 제시되고, 고로 그것을 대체할 전략을 말할 때 언급된다. 하지만 문제는 그런 이론도, 그런 전략도 없다는 것이다. 우리는 이것을 매우 간단한 관찰을 통해 알 수 있다. 즉 제아무리 근본적인 사회 변혁이 일어나도, 또한 모든 값을 치르고 이룬 변화라도, 그것의 결과는 여전히 '자본주의'라는 용어로 기술된다. 심지어 러시아의 공산 혁명의 결과로 나타난 국가에 대해서도 마찬가지였다. 프랑크푸르트학파는 그것을 '국가 자본주의 state capitalism'라고 해석했다. 복지 국가의 성장, 주택 소유의 증가, 사회 이동성의 확장, 협동조합, 자영업, 주식보유의 진화 등 마르크스 이후 사회 구성원들의 필요에 따라 사회가 진전된 모든 방법들은 자본주의라는 단어의 강한 장악력을 누그러뜨리지 못한다. 모든 것에 적용되어 모든 의미를 상실한 단어다.

그렇다면 이 단어를 정확한 묘사로 대체해보자. 사회에 속한 사람들은 노동을 포함한 이런저런 것들을 소유하는데, 그것들을 다른 사람과 자유롭게 교환할 수 있다. 사고팔고 축적하고 저축하고 공유하며 나눠준다. 자유롭게 발휘한 노동을 통해 확보한 것이라면 마음껏 즐길 수 있으며 심지어 본인이 원한다면 아무 일도 하지 않아도 생존할 수 있다. 반면 사람들의 매매의 자유를 박탈시킬 수도 있다. 또 스스로 자유롭게 선택하지 않은 조건하에 사람들을 일하게 할 수도 있다. 재산을 압수하거나 재산의 이러저러한 형태를 금지시킬 수도 있다. 그런데 그것이 '자본주의'의 대안이라면 노예화 외에는 다른 대안이 없다는 말이 된다.

신어 뒤에는 사회주의의 오래된 불만이 도사린다. 즉 사유재산이 있는 곳에는 권력이 존재한다는 불만이다. 없는 자를 군림하는 있는 자의 권력, 한 집단, 한 계급을 군림하는 또 다른 집단, 또 다른 계급의 권력. '자본주의'를 공격하고 나면 반드시 따라오는 게 있는데, '권력 없는powerless' 세계에 대한 열망이다. 하지만 푸코의 글에 가장 역력히 드러나는 이 열망에는 일관성이 결여되어 있다. 사회의 조건은 본질적으로 지배의 조건인데, 사람들은 각자의 애착에 따라 서로 결합하고 길항과 경쟁에 따라 분리된다. 어떤 사회도 그러한 인간 조건을 초월하지 못하며 그것을 바래서도 안된다. 바로 그런 조건에 우리의 만족이 기인하기 때문이다. 애착이 있는 곳에 권력이 있고 길항이 있는 곳에는 통치government가 요구된다. 케네스 미노그Kenneth Minogue가 이렇게 말한 적이 있다. "지배의 고뇌는 인간으로 존재한다는 것의 핵심에 놓여 있다. 즉, 이데올로기 안에서 형이상학적으로 해석된 그런 의미에서 지배를 타도한다는 것은 인류 말살을 시도하는 것이다."[3] 정치적 존재로서 우리의 과업은 사회를 결속하는 권력을 폐지하는 것이 아닌, 권력을 완충하는 것이다. 권력 없는 세계를 추구할 게 아니라, 동의에 입각한 권력이 존재하는 세계, 공유된 정의 개념에 따라 갈등이 해소되는 세계를 추구해야 할 것이다.

좌파 사상가들은 3장에서 논의된 바 있는 '자연적 정의'에 대해 답답해 한다. '자연적 정의'는 우리의 사회적 교류 아래 잠재되어 있다. 이들 사상가들은 마르크스주의자들처럼 '자연적 정의'를 '부르주아 이데올로기'의 공상으로 치부하거나, 아니면 자연스러운 과정에서 분리하여 역사적 권리, 의무 및 공적^{功績} 등을 무시하며 '모든 사람을 평등한 사람으로서 대우'하기 위한 '사회 정의'로 대체한다. 좌파 사상사들은 이것이 권리를 짓밟는 것이 아니라 존중하는 것이라 여긴다. 드워킨에서 잘 드러나는 이 두 번째 입장은 방법론 면에서는 반혁명적이지만 목적 면에서는 혁명적이다. 미국의 자유주의자들은 파리의 과격 좌파만큼이나 지배가 악이라고 확신하지만 자기들의 목적을 관철시키기 위해선 결국 제도가 필요하다는 점을 인정하며 이데올로기가 법의 진득한 작동을 대체할 수 없다는 견해에서 파리의 좌파들과 차이를 보인다.

하지만 일반적으로 신좌파는 제도에 대한 그런 존중에 동조하지 않는다. 따라서 권력에 대한 비판은 미래의 제도에 대한 설명을 전혀 동반하지 않는다. 신좌파의 목표는 제도가 **없는** 사회이기 때문이다. 사람들이 자발적으로 낙관적인 소구체로 모이며 법과 관습의 죽은 껍데기는 탈각된 사회다. 이런 권력 없는 세상을 추구할 때 좌파 사상가들은 실재하는 제도들뿐 아니라 숨어있는 악령들에 시달리게 된다. 권력은 무소부재한 것으로서 지배적 질서의 이질적 사상에 의해 여기저기 단단히 박혀 있다. 푸코는 다음과 같이 말한다.

어리석은 군주는 그의 노예들을 쇠사슬로 제어한다. 하지만 진정한 정치인은 사상의 사슬로 노예들을 더욱 강하기 묶어놓는다. … 우리는 사슬의 연결고리들이 무엇으로 구성되어 있는지 모르기 때문에 그 고리들은 더욱 단단히 묶여있다.[4]

하지만 지배 없이 사회 질서를 구축하려는 시도는 결국 또 다른 지배를 양산하는데, 방금 폐한 그것보다 훨씬 더 해악한 형태로 나타난다. 구습을 폭력적으로 타파한 바로 그 조직 안에서 이미 새로운 권력 구조의 씨앗이 존재한다. 크롬웰Oliver Cromwell에 대해 앤드루 마블Andrew Marvell이 말한 그대로다.

… 권력을 쟁취한 기술로
권력을 지켜야 하리라.
… those arts that did gain
A power must it maintain.

'혁명적 실천'의 논리를 연구하다 보면 '과두제의 철칙iron law of oligarchy'에 따라 모든 혁명 정당은 불가피하게 그것의 해방적 목표와 대치되는 방향으로 움직인다는 로버트 미헬스Roberto Michels의 통찰[5]을 확인할 수 있게 된다. 미헬스(그도 과격파 사회주의자였다)가 이런 의견을 개진한 지 한 세기가 지났는데도 어떤 사회주의자도 미헬스를 응대하려고 하지 않는다. 역사가 이미 모든 면에서 그의 결론이 참임을 입증했음에도 말이다.

가치 vs. 가격

'상품화', '물화', '소비주의', '도구화', '물신주의' 등 다른 불만들에 대해서 우리는 어떻게 답해야 하는가? 꼬리표는 허다하지만 모두 한 가지 불만으로 축약될 수 있다. 신어는 현실을 베일로 가리고 우리가 이 사실을 인지하지 못하도록 한다. 여기서도 마찬가지로 우리는 악폐를 정확히 묘사할 언어를 찾아야 하는데, 이 언어는 문제를 규명할 뿐 아니라 그 문제가 바로 **우리의 것**이라는 점을 밝혀줄 것이다. 정치로 해결될 문제가 아닌, 어떻게든 해결될 것이라면 **삶의 변화**를 통해서 가능하다는 것이다.

'소비주의' 문화에 대한 비판 안에서 우리로 두 가지 삶의 방식을 식별하도록 요구한다. 칸트에 의하면 우리는 인격체로서 수단이 아닌 목적으로 취급되어야 한다. 헤겔은 객체의 세계 가운데 놓인 우리가 자유로운 주체로 '실현'되는 것에 대해 논했다. 아리스토텔레스는 우리가 우리의 욕구를 잘 다스려 미덕으로 악덕을 이겨야 한다고 주장했다. 오스카 와일드Oscar Wilde는 가격이 있는 것과 가치가 있는 것을 구분하였다. 목적/수단, 주체/객체, 미덕/악덕, 가치/가격―이 모든 것이 결국 한 가지 구분에 대한 다양한 변주인데, 즉 자유로운 존재와 그것을 위협하는 유혹 사이의 구분이다. 인류를 존중한다는 것은 인간 주체를 객체의 세계에서 들어올려 책임이 따르는 선택을 하는 영역에 옮겨 놓는 것이다. 우리 문화의 창조신화에서도 볼 수 있듯이 이 영역에 있는 사람은 한갓된 사물의 세계로 '타락'하여 스스로 사물이 되어버릴 수 있다.

우리의 목표가 모두 욕구들이라면 우리가 추구하는 것은 모두 덧없고 대체 가능하다. 시장이 존재하는 이유도 바로 그것이다. 욕구의 대상들은 교환이 가능하기 때문이다. 거래가 가능하고 가격 책정이 가능하다. 하지만 우리에게 정말로 중요한 것들은 교환될 수 없다. 가령 성 관계, 그리고 그것과 동반되는 사랑은 매매될 수 없다. 그것을 팔려고 하는 순간 그 안의 인간적 본질을 제거해 버리게 된다. 이것은 태초부터 알려지고 경고되어온 것이다. 왜 매춘을 '최고最古의 직업the oldest profession'이라 부르겠는가? 욕구의 대상들이 많을수록 우리의 관심도 그만큼 더 흩어가고, 획득이 쉬울수록 본질적 가치들을 더욱 희미해진다.

인간의 관심이 있는 곳이라면 이 구분, 즉 가치있는 것과 가격있는 것 사이의 구분이 나타난다. 가치가 있는 것들은 그것을 모색하는 자를 예기치 않게 보상한다. 단순히 우리가 원하는 것을 만족시키지 않고 우리의 존재 자체를 만족시키기 때문이다. 우리는 몹시도 유혹에 약한 존재들이다. 싸구려 보석 따위가 편리한 대체물이 될 수 있을 거라는 망상에 붙잡혀 진정한 만족에 등을 돌린다.

구약 성서는 우상숭배에 대해 경고하는데, 우상숭배란 한갓 사물에 불과한 것에 영혼을 부여하는 활동이다. 현대 심리학이 그토록 중독에 대해 경고하는 이유는 '도파민 주사'가 결국 영혼의 장기적인 행복을 제거해버리기 때문이다. 아리스토텔레스학파는 행복이 미덕 안에 놓여있고 그 안에서 이성이 순간의 욕망을 극복하게 된다고 말한다. 아도르노는 진정한 예술이란 우리의 진정한 모습을 사로잡는다고 주장하며 대중적 물신popular fetish은 우리를 따뜻한 클리셰라는 익숙한 공허함으로 둘러싼다고 지적한다. 우리는 이 모든 것을 우리 자신의 자기지식이라는 관점에서 봐야할 것이다. 우리의 행복의 원천은 어쩌다 우리의 주의를 끌고 욕정을 자극하는 것이 아닌, 옳은 것을 선택하는 데 있다는 것을 인식해야 한다. 유혹을 극복하는 것은 영적spiritual인 과업이다. 어떤 정치체계, 경제 질서, 독재정권도 우리 각자가 감당해야 하는 도덕적 단련을 대체할 수 없다. 우리에게 가장 소중한 것

(사랑, 도덕, 아름다움, 하나님 그 자체)을 방매하지 않고도 풍요로운 삶을 살겠다면 말이다.

상황이 악화되지 않았다고 말하는 게 아니다. 하지만 풍요가 문제라고 해서 풍요를 피해 다시 궁핍한 세계로 돌아가야 하는가? 쉽게 자극된 욕구가 문제라면 우리는 그것을 어떤 법칙에 따라 어떻게 통제해야 하는가? 사실 우리는 해답을 알고 있는데, 그것은 정치적인 해답이 아니라는 것이다. 우리는 **우리의 삶을 바꿔야**한다. 그러기 위해서 우리는 영적 권위spiritual authority가 필요하고, 희생을 감수할 능력과, 들뢰즈와 가타리가 말한 욕망하는 기계로 전락하지 않겠다는 단호함이 있어야 한다. 이 변화된 삶은 정치로부터 야기되지 않는다. 이것은 종교와 문화에서 발생하는데, 7장에서 논의된 사상가들이 순전히 정치적 세계관으로 대체하고자 했던, 하나님에 대한 의식으로God-imbued 고취된 문화 안에서 가능한 변화다.

이것은 우리 시대에 만연한 우상숭배, 육욕성肉慾性, 물질주의에 집중했던 사상가들을 응대하는 첫걸음에 불과하다. 물론 그 사상가들은 정확히 저 단어들을 사용하지 않는다. 기존 문화 본연의 단어들이기 때문이다. 과거 어느 때보다도 지금 사람들이 중독적 쾌락에 취해 있다는 것, 기업들이 파괴적인 욕구를 조장하는 데 매진하고 있다는 것, 키치와 클리셰가 의사소통의 통로들을 막아놓았다는 것을 부정할 수 없다. 하지만 이 사실을 알아차린 좌익에 있는 사람들(대표적으로 아도르노)은 유토피아 외에 내놓은 답이 없다. 왜냐하면 답이 있다면 그것은 정치적인 것이 아니기 때문이다. 물론 광고와 미디어를 검열하고 상품의 분배를 통제할 수 있다. 키치이기를 거부하는 예술과 음악에 국가 보조금을 어느 정도까지는 지원할 수 있다. 하지만 이것은 '자본주의' 체계 전체를 배척하는 일은 되지 않을 것이며, 또 하나, 인간의 타락한 본성을 극복하는 것을 도울 영적 방편이 없다면 효력이 없을 대안들이다. 그런 방편 없이는 좌익의 모든 불만은 헛된 애가로 들릴 뿐이고, 원죄에 반기를 들 혁명을 장려하는 것밖에 되지 않는다.

진정한 대안

여기서 나는 가장 결정적인 질문으로 돌아간다. 대안은 무엇이며 그것을 존중하고 적용할 정치는 어떻게 형성하는가? 내가 이 책에서 다룬 모든 주장에 답하기 위해서는 세 가지 요소가 중요하다고 생각한다. 즉, 시민사회, 제도 그리고 인격personality이다. 순서대로 설명하겠다.

국가와 시민사회의 차이는 버크와 헤겔이 각각 다르게 설명했다. 둘 다 프랑스 대혁명에 대해, 그리고 그것으로부터 시작된 사회적 유산 몰수에 반응한 것이었다. 사회주의 국가가 자유로운 결사를 흡수하고 침묵시키며 그런 결사를 고유의 하향식 관료주의로 대체시킨 것은 20세기에 보편적으로 나타난 현상이었다. 과격 좌파의 세계관에 의하면 시민 사회의 모든 권력은 명시적으로든 암묵적으로든 국가 혹은 국가를 통제하는 '계급'으로부터 나온다. 이 권력은 지배적 '헤게모니'(그람시) 혹은 '이데올로기적 국가 기구'(알튀세르)에 속한다. 좌파에게는 모든 연대, 제도, '소집단'은 '언제나 이미always already' 정치적이다. 따라서 국가가 개입하여 사립 학교를 폐지하고, 산업을 국유화하고, 교회 재산을 몰수해가고, 지역 구조 대원들을 교체하고, 여우를 사냥하거나 맥주집에서 흡연하는 등의 '옳지 않은' 활동을 불법화하는 것은 전혀 권력의 남용이라고 여겨지지 않는다. 이처럼 국가가 사회적 삶을 통제하는 경우는 그저 한 형태의 사회를 또 다른 형태의 사회로 대체하는 것이 된다.

동시에 좌파 세계관에는 소집단에 대한 지식이 거의 없고 따라서 동정도 없다. 하버마스의 삭막한 글 안에는 결사association의 매력을 다룬 독일의 예술, 문학 그리고 음악에 대한 논의는 전혀 찾아볼 수 없다. 마치 독일인들은 관료들에 의해 조직되는 경우가 아니면 결사해본 적이 없는 것처럼 말이다. 사르트르의 융화집단은 집이 없는 '일반 의지'이며 중재되지 않은 운동가들의 간부회이고, 평화롭지도 않으며 무목적적이지도 않은, 하지만 언제나 그 다음 전쟁터로 행군하는 집단이다.[6] 바디우는 교회에 대한 사도 바울의 충실성을 예찬하지만, 예배, 결사, 기도의 장소로서의 교회 자체는 바디우의 철학에서 발 디딜 자리가 없다. 윌리엄스와 톰슨은 도시의 노동계급의 연대에 대해선 만장의 기염을 토하지만 그들의 글 안에서는 채플, 브라스 밴드, 남성 합창단, 연구회, 페어, 크리켓 클럽, 공학 기술 연구소, 무용, 연극, 그리고 나의 아버지가 앤코트Ancoats의 빈민가에서 누렸던 풍요로운 사회 생활은 찾아볼 수 없다. 나 또한 템스Thames 강변의 고향 말로우Marlow에서 누렸던 것들이다. 아널드 베넷Arnold Bennett에서 토머스 하디Thomas Hardy의 작품에 이르기까지 우리 모두에게 익숙한 그것이 아닌가? 좌파의 '전체화totalizing'하는 세계관은 시민사회와 국가를 구분하지 못하며 삶의 목적은 평등주의적 엘리트의 강제적 훈육(그것이 알튀세르나 그람시에 기인한 것이든 아니든)에서 나오지 않고 자유로운 결사에서 발생한다는 것을 파악하지 못한다.

신탁법 덕분에 영어권Anglosphere에 속한 사람들은 국가의 허락 없이도 각종 제도, 기관 및 동호회를 세울 수 있다. 하지만 다른 곳에서는 공식적인 승인이 요구되고 관료의 고무도장 없이 시민은 교회나 학교는 물론 국가가 통제하기를 원하는 그 신성한 영역을 무슨 형태로도 침범하지 못한다. 영국과 미국에서도 그 영역은 철저하게 보호를 받는다. 아미시파[i]의 오랜 분투 끝에야 미국 대법원은 홈스쿨을 할 권리를 부여했고, 영국에서는 이제 보건 안전의 엄격한 규율과 차별금지법을 따라야 결사가 가능하다. 이런 요구 사항 때문에 기독교적 에토스에 깃들어 있는 스카우트[Scouts], 걸 가이드[Girl Guides], 청소년 클럽[Youth Clubs]의 입지가 위태로워지고 있다. 그럼에도 제도들은 생존하고 성장한다. 제도들의 중재적 역할로 정치가 완충되고 사람들은 가장 극악한 형태의 독재로부터 보호받는다.

법이라는 제도를 살펴보자. 영국에서 법 제도는 정부에 속해 본 적이 없고 지금도 속해있지 않다. 법 체계는 정부에 대한 책무가 있지만 정부의 지배를 받지 않으며 법정에서의 판결은 정치적 절차를 통해 취소될 수 없다. 법관과 배리스터(법정 변호사)는 '인스오브코트[Inns of Court]'에 소속되어 있는데, 런던의 템플기사단[Knights Templar] 수도원을 중심으로 결성된 민간사회다. 인스오브코트 회원이 되면 전문적인 지위는 물론 사회적 소속감도 부여받는다. 내가 속한 이너 템플[Inner Temple]은 아름다운 합창단과 위엄있는 예배로 잘 알려진 고대의 교회를 보유하고 있다. 연극부도 있고 모의 재판도 열며 객원 연구원도 초빙한다. 만찬 행사와 콘서트도 개최한다. 이러한 협동 사회를 통해 법은 인격성을 획득하게 되고 여기에는 오래 지속될 가치들에 대한 공통의 헌신이 자리잡는다.

대학 및 여타 교육기관, 동호회, 연대(聯隊), 오케스트라, 합창단, 스포츠 리그 등도 이와 유사하다. 회원의 자격을 부여함과 동시에 각각의 독특한 에토스도 선사한다. 이같은 모임에 참여함으로써 우리는 그 그룹의 관습, 전통, 의무에 종속될 뿐 아니라 구성원으로서의 정체성 또한 얻게 된다. 우리

---

[i] Amish: 메노나이트교회에 속한 보수적인 프로테스탄트교회의 교파. 현대문명을 거부하며 교회를 중심으로 가족 단위의 공동체를 형성하고 있다.

의 행위에 의미를 부여하는 연대감을 얻게 된다. 이런 제도들은 시민과 국가 사이에 서서 국가가 주권을 행사하는 그런 징벌적 방법 없이도 훈육과 질서를 제공해준다. 제도는 문명의 기반을 이루는데, 근현대사의 사회주의 국가들에서 제도가 부재한 것은 당연한 현상이다. 결사의 자유는 사회주의자들이 희구하는 '존재로서의 평등'을 방해하기 때문이다. 간단히 말하자면 결사는 차등을 말하고 차등은 위계 질서를 말하기 때문이다.

내가 제안하는 대안적 정치 철학은 시민사회와 국가의 구별을 주창할 뿐 아니라 국가의 지배가 미치지 않는 영역에 자리잡은 제도의 전통 또한 옹호한다. 사회적 삶은 자유로운 결사의 토대 위에 형성되어야 하며 자치단체의 보호를 받아야 한다. 사람들은 자치단체 후원을 받아 자기들의 사회적 본성을 따라 번성할 수 있고 삶에 의미를 부여할 수 있는 관습과 목표의식을 얻을 수 있다. 이런 '우익' 정치관은 정부의 구조, 혹은 좌익에서 집요하게 언급하는 사회 계층$^{social\ stratification}$과 계급 분열$^{class\ division}$에만 매진하지 않는다. 주로 제도들의 구축과 거버넌스, 그리고 사람들이 각종 단체, 전통, 또 의무와 책임이 따르는 영역을 통해 삶을 풍요롭게 할 수 있는 허다한 방법들에 관심을 둔다. 정치를 논하기도 할 것이다. 예컨대 대의정치의 구조, 권력 분립 그리고 시민단체 및 지방자치단체에 대한 권한위임 등도 다룰 것이다(내가 이 책에서 다룬 사상가들에게는 일말의 관심도 되지 않는 주제들이다). 이 대안적 정치 철학은 무엇보다 제도 구축은 정치의 결과물인만큼 정치의 전제조건임을 긍정하며 유럽의 평화 질서를 형성한 대학, 교회 또 여타 복지 단체의 기나긴 전통을 존중한다.

이로써 인격의 주제에 다다르게 된다. 내가 인격이라 함은 개인의 주체적 행위와 책임에 관한 모든 것을 의미한다. 이 책에서는 마르크스의 이론의 하류 부문인 계급 및 계급투쟁에 대한 태도들을 다뤘다. 계급은 행위자가 아닌 경제 질서의 부산물이라는 태도들이다. 마르크스의 경고에도 불구하고 좌파 사상가들은 계급을 주체적 행위자로, 즉 자기가 한 행위에 대해 칭찬을 받거나 비난을 받을 수 있는 그런 존재로 규정하고 싶어한다. 그렇다면 부르주아지를 프롤레타리아를 억압하는 계급으로 취급하는 것은 타당하며, 이에 대한 응징은 정당할 뿐 아니라 응당한 것이 된다. 지배계급이라는 집단적 행위자는 곧 집단적 골칫거리가 된다. 따라서 새로운 사회를 위해 부르주아의 이러저러한 권리가 박탈된다면 그것은 부르주아 계급이 가한 고통에 대한 정당한 응징일 뿐이라는 것이다.

이와 같은 사고방식의 논리적 귀결은 굴라크^{Gulag}다. 인종에 대한 나치 이데올로기가 아우슈비츠^{Auschwitz}로 이어진 것처럼 말이다. 나치 이데올로기와 마찬가지로 이 사고방식은 지적 혼돈과 도덕적 과도^{過度}로 가득하다. 신좌파는 행위주체성^{agency}이 없는 것에 행위주체성을 부여함으로써 정작 행위주체성이 있는 국가와 당의 책임이 제거되는 상황을 묵인한다. 공산주의 세계는 비인격적 지배의 세계였고 모든 권력이 어떤 책임도 물을 수 없고 비난받을 수 없는 당에 속해 있었다. 법 자체도 포함한 모든 중재적 제도는 노동계급에 대한 정교한 음모라고 우기는 지배 철학, 즉 노동계급은 주체적 행위자라는 미신을 조장한 지배 철학이 군림하는 곳에 통탄할 상황이 벌어지는 것은 우연이 아니다.

누구에게도 어떤 책임도 지지 않아도 되는 독립체에 행위주체성을 장착함으로써 공산주의는 바로 그런 특징(어떤 책임도 지지 않아도 되는 특징)을 가진 행위주체성을 생성해내어 그것을 권력의 꼭대기에 두었다. 특히 공산당은 자신을 특정 '계급'과 동일시함으로써, 공산당 이론을 통해 프롤레타리아에 잘못 부여된 행위주체성과, 사실상 모든 사회 계급에 수반되는 무책임성$^{un-answerability}$을 둘 다 이용했다. 이것이 바로 공산당의 폭력성에 탄력을 붙여준 원천이 아닐까. 당의 집단적 결정은 어떤 법으로도 제한될 수 없고 당은 자체의 목적 외에 어떤 인간 목적과도 부합될 필요가 없는 그런 주체적 행위자가 된 것이다.

이것의 대안은 진정으로 인격적인genuinely personal 정부다. 집단적 행위자가 동시에 법인corporate persons이기도 하고 자신의 행동에 대한 책임을 지고 법에 예속되는 그런 정부다. 로마법, 중세 독일의 게노센샤프트Genossenschaftrecht(협동사회법), 영국의 신탁법 및 회사법 등의 법 체계들은 칭찬 및 비난의 대상이 되는 개인의 속성, 권리와 책무가 부과될 개인의 속성, 대항하거나 제휴를 맺을 개인의 속성이 집단적 구성체에도 적용될 수 있음을 인식한다. 그런 법 체계들은 집단적 행위주체성이 사단법인composite person으로서 법 앞에 서지 않으면 위험해질 수 있다는 점 또한 인지한다. 집단적 행위주체성이 개인과 같이 취급되지 않을 경우 개인을 억압할 수 있는 위험이 있다는 것이다.

법인격corporate personality이라는 장치를 통해 '자본주의' 세계 안에서 행위주체성이 있는 곳에는 반드시 책임이 따르게 된다. 이런 원리는 당이 국가의 최고 행위자임에도 불구하고 법 밖에 존재하고 범죄로 기소될 수도 민사 소송이 제기될 수도 없는 공산주의 세계에서는 통하지 않는다. 공산주의와 자본주의 세계 사이에 존재하는 이런 차이는 좌파 사상가들, 특히 갤브레이스, 톰슨, 홉스봄, 푸코, 하버마스에 의해 묵살당하거나 경시되었다. 그럼에도 둘의 차이는 둘의 어떤 유사성보다도 훨씬 중요하다.

공산주의에서 진정한 법인격적 책임corporate liability을 폐지하는 것은 곧 효험있는 법을 폐지하는 것이 되는데, 이 또한 좌파적 사고 방식의 직접적인 결과라고 봐야할 것이다. 지배의 절대악을 굳게 믿는 좌파 사상가들은 권력을 폐지하는 것을 주된 과업으로 여겼다. 따라서 그들은 권력을 폐기하기 보다는 권력을 제한하는 것이 일차 목표인 제도들을 견디지 못하는 것이다. 푸코의 초기 저술이 그러했다. 더군다나 구 질서를 폭력적으로 전복하려면 기존의 권력보다 더 큰 권력이 요구되기 때문에 좌파 혁명은 언제나 제한적 기능을 담당하는 제도들 그리고 법 까지도 파기하는 것을 승인했다.

이는 푸코의 경우에서 명백히 드러난다. 그가 보기에 사법권은 알튀세르가 말하는 '이데올로기적 국가 기구'의 일부에 불과하다. 알튀세르와 그람시가 구사한 언어도 마찬가지다. 그들의 주장은 법의 가치를 떨어뜨리고 법을 법의 내적 기준으로 평가하기를 거절하며 '계급투쟁'을 모든 갈등의 기본 사실로 여기는 비논리로 귀결된다. 사법적 독립성은 그것의 본래 의미, 즉 인간 분쟁을 해소하기 위해 분쟁과 초연한 거리를 유지하는 수단으로서의 의미를 잃고, 그저 지배를 위한 또 하나의 도구, 이데올로기적 허상을 통해 기존의 지배 계급의 권력을 보존하게 한 기능적 장치로서 치부되었다.

신좌파 사상가들은 그들이 득세하던 시기 동안 공산주의 정권을 헤프게 변호하느라 당의 통치와 법치 사이의 진짜 차이를 간파하지 못했다. 로마법, 교회법, 관습법의 작동 위에 꾸준히 구축된 유럽의 법 체계들은 인간의 길항적 현실과 그것을 충족하기 위한 절차들에 대한 세심하고 철저한 성찰이 수 세기 동안 축적된 결과다. 이같은 법 체계들은 중요한 사회적 권력들의 활동을 규정 및 제한하는 방법을 모색해 왔으며 어떤 행위자도 피해갈 수 없는 책무의 원칙을 사회 질서의 핵으로 장착해 놓았다.

법치주의는 간단하게 이루어지는 게 아니며 다른 경쟁적 정치 체계의 유익과 비교하여 검토되어야 한다. 법치주의는 정치적 자유의 필수 조건으로서 법이 집행권executive power과는 독립적으로 존재하여 집행권까지도 법의 판단을 받을 수 있는 환경에서만 확립될 수 있다. 법치주의가 없이는 반대세력은 안전을 보장받지 못하며 반대세력이 안전하지 못한 곳에서는 반대세력이 소멸된다. 반대세력이 없는 정부는 스스로의 과오를 교정할 수단을 상실할 뿐 아니라 과오를 범하고 있다는 사실조차 인지하지 못하게 된다. 쿠데타 및 혁명으로 권력을 장악한 좌파 정권마다 나타나는 모습이다.

이 책에서 다룬 사상가들 대부분은 권력을 장악한 좌파 정당과 똑같이, 반대세력에 대해선 전멸적 접근을 채택한다. 반대세력은 곧 계급의 적이기 때문이다. 이 반대세력이 문화전쟁의 흉벽 위로 고개를 들어도 그에겐 대꾸도 하지 말아야 한다. 그는 진리를 말하지 못하기 때문이다. 그는 사르트르가 비난했던 사이비 지식인이요, 바디우가 폄하했던 '시뮬라크르'의 애호가이며, 지젝의 말을 빌리자면 "쓸모없는 궤변적 활동으로, 혹은 저급한 기회주의적 생존본능과 두려움의 이론"을 늘어놓는 사람이다. 이런 적은 협상이나 타협의 대상이 될 수 없으며, 그를 사회 질서에서 완전히 제거해야만 진리를 지각할 수 있다는 것이다.

이견을 말하는 작은 목소리를 완전히 침묵시키기 위해 공산주의 정권은 이데올로기에 호소해왔다. 지적 탐구의 경로를 모두 틀어막아 버리기 위해 설계된, 믿기 어려울 정도로 우둔한 교리들로 이루어진 이데올로기다. 이데올로기의 목적은 사람들의 신봉을 받는 것이 아니다. 오히려 신념을 무관한 것으로 만들고 공산당이 점유한 곳이라면 합리적 토론을 제거해 버리는 것이 목적이다. '프롤레타리아의 독재'라는 발상은 원래 현실과는 무관한 것이었다. 원래 목적은 탐구를 종식시키는 것, 그로써 현실이 더 이상 지각되지 않게 하는 것이다.

이데올로기의 속성이 드러난지는 오래되었다.[7] 그럼에도 침범할 수 없는 언어의 스크린 뒤에 현실을 은폐해 버리는 동일한 목표가 라캉과 바디우의 수학소, 들뢰즈와 가타리의 장황설 안에서 발견되고, 또 '대타자가 더 이상 탈-존재하지 않는다'라는 것도 모른 채 아직도 그것을 믿고 있는 우스꽝스러운 사람들을 찾아내기 위해 세계를 순찰하는 지젝의 수사적 질문들 안에서 발견된다.

우익은 대의제representation와 법에 의거하여 입장을 개진한다. 국가와 시민을 중재하는 자율적 제도들, 통치자들의 허락 없이도 아래로부터 성장하는 시민 사회를 옹호한다. 모든 일에 대해 정부에게 책임을 묻는데, 정부를 사물이 아닌 인격체로 여기며 책임을 묻는다. 이러한 정부는 다른 인격체에 대한 책임도 있다. 법에 대해서도 책임이 있다. 개인 시민에 대항할 수 있는 권리도 있으며 시민에 대한 의무 또한 있다. 시민사회의 교본이자 동반자이며, 동시에 우리의 농담의 대상이 되기도 하고 가끔은 우리의 분노의 대상이 된다. 정부는 우리와 인격적인 관계를 맺는데, 이 관계는 법에 의해 유지되고 정당화된다. 이러한 정부는 법 앞에 하나의 인격체로 서며 정부의 주권에 예속되어 있는 다른 모든 이들과 대등한 입장에 선다.

이와 같은 국가에서는 타협과 흥정이 가능하다. 사람들을 수단으로만 여겨선 안되며 그 자체로 목적임을 인정하는 국가다. 반대의 목소리를 청산하지 않고 수용하며 사회주의자들까지도 이 절차에 참여하게 한다. 물론 이들은 어떤 변화도, 즉 자기들에게 유리한 변화도 결코 불가역적일 수 없음을 인정한 것을 전제로 참여하게 한다. 이런 국가에 의해 성취되는 위업은 과격 좌파들에 의해 중시되지도 주목받지도 못한다. 좌파들은 오히려 바디우의 신어를 차용하여 그것을 '자본적 의회주의'라 비난한다. 법과 정치를 단순한 부현상으로 격하시키고 모든 국가들을 경제적 지배 구조에 기반을 둔 '체계'로 봄으로써, 좌파적 사고방식은 대의정치과 전체주의적 독재 사이의 극명한 차이를 말소해버린다. 좌파들은 정치적 유기체들을 마치 해부학자가 신체들을 비교하는 것처럼 다룬다. 기능적, 구조적 유사성은 인지하지만 그 사람, 즉 인격을 보지 못한다. 그 사람의 권리, 의무, 이유와 동기가 우리의 유일한 관심사임에도 말이다.

　수단과 방법을 가리지 않고 평등을 추구하는 것, 그리고 순전히 본체적 해방을 추구하는 것은 헛되고 심지어 모순적인 활동이다. 평등은 자유라는 대가를 치러야 얻을 수 있다는 것, 그리고 한정되지 않은 자유는 합의 정치를 훼손시킨다는 치명적인 증거에도 불구하고 좌파적 입지는 금세 복구된다. 장난감 상자 안에서 튀어나오는 인형과 같은 지젝과 요술사 바디우는 무대 위에서 춤을 추며 들뢰즈는 무덤 안에서 미소를 짓고 있다.

　그렇다면 왜 이런가? 한 세기에 걸친 사회주의 참사와 몇 번이고 폭파해 버리는 이들의 지적 전통에도 불구하고 어떤 포괄적 철학이 요구될 때면 지식인이 자동적으로 치우치는 기본 위치가 좌익인 이유는 무엇일까? 교육체계 안에서 '우파들'이 하찮게 대우받고 미디어에서 비난을 받는 이유는 무엇이며, 우파가 좌파의 도덕적 우월주의가 흥청망청 벌려놓은 사치스러운 넌센스의 주지육림酒池肉林을 뒷처리하는 데나 쓸모있는 천민 취급을 받는 이유는 무엇일까? 평등주의적 태도는 일종의 적응의 결과, 즉 주된 사회적 결속력이 사냥감을 나누는 데 기인했던 시절 수렵채집 사회가 생존하기 위해 요구되었던, 그런 적응의 결과라는 진화심리학자들의 말대로인가? 모든 경험적 조건을 처리한 후 남은 것이라곤 본체적 자아밖에 없는 시점, 즉 본체들은 구별적 특색이 없기에 가능한 조건으로는 평등밖에 없는 시점에서야 실천 이성의 바닥에 이른다는 칸트주의자들의 말대로인가? 아니면 내가 원하는 것을 남이 가졌기 때문에 남을 처벌해야 하는 것만 아는 그런 사회적 존재의 진정한 기본 상태는 분노라는 니체의 말대로인가?

　이 책에서 살펴 본 모든 작가들의 설명은 선험적 옳음을 전제로 하고 있다. 평등이라는 것이 규정될 수 없고 구체적으로 구상될 수 없는데, 그래도 괜찮다는 것이다. 평등이 답이라는 것이 그저 자명하다는 것이고 너무 자명하기 때문에 질문을 규명할 필요도 없다는 식이다. 동시에 좌익에는 이설異說, heresy에 대한 극도의 두려움이 존재한다. 이것은 곧 정통성을 방비하고 반대의 목소리는 지독하게 몰아세우려는 욕구와 동일하다. 마르크스주의 휴머니즘에 대한 알튀세르의 반응, 톰슨에 대한 앤더슨의 공격, 진정한 사건 대신 '시뮬라크르'를 좇는 자들에 대한 바디우의 규탄, 당대의 악성 '이즘'을 축출하기 위한 루카치의 수색, '사이비 지식인'에 대한 사르트르의 비판을 보아라.

명확한 것은 우리는 종교적 필요를 다루고 있다는 사실이다. 우리의 '유적 존재species being' 안에 깊숙이 박혀 있는 필요다. 어떤 합리적 사유로도, 인류의 절대적 외로움과 우리의 구제되지 못한 고통에 대한 그 어떤 증거로도 소속감에 대한 희구는 제거될 수 없다. 이러한 희구는 어떤 구체적인 사회적 타협의 형태보다도 평등이라는 추상적 신神에 의해 훨씬 쉽게 징집된다. 저 지평선 위로 절대성이라는 매력적인 선물을 갖고 오는 믿음이 나타나면 단순히 실제적인 것을 변호하며 사는 것은 더 이상 불가능해진다. 모든 현실은 메말라 버리고 옛 '헤게모니'의 파편으로 환원되며 물신주의와 시뮬라크르로서 비난된다. 현실은 리좀에 교살당하고 근간에서부터 마이너스 1의 제곱근에 의해 베인다. 지젝이 상기시켜주듯 실재계는 환상이고 그것을 지켜내려고 하는 사람은 '탈−존재하지 않는다.'

거증 책임이 새로운 질서를 도입하려는 자에게서 현 질서를 유지하려는 자에게 전가될 때 논변의 성격이 변한다는 것을 제일 정확히 간파한 사람은 개심한 전체주의자 플라톤이다. "열정 없이 신들의 존재를 어떻게 주장할 것인가? 논증의 부담을 우리에게 전가해버린 자들에 대해 분노하고 분개해야 할 것이다."[8] 플라톤처럼 나도 책임을 져야 할 자들에게 책임을 돌려주려고 했다. 그리고 플라톤처럼 나도 그들이 이 책임을 절대 수용하지 않을 거라는 사실도 알고 있다.

부록

주석과 출처
용어 찾아보기
인명 찾아보기
참고문헌

주석과 출처

1 뉴레프트가 뭐길래

1   이 부분에 대해서는 '합리적 보수를 찾습니다How to be a Convserative'에서 심도 있게 다루었다. 10장 참조.

2   F. W. Maitland, *The Constitutional History of England*, London, 1908; W. Sombart, *Der Moderne Kapitalismus*, Berlin, 1902, 1916, 1927, and *Socialism and the Social Movement*, tr. M. Epstein, London, 1909; Max Weber, *Economy and Society*, tr. E. Fischoff et al., ed. Guenther Roth and Claus Wittich, vol. 1, New York, 1968.

3   Eugen von Böhm-Bawerk, *Karl Marx and the Close of his System*, Clifton, NJ, 1949; Ludwig von Mises, Socialism, 2nd edn, New Haven, 1953.

4   W. H. Mallock, *A Critical examination of Socialism*, London, 1909; W. Sombart, op. cit.; Karl Popper, *The Open Society and its Enemies*, 5th edn, London, 1966; F. A. Hayek, *The Road to Serfdom*, London, 1945; Raymond Aron, *Main Currents of Sociological Thought*, vol. 1, tr. Richard Howard and Helen Weaver, London, 1968.

5   Françoise Thom, *La langue de bois*, Paris, 1984, tr. C. Janson, Newspeak, London, 1985.

6   엥겔스가 보르기우스에게 보낸 유명한 서한을 보라. *New International* 1 (3) (September–October 1934), pp. 81–85에 수록.

7   Eric Voegelin, *Science, Politics and Gnosticism*, Washington, 1968; Alain Besançon, *The Intellectual Origins of Leninism*, tr. Sarah Matthews, Oxford, 1981.

8   Peter Collier and David Horowitz, *Destructive Generation: Second Thoughts about the Sixties*, New York, Simon & Schuster, 1989.

2 원한 서린 영국의 역사가: 홉스봄과 톰슨

1 *The Captive Mind*, 1953, tr. Jane Zielonko, Hardmondsworth, Penguin Modern Classics, 2001.

2 Eric Hobsbawm, 'What Can History Tell us about Contemporary Society', *in On History*, London, Abacus, 1998, p. 42.

3 G.A. Cohen, *Karl Marx's Theory of History: A Defence*, Princeton, NJ, Princeton University Press, 1979.

4 Eric Hobsbawm, *Industry and Empire*, Harmondsworth, Penguin, 1969, p. 81.

5 같은 책, p. 88.

6 Peter H. Lindert and Jeffrey G. Williamson, 'English Workers' Living Standard During the Industrial Revolution: A New Look', *Economic History Review* 36 (1983): 1–25.

7 같은 책, p. 91.

8 Eric Hobsbawm and Terence Ranger, *The Invention of Tradition*, Cambridge, CUP, 1992.

9 물론 셰익스피어 시대의 국가의식은 잉글랜드가 중심이 되었다. '영국'으로서의 정체성은 아직 명확하지 않을 때다. 다음 책을 참조. Linda Colley, Britons: *Forging the Nation 1707–1837*, London, 1992.

10 Sir Edward Coke, *Institutes of the Lawes of England*, 1628–1644; A. V. Dicey, *Introduction to the Study of the Law of the Constitution*, 1889; F. W. Maitland, *The Constitutional History of England*, 1919.

11 Anne Hollander, *Sex and Suits*, New York, Knopf, 1994.

12 Eric Hobsbawm, *The Age of Extremes*, pp. 56–84.

13 다시 말해, 중세시대부터 존재했어야 한다는 말이다. 다음 책을 참조. Alan MacFarlane, *The Culture of Capitalism*, London, 1987, and *The Origins of English Individualism*, London, 1978.

14 Roberto Michels, *Political Parties*, tr. E. and C. Paul, London, 1915, p. 248.

15 E.P. Thompson, *The Making of the English Working Class*, London, 1963, Penguin edn, 1968, p. 915.

16 E.P. Thompson, 'The Peculiarities of the English', in *The Poverty of Theory*, p. 67.

17 같은 책, p. 98.

18 같은 책, 'An Open Letter to Leszek Kołakowski', p. 160.

19 *Zero Option*, London, 1982, and The Heavy Dancers, London, 1984.

3 미국을 경멸하는 미국인: 갤브레이스와 드워킨

1 P. A. Baran and P. M. Sweezy, *Monopoly Capital*, London and New York, 1966.

2 W. Sombart, *Why Has There Been No Socialism in America?*, London, 1906.

3 Alfred Marshall, *Principles of Economics*, 1890; Eugen von Böhm-Bawerk, *Karl Marx and the Close of his System*, 1896; Paul Samuelson, *Foundations of Economic Analysis*, 1947, 1983.

4 John K. Galbraith, *The New Industrial State*, rev. edn, London, 1972, p. 101.

5 같은 책, p. 104.

6 *Economy and Society* (1922), ed. Guenther Roth and Claus Wittich, Berkeley, University of California Press, 1978.

7 John K. Galbraith, *American Capitalism: The Concept of Countervailing Power*, Cambridge, MA, p. 104.

8 The New Industrial State, op. cit., pp. 81 이하.

9 같은 책, p. 139.

10 Elizabeth Brunner, 'Industrial Analysis Revisited', in Harry Townsend, *Price Theory: Selected Readings*, 2nd edn, Penguin, 1980 참조. 여기서 짚고 넘어가야할 점은 갤브레이스의 이론에 따르는 필연적 결론이 널리 지지받고 있다는 점이다. 즉, 기업은 종종(아마도 갈수록 더 자주) 해결책을 극대화하는 것이 아닌 최소화시키는 방법을 모색한다는 결론이다. 이 부분에서 대해서는 다음 문헌을 보라. R. Nelson and S. Winter, *An Evolutionary Theory of Economic Change*, Cambridge, MA, 1982.

11 John K. Galbraith, *The Affluent Society*, rev edn, London, 1969, p. 17.

12 같은 책, pp. 131-2.

13 같은 책, p. 141.

14 같은 책, p. 152.

15 Vance Packard, *The Hidden Persuaders*, New York, 1957.

16 Gilles Lipovetsky and Jean Serroy, *L'esthétisation du monde: Vivre à l'âge du capitalisme artiste*, Paris, Gallimard, 2012.

17 *The Affluent Society*, p. 278.

18 John K. Galbraith, *The New Industrial State*, pp. 256-7.

19 같은 책, p. 311.

20 같은 책, p. 332.

21 *The New Industrial State*, p. 334.

22 같은 책.

23 P. T. Bauer, *Dissent on Development*, London, 1971; Elie Kedourie, *The Crossman Confessions and Other Essays*, London, 1984; Dambisa Moyo, *Dead Aid*, London, 2009.

24 John K. Galbraith, *Economic Development*, Cambridge, MA, 1964, p. 42.

25 같은 책, p. 95.

26 같은 책, p. 98.

27 *American Capitalism*, p. 52.

28 Jeremy Bentham, *Introduction to the Principles of Morals and Legislation*, London, 1789; H. Kelsen, *General Theory of Law and State*, Chicago, 1945; H. L. A. Hart, *The Concept of Law*, Oxford, 1961.

29 Ronald Dworkin, *Taking Rights Seriously*, London, 1976, p. 147.

30 [1973] 1 QB 27.

31 32 N.J. 358, 161 A.2d 69 (N.J., 1960).

32 Adam Smith, *Lectures on Jurisprudence*, Glasgow Edition of the Works of Adam Smith, 1976, reissued Liberty Press, 2005.

33 Ronald Dworkin, *Law, Legislation and Liberty*, one-volume edition, London, 1982, p. 73.

34 고대 사상가들의 논지도 하이에크가 이해한 법 개념과 일치한다. 데모스테네스는 '모든 법(노모스 nomos)은 발견이며 신의 선물'이라고 주장했다(*Antiphon* I, iii, 27). 플라톤의 『법률』도, 그리스 비극 작품들을 포함한 많은 고대 문헌도 지지하는 견해다. 다음 문헌에서의 논의를 보라. Rémi Brague, *La loi de Dieu: histoire philosophique d'une alliance*, Paris, 2005.

35 나는 *England: An Elegy*, London, 2000 6장에서 이 입장을 옹호한 바 있다.

36 [1868] UKHL 1.

37 물론 각 케이스에 해당되는 과정은 다르다. 가격이 정보를 제공하는 이유는 적정 가격 이상 혹은 이하의 값을 매기는 사람은 시장에서 밀려난다는 사실 때문이다. 보통법이 정보를 제공하는 이유는 갈등을 야기는 판결은 점진적으로 기각되고, 또 함축된 사회 질서를 강화하는 판결은 점진적으로 판례의 위치를 차지하게 되기 때문이다.

38 *Taking Rights Seriously*, London, 1976.

39 같은 책, p. 196.

40 같은 책, p. 201.

41 같은 책, p. 219.

42 같은 책, p. 215.

43 같은 책, p, 210.

44 같은 책, p, 236.

45 같은 책, p. 239.

46 같은 책.

47 같은 책, p. 253.

48 Ronald Dworkin, *Law's Empire*, Cambridge, MA, Harvard University Press, 1988.

49 현대 '해석학'의 해설자인 한스 게오르그 가다머Hans-Georg Gadamer의 『진리와 방법Truth and Method』은 인문과학에서 설명보다 해석을 우위에 두자는 모호하지만 영향력있는 간청을 포함한다.

4 '타자'라는 지옥으로 내려간 프랑스: 사르트르와 푸코

1 이 문제에 대한 답은 오늘날에도 모색되고 있다. 다음 문헌을 보라. Alain Finkielkraut, Le mécontemporain, Paris, Gallimard, 1991.

2 Raïssa Maritain, *We Have Been Friends Together*, tr. Julie Kernan, New York, Longmans, Green and Co., 1942, and *Adventures in Grace*, tr. Julie Kernan, New York, Longmans, Green and Co., 1945. 마리탱 부부와 같은 생각을 공유하는 지식인들을 모은 그들의 활동에 대해서는 다음 문헌을 보라. Jean-Luc Barré, tr. Bernard E. Doering, *Jacques and Raïssa Maritain: Beggars for Heaven*, South Bend, University of Notre Dame Press, 2005.

3 Stephen Schloesser, *Jazz Age Catholicism: Modernism in Postwar Paris*, 1919–1933, Toronto, 2005 참조.

4 프랑스의 비시 정권 공무원들뿐 아니라 다른 곳의 독일 점령군에게 500만건이 넘는 항의 편지가 송부되었다고 한다. André Halimi의 *La Délation sous l'Occupation*, Paris, Éditions Alain Moreau, 1983 참조.

5 Pol Vandromme, *Drieu la Rochelle*, Paris, Editions Universitaires, 1958 참조.

6 Stéphane Courtois, ed., *Le livre noir du communisme*, Paris, Robert Laffont, 1997.

7 1945년 공산주의에 점령 당한 동유럽의 상황을 그린 막스 프리슈Max Frisch의 『비더만과 방화범들The Fire-Raisers』이 연상된다.

8 G.W.F. Hegel, *The Phenomenology of Spirit*, 4장.

9 Jean-Paul Sartre, *Being and Nothingness*, tr. Hazel Barnes, London, Methuen, 1957, pp. 606–11.

10 Jean-Paul Sartre, *Existentialism and Humanism*, tr. Philip Mairet, London, 1948.

11 *Being and Nothingness*, op. cit., pp. 364-406.

12 Paris, Gallimard, 1983, tr. David Pellauer as *Notebooks for an Ethics*, Chicago, Chicago University Press, 1992.

13 Augustine of Hippo, *The City of God*, Book XIV, chs 16-26.

14 Raymond Aron, *L'Opium des intellectuels*, Paris, 1955.

15 Iris Murdoch, Sartre, *Romantic Rationalist*, London, 1953, p. 22.

16 Jean-Paul Sartre, *Critique of Dialectical Reason: Theory of Practical Ensembles*, tr. Alan Sheridan-Smith, ed. Jonathan Rée, London, 1976, p. 39.

17 특히 테리 이글턴과 페리 앤더슨의 비판이 강했다. Terry Eagleton, *Exiles and Émigrés*, 1970 참조.

18 Martin Jay, *Marxism and Totality: The Adventures of a Concept from Lukács to Habermas*, Berkeley, 1984.

19 Max Weber, *Economy and Society*, ed. G. Roth and C. Wittich, tr. Ephraim Fischoff, et al., New York, 1968, vol. 2, p. 451.

20 G. Gentile, *Che cosa e il fascismo? Discorse e polemichi*, Florence, 1925, p. 39.

21 *Critique of Dialectical Reason*, p. 317.

22 같은 책, p. 110.

23 같은 책, p. 79.

24 같은 책, pp. 213-14.

25 같은 책, pp. 251-16.

26 같은 책, p. 291.

27 같은 책, p. 351.

28 Jean-Paul Sartre, *Between Existentialism and Marxism*, tr. J. Matthews, London, 1974, reissued 1983.

29 같은 책, p. 86.

30 같은 책, p. 100.

31 같은 책, p. 111.

32 같은 책, p. 109.

33 같은 책, p. 111.

34 Jean-Paul Sartre, *Saint Genet, comédien et martyr*, Paris, 1952, p. 690.

35 *Between Existentialism and Marxism*, p. 251.

36 같은 책, p. 252.

37 같은 책, p. 254.

38 Jean-François Revel, *Comment les démocraties finissent*, Paris, 1983, Ch. 1.

39 Marc-Antoine Burnier, *Le Testament de Sartre*, Paris, 1984.

40 Jean-Paul Sartre, *The Order of Things: An Archeology of Human Sciences*, tr. Anon, London, 1970.

41 'savoirs'는 복수성을 표현할 수 있지만 'knowledge'는 그렇지 않다. 이는 두 단어가 같은 의미를 지니지 않는다는 명백한 증거가 된다. 서로 경쟁하는 'savoirs'는 있을 수 있지만 서로 경쟁하는 'knowledges'가 있을 수는 없다. 그럼에도 번역가들은 우리 인간이 경쟁하는 'knowledges(지식들)'이 있는 것처럼 번역하는데, 이와 같은 표현 방식은 우리의 사유를 사유와는 독립적인 현실에 기반을 두기 위해 고안된 개념을 애초에 상대화시켜 버린다. 그렇다면 savoir가 정확히 무엇을 의미하는지가 관건이 된다. 푸코의 작품에서뿐 아니라 이 개념을 아무렇게나 사용하는 여타 프랑스 사상가들의 저술에서도 그 의미가 파악되어야 한다. 8장 바디우에 대한 논의를 보라. 나는 계속해서 'savoir'를 'knowledge'로 번역하겠다. 필요에 따라 작은 따옴표로 구분을 표시하겠다.

42 영문 번역서는 다음과 같다. *Madness and Civilisation: A History of Insanity in the Age of Reason*, tr. R. Howard, New York, 1965.

43 마르크스와 엥겔스가 1845에 출판한 『신성가족 The Holy Family』 중 엥겔스가 집필한 부분을 보라.

44 Michel Foucault, *The Birth of the Clinic: An Archeology of Medical Perception*, tr. A. M. Sheridan, London, 1973.

45 같은 책, pp. 114-15.

46 Michel Foucault, *Discipline and Punish, Birth of the Prison*, tr. A. M. Sheridan, London, 1977.

47 같은 책, p. 13.

48 같은 책, p. 218.

49 같은 책, p. 220.

50 같은 책, pp. 227-8.

51 같은 책, p. 308.

52 Michel Foucault, *Power/Knowledge: Selected Interviews and Other Writings*, 1972–77, ed. Colin Gordon, Brighton, 1980, p. 102.

53 같은 책, p. 156.

54 같은 책, p. 15.

55 같은 책, pp. 78-108.

56 같은 책, p. 91.

57 Michel Foucault, *The History of Sexuality, vol. 1: An Introduction*, tr. R. Hurley, New York, 1978.

58 *Power/Knowledge*, p. 39.

59 같은 책, p. 142.

60 같은 책, p. 100.

61 같은 책, p. 14.

62 62. 같은 책, p. 16.

63 Didier Eribon, Insult and the Making of the Gay Self, Duke University Press, 2004, pp. 314-16 참조.

64 *Histoire de la sexualité, vol. 1: La volonté de savoir*, Paris, Gallimard, 1976, tr. Robert Hurley, *History of Sexuality*, vol. 1: *The Will to Knowledge*, London, Allen Lane, 1978.

65 Michel Foucault, *L'Usage des plaisirs*, Paris, 1984, p. 16.

66 같은 책, pp. 235-6.

67 Michel Foucault, *Le souci de soi*, Paris, 1984, p. 175.

5 독일산 수면제를 제조하다: 하버마스와 독일 좌파의 권태로움

1 모리스 메를로 퐁티가 소련의 공개 재판과 포로수용소를 지지한 내용은 1946년 『휴머니즘과 테러 Humanism and Terror』로 출간되었다.

2 György Lukács, *Record of a Life*, ed. Istvan Eörsi, tr. R. Livingstone, London, 1983, p. 60.

3 같은 책, p. 63.

4 같은 책, p. 76.

5 György Lukács, *History and Class Consciousness*, tr. R. Livingstone, London, 1971, p. 264.

6 Frank Borkenau, *World Communism*, New York, 1962, pp. 172-3 참조.

7 *History and Class Consciousness*, p. 190.

8 György Lukács, *Essays on Realism*, ed. R. Livingstone, tr. D. Fernbach, London, 1980, p. 133.

9 Karl Marx, *Capital*, Standard edition, Moscow, 1962-6, vol. 1, p. 45.

10 같은 책.

11 F. Engels, *Anti-Dühring and Dialectics of Nature*. 알랭 브장송은 만약 플로베르 소설의 두 주인공 부바르와 페퀴셰가 엥겔스의 저서들을 발견했더라면 플로베르가 얼마나 재미를 봤을지에 주목한

다. Alain Besançon, *The Intellectual Origins of Leninism*, tr. Sarah Matthews, Oxford, 1989. p. 49 참조.

12 *Essays on Realism*, p. 127.

13 같은 책.

14 같은 책.

15 *New Left Review* (1971), reprinted in Record of a Life, p. 174.

16 György Lukács, *Tactics and Ethics: Political Essays*, 1919-29, New York, 1975, p. 25.

17 같은 책, p. 30.

18 Karl Marx, *Capital*, vol. 1, p. 766.

19 같은 책, vol. III, pp. 384-5.

20 *History and Class Consciousness*, p. 87.

21 같은 책, p. 89.

22 Ludwig Feuerbach, *The Essence of Christianity*, 1841, tr. Marian Evans, London, 1854.

23 Immanuel Kant, *Groundwork of the Metaphysics of Morals*, ed. And tr. Mary Gregor, Cambridge, CUP, 1998, pp. 42-3.

24 이 논의는 New Left Review 35 (January-February 1966)에서 피터 버거[Peter L. Berger], 스탠리 풀버그[Stanley Pullberg], 벤 브루스터[Ben Brewster]에 의해 본격적으로 시작되었다.

25 Erich Fromm, The Sane Society, London, 1956, p. 127. '대상화/객체화'와 '소외'의 수사학에 대한 비판, 그리고 세계 안으로 자신을 내던짐으로써 스스로 자기의 지각과 분투의 대상이 될 때만 인간은 존재하고 행복할 수 있다는 헤겔의 태제에 대해서는 다음 문헌을 참조하라. Helmut Plessner, 'De Homine Abscondito', *Social Research* 36 (4) (1969).

26 *History and Class Consciousness*, p. 171.

27 같은 책, p. 164.

28 같은 책, p. 72.

29 같은 책, p. 187(루카치의 강조).

30 *Tactics and Ethics*, p. 36.

31 *History and Class Consciousness*, p. 74(루카치의 강조).

32 Leszek Kolakowski, *Main Currents of Marxism*, Oxford, 1978, vol. 3, p. 279 참조.

33 György Lukács, *The Meaning of Contemporary Realism*, tr. J. and N. Mander, London, 1963, p. 63.

34 *Essays on Realism*, p. 34.

35 *The Meaning of Contemporary Realism*, p. 109.

36 같은 책, p. 14.

37 *Essays on Realism*, p. 101.

38 같은 책, p. 121.

39 마이클 워튼Michael Wharton이 쓴 「피터 심플의 일기」Peter Simple's diary는 작가의 필명으로 1980년대와 90년대 Daily Telegraph과 Sunday Telegraph에 실렸다. 당시 지성계와 정치계를 풍자한 글들이었다.

40 *Record of a Life*, p. 172.

41 György Lukács, *Hegel's False and His Geniune Ontology*, tr. D. Fernbach, London, 1978, p. 59.

42 Max Horkheimer, *Zur Kritik der instrumentellen Vernunft*, Frankfurt, 1967. 영역본으로 먼저 출간되었다. *Eclipse of Reason*, New York, 1947, p. 20.

43 Herbert Marcuse, 'Repressive Tolerance', in Robert Paul Wolff, Barrinton Moore Jr. and Herbert Marcuse, *A Critique of Pure Tolerance*, London, 1969, pp. 93-137.

44 Theodor Adorno and Max Horkheimer, *Dialectic of Enlightenment*, New York, 1944, German edition, Frankfurt, 1969, p. 7.

45 같은 책, p. 16.

46 Theodor Adorno, 'On the Fetish-Character in Music and the Regression of Listening', 1938, reprinted in Andrew Arato and Eike Gebhardt, *The Essential Frankfurt School Reader*, New York, Continuum, 1985.

47 프랑크푸르트학파의 또 다른 일원, 에른스트 블로흐Ernst Bloch가 부분을 헤겔의 원래 논지의 맥락에서 상세하게 기술한 바 있다. Ernst Bloch, *Subjekt-Objekt: Erläuterung zur Hegel*, Berlin, Suhrkamp Verlag, 1977 참조.

48 Theodor Adorno, 'Bach Defended against his Devotees', *Prisms*, tr. Samuel and Shierry Weber, Cambridge, MA, MIT Press, 1983, p. 142.

49 Theodor Adorno, *Aesthetic Theory*, ed. Gretel Adorno and Rolf Tiedemann, tr. Robert Hullot-Kentor, Minneapolis, University of Minnesota Press, 1997, p. 31. 'On the Social Situation of Music', Telos, 35, 1978도 참조.

50 Jürgen Habermas, *Theory and Practice*, 1963, 1971, tr. John Viertel, London, 1974, introduction to 3rd edn.

51 Jürgen Habermas, *Technology and Science as 'Ideology'*, 1968, pp. 91-2.

52 Jürgen Habermas, *Knowledge and Human Interests*, 2nd edn, tr. J.J. Shapiro, London, 1978, pp. 191.

53 Jürgen Habermas, *Communication and the Evolution of Society*, tr. Thomas McCarthy, London, 1979, pp. 198-9.

54 같은 책, 'What is Universal Pragmatics?'

55 'Votbereitende bemerkungen zu einer Theorie der kommunikativen Kompetenz', in J. Habermas and N. Luhman, *Theorie der Gesellschaft oder Sozialtechnologie: Was leistet die Systems Forschung?*, Frankfurt, 1971, p. 137.

56 Jürgen Habermas, *The Theory of Communicative Action*, p. 45.

57 Jürgen Habermas, 'Towards a Theory of Communicative Competence', *Inquiry* (1970): 370 (adaptation of the chapter referred to in note 55).

58 같은 책.

59 *Communication and the Evolution of Society*, p. 198.

60 Jürgen Habermas, *Legitimation in Crisis*, tr. Thomas McCarthy, London, 1976, p. 89.

61 같은 책.

62 *Theory and Practice*, pp. 6-7.

63 Jürgen Habermas, 'Arnold Gehlen: Imitation Substantiality', 1970, in *Philosophical Profiles*, tr. Thomas McCarthy, Cambridge, MA, 1983.

6 파리에서 넌센스공장을 가동하다: 알튀세르, 라캉, 들뢰즈

1 1968년 5월의 혁명가 중 최소한 한 명—앙드레 고르츠André Gorz—은 노동계급이 사실상 사라졌다는 점을 적절한 때에 인식했다. '지식인들'이 노동계급과 연합하려고 가장 단단히 결심했을 때였던 것이다. 고르츠의 다음 두 저서를 비교해 볼 필요가 있다. 잔뜩 술에 취해 집필한 듯한 *Le Socialisme difficile* (Paris, 1967, tr. as Revolution and Socialism by N. Denny, New York, 1973)과 혁명의 길을 포기한 수심에 잠긴 *Adieu au proletariat*, Paris, 1984.

2 마르크스의 역작에 관한 현대의 평론은 이미 노동가치설의 결함을 다루고 있었다. 오스트리아학파, 특히 뵘 바베르크와 폰 미제스가 이미 개진한 바 있는 논의에 추가된 것이었다. 예컨대, 노동가치설은 희소지대를 감안하지 못하고 노동의 질적 차이를 양적 차이로 환원하는데 전적으로 의존한다는 결함을 지닌다는 것이다. 지난 70년 동안 가격이론('교환가치')을 구성하는 것은 사실상 불가능하다는 것이 널리 인정되어왔다. 가격이론도 노동이론에서와 마찬가지로 수요를 독립변수로서 참조하지 않는다. 물론 노동가치설을 여전히 옹호하고자 하는 사람들이 있다. 모리시마Michio Morishima와 같은 경제학자는 피에로 스라파Piero Sraffa의 『상품에 의한 상품의 생산Production of Commodities by Means of Commodities』을 좇아 마르크스식 정치 경제의 핵심 교리들을 소생시키려고 했다. 하지만 다시 한번 강한 설득력으로 주장된 것은 마르크스식 경제학의 타당한 부분들은 오히려 노동가치설을 묵살하는데 사용된다는 사실이다.

3 Louis Althusser, *Reading Capital*, with sequel by E. Balibar, tr. Ben Brewster, London, 1970, p. 77.

4 같은 책, p. 77.

5 같은 책, p. 76.

6 같은 책, p. 75.

7 Louis Althusser, *For Marx*, tr. Ben Brewster, London, 1969.

8 Karl Marx, *Grundrisse der Kritik der politischen Ökonomie*, 1858, tr. M. Nicolaus, Harmondsworth, Penguin, 1973 참조.

9 *For Marx*, pp. 32-3.

10 같은 책, p. 90.

11 같은 책, p. 99.

12 Louis Althusser, *Lenin and Philosophy and Other Essays*, tr. Ben Brewster, London, 1971, p. 131.

13 그렇다고 사적유물론이 잘 구비된 과학 가설로서 제시될 수 없다는 이야기가 아니다. 하지만 이에 필수가 되는 개념들을 발전시키는 것은 쉬운 일이 아니라는 것이다. G.A. 코언의 매우 인상적 시도에서도 살펴보았듯이 말이다. G.A. Cohen, *Karl Marx's Theory of History: A Defense*, Princeton and Oxford, 1978 참조.

14 Alain Badiou, *The Adventure of French Philosophy*, ed. And tr. Bruno Bosteels, London, Verso, 2012, p. 156.

15 *For Marx*, p. 200.

16 *Reading Capital*, p. 99.

17 *For Marx*, p. 166.

18 같은 책, p. 168.

19 스탈린의 슬로건이 시사하는 영적 의미에 대해서는 다음 문헌을 참조. Ivan Volgin, 'The Magic World of Homo Sovieticus', *The Salisbury Review* 1 (4) (Summer 1983).

20 *For Marx*, pp. 171-2.

21 *Reading Capital*, p. 59.

22 Petr Fidelius, 'Totalitarian Language', *The Salisbury Review* 2 (2) (Winter 1984); François Thom, *La Langue de bois*, Paris, 1986. 공산주의 언어에 대한 피델리우스의 탁월한 통찰은 *Jazyk a Moc*란 제목으로 1984년 독일 독립출판사에서 출간된 바 있는데, 이제 e-북으로 접할 수 있다. *Řeč komunistické moci*, Prague, Triada, 2010.

23 *Reading Capital*, p. 35.

24 같은 책, p. 184.

25 *Lenin and Philosophy*, p. 135.

26 같은 책, p. 145.

27 이와 관련된 견해, 또 이 현상 전체에 대한 강력한 답변을 보려면 다음 문헌을 참조. Raymond Tallis, *Not Saussure: A Critique of Post-Saussurean Literary Theory*, London, Macmillan, 2nd edn, 1995.

28 이에 대한 나의 논평에 관해서 다음 문헌을 참조. Roger Scruton, *Modern Culture*, 3rd edn, London, 2005, Ch. 12.

29 Jacques Lacan, *Écrits*, Paris, Éditions du Seuil, 1966, enlarged edition 1969.

30 Raymond Tallis, 'The Shrink From Hell' *THES* (3 November 1997).

31 집합론, 위상학 등을 남용하는 라캉에 대한 치명적인 비판은 다음 문헌에 상세히 기술되어있다. Jean Bricmont and Alan Sokal, *Impostures Intellectuelles*, Paris, Odile Jacob, 1997. (영역본: *Fashionable Nonsense: Postmodern Intellectuals' Abuse of Science*, London, Profile Books, 1998.)

32 Friedrich Schelling, 'Über Mythen, historische Sagen und Philosopheme der ältesten Welt', *Sämmtliche Werke*, ed. K.F.A. Schelling, Stuttgart, Cotta, 1856-61, 1.1. 43-83.

33 엘리자베스 루디네스코Elizabeth Roudinesco의 저서(Elizabeth Roudinesco, *Jacques Lacan*, New York, Columbia University Press, 1999)만으로도 라캉은 범죄 사기꾼이라는 점을 입증하기에는 충분하다. 하지만 레이먼스 탤리스가 루디네스코의 저서를 평한 부분에서 라캉의 범죄는 더욱 극명하게 드러난다. 주석30 문헌 참조.

34 *Écrits*. p. 317 참조.

35 A.W. Moore, *The Evolution of Modern Metaphysics: Making Sense of Things*, Cambridge, 2012.

36 블룸즈베리 출판에서 출간한 들뢰즈 시리즈 참조. (*Deleuze and Futurism, Deleuze and Art, Deleuze and the Diagram*, 등등.)

37 Gilles Deleuze, *Difference and Repetition*, 1968, tr. Paul Patton, London, 1994, Bloomsbury edition, 2004, pp. 26-7.

38 같은 책, p. 61.

39 이에 대한 솔 크립키Saul Kripke의 빼어난 해석을 참조. Saul Kripke, *Naming and Necessity*, Oxford, Wiley-Blackwell, 1981.

40 같은 책, p. 373.

41 Helen Palmer, *Deleuze and Futurism: A Manifesto for Nonsense*, London, Bloomsbury, 2014 참조.

42 Damian Sutton and David Martin-Jones, *Deleuze: A Guide for the Arts Student*, London, 2008, p. 112.

43 Gilles Deleuze and Félix Guattari, *L'Anti-Oedipe: capitalism et schizophrénie*, Paris, Éditions de

Minuit, 1975, Ch. 2.

44 Slavoj Žižek, *In Defense of Lost Causes*, London and New York, 2008, p. 368.

45 Deleuze and Guattari, *A Thousand Plateaus*, tr. Brian Massumi, paperback edition, London, 2004, p. 174.

46 같은 책, p. 211.

47 같은 책, p. 213.

48 같은 책, p. 588.

49 같은 책.

50 Deleuze and Guattari, *A Thousand Plateaus: Capitalism and Schizophrenia*, tr. Brian Massumi, 3rd edn, London, 1996, p. 10.

51 Jacques Lacan, *The Seminar of Jacques Lacan*, ed. Jacques-Alain Miller, Book XVII, New York, Norton, 2007, p. 52.

52 Gilles Deleuze and Felix Guattari, *What is Philosophy*, tr. Hugh Tomlinson and Graham Burchell, New York, Columbia University Press, 1996, p. 130.

53 *A Thousand Plateaus*, p. 176.

54 같은 책, p. 183.

55 Eugene W. Holland, 'From Schizophrenia to Social Control', in Eleanor Kaufman and Kevin Jon Heller, eds, *Deleuze and Guattari: New Mappings in Politics, Philosophy and Culture*, Minneapolis and London, University of Mnniesota Press, 1998.

56 같은 책, Gary Genosko, 'Guattari's Schizoanalytics Semiotics'.

57 *What is Philosophy*, pp. 18-19.

58 Alan Sokal and Jean Bricmont, *Impostures intellectuelles*.

59 Malcolm Bradbury, *Mensonge: My Strange Quest for Henri Mensonge, Structuralism's Hidden Hero*, London, King Penguin, 1985.

60 진정한 과학적 두뇌의 소유자이자 과격 좌파인 촘스키[Noam Chomsky]는 자기 나름대로 넌센스 기구를 파괴하는 데 기여했다. 1995년에 유포되던 다음 좌담문 참조. http://cscs.umich.edu/~crshalizi/chomsky-on-postmodernism.html.

61 *Difference and Repetition*, p. 239.

62 같은 책.

63 같은 책, pp. 258, 295.

64 같은 책.

65 추가적인 예시가 필요하다면 dx 기호에 대한 기가막힌 숙고를 보라. *Difference and Reptition*, p. 217.

7 이제는 문화전쟁이다: 그람시에서 사이드까지

1 Eric Voeglin, Science, *Politics and Gnosticism*, Chicago, 1968.

2 *Selections from the Prison Notebooks*, ed. and tr. Q. Hoare and G. Nowell-Smith, London, 1971, pp. 425 이하.

3 동원이라는 요인의 중요성에 관해서 다음 문헌을 참조. Leonard Schapiro, *Totalitarianism*, London, 1972, pp. 38-9.

4 Vladimir I. Lenin, *What is to Be Done?* (1902), *Selected Works* (Moscow, 1977), vol. 1, pp. 121-2.

5 Jean Jaurés, *Studies in Socialism*, tr. Mildred Mintum, 2nd edn, London, 1908, p. 124.

6 특히 리옹 회의(Lyons Congress)에서의 연설을 보라. *Selections from the Political Writings, 1921-26*, ed. and tr. Q. Hoare, London, 1978, pp. 313-78.

7 같은 책, 그리고 *The Modern Prince and Other Writings*, tr. L. Marks, The Gramsci Institute in Rome, New York, 1957.

8 N.I. Bukharin, *Historical Materialism*: A System of Sociology, Moscow, 1921.

9 이 이론은 옥중수고에서 파생되며 『군주론』을 포함한 다른 저서에서도 상술된다. 그람시가 마르크스의 『정치경제학 비판 강요』의 유명한 서문을 염두에 두고 있었다는 사실은 그람시의 언어에서 쉽게 포착될 수 있다. 마르크스는 서문에서 그의 역사론 전체를 경구로 개관해 놓았다.

10 Joseph V. Famia, *Gramsci's Political Thought*, Oxford, 1981, Ch. 3의 논의를 보라.

11 *Letters from Prison*, ed. and tr. Lynne Lawner, pp. 234-5에 수록된 타티아나에게 보낸 편지를 보라.

12 'The Formation of Intellectuals', *The Modern Prince and Other Writings*, pp. 118-25 참조.

13 *L'Ordine Nuovo*, 11 March 1921.

14 James Joll, *Gramsci*, London, 1977, p. 58.

15 같은 책에서 인용, p. 33.

16 Antonio Gramsci, *The Long Revolution*, Harmondsworth, Penguin Edition, 1961, pp. 174-5.

17 같은 책, pp. 140-1.

18 같은 책, p. 141.

19 *The Long Revolution*, p. 363.

20 Raymond Williams, *The Country and the City*, London, 1973, pp. 43-4.

21 Raymond Williams, *Culture and Society*, Harmondsworth, Penguin, 1958, p. 322.

22 *The Country and the City*, p. 325.

23 Raymond Williams, *Modern Tragedy*, London, 1958, p. 65.

24 같은 책, p. 66.

25 같은 책, p. 73.

26 *The Long Revolution*, p. 376.

27 Raymond Williams, *Keywords*, London, 1976, p. 76.

28 Terry Eagleton, *The Ideology of the Aesthetic*, Oxford, OUP, 1990.

29 Roger Scruton, *Beauty: A Short Introduction*, Oxford, OCUP, 2009 참조.

30 Perry Anderson, 'Components of the National Culture', *New Left Review* 50 (1968).

31 특히 Christopher Hill, *The Century of Revolution*, 1603-1714, London, 1961 참조.

32 F.W. Maitland, *The Constitutional History of England*, Cambridge, CUP, 1909.

33 Karl A. Wittfogel, *Oriental Despotism: A Comparative Study of Total Power*, New Haven, 1957.

34 Alain MacFarlane, *The Origins of English Individualism: Familiy, Property and Transition*, London, 1978에서의 논지를 보라. 중세 재산법과 공정한 구제 방법에 대해서 Arthur R. Hogue, *Origins of the Common Law*, Bloomington Indiana, University of Indiana Press, 1966을 보라.

35 Perry Anderson, *Passages from Antiquity to Feudalism*, pp. 152-3.

36 같은 책, p. 204.

37 같은 책, p. 127.

38 Perry Anderson, *Arguments within English Marxism*, London, 1980, p. 55.

39 같은 책, p. 21.

40 E.P. Thompson, *Whigs and Hunters: The Origins of the Black Act*, London, 1975, p. 266.

41 *Arguments within English Marxism*, p. 198.

42 같은 책, p. 46.

43 같은 책, p. 121. 이 진술을 치명적으로 반박하는 부분은 Mikhail Heller and Aleksander Nehrlich, *Utopia in Power*, New York, Simon & Schuster, 1986에 수록되어 있다.

44 같은 책, p. 110.

45 Richard Rorty, *Objectivity, Relativism and Truth*, Cambridge, CUP, 1991, pp. 22-3.

46 Robert Irwin, *For Lust of Knowedge: The Orientalists and their Enemies*, London, Allen Lane, 2005.

8 심해에서 올라온 괴물: 바디우와 지젝

1 하지만 러셀 자신은 『서양철학사』에서 파르메니데스가 가장 먼저 부정적 실존적 진술에 관한 주제를 다뤘다고 언급한다.

2 재미있기도, 다소 충격적이기도 한 바디우의 혁명적 행동주의에 관해서는 Eric Conan, 'Badiou, la star de la philo, est-il un salaud?' *Marianne* 671 (27 February 2010), p. 18에 수록되어 있다. 코난은 제목의 수사 의문을 긍정으로 답한다. 동의하지 않을 수 없다.

3 Alain Badiou, *The Adventure of French Philosophy*, ed. and tr. Bruno Bosteels, London, Verso, 2012, Ch. 2.

4 *Écrits*, p. 816, 영역본 p. 314.

5 이 분야를 처음 접하는 독자에게 실수의 기수가 2의 알레프-0제곱이라는 증명은 Lillian R. Lieber, *Infinity: Beyond the Beyond the Beyond*, Philadelphia, Paul Dry Books, 2007, Ch. 9에 상술되어 있다.

6 다행히도 이 문제에 관한 코언의 유려한 강의는 문서화되어 다음과 같이 출간되었다. *Set Theory and the Continuum Hypothesis*, New York, Dover Books, 2008.

7 Alain Badiou, *L'être et l'événement*, p. 23.

8 '명명불가능'이라는 말은 베케트Samuel Beckett의 『이름 붙일 수 없는 자L'innommable』의 영향을 강하게 받았다. 영어보다는 프랑스어로 읽는 것이 더 나은 베케트의 작품 중 하나다.

9 *L'être et l'événement*, p. 373.

10 *Being and Event*, p. 42.

11 *L'être et l'événement*, p. 36.

12 같은 책, p. 67.

13 같은 책, p. 69. 번역하기 까다로운 부분이다. 다음과 같이 번역할 수도 있겠다. '공백은 상황에 따라 존재―비일관―의 이름이고 현시들이 현시될 수 없는 것들에 대한 접근을 제공하는 한 그렇다.

14 *Écrits*, p. 392.

15 *L'être et l'événement*, p. 144.

16 Alain Badiou, *Logiques des Mondes*, Paris, Éditions du Seuil, 2006, p. 98.

17 Jean-Pierre Marquis, *From a Geometrical Point of View: A Study of the History and Philosophy of*

Category Theory, Springer Science & Business Media, 2008 참조.

18 Paul Benacerraf, 'What Numbers Could Not Be,' *Philosophical Review* (1965).

19 Alain Badiou, *Mathematics of the Transcendental*, ed., tr. and with an introduction by A.J. Bartlett and Alex Ling, London, 2014, p. 79.

20 같은 책, p. 355.

21 *L'être et l'événement*, p. 208, 212 참조.

22 4장 푸코를 논할 때 언급된 바, 'savoir'는 복수성을 허용하지만 'knowledge'는 그렇지 않다. 바디우 저서의 번역가들이 지속적으로 'knowledges'라고 번역한 것은 그들이 바디우가 말하는 것의 진위 여부에는 관심이 없고 바디우의 도취 효과에만 매진해 있다는 점을 시사해준다.

23 *L'être et l'événement*, p. 212.

24 같은 책, p. 430.

25 같은 책, p. 435.

26 Alain Badiou, *Ethics: An Essay on the Understanding of Evil*, tr. P. Hallward, London, Verso, 2001, p. 43.

27 이 부분과 뒤따라오는 내용은 바디우의 『윤리학』의 논지를 요약한 것이다.

28 *Ethics*, p. 43.

29 같은 책, p. 39.

30 같은 책, p. 13.

31 *L'être et l'événement*, pp. 436-7.

32 같은 책, pp. 443-4.

33 마오쩌둥의 문화혁명을 옹호한 바디우의 『공산주의 가설 L'hypothèse communiste』은 바로 이런 식으로 읽어야 한다.

34 Alain Badiou, *L'antiphilosophie de Wittgenstein*, Caen, Nous, 2009, p. 7.

35 Alain Badiou, *L'hypothèse communiste*, p. 32.

36 *Ethics*, p. 5.

37 같은 책, p. 22.

38 같은 책, p. 13.

39 같은 책, p. 15.

40 같은 책, p. 35.

41 같은 책, p. 15.

42 같은 책, p. 39.

43 같은 책, p. 45.

44 같은 책, p. 51.

45 물론 여기서 르네 세디요René Sedillot의 Le coût de la Révolution Française, Paris, 1987에 대한 언급은 전혀 없다. 리처드 콥Richard Cobb, 사이먼 샤마Simon Schama, 그 외 학자들의 날카로운 지적 또한 찾아볼 수 없다. 바디우에게는 있으나마나한 존재들이다. 위 학자들에 대한 좀 더 심도있는 논의는 다음 문헌에 포함되어 있다. Roger Scruton, 'Man's Second Disobedience', *The Philosopher on Dover Beach*, Manchester, 1989,.

46 *Ethics*, p. 74.

47 Alain Badiou, *De quoi Sarkozy est-il le nom?* Paris, Lignes, 2007.

48 Slavoj Žižek, *Event: Philosophy in Transit*, New York, Penguin, 2014 참조.

49 같은 책, p. 7.

50 같은 책, pp. 151-2.

51 같은 책, p. 174.

52 같은 책, p. 224.

53 Slavoj Žižek, 'Robespierre, or, the "Divine Violence" of Terror', in Maximilien de Robespierre, *Virtue and Terror*, London and New York, Verso, 2007, p. xxvii.

54 Slavoj Žižek, *Revolution at the Gates*, London and New York, Verso, 2004, p. 297.

55 Slavoj Žižek, *The Ticklish Subject: The Absent Centre of Political Ontology*, London and New York Verso, 1999, pp. 158-9.

56 Slavoj Žižek, *In Defense of Lost Causes*, p. 7.

57 Slavoj Žižek, *Tarrying with the Negative*, Durham, NC, Duke University Press, 1993 참조.

58 *Lost Causes*, p. 343.

59 Slavoj Žižek, 'From Symptom to *Sinthome*', *The Sublime Object of Ideology*. London, Verso, 1989 참조.

60 *In Defense of Lost Causes*, p. 264.

61 같은 책, p. 164.

62 같은 책, p. 7.

63 Seán Sheehan, *Žižek: A Guide for the Perplexed*, London, Continuum, 2012, p. 21.

64 *The Sublime Object of Ideology*, p. 81.

65 Gilles Lipovetsky and Jean Serroy, *L'esthétisation du monde: Vivre à l'âge du capitalisme artiste*, Paris, 2013. 이 저서는 지젝의 가장 잘 알려진 작품 후에 출간되어 탐나는 물건 가득한 세상에 관한 흥미진진한 내용을 풍부하게 담고 있다. 이 세상은 번쩍이는 환상이 환상이라는 것이 이미 드러난 세상이지만 어떤 현실도 개입하여 환상을 손상시킬 수 없는, 마법에 걸린 듯, 또 동시에 마법이 풀린 듯한 세상이다.

66 *The Sublime Object of Ideology*, p. 84.

67 같은 책, p. 53.

68 *The Ticklish Subject*, p. 152.

69 *In Defense of Lost Causes*, p. 175. *Virtue and Terror*도 참조.

70 같은 책, p. 164. 이 구문에서는 들뢰즈에 대한 간접적인 참조가 있다. 가상의 것이 또 다른 실제라는 점에서 들뢰즈는 '가상의 것을 구제'한 사상가로 칭송을 받는다. 우리는 과연 이런 혼미한 안개 안으로 들어가야 할까?

71 Étienne Balibar, *La proposition de l'égaliberté*, Paris, Presses Universitaires de France, 2010.

72 *In Defense of Lost Causes*, p. 262.

9 라이트란 무엇인가

1 Eric Hobsbawm, 'Should Poor People Organise?', *World of Labour*, London, 1984.

2 Roger Scruton, *A Political Philosophy: The Case for Conservatism*, London, Continuum, 2008; Roger Scruton, *Culture Counts*, New York, Encounter Books, 2009; Roger Scruton, *How to be a Conservative*, London, Bloomsbury, 2014 등 참조.

3 Kenneth Minogue, *Alien Power: The Pure Theory of Ideology*, London, 1985, p. 226.

4 Michel Foucault, *Surveiller et punir*, Paris, 1975.

5 Roberto Michels, *Political Parties*, tr. C. and E. Paul, London, 1915.

6 사르트르의 후기 저서들에 대한 비판은 Raymond Aron, *D'une Sainte Famille á une autre*, Paris, 1975에 나타나 있다.

7 Leszek Kolakowski, *Main Currents of Marxism*, Oxford, 1978; Raymond Aron, *L'Opium des intellectuels*, Paris, 1955; Alain Besançon, *The Intellectual Origins of Leninism*, tr. Sarah Matthews, Oxford, 1981 참조.

8 Plato, *Laws*, X, 887.

용어 찾아보기

68혁명 176, 247, 248, 259, 363, 365, 366, 370, 375
KGB 59

ㄱ

가부장제 166, 291
가톨릭 부흥 운동 117, 119
강제노동수용소 85
강제법 369, 370, 380, 416
개별성 282, 377
개인성 127, 282
객관 131, 135, 198, 201, 222, 232, 264, 351, 352, 356, 357, 392
객관화/대상화 201
객체 122, 123, 128, 129, 130, 131, 132, 133, 196, 197, 198, 199, 200, 201, 203, 205, 221, 222, 226, 239, 272, 275, 347, 397, 421, 446
거대담론 67, 392
거대 이론 65
거울 단계 123, 271
결단주의 232
결정 200, 255, 256, 257, 258, 259

결정 절차 231
경쟁력 78
경제적 주전원 254
계급의식 50, 55, 60, 208, 209, 332
계급이론 32, 59, 60, 62, 145
계급 적대성 340
계급투쟁 21, 49, 50, 51, 52, 60, 61, 63, 72, 73, 142, 143, 254, 307, 318, 346, 347, 427, 430
계몽주의 6, 14, 17, 156, 218, 219, 237, 352, 353, 355, 356, 357, 400
고독함 128
고전주의 163, 164, 165, 166, 167, 169, 194
공공 서비스 81, 82, 83
공공심 107, 240
공공 오물 82
공리주의 61, 62, 104, 217, 241
공백 155, 372, 373, 375, 378, 388, 394, 396, 398, 408, 454
공산주의 5, 7, 8, 14, 15, 19, 20, 22, 23, 24, 25, 30, 39, 40, 41, 42, 44, 45, 46, 62, 66, 67, 80, 84, 86, 109, 119, 120, 121, 124, 137, 138, 146, 152, 153, 159, 177, 188, 190, 205, 208, 212, 223, 252, 262, 301,

302, 305, 306, 307, 308, 310, 311, 312,
313, 314, 315, 322, 324, 330, 337, 348,
357, 363, 380, 389, 391, 392, 395, 405,
406, 428, 429, 430, 431, 442, 449, 455
공유제 62, 204
공장법 52
공허 20, 35, 79, 129, 212, 262, 353, 363,
408, 422
과시적 소비주의 71
과잉결정 255, 257, 258
과잉 생산 75
관습 16, 18, 19, 31, 33, 56, 61, 63, 95, 96,
106, 138, 156, 164, 186, 326, 329, 341,
414, 419, 426, 427
광인 163, 164, 165, 166, 167
교회법 106, 109, 430
구조 16, 29, 33, 47, 55, 56, 72, 75, 76, 79,
157, 159, 160, 161, 162, 164, 165, 166,
176, 178, 197, 201, 207, 208, 219, 254,
255, 256, 257, 258, 259, 270, 274, 284,
288, 289, 291, 296, 306, 308, 309, 310,
316, 335, 336, 338, 340, 341, 343, 345,
350, 374, 375, 381, 383, 402, 416, 420,
424, 427, 432, 433
구토 125, 157
국가 14, 16, 19, 30, 33, 42, 47, 53, 54, 55,
56, 61, 63, 64, 68, 83, 84, 85, 90, 107,
108, 126, 151, 166, 239, 241, 242, 243,
292, 309, 310, 315, 318, 338, 363, 387,
424, 425, 427, 428, 429, 432, 439, 486
국가사회주의 183, 184
국유재산 62
국유제 14
국제사회주의 45, 119, 183
국제주의 65, 66, 119, 317, 319

권위주의 42, 166, 357
귀족주의 156, 166
균열 129, 398
그노시즘 305
그레트헨 133
기관 없는 신체 283, 284, 285, 289, 295
기본 규칙 87, 88, 89
기표 268, 273, 274, 275, 286, 287, 291,
292, 297
기표화 286, 287, 292
기호 268, 269, 274, 275, 286, 287, 292,
367, 375
길항력 75, 76, 78

ㄴ

나샤 64, 65, 66
나치즘 41, 55, 119, 120, 131, 183, 184,
210, 214, 216, 306, 337, 357, 388, 389,
403, 404, 428
나폴레옹 법전 108, 109
낙태 90, 91, 96, 99, 110
낙태권 96
내존 276
넌센스 6, 8, 34, 257, 259, 267, 269, 270,
276, 277, 281, 282, 288, 291, 292, 294,
296, 301, 306, 395, 400, 406, 407, 433,
448, 451
넌센스 기계 6, 8, 259, 267, 269, 270, 276,
277, 282, 291, 292, 296, 301, 406, 407
네오마르크스주의 142, 185
노동가치설 31, 193, 196, 249, 448
노동계급 30, 40, 52, 60, 61, 62, 63, 148,
206, 243, 247, 317, 320, 322, 334, 336,
340, 346, 349, 350, 351, 425, 428, 448

용어 찾아보기 **459**

노동자　15, 39, 40, 50, 52, 60, 61, 62, 63, 64, 65, 66, 67, 73, 77, 146, 148, 149, 150, 177, 188, 198, 199, 206, 208, 215, 231, 243, 260, 266, 317, 319, 323, 324, 325, 333
노동자교육협회　39, 40, 317, 319, 333
노벨문학상　124
뉴라이트　14
뉴레프트리뷰　45, 205, 333, 334, 335, 336, 348, 350, 363
뉴욕 리뷰 오브 북스　73, 87, 97, 106, 359

ㄷ

다수성　332, 364, 372, 373, 378
담론　29, 67, 73, 85, 160, 163, 235, 236, 265, 267, 297, 335, 392
대공황　72
대량 광고　71
대상 a　271, 272, 275, 276, 398, 402
대의제　432
대자　50, 55, 56, 59, 60, 128, 129, 130, 133, 134, 137, 138, 286, 346
대중　43, 57, 58, 59, 71, 72, 104, 169, 172, 175, 214, 218, 220, 221, 223, 224, 226, 227, 306, 307, 315, 316, 344, 349, 422
대중 사회　71
대타자　267, 270, 271, 272, 276, 286, 366, 392, 393, 397, 398, 416, 432
대타존재　132
대학과 좌파평론　44, 333
데카르트적 자아　170
도구적 이성　215, 216, 217, 227, 229, 230, 236, 241, 243
도구화　67, 421

도덕경제　52
도데카포니　382
독소불가침조약　121, 317
독일고전철학　191, 193, 196, 200, 212, 215, 221, 292
동성애　17, 97, 116, 134, 176, 357
동인　47, 62, 63
동일성　122, 149, 261, 277, 278, 279, 280, 281, 282, 283, 286, 296, 316, 364, 376
드레퓌스 사건　115, 116

ㄹ

라일랜즈 대 플레쳐　94
랑그　291
레지스탕스　118, 124
레지온 도뇌르　124
레탕모데른　124, 125, 335
로 대 웨이드　90
리소르지멘토　303
리스 강연　74
리좀　286, 287, 288, 289, 376, 434

ㅁ

마르크스-엥겔스 연구소　188
마르크스주의 휴머니즘　15, 184, 185, 205, 216, 229, 252, 434
마오이즘　349, 387
마이너스 1의 제곱근　289, 403, 434
마조히즘　133, 176, 275
메타도그마　248, 252, 262, 266
메타수학　369, 370
메타이론　248, 256

메타존재론 370
메피스토펠레스 34, 133
면책조항 110
모반죄 118, 119
모순 207, 254, 255, 256, 257, 258, 262, 294, 367
목적의 나라 137, 138, 139, 144, 148, 150, 205, 232, 415
목적합리적 행위 227, 229, 230
몬테네그로 64
무공십자훈장 119
무산계급 146
무의미 142, 186, 272, 281, 294, 375, 377, 380, 388, 389, 391, 395, 407, 408
무정부주의자 13, 17
무조성 186, 214
문화혁명 316, 318, 350, 366, 370, 393, 408, 455
물신 82, 197, 198, 199, 202, 203, 215, 220, 221, 223, 225, 301, 400, 416, 417, 421, 422, 434
물신주의 82, 197, 198, 199, 202, 203, 215, 220, 221, 223, 225, 301, 400, 416, 417, 421, 434
물질적 활동 47
물화 197, 198, 199, 204, 205, 206, 207, 208, 215, 221, 223, 226, 301, 416, 421
미국 헌법 67, 71, 90, 91, 92, 93, 104, 109, 237, 387
민법 105
민주주의 23, 24, 41, 45, 71, 146, 209, 212, 237, 265, 320, 321, 322, 323, 324, 325, 326, 328, 390, 397, 408, 415
민주집중제 24

ㅂ

반영웅 139
반유대주의 115, 117, 118
반자본주의 197, 211, 231, 242, 243
발견 89, 90, 93, 94, 109, 110
발화행위 110, 234
버소북스 335
범다이너미즘 26, 239
법인 79, 85, 86, 107, 239, 240, 241, 429
법인격 79, 107, 239, 240, 241, 429
법인체 86
법적 추론 88
법치 16, 31, 71, 85, 86, 88, 96, 156, 176, 348, 352, 390, 430, 431
법치주의 31, 71, 85, 86, 96, 156, 176, 352, 390, 430, 431
베트남 14, 96, 99, 151, 152, 153, 266, 337
보헤미안 156, 159
복지 22, 39, 81, 82, 242, 243, 417, 427
본래성 124, 130, 131, 134, 135, 137, 138, 139, 140, 150, 151, 155, 157, 379, 382
본질 127, 128, 131, 140, 142, 193, 194, 199, 200, 201, 422
본체 137, 138, 152, 224, 433
봉건사회 166, 343, 345
봉건제 47, 339, 343, 344
부르주아 16, 27, 28, 31, 32, 34, 43, 50, 54, 57, 58, 60, 66, 71, 118, 126, 132, 135, 137, 142, 143, 146, 148, 149, 150, 153, 156, 157, 158, 159, 163, 164, 165, 166, 167, 168, 169, 172, 174, 176, 178, 189, 190, 193, 194, 195, 203, 204, 206, 207, 208, 210, 211, 212, 215, 216, 217, 218, 219, 221, 226, 228, 231, 232, 233, 236,

237, 240, 241, 243, 250, 260, 275, 283, 288, 289, 291, 292, 297, 301, 307, 309, 310, 312, 313, 314, 315, 319, 330, 332, 333, 335, 336, 337, 340, 341, 343, 344, 345, 347, 349, 352, 363, 381, 383, 385, 389, 390, 406, 419, 428
부정 34, 41, 42, 43, 126, 129, 132, 134, 153, 200, 201, 251, 256, 258, 263, 268, 296, 363, 392, 395, 396, 405, 408, 414, 415, 454
부정성 34, 43, 268, 395, 415
분노 18, 30, 31, 32, 33, 67, 151, 188, 295, 296, 433
분열분석 289
불균등발전 254
불안 128, 129
불평등 16, 17, 103, 341, 342, 381, 383
비국교파 60
비시정권 117, 118
비이성 161, 164, 165, 335
빈민구제법 52
빚급 273, 274, 275, 397
빚갚친 대타자 397

ㅅ

사건 294, 301, 366, 367, 370, 377, 378, 379, 380, 381, 382, 384, 385, 386, 388, 389, 390, 391, 393, 394, 395, 403, 408
사도마조히즘 133, 176
사디즘 133, 140
사법적 독립성 96, 107, 109, 430
사생활의 권리 90
사유제 62
사적유물론 252, 253, 256, 260, 449

사탄주의 157
사활적 충돌 122
사회공학 242
사회소속감 54
사회연구소 184, 214
사회 정의 16, 17, 18, 19, 21, 22, 28, 29, 30, 34, 94, 136, 414, 419
사회주의인터내셔널 23
사회주의적 합법성 109
산업혁명 52, 55, 72, 320
삼부회 13
상대적 빈곤 15
상부구조 47, 56, 219, 254, 255, 256, 291, 308, 309, 310, 340, 341, 343, 345, 416
상속법 48
상식적 사회학 301
상 파피에 383
상품물신주의 82, 198, 215, 220, 221, 416
상호주관 233, 351, 356
상호합의 122
새로운 산업 국가 75
생디칼리즘 187
생물정치 393
생산관계 59, 142, 196, 197, 219, 255, 340, 344, 345
선례구속주의 108
선호 규칙 231
성욕 116, 132, 133
성 해방 96
세계의 미화 15, 401
세르비아 64
섹슈얼리티 119, 176
소련 14, 22, 23, 40, 41, 44, 59, 63, 75, 84, 85, 121, 147, 148, 152, 153, 203, 223, 242, 249, 302, 307, 311, 330, 346, 349,

363, 393, 398, 445
소비자주권 324
소비주의 71, 72, 225, 323, 331, 363, 400, 421
소수독점 75, 78
소외 21, 52, 82, 123, 142, 151, 198, 199, 201, 202, 203, 204, 215, 223, 233, 317, 347, 446
소유권 55, 76, 166, 196, 241, 275
수동혁명 310
수학소 270, 275, 301, 367, 368, 370, 374, 375, 376, 377, 378, 380, 388, 390, 391, 408, 432
스탈린주의 125, 211, 212, 393, 397
스톡홀름 124
슬로베니아 64, 391, 392, 398
시뮬라크르 388, 389, 407, 431, 434
시민권 17, 102, 115, 116, 122, 156, 239
시민불복종 99, 100, 110
시선 132, 168, 169, 272
시장경제 15, 28, 75, 223
시장력 76, 78
시카고 7, 98, 99
신도 48
신이성인 44, 333
신좌파 8, 9, 14, 20, 21, 22, 40, 55, 60, 65, 67, 83, 141, 159, 190, 301, 304, 317, 320, 332, 333, 339, 342, 343, 345, 346, 348, 349, 414, 416, 419, 428, 430
신탁법 425, 429
실존주의 127, 138, 139, 142
실천 23, 45, 67, 131, 143, 145, 146, 154, 200, 208, 228, 249, 257, 260, 261, 262, 263, 264, 266, 293, 303, 304, 306, 307, 308, 310, 312, 316, 331, 332, 415, 420

실현 122, 200, 201, 202, 379, 380, 421

ㅇ

아날학파 67
아미시파 426
아샤리파 111
악시옹 프랑세즈 117
앙가주망 125, 130, 131, 134, 136, 149, 380
억압 16, 17, 31, 60, 61, 62, 72, 110, 111, 152, 156, 157, 158, 173, 217, 223, 260, 265, 285, 291, 316, 325, 326, 328, 341, 342, 343, 346, 428, 429
억제 전략 86
언어행위 24
에도막부 48
에로티시즘 123
에피스테메 32, 161, 162, 416
여성 16, 102, 119, 123, 129, 132, 178, 271
역겨움 125, 126, 135, 138
역사론 21, 46, 47, 49, 145, 257, 258, 308, 309, 452
역사서술 55, 63, 65
역사적 블록 310, 311, 335, 350
역차별 96, 101, 108
연금술 265, 273, 348, 406, 407
연대적 의무 106
연속체 가설 368, 369, 370
연작소설 107
영국노동당 14
영미법 56, 89
영어권 108, 126, 306, 425
영원 회귀 277
영토화 286, 287, 288, 289, 301
오리엔탈리스트 353, 354, 355

오리엔탈리즘 353, 354
오이디푸스 컴플렉스 283
외설 43, 132, 133, 135, 136, 399, 400
우상숭배 196, 224, 225, 226, 422, 423
우울 135
우크라이나 59
원죄 82, 135, 136, 203, 424
월가점거운동 408
유고슬라비아 64, 395
유럽연합 14, 121
유물론 46, 60, 227, 228, 252, 253, 256, 260, 262, 264, 308, 317, 340, 350, 449
유적 절차 370, 378, 382, 386, 414
유적 존재 202, 434
유한계급 73, 74, 243, 391
육체성 135
융화집단 414, 425
의도주의의 오류 111
의미작용 274, 286, 367
의사소통기구 265
의사소통적 합리성 229, 233
의식 21, 46, 47, 50, 54, 55, 60, 61, 63, 64, 121, 122, 125, 128, 129, 132, 134, 136, 197, 201, 202, 203, 204, 206, 208, 209, 210, 215, 218, 219, 220, 239, 247, 260, 296
이너 템플 426
이데올로기 19, 25, 26, 27, 29, 31, 32, 47, 54, 66, 75, 80, 96, 139, 150, 157, 161, 162, 174, 175, 193, 194, 195, 196, 209, 211, 219, 220, 229, 237, 238, 239, 243, 250, 252, 253, 254, 260, 261, 262, 265, 291, 301, 307, 313, 324, 330, 331, 332, 333, 340, 341, 348, 391, 400, 401, 406, 414, 416, 418, 419, 424, 428, 430, 431

이데올로기적 국가기구 265
이론적 실천 260, 261, 262, 263, 264, 266
이마고 397
이상적 담화상태 231, 233, 235, 236, 241, 243
이슬람법 109, 111
이윤 추구 동기 75
이중 제국 189
이즈티하드 111
이타성 123
인민 공화국 14
인스오브코트 426
인식론적 절단 252
인종차별주의 100, 101, 355, 415
일반 언어학 강의 268
일자 280, 364, 366, 371, 372, 373, 377, 396
임금 50, 52, 61, 62, 76, 77, 324, 341, 342
임금 노예 52
잉여가치 142, 340, 341
잉여가치 이론 341

ㅈ

자기기만 65, 66, 126, 130, 131, 139, 332, 395
자기성 122, 123
자기소원 203
자기의식 121, 125, 128, 129, 132, 134, 201, 202, 203, 239, 271, 287, 346, 349, 396, 400
자기인식 122
자기 지시 165
자기지식 201, 208, 219, 396, 422
자기 창조적 개인 122

자본물신주의 198, 203
자본적 의회주의 383, 390, 432
자본주의 14, 21, 22, 24, 26, 27, 34, 39, 45, 46, 47, 50, 52, 60, 61, 62, 63, 67, 71, 75, 76, 77, 78, 80, 81, 82, 83, 85, 142, 143, 146, 149, 166, 189, 190, 196, 197, 198, 199, 200, 204, 205, 206, 211, 212, 213, 215, 220, 221, 223, 224, 225, 226, 231, 232, 233, 237, 240, 242, 243, 284, 286, 287, 288, 294, 296, 309, 323, 325, 328, 332, 334, 341, 342, 343, 344, 350, 363, 381, 392, 395, 400, 401, 414, 417, 418, 423, 429
자아 122, 123, 125, 126, 127, 128, 129, 130, 137, 138, 139, 142, 151, 154, 170, 201, 225, 270, 271, 275, 392, 399, 433
자연적 정의 89, 90, 94, 95, 419
자유 16, 18, 25, 82, 121, 122, 123, 125, 126, 127, 129, 130, 131, 133, 134, 135, 136, 137, 138, 139, 143, 147, 153, 200, 201, 220, 221, 222, 223, 234, 235, 415, 433
자유경제 24, 26, 27, 52, 71, 76, 144
자유로운 교환 15, 28, 143, 325, 400
자유재량권 87, 88, 89
자유주의 13, 14, 15, 20, 29, 68, 71, 72, 91, 93, 96, 97, 100, 101, 103, 104, 105, 106, 108, 110, 111, 112, 148, 265, 334, 352, 357, 359, 413, 419
자유주의화 97
자유지상주의 16
적극적 의미 268
적극주의 90, 91
전체성 141, 142, 143, 145, 154, 195, 196, 404, 405

전체화 140, 141, 142, 143, 145, 146, 148, 149, 151, 153, 154, 196, 337, 425
절차적 자연주의 91
점액 129, 130
정상성 135, 157, 164, 167, 171, 176, 179
정언명령 138, 216, 383, 384
정치경제학 74, 191, 252, 452
정치적 도덕성 90, 91, 92, 93, 96, 104, 106, 109, 110
정치적 올바름 357, 359, 415
정치적 참여 131
정합성 105, 107, 373
존재 125, 127, 128, 129, 131, 132, 134, 135, 137, 139
좋은 믿음 379
주관 122, 198, 201, 222, 233, 351, 356, 357, 358
주권 29, 33, 54, 88, 93, 106, 110, 237, 239, 324, 344, 352, 387, 427, 432
주술 9, 25, 27, 82, 140, 192, 218, 262, 263, 264, 294, 366, 374
주이상스 293, 297, 399, 400
주인과 노예 122, 200
주체 32, 63, 122, 123, 128, 129, 130, 132, 134, 140, 156, 170, 196, 198, 199, 200, 201, 202, 203, 204, 205, 221, 222, 225, 226, 230, 236, 271, 275, 276, 279, 286, 287, 305, 341, 347, 366, 379, 380, 381, 383, 385, 391, 393, 394, 396, 397, 398, 402, 421, 427, 428, 429
주체화 271, 276, 286, 287, 379, 380, 381, 383, 385, 394, 396, 398
중력적 효과 88
중앙집권 75, 77, 82, 84
중앙집권적 의사결정 75

즉자 49, 50, 55, 56, 59, 60, 128, 130, 133, 134, 346
즉자적 계급 49, 50, 55, 60
지배계급 16, 141, 151, 162, 213, 309, 313, 330, 428
지식 32, 95, 160, 161, 162, 163, 170, 176, 208, 308, 370, 378, 380, 390
지적 생산 216, 230, 247, 260, 261
진리 148, 160, 161, 162, 164, 178, 289, 351, 352, 356, 367, 370, 376, 377, 378, 379, 380, 381, 382, 384, 385, 386, 387, 388, 389, 390, 394, 403, 416
진리 절차 378, 379, 381, 382, 384, 386, 387, 388, 389, 416
집합론 193, 194, 294, 367, 368, 369, 371, 372, 374, 375, 378, 450

ㅊ

차연 269
차이 268, 269, 277, 278, 279, 280, 281, 282, 283, 286, 295, 296, 365
참여민주주의 321, 323
청교도 106
체카 59, 311
초인 32
초현실주의 43, 120, 154, 284
최종심급 254, 255, 256, 257, 259
충실성 367, 379, 381, 382, 385, 386, 387, 388, 389, 394, 408, 425

ㅋ

카예 드 라 캥젠 116

컴패니언 명예훈장 14
케임브리지 스파이 41, 45
코란 111, 392
코퍼러티즘 315
크레바스 128
크로아티아 64
키치 221, 226, 227, 307, 423

ㅌ

타라 82, 119, 123, 130, 199, 201, 210, 216, 232, 314, 421, 423
타자 82, 121, 122, 123, 125, 126, 128, 132, 133, 134, 137, 138, 146, 150, 153, 154, 163, 169, 177, 178, 201, 233, 267, 270, 271, 272, 276, 279, 286, 292, 293, 294, 353, 384, 385, 393, 396, 397, 398, 399
타자성 138, 146, 150, 153, 169, 178, 271, 279
탈영토화 287, 288, 289, 301
탈-존재 432, 434
테크노스트럭처 75, 78, 79, 84
토대 47, 48, 135, 162, 216, 254, 256, 260, 291, 308, 309, 341, 344, 345
토라 224, 384
통념 79, 80, 81, 112
통제권 50, 76
통치 29, 77, 129, 304, 308, 348, 405, 418, 430
투쟁 21, 22, 26, 28, 29, 30, 34, 42, 49, 50, 51, 52, 55, 60, 61, 63, 72, 73, 121, 122, 123, 125, 142, 143, 149, 153, 155, 175, 187, 196, 200, 208, 210, 244, 254, 303, 307, 312, 315, 318, 323, 339, 346, 347,

415, 427, 430
트로츠키주의 209, 283, 350
특수성 378, 388, 389

ㅍ

파놉티콘 171
파롤 291
파쇼 307, 316, 414
파스칼의 내기 208, 259, 260
파우스트 34, 132, 133
파편성 139, 141, 146, 153
판단 89, 108
판례주의 108
평등 16, 17, 18, 21, 68, 72, 90, 97, 101, 102, 103, 104, 138, 147, 229, 234, 307, 320, 323, 324, 326, 341, 342, 355, 358, 380, 381, 383, 386, 404, 405, 408, 414, 415, 419, 425, 427, 433, 434
평등보호조항 90, 103
평화조약 185
포르노그래피 96, 97
프락시스 208, 260, 308
프랑스 대혁명 23, 116, 156, 166, 175, 210, 291, 342, 365, 370, 378, 379, 387, 406, 408, 424
프랑크푸르트학파 67, 82, 138, 184, 185, 187, 190, 204, 205, 213, 214, 217, 218, 219, 224, 227, 229, 231, 241, 252, 417, 447
프래그머티즘 351, 392
프로이센-프랑스 전쟁 118
프롤레컬트 24
프티 부르주아 150, 314, 315
피데스 188

ㅎ

하드 케이스 88, 89
하디스 111
한계효용설 193, 194
한계효용체감의 법칙 81
합리주의 95, 264
합법성 29, 34, 109, 122, 137, 387
합스부르크 왕가 186
합의 정치 433
합의형성형 정치 184
해방 16, 17, 18, 21, 22, 31, 34, 50, 58, 63, 64, 77, 96, 137, 154, 155, 160, 175, 204, 216, 217, 220, 222, 223, 225, 226, 231, 234, 235, 236, 243, 267, 279, 282, 283, 294, 295, 307, 316, 322, 323, 326, 344, 350, 370, 382, 385, 386, 391, 393, 404, 405, 414, 415, 416, 420, 433
해석 49, 105, 107, 109, 110, 111, 112
해석학 105, 232, 233, 442
허무주의 186, 209, 213, 383
헤게모니 172, 308, 309, 310, 312, 313, 315, 322, 336, 343, 357, 363, 394, 424, 434
헤겔철학 122, 124, 132
혁명 재판소 175
혁명적 사회주의 25, 147
현대문화연구소 317, 319, 333
형평법 법원 111
형평성 89
혼합 자본주의 경제 190
환상 203, 220, 223, 225, 266, 330, 397, 398, 399, 400

인명 찾아보기

ㄱ

가다머, 한스 게오르크 Gadamer, Hans-George 110
가리발디, 주세페 Garibaldi, Giuseppe 303
가타리, 펠릭스 Guattari, Félix 8, 276, 283, 284, 286-293, 423, 432
갈랑, 앙투안 Galland, Antoine 353
갤브레이스, 존 Galbraith, J.K. 71, 72, 74-87, 112, 190, 429
게바라, 체 Guevara, Che 304
겔너, 어네스트 Gellner, Ernest 54
고르바초프, 미하일 Gorbachev, Mikhail 405
고스, 에드먼드 Gosse, Sir Edmund 154
고야, 프란시스코 Goya, Francisco 164
곰브리치, 에른스트 Gombrich, Sir Ernest 337, 338
괴델, 쿠르트 Gödel, Kurt 368, 369
괴테, 요한 Goethe, Johann Wolfgang von 34, 353
그람시, 안토니오 Gramsci, Antonio 30, 67, 188, 256, 260, 301-305, 308-318, 322, 331, 334, 335, 343, 350, 357, 359, 363, 415, 424, 425, 430
그로탕디에크, 알렉산더 Grothendieck, Alexander 375
글뤽스만, 앙드레 Glucksmann, André 349, 382, 386
기르케, 오톤 폰 Gierke, Otto von 240
기욤, 귀스타브 Guillaume, Gustave 295
기치, 피터 Geach, peter 364

ㄴ

나지, 임레 Nagy, Imre 210
나폴레옹 보나파르트 Napoleon Bonaparte 25, 108, 109, 239, 240
네르발, 제라르 드 Nerval, Gérard de 164, 165
네언, 톰 Nairn, Tom 336
네이미어, 루이스 Namier, Lewis 337, 338
네이즈베스트니, 에른스트 Neizvestny, Ernst 405
뉴턴, 아이작 Newton, Sir Isaac 269
니체, 프리드리히 Nietzsche, Friedrich Willhelm 33, 164, 165, 173, 277, 281, 282, 376, 433

ㄷ

다이시, 알버트 Dicey, A.V.　56
대처, 마가렛 Thatcher, Margaret　8
데리다, 자크 Derrida, Jacques　268-270, 275, 357, 394
데블린, 패트릭 Devlin, Patrick, Lord　104
데카르트, 르네 Descarte, René　170, 264
델라 볼페, 갈바노 Della Volpe, Galvano　249
도이처, 아이작 Deutscher, Isaac　336
뒤라스, 마르그리트 Duras, Marguerite　159
뒤보스, 샤를 Du Bos, Charles　117
뒤엠, 피에르 Duhem, Pierre　195
뒤티외, 앙리 Dutilleux, Henri　374
드 만, 폴 De Man, Paul　357
드골, 샤를 De Gaulle, Charles　118
드레퓌스, 알프레드 Dreyfus, Alfred　115-117
드리외 라 로셸, 피에르 Drieu la Rochelle, Pierre　118-120
드브레, 레지스 Debray, Régis　335, 336
드워킨, 로널드 Dworkin, Ronald　13, 14, 17, 74, 86-93, 96-112, 190, 419
드퀸시, 토마스 De Quincey, Thomas　154
들뢰즈, 질 Deleuze, Gilles　8, 9, 34, 267, 276-293, 295, 296, 301, 363, 365, 376, 423, 432, 433
딜타이, 빌헬름 Dilthey, Wilhelm　229

ㄹ

라 퐁테느, 장 드 La Fontaine, Jean de　166
라신, 장 Racine, Jean　166
라이히, 빌헬름 Reich, Wilhelm　173
라캉, 자크 Lacan, Jacques　8, 34, 121, 123, 267, 270-276, 283, 286, 289, 292, 293, 335, 365-367, 372-374, 376, 385, 392-403, 416, 431
라플라스, 피에르 시몽 Laplace, Pierre-Simon, Marquis de　258
랭, 로널드 Laing, R.D.　8
러셀, 버트런드 Russell, Bertrand　192, 338, 364, 378
러스킨, 존 Ruskin, John　217, 226, 320, 321, 338
레닌, 블라디미르 Lenin, V.I.　25, 44, 57-59, 148, 156, 187, 207, 254, 261, 266, 295, 303-305, 307, 308, 311, 347, 349, 367, 379, 388, 393, 407
레리스, 미셸 Leiris, Michel　154
레비나스, 에마뉘엘 Levinas, Emmanuel　121, 384
레비스트로스, 클로드 Lévi-Strauss, Claude　270
렌저, 테렌스 Ranger, Terence　54, 56
로렌스, 데이비스 Lawrence, D.H.　207, 329
로렌스, 토머스 Lawrence, T.E.　354
로베스피에르, 막시밀리앙 Robespierre, Maximilien de　379, 387, 398, 403
로브 그리예, 알랭 Robbe-Grillet, Alain　126, 159
로스, 아돌프 Loos, Adolf　186, 240
로스코, 필립 Roscoe, Philip　15
로크, 존 Locke, John　387
로트, 요제프 Roth, Josef　186
로티, 리처드 Rorty, Richard　13, 351, 352, 357, 359, 363, 392, 415
롤랑, 로맹 Rolland, Romain　116
롤스, 존 Rawls, John　17
롱펠로, 헨리 Longfellow, Henry Wadsworth

루소, 장 자크 Rousseau, Jean-Jacques 92, 148
루오, 조르주 Rouault, Georges 117
루이 14세 Louis XIV 156, 343
루이스, 버나드 Lewis, Bernard 353
루카치, 죄르지 Lukács, György 138, 140, 185-190, 194-200, 203-216, 218, 220, 221, 229, 240, 241, 252, 260, 337, 358, 389, 406, 414, 434
르벨, 장 프랑수아 Revel, Jean-François 151, 152
리비스, 프랭크 Leavis, F.R. 210, 217, 226, 320, 331, 338
리카도, 데이비드 Ricardo, David 74, 191
리포베츠키, 질 Lipovetsky, Gilles 15, 82, 401

ㅁ

마르셀, 가브리엘 Marcel, Gabriel 117
마르쿠제, 허버트 Marcuse, Herbert 214, 217, 218, 223, 337
마르크스, 칼 Marx, Karl 13, 15, 17, 19-22, 26, 28, 31, 32, 40, 44-47, 49, 50, 52-63, 66, 67, 71, 74-77, 82, 83, 85, 120, 121, 123, 128, 136-146, 156, 157, 159, 161-163, 171, 184, 185, 187-189, 191-193, 195-198, 202-205, 207, 208, 210, 211, 214-217, 219, 220, 224, 226, 229, 237, 240, 241, 243, 244, 248-256, 260, 262, 264, 266, 291, 302, 303, 305, 307-313, 319, 320, 334-337, 339-346, 348-350, 363, 367, 391, 397, 400, 408, 416, 417, 427, 428, 434

마리탱, 자크/라이사 Maritain, Jacques and Raïssa 117, 120
마블, 앤드루 Marvell, Andrew 420
마셜, 앨프레드 Marshall, Alfred 75
마오쩌둥 Mao Zedong 146, 254, 366, 388, 393, 408
만, 토마스 Mann, Thomas 210
만델, 어네스트 Mandel, Ernest 335
말러, 구스타프 Mahler, Gustav 356
말리노프스키, 브로니슬라브 Malinowski, Bronislaw 337
매클레인, 손더스 MacLane, Saunders 374
맥린, 도널드 Maclean, Donald 41, 44
맨더빌, 버나드 Mandeville, Bernard 74
맬록, 윌리엄 Mallock, W.H. 21
맬서스, 토머스 Malthus, Thomas Robert 211
머독, 아이리스 Murdoch, Iris 139
메를로퐁티, 모리스 Merleau-Ponty, Maurice 121
메스트르, 조제프 Maistre, Joseph, Comte de 108, 110
메이틀랜드, 프레더릭 Maitland, Frederick 21, 56
모라스, 샤를 Maurras, Charles 117, 118
모리아크, 프랑수아 Mauriac, François 117
모요, 담비사 Moyo, Dambisa 85
모파상, 기 드 Maupassant, Guy de 118
몬테베르디, 클라우디오 Monteverdi, Claudio 356
몰리에르 Moliere (Jean-Baptiste Poquelin) 156
몽테스키외, 샤를 Montesquieu, Charles-Louis de Secondat, Baron de 31
무솔리니, 베니토 Mussolini, Benito 308, 314, 316

무어, 애드리언 Moore, Adrian 276, 278, 295, 296
무질, 로베르트 Musil, Robert 186, 240
미노그, 케네스 Minogue, Kenneth 418
미우오슈, 체슬라프 Milosz, Czeslaw 42,
미제스, 루트비히 폰 Mises, Ludwig von 21
미첼, 줄리엣 Mitchell, Juliette 336
미테랑, 프랑수아 Mitterand, François 177
미헬스, 로버트 Michels, Roberto 60, 420
밀, 존 스튜어트 Mill, John Stuart 74
밀러, 자크 알랭 Miller, Jacques-Alain 396, 397, 401
밀리밴드, 랄프 Miliband, Ralph 44, 45, 50
밀턴, 존 Milton, John 73

ㅂ

바그너, 리하르트 Wagner, Richard 240, 303
바디우, 알랭 Badiou, Alain 8, 257, 275, 277, 286, 365-368, 370-392, 394, 395, 403, 407, 408, 414, 416, 425, 431-433
바로, 루돌프 Bahro, Rudolf 8
바르트, 롤랑 Barthes, Roland 159, 399
바우어, 피터 Bauer, P.T. 85
바이런, 조지 고든 Byron, George Gordon, Lord 356
바타유, 조르주 Bataille, George 121
바흐, 요한 제바스티안 Bach, J.S. 221, 222
반 고흐, 빈센트 Van Gogh, Vincent 164
발레리, 폴 Valéry, Paul 118
발리바르, 에티엔 Balibar, Étienne 404
발자크, 오노레 드 Balzac, Honoré de 210
방다, 쥘리앵 Benda, Julien 116
배런, 폴 Baran, Paul A. 72

버지스, 가이 Burgess, Guy 41, 44
버크, 에드먼드 Burke, Edmund 30, 95, 108, 241, 319, 338, 424
버튼, 리처드 Burton, Sir Richard 354
벌린, 이사야 Berlin, Isaiah 337, 338
베나세라프, 폴 Benacerraf, Paul 375
베넷, 아널드 Bennet, Arnold 425
베르그송, 앙리 Bergson, Henri 365
베르디, 주세페 Verdi, Giuseppe 129
베르크, 알반 Berg, Alban 185, 214
베버, 막스 Weber, Max 21, 77, 141, 214, 216, 217, 237
베버리지, 윌리엄 Beveridge, William 39
베블런, 소스타인 Veblen, Thorstein 71, 73, 74, 79, 82
벤담, 제레미 Bentham, Jeremy 87, 171
보들레르, 샤를 Baudelaire, Charles 149, 150, 159
보부아르, 시몬 드 De Beauvoir, Simone 121, 123, 134, 291
보비오, 노르베르토 Bobbio, Norberto 302
보에겔렌, 에릭 Voegelin, Eric 32
보이토, 아리고 Boïto, Arrigo 129
볼비, 존 Bowlby, John 338
뵘, 야콥 Boehme, Jakob 377
뵘 바베르크, 오이겐 폰 Böhm-Bawerk, Eugen von 21, 75
부하린, 니콜라이 Bukharin, N.I. 209, 308
뷔르니에, 마르크 앙투안 Burnier, Marc-Antoine 152
브라지야크, 로베르 Brasillach, Robert 118
브래드버리, 맬컴 Bradbury, Malcolm 293
브레히트, 베르톨트 Brecht, Bertolt 226, 337
브루스터, 벤 Brewster, Ben 446
브르통, 앙드레 Breton, André 43, 120

브리몽, 장 Bricmont, Jean 293
브장송, 알랭 Besançon, Alain 32, 151
블라바츠키, 헬레나 Blavatsky, Helena Petrovna 354
블랑쇼, 모리스 Blanchot, Maurice 126
블랙먼, 해리 Blackman, Harry 90
블런트, 앤서니 Blunt, Anthony 41, 64
비스마르크, 오토 폰 Bismark, Otto, Prinz von 115
비온, 윌프레드 Bion, Wilfred 272
비트겐슈타인, 루트비히 Wittgenstein, Ludwig 186, 259, 276, 337, 338, 364, 380, 383
빈스방거, 루트비히 Binswanger, Ludwig 270

ㅅ

사드, 마르키 드 Sade, Donatient Marquis de 164, 212, 399, 400, 402
사르코지, 니콜라 Sarkozy, Nicolas 390
사르트르, 장 폴 Sartre, Jean-Paul 121, 123-140, 142-155, 158-160, 169, 176, 178, 183, 196, 277, 291, 292, 319, 358, 363, 365, 379, 380, 384, 388, 389, 390, 425, 431, 434
사무엘슨, 폴 Samuelson, Paul 75
사이드, 에드워드 Said, Edward 8, 74, 3 51, 353-355, 357, 359, 363
새뮤얼, 라파엘 Samuel, Raphael 44
샌델, 마이클 Sandel, Michael 15
생 쥐스트 St Just, Louis Antoine de 379, 387, 388, 403
샤프츠베리, 앤서니 Shaftesbury, Anthony Ashley Cooper, 3rd Earl of 356
세루아, 장 Serroy, Jean 15, 82, 401
세르주, 빅토르 Serge, Viktor 188

셀린, 루이 페르디낭 Céline, Louis-Ferdinand 118, 207
셰익스피어, 윌리엄 Shakespeare, William 55, 185
셸러, 막스 Scheler, Max 214
셸링, 프리드리히 Schelling, Friedrich Wilhelm Joseph von 191, 270
소렐, 조르주 Sorel, Georges 120, 187, 316
소쉬르, 페르디낭 드 Saussure, Ferdinand de 267-270, 273, 274, 286, 291, 295
소칼, 앨런 Sokal, Alan 293
솔레르스, 필립 Sollers, Philippe 159
쇤베르크, 아널드 Schoenberg, Arnold 186, 224, 240, 370, 382
쇼, 조지 버나드 Shaw, George Bernard 320
슈트라우스, 리하르트 Strauss, Richard 186
슈티프터, 아달베르트 Stifter, Adalbert 239
스미스, 애덤 Smith, Adam 74, 92, 95, 108
스위지, 폴 Sweezy, Paul 72
스코투스, 둔스 Scotus, Duns 377
스콧, 월터 Scott, Walter 210
스탈린, 이오시프 Stalin, Josef 41, 44, 64, 109, 121, 125, 146, 188, 209-212, 262, 304, 305, 349, 390, 393, 397, 404, 405, 407
스트라빈스키, 이고르 Stravinsky, Igor 382
스트로슨, 피터 Strawson, Peter 278, 364
스티글리츠, 조지프 Stiglitz, Joseph 15
스피노자, 바뤼흐 Spinoza, Baruch 277, 364
실러, 프리드리히 Schiller, Friedrich von 191
실레, 에곤 Schiele, Egon 186
심플, 피터 (마이클 워튼) Simple, Peter (Michael Wharton) 211

ㅇ

아널드, 매슈 Arnold, Matthew 217, 226, 320

아도르노, 테오도르 Adorno, Theodor W. 184, 185, 187, 204, 213, 214, 218-227, 240 , 335, 389, 414, 422, 423

아롱, 레이몽 Aron, Raymond 21, 121, 136, 151, 153

아르토, 앙토냉 Artaud, Antonin 164, 284, 285

아리스토텔레스 Aristotle 127, 277, 278, 358, 377, 421, 422

아우구스티누스 Augustine, St 135, 474

아이젠하워, 드와이트 Eisenhower, Dwight D. 84

아이젱크, 한스 Eysenck, Hans 337

아퀴나스, 토마스 Aquinas, St Thomas 377

안셀모 Anselm, St 251

알튀세르, 루이 Althusser, Louis 6, 13, 34, 65, 248-267, 302, 308, 329, 335, 347-349, 366, 367, 381, 394, 404, 407, 424, 425, 430, 434

압둘 와합 Al-Wahhab 'Abd 354

앤더슨, 베네딕트 Anderson, Benedict 54

앤더슨, 페리 Anderson, Perry 333-340, 342-350, 363, 434

어빙, 데이비드 Irving, David 59

어윈, 로버트 Irwin, Robert 354

에메, 마르셀 Aymé, Marcel 118

에일렌베르크, 사무엘 Eilenberg, Samuel 374

엘로이즈, 아르장퇴유 Héloïs d'Argenteuil 381

엘리엇, 토머스 Eliot, T.S. 210, 226, 331, 338, 356

엥겔스, 프리드리히 Engels, Friedrich 142, 146, 166, 188, 194, 207, 208, 254, 266, 302, 303, 311

오르반, 빅토르 Orbán, Viktor 188

오브라이언, 코너 크루즈 O'Brien, Conor Cruise 336

오스틴, 제인 Austen, Jane 327

오스틴, 존 (법학자) Austin, John 87

오스틴, 존 (철학자) Austin, J.L. 338

오웰, 조지 Orwell, George 23, 218, 248

오크숏, 마이클 Oakeshott, Michael 241

와일드, 오스카 Wilde, Oscar 421

워즈워스, 윌리엄 Wordsworth, William 319

웰스, 허버트 Wells, H.G. 39

웹, 시드니/베아트리스 Webb, Sidney and Beatrice 39

위긴스, 데이비드 Wiggins, David 278, 364

위니콧, 도널드 Winnicott, Donald 338

윌리엄스, 레이먼드 Williams, Raymond 317-334, 336, 342, 363, 425

윙거, 에른스트 Junger, Ernst 217

융, 칼 Jung, Carl Gustav 270

이글턴, 테리 Eagleton, Terry 333, 336

이솝 Aesop 28

일렌코프, 에발트 Il'enkov, Evald 249

ㅈ

잔 다르크 Jeanne d'Arc 116, 117

잠, 프랑시스 Jammes, Francis 117

제이, 마틴 Jay, Martin 141, 142

젠틸레, 지오바미 Gentile, Giovanni 141

존스, 윌리엄 Jones, Sir William 354

존슨, 사무엘 Johnson, Samuel 331

졸, 제임스 Joll, James 315

졸라, 에밀 Zola, Émile 115, 116, 120
좀바르트, 베르너 Sombart, Werner 21
주네, 장 Genet, Jean 149, 157, 176, 291
지노비예프, 알렉산더 Zinoviev, Alexander 209
지젝, 슬라보예 Žižek, Slavoj 8, 9, 13, 275, 276, 284, 287, 391-405, 407, 408, 416, 431-434
진, 하워드 Zinn, Howard 14
짐멜, 게오르그 Simmel, Georg 214, 216

ㅊ

체스터턴, 길버트 Chesterton, G.K. 117
촘스키, 노암 Chomsky, Noam 14, 287

ㅋ

카다르 Kádár, János 30
카뮈, 알베르 Camus, Albert 125, 126
카스트로, 피델 Castro, Fidel 303, 336
칸토어, 게오르크 Cantor, Georg 368, 371-373, 380
칸트, 임마누엘 Kant, Immanuel 135, 138, 139, 191, 200, 201, 202, 204, 216, 229, 236, 264, 269, 277, 278, 332, 377, 383, 384, 387, 393, 399, 400, 402, 421, 433
칼라일, 토마스 Carlyle, Thomas 211, 320
케네디, 존 Kennedy, J.F. 74
케두리, 엘리 Kedourie, Elie 85
켈젠, 한스 Kelsen, Hans 87
코번, 알렉산더 Cockburn, Alexander 336
코빗, 윌리엄 Cobbett, William 320
코언, 제럴드 Cohen, G.A. 47

코언, 폴 Cohen, Paul 368-370, 389, 408
코제브, 알렉상드르 Kojéve, Alexandre 121, 123-125, 132, 146, 163, 196, 268, 270-272, 286, 292, 365, 384
코크, 에드워드 Coke, Sir Edward 56
콕토, 장 Cocteau, Jean 117, 118
콘래드, 조셉 Conrad, Joseph 207, 416
콜라코브스키, 레셰크 Kołakowski, Leszek 66, 67, 211, 349
콜리지, 사무엘 Coleridge, Samuel Taylor 319, 338
콩트, 오귀스트 Comte, August 120, 229
콰인, 윌라드 Quine, W.V. 195, 276, 278, 364
쿠르투아, 스테판 Courtois, Stéphane 120, 363
크노, 레몽 Queneau, Raymond 121
크라우스, 카를 Kraus, Karl 186
크랩, 조지 Crabbe, George 327
크로울리, 알레스터 Crowley, Aleister 354
크롬웰, 올리버 Cromwell, Oliver 420
크리스테바, 줄리아 Kristeva, Julia 159
크립키, 솔 Kripke, Saul 278, 364
클라인, 나오미 Klein, Naomi 15
클라인, 멜라니 Klein, Melanie 270-272, 237, 338
클로델, 폴 Claudel, Paul 117
클림트, 구스타프 Klimt, Gustav 186

ㅌ

탤리스, 레이먼드 Tallis, Raymond 270
토니, 리처드 Tawney, R.H. 39, 318, 319, 338
토인비, 아널드 Toynbee, Arnold 39, 338,

340

토크빌, 알렉시 드 Tocqueville, Alexis de 30, 326
톰, 프랑수아 Thom, François 25, 263
톰슨, 에드워드 Thompson, E.P. 30, 40, 44, 45, 50, 52, 55, 59-67, 72, 318, 319, 325, 342, 346-350, 363, 414, 425, 429, 434
투르느미르, 샤를 Tournemire, Charles 117
트레버 로퍼, 휴 Trevor-Roper, Hugh, Lord Dacre 338
트로츠키, 레온 Trotsky, Leon 209, 254, 283, 303, 305, 349, 350
티토, 요시프 브로즈 Tito, Josip Broz, Marshal 64

ㅍ

파르메니데스 Parmenides 364, 371, 372, 374, 377
파스빈더, 베르너 Fassbinder, Werner 336
파스칼, 블레즈 Pascal, Blaise 208, 259, 260
패커드, 밴스 Packard, Vance 82
퍼스, 찰스 Peirce, Charles Sanders 229
페기, 샤를 Péguy, Charles 116, 117, 120
포이어바흐, 루트비히 Feuerbach, Ludwig 201-203, 207
포퍼, 칼 Popper, Karl 21, 338, 338
폴 포트 Pol Pot 153
푸코, 미셸 Foucault, Michel 13, 16, 32, 67, 159-178, 190, 276, 291, 319, 349, 357, 416, 418, 419, 429, 430
푸트, 마이클 Foot, Michael 336
푸틴, 블라디미르 Putin, Vladimir 347
풀랑크, 프랑시스 Poulenc, Francis 117

프랑스, 아나톨 France, Anatole 116
프레게, 고틀로프 Frege, Gottlob 192, 276, 280, 364, 377
프로이트, 지그문트 Freud, Sigmund 165, 229, 255, 267, 270, 272, 273, 275, 283, 291, 399
프롬, 에리히 Fromm, Erich 205, 214
프루동, 피에르 요셉 Proudhon, Pierre-Joseph 120
프루스트, 마르셀 Proust, Marcel 115, 116, 154
플라톤 Plato 177, 364, 371, 374, 434
플레하노프, 게오르기 Plekhanov Georgii 142
플로베르, 귀스타브 Flaubert, Gustave 156, 159
플루타르크 Plutarch 178
플리니우스 Pliny the Elder 178
피델리우스, 표토르 Fidelius, Petr 263
피츠제럴드, 스콧 Fitzgerald, Scott 353
피케티, 토마 Piketty, Thomas 15
피히테, 요한 Fichte, Johann Gottlieb 191, 200, 207, 229
필, 로버트 Peel, Sir Robert 51
필비, 킴 Philby, Kim 41, 44, 64
핑켈크로트, 알랭 Finkielkraut, Alain 386

ㅎ

하디, 토마스 Hardy, Thomas 425
하버마스, 위르겐 Habermas, Jürgen 9, 14, 184, 185, 227-244, 350, 363, 425, 429
하이네, 하인리히 Heine, Heinrich 209
하이데거, 마르틴 Heidegger, Martin 124, 183, 217, 277, 364, 365, 377, 379
하이에크, 프리드리히 Hayek, F.A. 21, 83,

인명 찾아보기 **475**

92-95, 186

하트, 허버트 Hart, H.L.A. 87

함바스, 벨라 Hamvas, Béla 188

해즐릿, 윌리엄 Hazlitt, William 338

허치슨, 프랜시스 Hutcheson, Francis 356

헤겔, 게오르크 Hegel, Georg Wilhelm Friedrich 31, 46, 108, 110, 115, 212, 122-124, 128, 132, 156, 163, 184, 191, 195, 196, 200, 201, 203, 216, 219, 2 25, 226, 229, 365, 377, 379, 384, 391-393, 395-397, 399, 421, 424

헤퍼, 에릭 Heffer, Eric 336

호가트, 리처드 Hoggart, Richard 317, 319, 333, 336

호르크하이머, 막스 Horkheimer, Max 214-219, 223, 224, 240, 337

호치민 Ho Chi Minh 304

호프만스탈, 휴고 Hofmannsthal, Hugo von 186

홀, 스튜어트 Hall, Stuart 333, 334

홉스, 토마스 Hobbes, Thomas 110

홉스봄, 에릭 Hobsbawm, Eric 14, 40, 41, 43-46, 49-59, 61, 62, 65, 72, 147, 183, 302, 318, 334, 336, 389, 414, 429

횔덜린, 프리드리히 Hölderlin, Friedrich 164

후설, 에드문트 Husserl, Edmund 124, 185, 264

흄, 데이비드 Hume, David 356

흐루시초프, 니키타 Krushchev, Nikita 27, 405

히틀러, 아돌프 Hitler, Adolf 25, 43, 121, 183, 190, 214, 240, 315, 388, 389, 393

힐, 크리스토퍼 Hill, Christopher 44, 318, 319, 340

참고문헌

Adorno, Theodor, and Max Horkheimer. *Dialectic of Enlightenment.* Stanford: Stanford University Press, 2002.
—— "Bach Defended against his Devotees", *Prisms.* Translated by Samuel and Shierry Weber. Cambridge: MIT Press, 1983.
—— "On the Fetish-Character in Music and the Regression of Listening", 1938, reprinted in Andrew Arato and Eike Gebhardt, *The Essential Frankfurt School Reader.* New York: Continuum, 1985.
Althusser, Louis. *For Marx,* Translated by Ben Brewster. London: Allen Lane, 1969.
—— *Lenin and Philosophy and Other Essays,* tr. Ben Brewster, London: New Left Books, 1971.
—— *Reading Capital.* Sequel by E. Balibar. Translated by Ben Brewster. New York: Pantheon Books, 1970.
Anderson, Perry. "Components of the National Culture". *New Left Review.*
—— *Arguments within English Marxism.* London, 1980.
—— *Passages from Antiquity to Feudalism.* New York: Verso, 2013.
Aron, Raymond. *D'une Sainte Famille á une autre.* Paris: Gallimard, 1970.
—— *L'Opium des intellectuels.* Paris: Calmann Lévy, 2004.
—— *Main Currents of Sociological Thought,* vol. 1. Translated by Richard Howard and Helen Weaver. London: Anchor, 1968.
Augustine of Hippo, *The City of God.* Peabody: Hendrickson Publishers.
Badiou, Alain. *Being and Event.* London and New York: Continuum, 2005.
—— *Ethics: An Essay on the Understanding of Evil.* Translated by P. Hallward. London: Verso, 2012.
—— *L'antiphilosophie de Wittgenstein.* Caen: Nous, 2009.

―― *L'être et l'événement*. Paris: Éditions du Seuil, 1988.

―― *Logiques des Mondes*. Paris: Éditions du Seuil, 2006.

―― *Mathematics of the Transcendental*, Edited, translated and with an introduction by A.J. Bartlett and Alex Ling. London and New York: Bloomsbury, 2014

―― *The Adventure of French Philosophy*. Edited and translated by Bruno Bosteels. London: Verso, 2012.

―― *The Communist Hypothesis*. London: Verso, 2010.

―― *The Meaning of Sarkozy*. London and New York: Verso, 2008.

―― *The Adventure of French Philosophy*. Edited and translated by Bruno Bosteels. London: Verso, 2012.

Balibar, Étienne. *La proposition de l'égaliberté*. Paris: Presses Universitaires de France, 2010.

Baran, P.A., and P. M. Sweezy. *Monopoly Capital*. London and New York: Monthly Review Press, 1966.

Barré, Jean-Luc. *Jacques and Raïssa Maritain: Beggars for Heaven*. Translated by Bernard E. Doering. Notre Dame: University of Notre Dame Press, 2005.

Bauer, P. T. *Dissent on Development*. Cambridge: Harvard University Press, 1971.

Beckett, Samuel. *L'innommable*. Paris: Éditions du Minuit, 1953.

Benacerraf, Paul. "What Numbers Could Not Be". *Philosophical Review* (1965).

Bentham, Jeremy. *Introduction to the Principles of Morals and Legislation*. Oxford: Clarendon, 1879.

Besançon, Alain. *The Intellectual Origins of Leninism*. Translated by Sarah Matthews. London: Continuum, 1981.

Bloch, Ernst. *Subjekt-Objekt: Erläuterung zur Hegel*. Berlin: Suhrkamp Verlag, 1977.

Böhm-Bawerk, Eugen von. *Karl Marx and the Close of his System*. Clifton: Porcupine Press, 1949.

Borkenau, Frank. *World Communism*. Ann Arbor: University of Michigan Press, 1962.

Bradbury, Malcolm. *Mensonge: My Strange Quest for Henri Mensonge, Structuralism's Hidden Hero*. London: King Penguin, 1985.

Brunner, Elizabeth. "Industrial Analysis Revisited", in Harry Townsend, *Price Theory: Selected Readings,* 2nd edn. London: Penguin, 1980.

Bukharin, N.I. *Historical Materialism: A System of Sociology*. New York: International Publishers, 1925.

Burnier, Marc-Antoine. *Le Testament de Sartre*. Paris: Plon, 1982.

Cohen, G.A. *Karl Marx's Theory of History: A Defence*, Princeton: Princeton University Press, 1979.
—— *Karl Marx's Theory of History: A Defense.* Princeton: Princeton University Press, 1978.
Cohen, Paul. *Set Theory and the Continuum Hypothesis.* New York: Dover Books, 2008.
Coke, Sir Edward. *Institutes of the Lawes of England,* 1628–1644.
Collier, Philip, and David Horowitz, *Destructive Generation: Second Thoughts about the Sixties.* New York: Simon and Schuster, 1989.
Conan, Eric. 'Badiou, la star de la philo, est-il un salaud?' *Marianne* 671 (27 February 2010).
Courtois, Stéphane. *Le livre noir du communism.* Paris: Robert Laffont, 1997.
Deleuze, Gilles, and Félix Guattari, *A Thousand Plateaus.* Translated by Brian Massumi. Minneapolis: University of Minnesota Press, 1987.
—— L'Anti-Oedipe: *capitalism et schizophrénie.* Paris: Éditions de Minuit, 1975.
—— *What is Philosophy.* Translated by Hugh Tomlinson and Graham Burchell. New York: Columbia University Press, 1996.
Deleuze, Gilles. *Difference and Repetition.* Translated by Paul Patton. London: Bloomsbury, 2004.
Dicey, A. V. *Introduction to the Study of the Law of the Constitution.* London: Macmillan, 1889.
Dworkin, Ronald. *Law's Empire.* Cambridge: Harvard University Press, 1988.
—— *Taking Rights Seriously.* London: Gerald Duckworth & Co Ltd., 1976.
Eagleton, Terry. *Exiles and Émigrés.* London: Chatto and Windus, 1970.
—— *The Ideology of the Aesthetic.* London: Wiley, 1991.
Engels, F. *Anti-Dühring and Dialectics of Nature.* London: Lawrence & Wishart, 1987.
Eribon, Didier. *Insult and the Making of the Gay Self.* Durham: Duke University Press, 2004.
Femia, Joseph V. *Gramsci's Political Thought,* Oxford: Clarendon, 1987.
Feuerbach, Ludwig. *The Essence of Christianity,* 1841. Translated by Marian Evans. London: John Chapman, 1854.
Foucault, Michel. *L'Usage des plaisirs.* Paris: Gallimard, 1984.
—— *Discipline and Punish, Birth of the Prison,* tr. A. M. Sheridan, London, 1977.
—— *Histoire de la sexualité, vol. 1: La volonté de savoir.* Paris: Gallimard, 1976.
—— *History of Sexuality, vol. 1: The Will to Knowledge.* Translated by R. Hurley. London: Allen Lane, 1978.
—— *Le souci de soi.* Paris: Gallimard, 1984.
—— *Madness and Civilisation: A History of Insanity in the Age of Reason.* Translated by R.

Howard. New York: Vintage Books, 1965.
— *Power/Knowledge: Selected Interviews and Other Writings, 1972–77.* Edited by Colin Gordon. New York: Pantheon Books, 1980.
— *Surveiller et punir.* Paris: Gallimard, 1975.
— *The Birth of the Clinic: An Archeology of Medical Perception.* Translated by A. M. Sheridan. London: Tavistock Publications, 1973.
— *The History of Sexuality, vol. 1: An Introduction.* Translated by R. Hurley. New York,: Pantheon Books, 1978.
— *The Order of Things: An Archeology of Human Sciences.* Translated by Anon. London: Tavistock Publications, 1970.
Fromm, Erich. *The Sane Society,* New York: Holt, Rinehart & Winston, 1960.
Galbraith, John K. *American Capitalism: The Concept of Countervailing Power.* Boston: Houghton Mifflin Company, 1952.
— *Economic Development.* Cambridge: Harvard University Press, 1964.
— *The Affluent Society.* London: Hamilton, 1969.
— *The New Industrial State,* Princeton: Princeton University Press, 1971.
Gentile, Giovanni. *Che cosa e il fascismo? Discorse e polemichi.* Florence: Vallecchi, 1925.
Gorz, André. *Adieux au proletariat.* Paris: Galilee, 1984.
— *Socialism and Revolution.* Translated by N. Denny. Garden City: Anchor Books, 1973.
Gramsci, Antonio. *L'Ordine Nuovo, 1919-1920.* Torinio: Giulio Einaudi editore, 1987.
— *Letters from Prison.* Edited and translated by Lynne Lawner. New York: Noonday Prses, 1852.
— *Selections from the Prison Notebooks.* Edited and translated by Q. Hoare and G. Nowell-Smith. London: Lawrence & Wishart, 1971.
— *The Modern Prince and Other Writings.* Translated by L. Marks. New York: International Publishers, 1967.
Habermas, Jürgen and N. Luhman, *Theorie der Gesellschaft oder Sozialtechnologie: Was leistet die Systems Forschung?.* Frankfurt: Suhrkamp, 1971.
Habermas, Jürgen. 'Towards a Theory of Communicative Competence'. *Inquiry* (1970): 370.
— "Arnold Gehlen: Imitation Substantiality", 1970, in *Philosophical Profiles.* Translated by Thomas McCarthy. Cambridge: MIT Press, 1983.
— *Communication and the Evolution of Society.* Translated by Thomas McCarthy. London: Beacon Press, 1979.

—— *Knowledge and Human Interests*, 2nd edn. Translated by J.J. Shapiro. London: Beacon Press, 1978.

—— *Legitimation in Crisis*. Translated by Thomas McCarthy, London: Polity Press, 1976.

—— *Technology and Science as 'Ideology'*, 1968.

—— *Theory and Practice*, 1963, 1971. Translated by John Viertel. London: Beacon Press, 1974.

Halimi, André. *La Délation sous l'Occupation*. Paris: L'Harmattan, 2003.

Hart, H. L. A. *The Concept of Law*. Oxford: Oxford University Press, 1961.

Hayek, F. A. *The Road to Serfdom*. Chicago: University of Chicago Press. 1994.

—— *Law, Legislation and Liberty*, one-volume edition. Chicago: University of Chicago Press, 1973.

Hegel, G.W.F. *The Phenomenology of Spirit*. Oxford: Oxford University Press, 1977.

Heller, Mikhail, and Aleksander Nehrlich, *Utopia in Power*. New York: Simon & Schuster, 1986.

Hill, Christopher. *The Century of Revolution, 1603-1714*. Edinburgh: T. Nelson, 1961.

Hobsbawm, Eric, and Terence Ranger. *The Invention of Tradition*, Cambridge: CUP, 1992.

—— *Industry and Empire*. Harmondsworth: Penguin, 1969.

—— *On History*, London: Abacus, 1998

—— *The Age of Extremes*. New York: Vintage Books, 1994.

—— *Worlds of Labour*. New York: Pantheon Books, 1984.

Hogue, Arthur R. *Origins of the Common Law*. Bloomington: University of Indiana Press, 1966.

Holland, Eugene W. "From Schizophrenia to Social Control", in Eleanor Kaufman and Kevin Jon Heller, eds, *Deleuze and Guattari: New Mappings in Politics, Philosophy and Culture*. Minneapolis and London: University of Mnniesota Press, 1998.

Hollander, Anne. *Sex and Suits*. New York: Knopf, 1994.

Horkheimer, Max. *Eclipse of Reason*. New York: Oxford University Press, 1947.

—— *Zur Kritik der instrumentellen Vernunft*, Berlin: Fischer-Taschenbuch-Verlag, 2007.

Irwin, Robert. *For Lust of Knowedge: The Orientalists and their Enemies*. London: Allen Lane, 2005.

Ivan Volgin, 'The Magic World of Homo Sovieticus', *The Salisbury Review* 1 (4) (Summer 1983).

Jaurés, Jean. *Studies in Socialism*. Translated by Mildred Mintum, 2nd edn. London: Independent Labour Party, 1908.

Jay, Martin. *Marxism and Totality: The Adventures of a Concept from Lukács to Habermas*. Berkeley: University of California Press, 1984.

Joll, James. *Gramsci*. London: Fontana, 1977

Kant, Immanuel. *Groundwork of the Metaphysics of Morals*. Edited and Translated by Mary Gregor. Cambridge: CUP, 1998.

Kedourie, Elie. *The Crossman Confessions and Other Essays*. London: Mansell, 1984.

Kelsen, Hans. *General Theory of Law and State*. Cambridge: Harvard University Press, 1945.

Kolakowski, Leszek. *Main Currents of Marxism*. Oxford: Clarendon Press, 1978.

Kripke, Saul. *Naming and Necessity,* Oxford, Wiley-Blackwell, 1981.

Lacan, Jacques. *Écrits*. Paris: Éditions du Seuil, 1966.

—— *The Seminar of Jacques Lacan*. Edited by Jacques-Alain Miller, Book XVII. New York: Norton, 2007.

Lenin, Vladimir I. *What is to Be Done?* London: Penguin Classics, 1988.

Lieber, Lillian R. *Infinity: Beyond the Beyond the Beyond*. Philadelphia: Paul Dry Books, 2007.

Lindert, Peter H., and Jeffrey G. Williamson. "English Workers' Living Standard During the Industrial Revolution: A New Look", *Economic History Review* 36 (1983): 1–25.

Lipovetsky, Gilles, and Jean Serroy. *L'esthétisation du monde: Vivre à l'âge du capitalisme artiste*. Paris: Gallimard, 2013.

—— *L'esthétisation du monde: Vivre à l'âge du capitalisme artiste*. Paris: Gallimard, 2012.

Lukács, György. *Essays on Realism*. Edited by R. Livingstone. Translated by D. Fernbach. Cambridge: MIT Press, 1983.

—— *Hegel's False and His Genuine Ontology*. Translated by D. Fernbach. London: Merlin Press, 1978.

—— *History and Class Consciousness*. Translated by R. Livingstone. Cambridge: MIT Press, 1972.

—— *Record of a Life*. Edited by Istvan Eörsi. Translated by R. Livingstone. London: Verso, 1983.

—— *Tactics and Ethics: Political Essays, 1919-29.* London: Verso, 2014.

—— *The Meaning of Contemporary Realism*. Translated by J. and N. Mander. London: Merlin Press, 1963.

MacFarlane, Alain. *The Origins of English Individualism: Familiy, Property and Transition*. Oxford: Blackwell, 1978.

MacFarlane, Alan. *The Origins of English Individualism*. London: Wiley, 1978.

—— *The Culture of Capitalism*. London: Basil Blackwell, 1987.

Maitland, F. W. *The Constitutional History of England*. Cambridge: CUP, 1919.

—— *The Constitutional History of England*. Cambridge: CUP, 1908.

―― *The Constitutional History of England.* London: The Lawbook Exchange, Ltd, 1908.

Mallock, W.H. *A Critical examination of Socialism.* London: HardPress Publishing, 1909.

Marcuse, Herbert. "Repressive Tolerance", in Robert Paul Wolff, Barrinton Moore Jr. and Herbert Marcuse, *A Critique of Pure Tolerance.* London: Beacon Press, 1969

Maritain, Raïssa. *We Have Been Friends Together: And Adventures in Grace.* Translated by Julie Kernan. New York: Longmans, Green and Co., 1942.

Marquis, Jean-Pierre. *From a Geometrical Point of View: A Study of the History and Philosophy of Category Theory,* Montreal: Springer Science & Business Media, 2008.

Marshall, Alfred. *Principles of Economics,* New York: Cosimo Classics, 2009.

Marx, Karl, and F. Engels. *The Holy Family.* Windham: Windham Press, 2013.

Marx, Karl. *Capital.* London: Penguin Classics, 1992.

―― *Grundrisse der Kritik der politischen Ökonomie,* 1858. Translated by M. Nicolaus, Harmondsworth: Penguin, 1973.

Merleau-Ponty, Maurice. *Humanism and Terror.* Boston: Beacon Press, 1969.

Michels, Roberto. *Political Parties.* Translated by Eden and Cedar Paul. London: Free Press, 1962.

Miłosz, Czesław, *The Captive Mind,* 1953. Translated by Jane Zielonko. Hardmondsworth: Penguin Modern Classics, 2001.

Minogue, Kenneth. *Alien Power: The Pure Theory of Ideology.* New York: St. Martin's Press, 1985.

Mises, Ludwig von. *Socialism,* second edition. New Haven: Liberty Classics, 1953.

Moore, A.W. *The Evolution of Modern Metaphysics: Making Sense of Things.* Cambridge: Cambridge University Press, 2012.

Moyo, Dambisa. *Dead Aid.* London: Penguin Books, 2009.

Murdoch, Iris. *Sartre, Romantic Rationalist.* New Haven: Yale University Press, 1959.

Packard, Vance. *The Hidden Persuaders.* London: Pelican Books, 1981.

Palmer, Helen. *Deleuze and Futurism: A Manifesto for Nonsense.* London: Bloomsbury, 2014

Paris, Gallimard, 1983, tr. David Pellauer as *Notebooks for an Ethics,* Chicago, Chicago University Press, 1992.

Petr Fidelius, 'Totalitarian Language', *The Salisbury Review* 2 (2) (Winter 1984);

Plato, *Laws X.* Oxford: Clarendon Press, 2008.

Popper, Karl. *The Open Society and its Enemies,* 5th edn. New York: Routledge, 2012.

Revel, Jean-François. *Comment les démocraties finissent.* Paris: B. Grasset, 1983

Rorty, Richard. *Objectivity, Relativism and Truth.* Cambridge: CUP, 1991.

Roudinesco, Elizabeth. *Jacques Lacan.* New York: Columbia University Press, 1999.

Russell, Bertrand. *History of Western Philosophy.* New York: Simon & Schuster, 1945.

Samuelson, Paul. *Foundations of Economic Analysis.* Cambridge: Harvard University Press, 1983.

Sartre, Jean-Paul. *Being and Nothingness.* Translated by Hazel Barnes. London: Routledge, 2003.

―― *Between Existentialism and Marxism.* Translated by J. Matthews. New York: Pantheon Books, 1975.

―― *Critique of Dialectical Reason: Theory of Practical Ensembles.* Translated by Alan Sheridan-Smith. Edited by Jonathan Rée. London: Verso, 2005.

―― *Existentialism and Humanism,* tr. Philip Mairet, London, 1948.

―― *Saint Genet, comédien et martyr.* Paris: Gallimard, 1952

Schapiro, Leonard. *Totalitarianism.* London: Pall Mall, 1972.

Schelling, Friedrich, "Über Mythen, historische Sagen und Philosopheme der ältesten Welt", *Sämmtliche Werke,* ed. K.F.A. Schelling. Stuttgart: Cotta, 1856-61.

Schloesser, Stephen. *Jazz Age Catholicism: Modernism in Postwar Paris 1919–1933.* Toronto: University of Toronto Press, 2005.

Scruton, Roger. *A Political Philosophy: The Case for Conservatism.* London: Continuum, 2008.

―― *Beauty: A Short Introduction.* Oxford: OUP, 2011.

―― *Culture Counts.* New York: Encounter Books, 2009.

―― *England: An Elegy.* London: Continuum, 2000.

―― *How to be a Conservative.* London: Bloomsbury, 2014

―― *The Philosopher on Dover Beach.* Manchester: Carcanet, 1989.

Sedillot, René. *Le coût de la Révolution Française.* Paris: Perrin, 1987.

Sheehan, Seán. *Žižek: A Guide for the Perplexed.* London: Continuum, 2012.

Smith, Adam. *Lectures on Jurisprudence.* Oxford: Clarendon Press, 1896.

Sokal, Alan, and Jean Bricmont, *Impostures intellectuelles.* Paris: O. Jacob, 1997.

Sombart, Werner. *Der Moderne Kapitalismus.* Leipzig: Duncker & Humblot, 1902, 1916, 1927.

―― *Socialism and the Social Movement.* Translated by M. Epstein, London: Dent, 1909.

―― *Why Has There Been No Socialism in America?* London: Macmillan 1976.

Sraffa, Piero. *Production of Commodities by Means of Commodities.* Cambridge: Cambridge University Press, 1960.

Sutton, Damian, and David Martin-Jones. *Deleuze: A Guide for the Arts Student.* London: I.B. Tauris, 2008

Tallis, Raymond, Not Saussure: *A Critique of Post-Saussurean Literary Theory.* London: Macmillan, 2nd edn, 1995.

Thom, Françoise. *La langue de bois,* Paris, 1984, Translated by C. Janson, Newspeak, London: Claridge Press, 1985.

Thompson, E.P. *The Heavy Dancers.* London: Merlin Press, 1984.

—— *The Making of the English Working Class.* London: Penguin, 1968.

—— *The Poverty of Theory.* New York: Monthly Review Press, 1978.

—— *Whigs and Hunters: The Origins of the Black Act.* London: Allen Lane, 1975.

—— *Zero Option.* London: Merlin Press, 1982.

Vandromme, Pol. *Drieu la Rochelle.* Paris: Universitaires, 1958.

Voegelin, Eric. *Science, Politics and Gnosticism.* Chicago: H. Regnery Co., 1968.

—— *Science, Politics and Gnosticism.* Washington: Regnery Publishing, 1997.

Weber, Max. *Economy and Society.* Translated by E. Fischoff et al. Edited by Guenther Roth and Claus Wittich. Berkeley: University of California Press, 1978.

Williams, Raymond. *Culture and Society.* New York: Columbia University Press, 1983.

—— *Keywords.* New York: Oxford University Press, 1976.

—— *Modern Tragedy.* London: Chatto and Windus, 1966.

—— *The Long Revolution.* New York: Columbia University Press, 1961.

—— *The Country and the City.* London: Chatto and Windus, 1973

Wittfogel, Karl A. *Oriental Despotism: A Comparative Study of Total Power.* New Haven: Yale University Press, 1957.

Žižek, Slavoj. *Event: Philosophy in Transit.* New York: Penguin, 2014.

—— *In Defense of Lost Causes,* London and New York: Verso, 2008.

—— *Revolution at the Gates.* London and New York: Verso, 2004.

—— *Tarrying with the Negative.* Durham: Duke University Press, 1993.

—— *The Sublime Object of Ideology.* London: Verso, 1989.

—— *The Ticklish Subject: The Absent Centre of Political Ontology.* London and New York Verso, 1999.

—— *Virtue and Terror.* London and New York: Verso, 2007.

옮긴이 박연수

University of California, San Diego에서 영화 및 시각예술이론을 전공하고 서울대학교 대학원에서 미학을 공부했다. 68혁명의 중심에서 정치적 영화운동을 주도하고 영화사에 가장 급진적인 인물로 꼽히는 감독이자 사상가 장 피에르 고랭(Jean-Pierre Gorin)에게 사사하며 사상과 문화생산의 교차점에 대한 관심이 촉발되었다. 현재 도움북스에서 편집인 및 번역가로 활동하고 있으며 생각의 전환을 자극할만한 좋은 책들을 국내 독자들에게 소개하는 데 주력하고 있다.

우리를 속인 세기의 철학가들

2019년 8월 8일 초판 1쇄 발행
2019년 8월 28일 초판 2쇄 발행

지은이 | 로저 스크루턴
옮긴이 | 박연수
발행인 | 박연수

발행처 | 도움북스
출판등록 | 2017년 11월 13일

주소 | 대전 유성구 테크노8로 8
전화 | 070-7829-0342
팩스 | 042-367-0675
홈페이지 | www.doumbooks.com

ISBN 979-11-957738-1-7 (03300)

본서의 내용을 무단 복제하는 것은 저작권법에 의해 금지되어 있습니다.

이 도서의 국립중앙도서관 출판예정도서목록(CIP)은 서지정보유통지원시스템 홈페이지(http://seoji.nl.go.kr)와 국가자료종합목록시스템(http://www.nl.go.kr/kolisnet)에서 이용하실 수 있습니다. (CIP제어번호 : CIP2019000473)

* 파본이나 잘못된 책은 구입하신 곳에서 교환해 드립니다.